主　编　邵汉明

副主编　刘信君　王　峰

吉林省 2017 年度
"十三五"智库规划基金课题
成果文萃

NEW ADVANTAGES,
NEW MOVES,
NEW DEVELOPMENTS

2017 ANNUAL ACHIEVEMENTS FOR
JILIN "13TH FIVE-YEAR" THINK TANK FUND PROJECTS

新优势　新举措　新发展

社会科学文献出版社
SOCIAL SCIENCES ACADEMIC PRESS (CHINA)

前　言

　　近年来，以习近平同志为核心的新一届中央领导集体从实施科学民主、依法决策、推进国家治理体系和治理能力的现代化、增强国家文化软实力的战略高度，强调建设特色新型智库的重大意义，并于2015由中办与国办联合印发了《关于加强中国特色新型智库建设的意见》。同年末，吉林省委、省政府也配套出台《关于加强吉林新型智库建设的实施意见》，为打造吉林省新型智库提出目标，规划路径。应该说，总书记的重要讲话以及中央和地方的部署都为吉林社科界指明了现代智库建设的目标。"十三五"期间，如何科学推进全省社科界新型社会智库建设，吉林社科联的工作方式仍是通过以课题为中心的管理体制来发挥导向作用，依托规划立项活动完成智库建设，拓展智库个体，逐步实现"以点穿线、以线连面"的预期。最终打造实施全省新型社会智库联盟，实现吉林省委、省政府所规划的蓝图愿景。

　　吉林省社科联是中共吉林省委下设负责联系、服务全省社科界的人民团体。其下辖省属学会150余家，九个市州及一个县级社科联，并与省内各高校及科研单位接触紧密。当下，其会员总数已近10万之众。从打造全省新型智库联盟角度出发，吉林省社科联规划立项研究吉林"五大发展"中亟须破解的各类实际难题，该工作的启动意义有三。

　　其一，围绕中心、服务大局。践行省社科联章程赋予的职能，为省委、省政府及实际部门实施资政建言。其二，培养、打造精通省情的调研队伍。为我省科学发展培育一批长于调研的复合型人才，特别是青年社科创新人才。其三，积累成果，为省社科联数据库建设夯实基础。

　　为使智库课题立项能更好地服务于实际，突出发挥吉林"五个优势"，推进"五项举措",加快服务"五大发展"的战略规划,我们从确立选题原则、规划选题目标、设定课题类型、完善激励措施等环节实施目标管理,确保课题研发质量,助推产出优秀成果。

2017年的课题立项完全是以年初吉林省委提出的"抓项目、转环境、转落实"的"三抓"精神为指引进行的。历经半年多课题研发,截止到2017年末,共有一项成果获国家主要领导人的肯定性批示,18课题成果获得包括吉林省委书记巴音朝鲁在内的省部级领导肯定性批示及各相关部门的实质性采纳。其余课题报告也均进入上报环节。

最终,我们从年度立项的68项课题中遴选出18篇研究报告,结集成册,以飨读者。

智库的基本功能是建言献策,特别是针对当下区域发展的突出问题,提出可操作、有预见的建议。当前,吉林省委、省政府提出,要打造吉林充满活力的经济生态、风清气正的政治生态、绿水青山的自然生态。这是从机制上、环境上、氛围上构筑吉林发展新优势的重大战略,需要我们加强研究,细化认识,切实推进"三个生态"建设的进程。

省社科联作为省委、省政府联系、服务及管理广大社会智库的职能机构,我们将持续依托规划立项来为全省社科工作者建立与完善智库研究的高端平台,并通过编撰课题成果书的形式,为经济发展新常态下,深化认识吉林省情、深化认识东北老工业基地,深化认识东北亚区域关系,推动吉林新时代全面决胜小康社会提供有益参考,为提升各级党委、政府决策的科学化和民主化水平服提供智力服务。

编者

2018年元月

目　录

开放发展研究篇

地方发展研究篇

经济发展研究篇

吉林省农业供给侧结构性改革的
路径与方案

吉林农业大学课题组[*]

摘　要　深化农业供给侧结构性改革是党"十九"大提出的重要任务之一。吉林省作为我国玉米主产省,是国家农业供给侧结构性改革的主要区域。改革开放以来的近四十年,是吉林省农业成长的最重要时期。粮食生产已经在全国形成优势地位,粮食总产量位居全国第四位,人均粮食占有量位居全国第二位,玉米人均占有量位居全国第一位。"吉林大米""长白山人参"逐渐成长为全国知名品牌。畜产品在 20 世纪初结束了肉类调入大省的历史,以生猪、肉鸡、肉牛为主体的畜禽产品生产稳步发展,成为国内主要的肉类调出省。东部长白山区特产业确立了绿色发展理念,开始形成在生态保护基础上的立体开发格局。西部杂粮生产规模不断扩大,产业优势逐渐形成。依托丰富的农产品资源,农产品加工业已经成为全省的第二大支柱产业。在农业供给能力不断提升的同时,也出现了结构性失调的问题,突出地表现为:玉米库存严重积压,人参、生猪及部分多种经营产品间歇性出现供给过剩和价格起落,影响了供求关系的稳定与产业之间的协调。因此,按照中央提出的农业供给侧结构性改革的总体部署,选择合理的改革方案与路径,解决吉林省农业供给结构不优的问题,是落实十九大精神,实现十九大报告提出的未来两阶段发展战略目标的必然要求。

关键词　吉林省　农业　侧结构性改革

---

*　课题负责人:郭庆海;课题组成员:姜天龙、郭修平、宫斌斌、李晨曦、朱思睿、刘文明、吴迪。

一 吉林省农业供给侧结构面临的主要问题

从问题的视角看，吉林省农业供给侧结构存在的主要问题可以概括地表述为："一粮独大，牧业乏精，特产欠优，杂粮粗放，加工不深"，具体可做如下描述。

（一）一粮独大

一粮独大包括两个层次含义，一是粮食作物在整个农作物播种面积中占有过高的比重，二是玉米在粮食作物中占有过高的比重。1978年吉林省玉米占粮食作物比重为42%，到2015年，提升到了75%。与此同时，大豆由14%降到5.6%；杂粮中的高粱和谷子由当年的22%，降到现在的3%。

历史上吉林省的农业曾经出现过玉米、大豆、杂粮等多元作物并存的格局。玉米之所以成为一枝独大的"单出头"作物，首先，吉林省处于世界上著名的玉米带，自然条件非常适合玉米生长；其次，玉米育种及栽培的科技进步显著快于其他作物；再次，粮食价格政策进一步助推了玉米与大豆等作物之间比较收益的失衡。1950~2015年的65年间，玉米、水稻、大豆的单产增产幅度分别为423%、208%、58%。增产幅度的差异，彻底颠覆了原有的比较收益结构，改变了农民的选择。水稻尽管也是高产作物，并且收益较高，但由于受水资源限制，其适生性及其扩种能力无法与玉米匹敌。玉米"一粮独大"的特征不仅表现在粮食作物结构中，也表现在玉米内部的品种结构中，玉米兼有粮食作物、饲料作物和经济作物的三元作物用途，但在实际种植中，绝大多数玉米都被当作粮食作物来种植，作为饲料作物和经济作物种植的玉米比例显著偏低。在2016年的种植方案中，含饲草在内的青贮玉米种植面积也不到玉米播种面积的1.5%。

（二）牧业乏精

近三十年来，吉林省畜牧业发展的基本轨迹是1990年实现生猪自给，继而开始向外输出畜产品。1995年吉林省提出建设畜牧业大省的目标；2000

年以后，开始确立"精品畜牧业"发展战略，重视优质畜产品的生产。20世纪90年代后期以来，我国畜产品市场进入了供求平衡阶段，伴随着居民收入水平的提高，畜产品市场开始呈现分层化趋势，优质高档畜产品呈现价格高扬、市场供给不足的态势。依托丰富的精饲料资源，吉林省具有生产优质畜产品的天然优势。三元杂交猪和优质牛肉，深受消费者青睐，行销于北京、上海等国内大城市。虽然精品畜牧业的步伐已经迈出，但就总体而言，无论是规模还是品牌，其均未完成应有的市场地位。诸如精气神黑猪、长白山黑牛等具有开发潜质的肉类产品，其市场规模和影响力都很有限，其他可进入精品层次的畜产品凤毛麟角，精品畜牧业的产业格局尚未形成。

（三）特产欠优

以人参为主体的吉林省东部特产业就其资源而言，在国内独树一帜。但长期以来未能摆脱三个困境：一是人参价格的起落交替循环，较长时期内人参栽培未能走出追求数量规模的误区，导致"人参卖出萝卜价"的市场困境；二是特产品深加工徘徊不前，大部分特产品加工还处于初级层次；三是特产品牌建设滞缓，地域生态特色及地理标识尚未在品牌建设中得到充分展现。这三个方面的问题说明吉林省特产业发展还未走出以原料产品和初级加工品为主的层次，全产业链优势尚未形成。

（四）杂粮粗放

吉林省西部因地制宜地发展杂粮，走出了可喜的一步。现存的问题是，无论是种植、流通还是加工，都处于较为粗放的状态。种植的粗放主要表现为杂粮单产水平低，其中主打产品绿豆和红小豆的单产显著低于邻省的辽宁和黑龙江，而且地块分散，机械化程度低；流通的粗放表现在产品包装"散乱杂"现象依然较多；加工的粗放表现在深加工产品较少，产业链短，附加值低，尚未形成以深加工为链条的产业延伸效应，价值提升能力较低。

（五）加工不深

吉林省从20世纪80年代后期开始发展以玉米为主要原料的农产品加

工，至今已有三十年，但总体来看仍未摆脱以原料生产为主体的浅加工层次。主体产品仍表现为淀粉、酒精等初级产品。除长春大成公司外，其他加工企业基本不具备产品研发能力。畜牧业产品主要是以肉类屠宰为主的初加工，在毛、皮、骨、内脏等副产品加工、提取和综合利用方面大多还停留在实验室阶段，尚未形成产业。人参在医药领域的加工提取方面有所进展，但规模还有待提高，产品多样化程度较低。鹿茸、林蛙等特产品的加工品还处在较低层次，综合利用程度不高。

二 吉林省农业供给侧结构性改革的原则

根据党的十九大报告提出的未来我国农业供给侧结构性改革的目标和基本思想，吉林省农业供给侧结构性改革，要确定如下原则。

（一）市场导向的原则

我国农业供给侧结构性失调的重要原因在于忽略了市场机制在价格形成中的作用，采用了行政指令性的工作方式，由此导致价格背离供求关系，产业链条受阻。因此，只有坚持市场导向的原则，才能发挥市场机制的作用，只有将农业资源配置建立在市场供求关系基础之上，才能提高产品的市场竞争力。

（二）稳粮优粮的原则

现阶段玉米等主要农产品积压过剩，完全属于暂时性、结构性过剩。从长期来看，我国仍面临着粮食供给不足问题。吉林省作为保证国家粮食的核心产区，要必须稳定粮食生产，不断提高粮食的综合生产能力。同时，根据市场需求和国家粮食安全要求，优化粮食作物内部结构，提高优质粮比例，提高粮食利用效率和转化效率。

（三）农民增收的原则

玉米价格下行态势给农民增收带来了巨大压力，但农业供给侧结构性改革不能以农民收入下降为代价，因此，必须千方百计寻找农民增收途径，保证农民收入逐年增长。

（四） 提质增效原则

农产品质量不高、农业生产效率不高是农业供给侧结构不优的具体体现。因此，农业供给侧结构性改革应当满足农业提质增效的要求。要以科技进步、综合经营、精深加工、品牌建设为手段实现农业的提质增效。

（五） 协调互动的原则

玉米作为多元用途产品，具有较长的产业链条。较高的玉米临储价格的弊病就在于忽略了上下游产业协调发展的关系。因此，要充分考虑产业之间的协调发展关系，形成产业之间的良性互动。产业协调发展既涵盖了上下游产业之间的关系，也涵盖了农林牧渔之间的关系，还涵盖了不同作物种类及内部的关系。

（六） 绿色发展的原则

绿色发展是可持续发展的要求，必须坚定"金山银山不如绿水青山"的发展理念。不能以牺牲农业资源环境为代价，换取粮食产量的增长或换取农业的当前增长。要建立一个农林牧渔之间及其内部结构之间的能量良性互动的关系。既要充分发挥农业的经济功能，也要充分发挥农业的生态功能。

三　吉林省农业供给侧结构性改革方案

在上述原则之下，根据国家关于农产品的总体需求和吉林省农业资源禀赋，以及区域之间的差异性，从区域布局、农林牧渔结构和三产融合三个方面提出供给侧结构性改革方案。

（一） 区域布局调整方案

东部长白山区，具有以人参为主体特色的特产资源，并已经形成了特产业发展的基本规模。但近年来，在玉米临储价格的拉动下，东部山区的玉米等粮食作物种植也呈现增长趋势，并出现了毁林开荒的问题。据统计，2015 年东部地区的玉米种植面积比 2007 年增长了 87%。东部山区作为冷凉地区，已经被划定为国家的"镰刀弯"地区。削减玉米种植已经成为必然的选择。因此东部山区"弱粮"的选择即减少玉米的种植，减少玉米种植面积的同时应根据市场需求适当增加水稻和大豆的种植。对于毁林开荒种植的玉米面积，应当尽快实施退耕还林。在结构优化方向上，应将"强特"作为主要目标。突出解决五个方面的问题，即人参的农田栽培、林下经济、特产品深度加工、品牌开发及整合、以物联网为基础的产品质量管理系统及线上市场开发。

中部是玉米的核心产区，应突出"优粮精牧"的优化方向。"优粮"含义有三：一是优化粮食作物内部结构，以市场需求为导向，适当增加大豆和水稻种植面积，在玉米品种结构中重点增加饲料玉米种植面积和专用玉米种植面积；二是优化要素投入结构，以配方施肥技术推广为重点，优化施肥结构，同时加快农业机械和先进栽培技术的推广，提高全要素生产率；三是提高粮食作物的优质品率，玉米重点解决收获期含水量过高问题。水稻以优质米为基础，重点做好"吉林大米"的品牌文章。"精牧"建立在中部地区丰富的玉米资源的基础上，以深化和提高精品畜牧业为主攻方向，重点突出以生猪、肉牛和肉鸡为主体的肉类产业向优质高档产品层次发展，形成在全国高档肉类产品市场的优势地位。

西部农牧交错区是西部地区农业自然区划的基本特征。由于玉米价格的高位运行，西部地区出现了重农抑牧的倾向，玉米种植超出了自然区划的合理承载能力。以白城为例，在其农牧结构中，种植业占比为68%，畜牧业占比为32%。从西部地区资源禀赋条件出发，供给侧结构调整应突出"扩饲增杂"，其基本内涵是减少普通玉米种植，增加杂粮作物、青贮玉米和饲草的种植，形成以食草动物为特色的畜牧业结构。在畜牧品种结构上，突出肉牛、肉羊的发展。种植结构形成主粮（玉米、水稻）、杂粮、饲草（含青贮玉米）的三元格局。

（二）农林牧渔结构优化方案

就吉林省农业资源禀赋和主要矛盾而言，农林牧渔结构优化的重心应放在农牧结构上，无论资源总量还是产品总量都决定了这一取向。农牧这篇文章既要大作，更要深作。农牧结构优化的基本思路是"农牧结合，以牧稳粮，以农优牧"。以玉米为主体的粮食作物生产，与农牧业之间形成了天然的依存互动关系。70% 的玉米作为畜牧业饲料被消费，畜牧业的发达程度直接决定了玉米就地转化市场的宽度。在满足国家饲料用粮配置的前提下，本地转化能力越强，粮食市场越稳定。"以牧稳粮"，必须在宏观空间布局上实现农牧结合，在微观农户经营结构上实现种养结合，提高本地畜牧业对玉米的消费转化能力，同时对农民产生增收和就业效应。"以农优牧"，就是要通过种植业结构的调整，为畜牧业发展提供优质饲料和多元饲料，提高农牧之间的转化效率。具体解决问题的思路是，改变以往片面生产籽的传统做法，将一部分种植籽实玉米的土地直接改为种植青贮玉米或饲草，在玉米作物结构上实现粮食作物与饲料作物的结合。在农户玉米生产的基础上，大力发展农户养殖业，实现畜牧业与玉米种植业在农户内部的结合。在发展比例和规模上，在 2025 年之前，吉林省畜牧业在农牧结构中的占比将由目前的 43% 提高到 60%，农民来自畜牧业的可支配收入由目前的 5%，提升到 30%。根据现阶段我国畜产品市场格局，吉林省在畜牧业内部结构上，应重点突出肉类产业发展，具体肉类品种包括生猪、肉鸡、肉牛和肉羊。同时，发挥精饲料资源丰富的优势，以开发精品市场作为肉类产业发展的市场定位。林业结构的优化，突出绿色发展主题，推进以集体林权制度改革为基础的农户造林营林，大力发展林下经济，实施立体开发。在渔业生产上，突出吉林省地域生态优势，突出生态水产特色，做好品牌文章。

（三）"三产"融合发展方案

在农业产业布局方面，调整的基本思路是："以工强农，以商兴农，三产联动。""以工强农"就是要充分发挥农产品加工业对玉米、水稻等种植业，人参、鹿茸等特产业，生猪、肉牛、肉羊、肉鸡等养殖业的带动作用，通过农、特、畜产品的深度加工，拉长农业产业链条，从而创造稳定的原料产品市场，增加产品附加值，并且为农民创造更多的就业机会和非农收入渠道。"以商兴农"重点解决农产品销售半径过短、销售渠道过于传统、名牌产品过少的问题。在长白山人参等特产品、吉林大米和杂粮市场开发方面重点突出电商渠道建设，突出绿色产品质量优势，以物联网为基础加快农产品质量可追溯体系建设。"三产联动"，就是在宏观上制定相互促进的产业政策，形成合理的产业布局。加快出台地方农业产业化规范条例；在微观上提升和扩展农业产业化经营，通过龙头企业带动，实现以基地为基础、以加工为龙头、以市场为导向的产加销一体化运作，以畜产品、特产品、园艺产品为农业产业化经营的主要领域。

四 吉林省农业供给侧结构性改革路径

（一）改制度

要深刻理解中央提出的农业供给侧结构性改革任务中"改革"这个关键词的内涵。讲"改革"而非讲"调整"，意味着我国农业供给侧结构失调的重要原因在于农业管理体制机制已不适应生产力发展的要求，必须通过改革的方式，才能实现农业供给侧结构优化的目标。改制度，就是要改革那些不适应社会主义市场经济发展的管理体制和机制。制度改革要注意两个区别，一是区别核心制度和相关制度；二是区别中央层面改革内容和省级层面改革内容。核心制度主要是指政府对农产品供给市场进行管理和调控的制度，核心制度改革着力解决以市场供求关系为基础的农产品价格的形成机制，生产者自我约束、自我调节的市场组织制度（如行业协会、农民合作社等社会组织对供给行为的控制功能的建设与完善），改革对供求关系产生扭曲的农业补贴方式，实施有利于农业生产结构优化和产业协调发展的产业政策，构建有利于对市场供求做出适时响应的农业宏观调控机制。相关制度涵盖较广，主要是指对农产品供给产生引导和影响的其他制度、政策和机制，如农产品安全生产的监管制度、农村土地流转制度、农业经营组织制度等。农业管理制度改革属于顶层设计，省级层面拥有的权限不同中央，应在省本级权限范围内制定改革的内容与方案，积极推动改革。

（二）净产能

即"净化农业产能"。从产能的角度分析，农业与工业的不同之处在于，农业的总体供求关系仍然是产能不足，我国人均粮食占有量仍是世界的平均水平，因此，不存在去产能的问题。但是，近年来在玉米托市价格的推动下，出现了通过毁林、毁草、毁湿（地）开荒来增加耕地，扩大产量的乱象。如果说将那些满足生态要求的耕地形成的产能称之为绿色产能的话，那么，那些通过毁林、毁草、毁湿（地）增加耕地形成的产能则可以称之为赤色产能，即产生生态赤字的产能，进入生态红灯区的产能。净产能，就是要去除赤色产能。净产能的客观功效，一方面可以减少目前过剩的产品供给，另一方面有利于农业可持续发展。净产能的一个首要任务，就是要让近年来毁林、毁草、毁湿（地）所形成的耕地尽快退出耕作。对吉林省来说，重点解决东部山区毁林滥垦问题，加快退耕还林的强度。西部地区通过河湖连通工程，有计划恢复湿地，突出绿色发展，突出农业的多功能性。

（三）提品质

农产品数量过剩，质量不足是我国农业供给侧失调的突出表现，也是吉林省农业供给侧的主要问题。从省情出发，提品质的重点是突出绿色生态，突出精品特色，突出地理标识，突出降本增效。吉林省具有较好的生态环境，是提高农产品品质的天然优势。发展绿色生态产品的重心应放在东部特产品、绿色有机水稻和杂粮生产方面。畜产品生产方面要突出精品特色，开发国内精品肉类市场，创建国内一流的精品肉类生产基地，同时从根本上杜绝滥用抗生素及违禁药品，饲料中恶意添加瘦肉精等违法现象。突出地理标识，重点突出吉林大米、吉林梅花鹿、长白山人参、长白山林蛙、黄松甸木耳、白城杂粮等体现生态质量的产品，进而创造以地理标识为基础的名牌产品。突出适区种植，解决玉米越区种植形成的高水分玉米问题，以减少玉米仓储环节中的烘干费用，解决玉米机收的脱粒问题，提高品质竞争力，逐步将目前收获期玉米30%左右的含水量降至20%以内。

（四）降成本

农产品成本的快速增长是导致农产品在市场竞争中乏力的主要因素。降低农产品成本，主要着力点是降低农产品生产中的劳动力成本，化肥成本和地租成本。目前机械使用成本已经明显低于劳动力成本，因此，降低农业劳动力成本的根本途径是加快农田作业主要环节的机械化，进而实现全程机械化。化肥成本在玉米成本构成中占19%，吉林省化肥使用量是美国化肥使用量的 1.8 倍。要把减施化肥作为降低玉米物质成本的主要目标。地租成本对租入土地的农户来说已经高于单位耕地的物质成本，降低地租成本的主要途径一方面是根据条件推进委托经营，以规避地租；另一方面是改革农业补贴方式，逐步由按地块补贴改为按销量补贴，使级差地租Ⅱ能够归属于土地经营者。

（五）提效率

农业效率不高是导致供给侧结构不优的重要原因，因此在解决路径上，要重点提高玉米转化效率、农户生产经营效率、水资源利用效率、设施与设备利用效率、农业科技成果转化效率。

1. 提高化肥利用效率

化肥构成了农产品物质成本的主要部分，吉林省的化肥利用效率只有35%左右，比发达国家低一半以上。化肥利用效率低主要是施肥技术不合理，没有实现按需施肥。因此，要重点推广配方施肥技术，尽快普及配方施肥技术，实现化肥零增长乃至负增长的目标。

2. 提高水资源利用效率

吉林省是水资源短缺省份，水资源利用方式不合理，严重超采使用，节水灌溉面积显著低于邻省的辽宁和黑龙江，水资源利用效率不高成为制约农业发展的主要问题。水资源的合理利用是吉林省粮食增产的主要支撑条件，对于西部地区来说增水就是增粮、增产。提高水资源利用效率，要重点解决西部地区深井灌溉造成水资源严重透支问题，节水灌溉技术推广与设施建设问题。

3. 提高设施与装备利用效率

吉林省水库建设虽然已经形成了实施灌溉的蓄水能力，但水利设施建设中农田最后一公里问题尚未得到解决，农户无法分享水利设施建设的利益。农业机械的马力及台套数增长较快，但如何提高机械的有效利用还是一个发展中的问题。因此，吉林省应根据实际，重点解决农田水利设施建设最后一公里问题，以及大中型农机具服务方式及其利用效率问题。

4. 提高玉米转化效率

玉米是吉林省最大的作物品种，也是产业链最长的作物，其转化效率首先决定于玉米的品种结构。根据玉米用途，建立食用、饲用、加工用三元玉米种植结构。在食用玉米方面，除了传统的食用消费外，注重开发鲜食玉米、蔬菜玉米的种植和市场开发。在饲用玉米方面，重点突出青贮玉米种植，不仅在"镰刀弯"地区，也包括玉米核心产区。注重在玉米核心产区以青贮玉米为基础发展肉牛和奶牛饲养，以提高转化效率。据科学数据显示，青贮玉米的能量相当于籽实玉米的 4 倍。因此，青贮玉米的种植面积应占玉米总播种面积的 2% 以上。根据发展情况，再进一步调整提高。

5. 提高农户生产经营效率

农户作为农业生产的基本主体，其经营效率直接决定了农业的效率。农户生产经营效率重点解决技术效率、规模效率的问题。其中技术效率重点解决小农户接纳新技术的能力和认知问题，规模效率重点解决土地细碎化和经营规模过小问题。要通过土地托管、社会化服务、合作生产等方式，将小农户的生产经营行为纳入现代农业发展轨道。通过土地流转基础上的规模经营提高农户的规模效率，依据吉林省资源禀赋及工业化、城市化进程，我们应将吉林省农户规模经营的现期目标定位到 10 公顷左右。

（六）促升级

推进农业转型升级，主要实现三大转变，即粗放型经营向集约经营型转变、高能排放型向低碳清洁型转变、数量增长型向质量效益型转变。吉林省后备耕地资源十分有限，外延型生产空间接近极限，但吉林省具有较好的农业生产基础和生产条件，广大农民积累了丰富的大田作物栽培经验。因此，在全国粮食主产区应率先走集约化经营的道路，实施高产高效生产模式。在推进高能排放型向低碳清洁型转变方面，重点实施三大工程。一是药肥科学施用工程，着力解决农药过度使用问题，特别是保护地作物农药过度使用问题，以满足绿色、生态、优质产品生产的需要，实施化肥零增长乃至负增长行动，减少碳排放和环境压力。二是秸秆还田工程，尽快研制和推广成熟可靠的玉米秸秆还田技术，解决黑土地土壤有机质下降问题，以及秸秆焚烧导致的大气环境污染问题。三是有机肥还田工程。在积极推进种养结合农户经营结构优化的基础上，大力推进牲畜粪肥还田，即可解决粪肥污染问题，也可改善土壤质量，为生产优质产品创造条件。数量增长型向质量效益型转变，既是适应市场需求的需要，也是提升农业效益、增加农民收入的需要。推进这个转变，重点建立三个支撑体系，即科学创新体系、技术推广体系、生产服务体系。科技创新体系，以改革农业科研体制为主线，重点解决农业科技领域基础研究与应用研究分工定位的问题，培育企业研发主体，激发企业创新能力，特别是在动植物育种领域，提高企业的技术创新能力，为农业转型升级提供强有力的技术支撑。大学和公立科研机构突出基础和应用基础研究，提供相应的公益性服务。加快公立农业科技资源整合，实现公益性科研机构由行政性区域布局向自然区划性布局的转变。重视公益性技术推广体系队伍与机制建设，充分发挥其应有功能。积极支持商业性技术推广体系发展，并制定相应的服务规范和市场监管措施。在生产服务体系建设方面，重视提供多种技术服务的经营主体的建设与发展，为小农户与现代农业衔接创造条件。

五　结语

本报告不同于规划，并不考虑方案的周全性，而是针对主要问题提出建设性意见。本报告也不同于学术性课题研究，不进行理论梳理与事物源流的分析，也不做演绎性分析，只是提出问题和可操作性意见。恳请领导及管理者们谅解。

除本研究报告外，课题组还另外提供了一份《关于推广种养结合的农户经营结构的建议》咨询报告，提交中共吉林省委，得到巴音朝鲁书记和高广滨副书记的批示，批转吉林省委财经办（农办）和吉林省农委落实。

由于研究者视野及观察力的局限性，势必有若干重要问题在本报告中尚未涉及或关注，或出现无知性低级错误，我们将在征询意见后，继续研究和完善。

吉林省单一结构型城市转型问题研究

吉林大学课题组[*]

摘　要　自 2003 年国家实施振兴东北老工业基地以来，吉林省经济实现了近十年的快速增长。近年来，伴随着世界经济波动和中国经济增速放缓，吉林省经济出现"断崖式下跌"。2013 年吉林省经济增速降至全国后十名，2014 年、2015 年吉林省连续两年经济增速跌至全国后五位，虽然 2016 年吉林省经济增速有所回升，但仍位列全国后七位。吉林省经济发展问题再度成为社会关注的焦点。

当前，吉林省经济面临的发展困境，既受到国内外经济形势等现实因素的影响，也受到长期积累的历史遗留问题的影响，特别是一些深层次的体制性和结构性问题尚未得到根本解决，突出表现在吉林省单一结构城市产业转型这一长期困扰吉林省振兴的难点问题上。目前，吉林省一些单一结构城市赖以生存的主导资源或主导产业大多已步入资源开采的中后期或技术老化期。这些城市主导性产业的衰退，将导致产业竞争力下降、政府财政吃紧和经济增长乏力，诱发诸多经济社会问题。尽管在前期东北振兴过程中，吉林省部分单一结构城市的转型发展取得了一定的成效，但是仍有相当数量单一结构城市处于产业转型的阵痛之中。因此，探究经济新常态下吉林省单一结构城市可持续发展问题，将有利于地方政府制定针对性政策，具有十分重要的现实意义。

关键词　吉林省　单一结构型城市　城市转型

---

*　课题负责人：宋冬林；课题组成员：范欣、赵新宇、张志勇、孙佳、姚常成。

一　单一结构城市的识别与分类

关于单一结构城市，目前尚无明确界定。考虑到我国各地区的实际情况，我们试图从我国城市兴起与发展的实际情况出发，对单一结构城市的界定与识别加以阐释。单一结构城市实际上是指依据自身资源禀赋和国家工业布局需要，以本地区的自然资源开采、开发、加工为主而兴起与发展的城市类型。单一结构城市作为一种功能型城市生态系统，其形成并非由偶然因素造成，而是内因和外因共同作用的结果。其基本特征包括四个方面：在主导性产业上，主导性产业资源原始储量或产品产量丰裕，占比高；从单一行业就业上看，就业人群主要集中在与主导性产业相关的企业，但再就业成本较高；从生态环境上看，单一结构城市的环境承载力脆弱，环境治理监管不力；从财政收入依存度上看，单一主导性产业提供的财政收入占该城市财政收入的比重较高，产业兴衰将直接影响该城市财政收入的多寡。基于上述基本特征，本文对单一结构城市加以定量界定，其须满足以下三个条件之一：（1）主导性产业的产值占工业总产值的比重不低于30%；（2）主导性产业的产值占工业总产值的比重相对较高，且主导性产业的税收占工业总税收的比重不低于50%；（3）主导性产业的产值占工业总产值的比重相对较高，且主导性产业从业人员占工业从业人员比重不低于30%。表1反映的是2005～2014年吉林省单一结构城市分布情况。

从表1我们可以看到，2005～2014年长春、通化、延边一直是单一结构城市，吉林、松原、白城、白山经历了单一结构城市与非单一结构城市的动态变化。考虑到部分单一结构城市已经实施了成功的转型，所以从2014年截面数据来看，吉林省单一结构城市尚有长春、吉林、通化、白城、延边、白山6个地级市，占比高达66.67%。

表1　2005～2014年吉林省单一结构城市分布情况

城市	主导性产业	2005年	2006年	2007年	2008年	2009年	2010年	2011年	2012年	2013年	2014年
长春	交通运输设备制造业	√	√	√	√	√	√	√	√	√	√

续表

城市	主导性产业	2005年	2006年	2007年	2008年	2009年	2010年	2011年	2012年	2013年	2014年
吉林	化学原料及化学制品制造业	√	√	√	√	√	√	√	×	×	√
松原	石油和天然气开采业	√	√	√	√	√	√	√	×	×	×
通化*	医药制造业/黑色金属冶炼及压延加工业	√	√	√	√	√	√	√	√	√	√
白城	农副食品加工	×	√	√	√	√	√	√	√	√	√
延边	烟草制品业	√	√	√	√	√	√	√	√	√	√
四平	农副产品加工	×	×	×	×	×	×	×	×	×	×
白山	煤炭开采和洗选业	×	√	√	√	√	√	√	√	√	√
辽源	黑色金属冶炼和压延加工业	×	×	×	×	×	×	×	×	×	×

注：√代表单一结构城市，×代表非单一结构城市。通化市 2006 年、2007 年的主导产业为黑色金属冶炼及压延加工业，其他年份均为医药制造业。

从城市类型上看，单一结构城市是以资源型城市和老工业基地城市为核心。其中，资源型城市主要是依托自身丰富的自然资源而发展起来的城市，其产品主要以原材料及其粗加工为主，如延边州、白山市；而老工业基地城市主要是基于国家发展战略和工业布局需要，依托资源进行加工生产而兴起和发展的城市，其拥有较为完善的工业体系，工业产值在地区生产总值中比重较高，如长春市、吉林市、通化市、白城市等。从城市界定条件及其发展趋势来看，主导性产业的产值占比符合条件（1）的城市，我们称之为第一类单一结构城市，主要包括长春市、吉林市、通化市、白城市等；主导性产业的税收占比符合条件（2）的城市，我们称之为第二类单一结构城市，主要包括延边州；主导性产业的从业人员占比符合条件（3）的城市，我们称之为第三类单一结构城市，主要包括白山市等。

二　单一结构城市发展周期识别

上文中按主导产业类型分类的方法主要是从城市主导产业性质加以划

分，并未结合时间维度对产业的发展周期进行识别，具有一定的局限性。为此，本文建立了以主导产业可持续发展能力及替代产业可持续发展能力为核心指标的单一结构城市发展周期识别标准。

（一）主导产业可持续发展能力指标体系

本文从经济创造力、财政依存度、社会支撑力三个维度来构建主导产业可持续发展能力指标体系。囿于数据的可得性及可比性，经过层层筛选指标，我们最终选取九类指标来衡量，具体参见表2。

表2　主导产业可持续发展能力指标评价体系

目标	维度（B_i）	指标（C_i）
主导产业可持续发展能力	经济创造力	单一主导产业产值占规模以上工业总产值比重（%）
		单一主导产业人均产值（%）
		单一主导产业产值增速（%）
		单一主导产业产值占GDP比重（%）
	财政依存度	单一主导产业税收占规模以上工业总税收比重（%）
		单一主导产业利润增长贡献率（%）
		单一主导产业利润增速（%）
	社会支撑力	单一主导产业从业人员占规模以上工业从业人员总数比重（%）
		单一主导产业从业人员增速（%）

在方法上，采用最大方差下的组合赋权法来加以测算综合指数。在主观权重上采用三角模糊层次分析法，客观权重上采用熵值法，最后采用方差最大化下主客观结合的原理得到各指标的综合权重，最终得出主导产业可持续发展能力指数。

（二）替代产业可持续发展能力指标体系

鉴于吉林省地级市的行业数据的可获取性，将规模以上工业中仅次于主导产业的潜在优势产业视为替代产业加以研究。在构建替代产业可持续发展能力指标体系时，继续从经济创造力、财政依存度、社会支撑力三个维度去考察，指标经过层层筛选，我们最终选取九种指标来构建，具体详见表3。

表 3   替代产业可持续发展能力指标评价体系

目标	维度（B_i）	指标（C_i）
替代产业可持续发展能力	经济创造力	替代产业与主导第一产业产值占比差（%）
		替代产业人均产值（%）
		替代产业产值增速（%）
		替代产业产值占 GDP 比重（%）
	财政依存度	替代产业与主导第一产业税收占比差（%）
		替代产业利润增长贡献率（%）
		替代产业利润增速（%）
	社会支撑力	替代产业与主导第一产业从业人员占比差（%）
		替代产业从业人员增速（%）

在方法上，本文继续采用最大方差下的组合赋权法来加以测算综合指数。在主观权重上采用三角模糊层次分析法，客观权重上采用熵值法，最后采用方差最大化下主客观结合的原理得到各指标的综合权重，最终得出替代产业可持续发展能力指数。

（三）单一结构城市发展周期划分

将主导产业可持续发展能力的三类等级评价和替代产业可持续发展能力三类等级评价结合为九种组合，按照如下分类标准（见图1）对单一结构城市的发展周期进行分类。

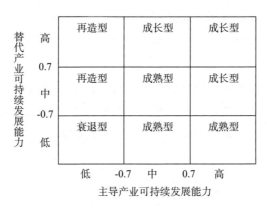

图 1   四个周期类别的单一结构城市划分

基于定量划分的基础，结合单一结构城市发展的实际情况，将对特定城市特别年份的周期类别进行适当修正，试图得出 2006~2014 年单一结构城市发展阶段的演化过程，具体如表4所示。

表4　2006~2014 年吉林省单一结构城市发展阶段动态演进情况

单一结构城市	2006 年	2007 年	2008 年	2009 年	2010 年	2011 年	2012 年	2013 年	2014 年
长春	成熟期（2006~2014 年）								
吉林	成长期（2006~2007 年）		成熟期（2008~2014 年）						
通化	再造期（2006~2014 年）								
延边	成熟期（2006~2011 年）						再造期（2012~2014 年）		
白山	成长期（2006~2008 年）			成熟期（2009~2011 年）			再造期（2012~2014 年）		
白城	成长期（2006~2007 年）		成熟期（2008~2014 年）						

三　不同发展周期单一结构城市发展特征

（一）成长型单一结构城市的发展特征

按照发展周期划分方法，2006~2014 年，吉林省有 3 个单一结构城市经历了成长期这一发展阶段。成长型单一结构城市的主导产业开发正处于上升阶段，资源产业保障潜力大，经济社会发展后劲足，是我国资源开采开发的重要保障基地。

（1）产业开发力度加大推动地区经济快速增长。处于产业开发初期的单一结构城市，主导产业产值在整个城市经济社会中的比重相对偏低。地区基础设施建设的不断完善、主导产业相关企业的生产能力不断提高，对地区经济发展的拉动作用将不断凸显，地区经济增长势头强劲。吉林市以化学原料及化学制品制造业为主导产业，同时也大力发展其上下游产业链条，使得主要产业产值、税收、从业人员大幅提高，进而推动地区经济的快速增长。

（2）劳动力的快速集聚有利于加快推进城镇化的步伐。随着主导产业开发活动的不断加快，大量资金和劳动力开始涌入，加速向成长性单一结构城市集聚。为满足人口的快速扩张的需求，地方政府加快了基础设施建设步伐，积极推动房地产产业发展，加快该地区城镇化的建设水平。白山市作为资源型城市的典型代表，其产业主体是煤炭开采和洗选业。这些产业虽以"原"字号、"粗"字号产品为主，但其作为劳动密集型产业在一定程度上吸纳了大批劳动力从事相关产业活动。

（二）成熟型单一结构城市的发展特征

按照发展周期划分方法，2006～2014年，吉林省有5个单一结构城市正在经历或已经处于成熟期这一阶段。成熟型单一结构城市的产业开发处于相对稳定阶段，资源保障能力强，主导产业的配套产业相对完善，地区经济社会发展水平较高，是现阶段主导产业安全保障的核心区。

（1）主导产业支撑城市经济平稳发展。成熟型单一结构城市经过一段时期的开发与建设，主导产业逐渐兴盛和壮大，与资源型产业或传统产业相关的企业规模不断扩大，并能独立生产与之相关的产品及其附属品，配套产业也渐趋形成，企业综合竞争力不断提升。同时，地区经济发展开始越来越注重技术进步与多元化发展，单一结构城市对技术创新的需求日益提升，主导产业的产品科技含量也开始稳步增强，技术进步、科技创新逐渐成为推动单一结构城市经济持续发展的重要动力。白山市、延边州等资源型城市主导产业的产值占比、从业占比、税收占比等近年来相对较为平稳，支撑着整个规模以上工业经济的平稳发展。长春市、吉林市、白城市等传统产业型城市无论是产值占比、税收占比，还是从业人员占比方面都呈现出稳步提升的发展态势，有利于实现当地经济的平稳增长。

（2）资源型产业发展与生态环境保护的矛盾开始激化。伴随着长期资源的开发、开采及初加工，成熟型单一结构城市，特别是成熟型资源型城市充分利用自身特有的资源优势，城市主导产业规模不断扩大，推动地区经济快速发展。但同时，长期资源的开发、开采及初加工也不可避免地对生态环境造成了破坏。更为重要的是，环境污染问题并未引起政府和社会的高度关注，企业为降低生产成本也不对其污染排放进行有效控管，因此生态环境状况呈现持续恶化趋势。以白山市为例，煤炭开采和洗选业是其主导产业，其对白山市生态环境安全带来了巨大的压力，生态环境修复成本居高不下。

（三）衰退型单一结构城市的发展特征

按照发展周期划分方法，2006～2014年，吉林省仅有松原市经历了衰退期这一阶段，不过很快在政府的有效引导下实现了成功转型。衰退型单一结构城市的产业开发处于衰退阶段，经济发展较为滞后，社会保障等民生性问题开始凸显，生态环境的压力增大，是单一结构城市中需要重点转型的地区。

（1）主导产业衰退导致城市经济发展动力不足。经过多年的资源开发开采，松原市主导产业已过鼎盛时期，其石油和天然气储量及其开采量均在不断下降，部分资源已渐趋枯竭。基于资源而形成的相关产业的产值开始下滑，城市经济开始出现衰退迹象。但在政府的有效引导下，松原市成功实施了转型战略，农副食品加工业逐渐替代石油和天然气开采业，成为松原市的主要产业，进一步拉动了当地的经济发展。

（2）生态环境破坏严重、治理成本较高。长期以来，在粗放型经济发展模式和"重开发，轻保护"发展理念的支配下，资源被过度消耗，高强度的生产活动对城市生态环境的影响逐步积累，这就使得衰退型单一结构城市成为生态破坏和环境污染的重灾区。土地大面积塌陷、废弃矿坑、危病险库等地质灾害隐患集中，滑坡、泥石流、水质污染、大气污染等问题层出不穷，这不仅严重影响了居民的日常生活，也使治理污染的成本居高不下。

（四）再造型单一结构城市的发展特征

按照发展周期划分方法，2006～2014年，吉林省有3个单一结构城市经历了再造期这一阶段。再造型单一结构城市逐步摆脱了对资源或传统产业的过度依赖，主导产业的相关产品科技含量稳步提升，经济社会开始步入良性发展轨道。

（1）主导产业的核心竞争力持续增强。进入再造期的单一结构城市，其自主创新能力不断增强，高素质人才对外不断壮大，与主导产业相关的产品的核心竞争力显著增强，自主特色产业渐趋明朗。以通化市为例，长期以来依托黑色金属冶炼及压延业形成了以钢铁为支柱的工业产业，如代表性企业通钢集团。但随着资源的渐趋枯竭和粗钢产能过剩等问题，传统钢铁企业面临巨大的生存危机，钢铁产值及其占比逐年下滑。近年来，钢铁产业通过技术改造和兼并重组，开始朝着技术含量更高的产品方向发展。同时，医药制造业在通化市也得以大力发展，加大了生物制药的研发力度，推动了生物医药等新兴产业的快速发展，逐渐成为通化市的主导产业，其核心竞争力得以快速提升。

（2）民营经济快速发展，激发市场活动。随着经济转型的不断推进，鼓励和引导民间投资健康发展的政策措施进一步完善，非公有制经济在城市经济发展中的地位日益重要。民营企业的快速成长，将进一步激发市场的活动，使城市发展重新焕发活力。以通化市为例，2015 年通化市民营经济占 GDP 的比重达到 58%，从业人员占全部从业人员的比例达到 58.4%，分别高于全省平均水平 6.6 个和 8.4 个百分点。同时，通化市也培育了修正、东宝、万通等 31 户国家级高新技术企业，研发出基因重组人胰岛素、人血白蛋白等一系列创新产品，累计实施了 267 项国家和省科技创新项目，一些项目填补了国内空白。医药高新区创业基地投入运营，通化市已被认定为全国创业辅导重点城市，连续 4 年被评为全省中小企业暨民营经济发展先进市。

四 吉林省单一结构城市的现状及问题

随着煤炭、石油等资源的开采、开发及加工和国家工业布局的需要，吉林省单一结构城市因此而兴起和发展。从城市诞生开始，单一结构城市就存在产业结构单一、城企高度融合、公共品供给不足等问题。同时，在粗放型经济增长模式下，自然资源往往缺乏有效保护，利用率较低，产业链内部衔接不足，产品竞争力不强，进而使得城市综合竞争力低下。目前，吉林省单一结构城市的问题较为突出，主要体现在以下四个方面。

（一）产业结构严重失衡、尚未形成全产业链

随着区域开发，依托自身丰富的自然资源及国家工业布局，吉林省城市随之发展，这就使得多数城市的经济发展严重依赖于某一单一性产业，再加上计划经济体制的影响，使得吉林省单一结构城市的第二产业和第三产业的比重失衡，第二产业产值占总产值的比重较高。从第二产业内部结构来看，单一结构城市的主导性产业发展"一枝独秀"，而其他产业的实力相对较弱，同一城市尚无形成完整产业链。

从图 2 可知，吉林省单一结构城市产值占比的趋势差异性较大。2005 ~

2014 年，长春市、白城市产值占比的趋势较为平稳，吉林市、延边州、白山市产值占比呈现下降趋势，而通化市呈现上升趋势。究其原因，交通运输设备制造业一直是长春市的优势产业，其产业链相对完善，加上目前该产业正处于成熟期，故其产值变化较为平稳；而白城市主要依托农业资源优势，农副食品加工发展较为迅速，已形成了饮料加工业、粮油加工业、畜禽加工业等产业群，发展势头较好。吉林市、延边州、白山市的主导性产业主要依托自身资源进行开采、开发及加工，随着资源的不断耗竭，其产值成长速度明显不如其他产业，甚至出现下降趋势，就这使得其产值占比明显降低。黑色金属冶炼及压延加工业原本是通化市的支柱性产业，近年来黑色金属储量明显开始下滑，而第二产业医药制造业在政策支持下，逐渐成为通化市的主导性产业，进而推动了该地区经济增长。

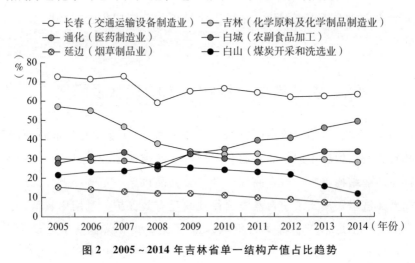

图 2　2005~2014 年吉林省单一结构产值占比趋势

图 3 反映的是 2005~2014 年吉林省单一结构主要产业产值占比差的变化趋势。从图上可以看出，长春市、通化市主要产业产值占比差在 2014 年均超过了 40%，差值较大；而白山市的主要产业产值占比差的变化趋势较为平稳。从 2005 年到 2014 年单一结构城市主要产业变动情况来看，不难发现，仅有通化市的产业转型升级较为成功，逐步摆脱了对"原"字号、"粗"字号产品的依赖。而其他单一结构城市的主要产业仍然是以不可再生资源的开采、开发为主，随着资源的不断消耗，产业的兴衰将直接影响到城市的综合竞争力的强弱。

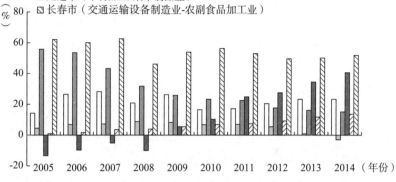

图3 2005～2014年吉林省单一结构主要产业产值占比趋势

（二）就业结构相对单一、社会结构相对固化

吉林省单一结构城市的产业结构特性，使得从事自然资源开采开发及加工等产业的职业成为"显性职业"，大批劳动力主要从事与主导性产业相关的工作，对产业有高度的依附性。而这种城企高度融合的模式使得与之相关产业的企业大多是国有企业，具有较强的地方垄断性，整个城市的教育、就业等均为之展开，进而造成社会结构相对固化。图4反映的是2005～2014年吉林省单一结构城市从业人员占比趋势。

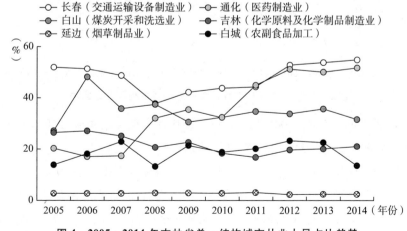

图4 2005～2014年吉林省单一结构城市从业人员占比趋势

从图 4 可以看出，除通化市外，2005～2014 年其他单一结构城市从业人员占比的变化趋势较为平稳。究其原因，通化市由于近年来加大了医药制造业的扶植力度，产业发展形势较好，逐渐取代黑色金属冶炼及压延加工业的地位，其成为主导性产业，不仅解决了人们的就业问题，也在一定程度上实现了失业人员的再就业。从 2005 年至 2014 年均值来看，长春市从业人员占比值除 2008 年外均不低于 40%，位居第一位；延边州从业人员占比均值仅为 2.81%，位居倒数第一。

（三）财政依存度较高，抗风险能力较弱

吉林省单一结构城市较多，其财政收入主要来源于主导性产业的税收收入，这将直接导致地方政府税收收入相对单一，对该产业的依赖性较高。同时，该产业的兴衰将直接影响地方政府财政收入的多寡，这将使得地方政府抵抗风险的能力相对较弱。图 5 反映的是 2005～2014 年吉林省单一结构城市税收占比情况。

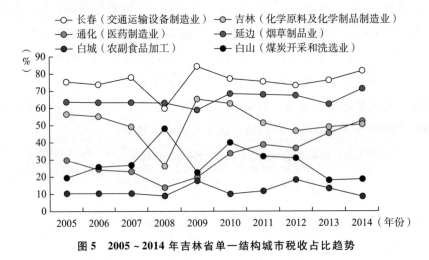

图 5　2005～2014 年吉林省单一结构城市税收占比趋势

从图 5 可以看出，2005～2014 年，吉林省各单一结构城市的税收占比虽历经波折，但整体趋势相对平稳。从均值来看，长春市、延边州的税收占比均超过 60%，位居前二；而白城、白山的税收占比低于 30%，位居后两位。延边州作为第三类单一结构城市，其烟草制品业的产值占比较低，但由于该行业属于税率较高的行业，使其在税收上形成了"一柱擎天"的局面，税收占比远高于该地区产值占比第一的木材加工业。从图 5 可以发

现，与其他单一结构城市相比，白城市的税收占比一直维持在 12% 左右，处于相对较低的水平，其原因主要在于农副食品加工属于劳动密集型产业，产品生产成本相对较高，这就使得其利润率较低，上缴税收收入较少，进而影响其税收占比。

（四）生态环境破坏较为严重，治理成本相对较高

吉林省资源相对丰富，但自 20 世纪开始，在粗放型经济增长方式下大规模的资源开采开发使得吉林省不可再生资源过度消耗，生态环境不断恶化。在此过程中，企业更愿意将资金投入资源的开采开发上，而忽视生态修复工作，政府也并未制定相应的政策法规加以引导和约束，惩罚成本过低，这就进一步加大了生态环境的破坏，提高了环境治理成本。

五　单一结构城市转型的对策建议

面对单一结构城市的衰退和可持续发展，西方发达国家纷纷开展区域经济振兴、产业结构调整与转型升级，依托信息技术，利用高新技术改造传统行业并打造新兴产业，重新使其焕发生机。在单一结构城市的转型升级过程中，不同国家基于自身国情采取特色各异的措施，如侧重人力资源开发与资金倾斜投入推进产业转型的"德国鲁尔模式"、强调以高新技术与传统行业相结合的"法国洛林模式"、依托财政支出针对性投入和优化实现转型的"日本九州模式"、主张以大项目带动产业调整的"英国威尔士模式"，等等。从国外的成功经验来看，单一结构城市的成功转型，仅仅依靠市场的力量并不现实，需要与政府政策指导有机结合。吉林省单一结构城市众多，其存在有其客观必然性，曾为吉林省乃至全国经济发展做出巨大的贡献，其衰退无不与体制机制紧密相关，如何成功实现其转型已迫在眉睫。面对吉林省当前经济发展、社会基础、生态环境等方面的突出问题的实际情况，我们应努力调整吉林省经济结构，成功实现单一结构城市的转型。

（一）单一结构城市转型的总体战略

总的来说，针对吉林省单一结构城市存在的一般性与特殊性的现实情

况，我们应从吉林省的现实情况出发，以科学发展观为统领，积极推进改革开放创新，将宏观区域政策设计的共性指导与"一市一策"的个性化探索有机结合、一般性政策指引与精细化政策工具的有机结合、政府的政策支持与市场化项目运作相结合，努力做到"加减乘除一起做，横竖撇捺同步行"，实现单一结构城市可持续发展。

首先，借助现代技术大力发展新兴产业，实现多产业协同发展。当今时代是互联网技术和新硬件智能制造技术快速发展的时代，应依托吉林省良好的工业基础和较强的科研实力，重点培育和支持光电子、集成电路装备、生物医药、新能源、新材料等新兴产业，改变过去以"原"字号、"初"字号产品为主的不合理产业结构，以期提升城市综合竞争力，增强自身抗风险能力。如长春市科研实力较强，且其交通运输装备制造业是其主导性产业，可以依此发展光电子、新能源、新材料等新兴产业，实现产业间的互联互通；通化市医药制造业实力较强，可以依此大力发展生物医药产业和大健康产业等，形成相对完善的产业集群。

其次，加大传统产业转型力度，努力实现接续产业或替代产业的无缝式对接。吉林省自然资源储量相对丰富，但各地市的资源禀赋和发展阶段不一，政府在政策制定上应加以分类指导，切不可"一刀切"。针对单一结构城市（白山市）中资源不断枯竭的资源产业，应积极寻找替代产业；针对单一结构城市（如白城市等）中资源增速相对缓慢的农业产业，积极构建现代农业产业体系，破除小规模化、分散化经营管理，同时做好精深加工，提高产品附加值。

再次，力促自主创新与经济发展高度融合，打造创新生态系统。吉林省具有良好的科研资源，但也存在创新创业需求不足、相关政策制定不完善等问题，这就使得创新生态系统难以建立。而自主创新是一个地区经济发展的原动力，吉林省应进一步加大对自主创新的支持力度，激发全社会的创新激情，推动产品创新、科技创新、企业创新、管理创新等；同时，也应营造良好的制度环境、经济环境、社会环境等，积极构建吉林省创新生态系统，为地区经济的可持续发展奠定基础。

最后，继续深化国企改革，完善体制机制。吉林省国有企业数量较多，政府应针对不同国有企业功能类别推进改革，以产业转型升级为引领，依靠市场化机制来参与运作，将重组与机制创新有机结合，以期增强国有企业的市场竞争力。同时，政府也应坚决破除体制机制障碍，不应人为强加干预，努力实现政企功能区分，并积极加强跨区域分工与合作，让资源在市场上得到充分自由流动，形成市场间的无缝式对接，发挥市场在资源配置中的决定性作用。

（二）吉林省单一结构城市转型的区域协调战略

1. 东部地区

依托东部丰富的自然资源和旅游资源等，重点打造医药产业基地、绿色健康食品产业园区、养老健康产业集群和特色旅游产业带高度融合的"二三产业联动"的绿色转型发展区。东部地区可依托自身丰富的资源，围绕绿色产业、生态旅游等方面深度挖掘，努力构建绿色转型发展区。

第一，积极打造区域性医药产业基地，实现区域内医药产业协调发展。吉林省东部地区拥有丰富的自然资源，野生经济植物上千种，野生经济动物上百种，是中国著名的中药材原产地。同时，通化市、延边州的医药产业发展势头较好，现已成为当地的重要支柱产业。东部地区应充分协调区域内产业链的完善性，重点打造全产业链的医药可追溯体系，确保医药品质，实现药源上的绿色健康和品牌塑造。

第二，大力发展绿色食品、健康食品产业园区。从近十余年东部地区食品行业的发展情况来看，其发展势头良好，是当地重要的支柱产业之一。随着人们对食品安全、食品品牌意识的不断增强，绿色食品、健康食品将成为东部地区食品行业转型发展的新方向。东部地区可依托长白山丰富的动植物资源，对食品业进行统筹规划，重在研发创新，建立绿色食品、健康食品产业园区，努力打造朝鲜族特色品牌。

第三，依托优美的自然环境，稳步打造独具特色的养老健康产业集群。从近十年东部地区的要素禀赋情况来看，人口老龄化开始加重，资金存贷差拉大。东部地区可根据其丰富的旅游资源、独具特色的人文景观等，较为充裕的资金实力，重点发展养老健康产业集群。政府可从候鸟式养老模式入手，逐步推进形式多样的养老模式，打造具有区域特色、民族特色的养老健康特色小镇等。

第四，深度挖掘旅游资源，构建跨区域的特色旅游产业带。东部地区旅游资源丰富，交通较为便利，气候特征明显。政府应立足于东部地区乃至吉林省的高度统筹谋划特色旅游产业发展，可重点打造以冰雪文化、消夏避暑、养生疗养、民俗文化为重点的旅游产业带。

2. 中部地区

依托中部较强的工业实力等，重点打造现代装备产业体系、光电信息产业基地、高端化工产业集群和文化创意产业示范区高度融合的"二产为主导"的创新转型核心区。

第一，大力发展智能装备制造业，完善中部地区现代装备产业体系。长春、吉林和辽源等地都具备较好的装备制造业基础，且各具特色。政府可借助交通区位优势和既有产业基础，在中部地区合理布局，各有侧重。长春市可重点发展轨道交通、智能制造装备、现代农机装备、光电装备等，打造独具特色的智能装备制造园区；吉林市可重点发展机电一体化产品、智能监控设备、航空航天装备、环境监测与处理装备等；辽源市可重在支持传统装备制造业的转型升级，围绕轨道交通、汽车零部件等产品的智能化，积极融入现代装备制造产业体系之中。

第二，基于既有的产业基础和较强的科研实力，打造光电信息产业基地。长春市拥有较好的光电产业基础，可围绕汽车产业等，大力发展大功率激光设备、光电检测仪器、汽车电子等，提升传统行业的核心竞争力。

第三，加快推进传统化、工产业的转型升级，重点打造生物化工、精细化工为主导的化工产业集群。石化产业是吉林市的传统优势产业，现已形成了较为完善的产业链。为此，中部地区应充分利用既有优势，创新驱动发展，重点突破精深加工和原料替代技术，努力打造生物化工和精细化工产业集群，实现传统产业与新兴产业的良性互动。

第四，依托旅游资源和人才储备，大力发展文化创意产业。政府可依托地区较为丰富的旅游资源，常年出资（如提供食宿等）吸引专业人才（如汽车工艺创意等），重塑城市品牌形象，共享其在此期间成果的知识产权，大力发展文化创意产业。

3. 西部地区

依托西部丰富的生态资源等，重点打造特色旅游业、农机装备业、现代农业产业体系产业的高效绿色生态区。

第一，依托丰富的旅游资源，大力发展特色旅游产业。吉林省西部地区生态旅游资源得天独厚，拥有湿地、自然保护区等，可重点打造以湿地生态、民俗风情、草原风光、历史文化等为特色的旅游区（带）。

第二，大力发展特色种植业等，积极打造"农园综合体"。随着中国经济结构调整和产业变迁，水稻、玉米等主要种植业开始向东北集聚，"南猪北养"等现象开始凸显，政府可基于此大力发展特色种植业等，并依此建设农畜产业加工园区、绿色食品加工园区等，推进农业产业化和工业化进程，打造产业联动的"农园综合体"。

第三，依托农业优势，注重农机装备业发展。随着农业规模化体系的不断完善，农业机械化发展的市场需求日趋强烈。西部地区可整合既有的农机制造产业资源，重点发展新型农机具、收获机械、畜牧机械等，努力打造中国农机装备制造产业集群。

吉林省单一结构城市众多，是主导产业生命周期演变、国家工业化进程与传统体制机制"三重叠加"的结果。地方政府应加强供给侧结构性改革促进传统产业转型升级，从增量上做大做强新兴产业，对新的生产方式进行积极探索，将新的业态根植于新的生活方式、新的组织方式、新的经营方式之上。对于产业的区域性分工与合作，省政府须立足省情，从东北地区乃至东北亚层面统筹产业布局，稳步推进财政资金市场化，建立健全区域利益共享机制。当然，产业结构调整并非易事，各级政府不应各自为政，而应将其纳入大区域分工体系之中，基于既有资源重点突破，实现产业的跨区域协调互动。此外，产业结构的动态调整须与体制机制的完善、微观主体的再造有机结合，方能有效推进地区产业的转型升级。

六 典型单一结构城市转型途径及建议

（一）长春市单一结构型城市转型途径及建议

长春市身处东北战略腹地，哈长城市群发展规划和长春新区总体方案的批复，将为长春经济发展乃至东北振兴注入新的活力。长春市曾作为中国"底特律"，诞生了众多"中国第一"，如第一辆有轨电车、第一列地铁等。但长期依靠交通运输设备制造产业的单一结构发展模式已严重制约了长春市经济的转型发展。从近十年来长春市经济发展情况来看，主导产业（交通运输设备制造业）产值占比长期处于60%以上，且与第二产业（农副食品加工业）的产值占比之差也近50%；主导产业税收占比超过70%；与主导产业相关的从业人员占比超过40%。这种"一枝独大"的局面无疑加大了抗风险的难度。从可持续发展能力上看，通过对主导产业可持续发展能力和替代产业可持续发展能力两个维度的考察，长春市现已步入了单一结构城市成熟期。如何跨越衰退期，实现经济结构调整和优化，是当前政府不得不面对的现实问题。

通过实地走访调研，深入长春市重点企业了解实际情况，我们现就长春市如何实现单一结构城市转型，推进经济平稳快速发展，提出以下四点建议。

（1）促进中央企业与地方经济的深度融合，提升主导产业的深度和广度。交通运输设备制造业作为长春市的主导产业，中央企业的作用功不可没，这点在长春市汽车产业上表现尤为明显。从表面来看，中央企业对该地区名义GDP的影响很大，但实际上，中央企业并未在当地将分工细化，这种中央企业之间及其与地方经济之间的不紧密关系使得其对地方经济的带动作用有限。过度依赖一个产业会使得一旦中央企业发生困难，地区的GDP就会出现"坍塌"。因此，政府应充分利用中央企业深化改革的时机，促进中央企业与地方经济的深度融合。第一，中央企业深化内部改革，努力实现精细分工的本土化。中央企业应结合自身实际情况，找准自身定位，通过深化改革与创新，吸引人才，增强企业活力。同时，加强与地方企业开展全方位合作，通过入股、参股等方式实现精细分工的本土化，打破"孤岛经济"模式，实现资源在本地区的合理配置。第二，加强中央企业与高校和科研院所间的深度合作。充分利用中央企业和高校科研院所的人才优势，加强双方之间的合作，提高科研成果转化率。重大专项终极技术前的技术溢出也可进行形式多样的成果转化（如形成新企业或技术入股企业等方式）。第三，中央企业加强供给侧结构性改革力度，发展高新尖技术，提高产品附加值。如在汽车产业上，在依托传统产品发展的同时，应大力发展互联网智能汽车，实现"弯道超车"。

（2）挖掘城市名片潜力，力促传统与现代产业有机结合。城市名片是一个城市的灵魂，体现了一个城市的区分度。长春市享有"汽车城""电影城""森林城""文化城"等美誉，做大做强相关产业集群不仅有利于提升城市知名度，也能培育和发展现代产业。一方面，打造特色主题小镇，依托城市名片，着手规划建设"汽车特色文化小镇""电影特色文化小镇"等，将主题文化博览、主题公园、主题风情商业、医养产业等有机结合；另一方面，大力发展旅游产业，打造宜居城市。长春市作为四大园林城市之一，气候特征分明，政府可打造若干特色鲜明的宜居小镇，将旅游产业和养老产业（特别是候鸟式养老模式）有机融合。

（3）出台针对性产业政策，努力创造良好的营商环境。产业选择问题是经济结构单一地区面临的首要问题，把握好产业选择和发展次序是单一结构城市步入产业转型合理区间的有效路径。东北地区由于受惯性思维、路径依赖等因素影响，与东南沿海相比，营商环境相对较弱。因此，政府应从自身改革做起，提供政策支持和优化软实力，努力创造良好的营商环境。同时，在招商引资过程中，应在做好增量的基础上注重产业选择。政府应重点发展产业的链条完整性，避免因产业链不完善而提高企业成本，降低企业来长春市投资的动力。

（4）深化体制机制改革，建立区域转型长效机制。东北地区长期深受传统计划经济体制影响，以往发展靠项目、靠投资，体制机制相对固化，城企高度融合，要想实现由"等靠要"向"闯改创"转变，这就需要不断深化改革，增强发展动力，坚决破除体制机制障碍，对标国内先进地区，对市场不人为强加干预，大力推进简政放权，放管结合，努力实现政企功能区分。针对长春市民营企业实力薄弱的现实情况，政府应大力发展民营经济，成立民营企业示范区，着力保障民营企业平等获取生产要素，营造公平竞争的市场环境。同时，政府可在民营企业示范区内根据长春市的自身优势和特色加以试点，重点推进。此外，建立资源开发补偿机制、衰退产业援助机制、新兴产业扶持机制等，以期推动长春市的转型发展。

长春市作为成熟型单一结构城市，如何避免陷入衰退型单一结构城市将是其不得不面临的主题。当然，长春市经济结构单一局面的改变并非一朝一夕的事情，如何在稳增长中促进转型将是一个长期性、系统性工程。政府应从长春市的现实情况出发，以科学发展观为统领，积极推进改革开放创新，突破既有的经济发展模式和体制机制，努力打造新经济、新机制、新体制，实现长春市的可持续发展。

（二）吉林市单一结构型城市转型途径及建议

吉林市地处长吉图开发开放先行先导区腹地，是吉林省开发开放的前沿阵地。吉林市自然资源丰富，工业基础实力较强，是中国北方特色的旅游城市和首批国家新型城镇化综合试点地区。长吉图开发开放先行示范区被纳入国家战略发展规划和吉林省"十三五"规划，将为吉林市经济发展带来新的活力。近年来，随着经济"新常态"和"东北新现象"的出现，吉林市的地区生产总值虽整体呈现上升趋势，但增速明显放缓。从要素禀赋上看，吉林市户籍总人口数开始有所减少，人口自然增长率呈现下降趋势；各项存贷款总额虽逐年增长，但存贷差呈现出缩小趋势。作为单一结构城市的吉林市，第一主导产业化工原料及化工制品制造业的产值开始下滑，主导产业优势渐趋丧失。面对上述实际情况，吉林市政府如何顺应吉林省政府发展规划导向，依托自身优势，实现地区产业结构的转型升级，这将是地方政府不得不深思的重要问题之一。

通过实地走访调研，与当地相关政府部门深入沟通交流，并考察吉林市部分重点企业近年来的经营状况和发展问题，现就吉林市如何优化产业结构，增强抗风险能力，促进地区经济平稳快速发展，提出以下四点建议。

（1）稳步发展化工产业，积极打造以生物化工、精细化工为主导的化工产业集群。长期以来，化工原料及化工制品制造业一直是吉林市的主导产业，现已形成了较为完善的产业链，支撑着吉林市经济的快速稳定增长。近年来，该主导产业产值占比开始有所下滑，其原因主要来自国际国内经济形势及产业升级调整的阵痛。为此，吉林市应充分利用既有产业优势，加大研发创新力度改造传统产业，重点突破精深加工和原料替代技术，努力发展生物化工和精细化工产业，实现传统产业与新兴产业的良性互动，积极构建以生物化工、精细化工为主导的化工产业集群。同时，依托产业集聚优势，利用既有的工业基础和重点企业实力，努力打造基础化工产业、精细化工产业、新兴材料产业等完整体系的循环经济示范园。

（2）大力发展智能装备制造业，努力打造跨区域的现代装备产业体系。吉林省中部地区具有较强的装备制造业实力，且与中部地区其他地级市发展方向的侧重点不同。装备制造业也是吉林市的重要支柱产业之一，2016年装备制造业在工业总产值中占比约12%。吉林市可在自身良好的装备制造业基础上，以深化改革为主线，以智能制造为核心，坚持以高端化、智能化、服务化为发展方向，重点发展机电一体化产品、智能监控设备、航空航天装备、环境监测与处理装备等；此外，吉林市政府可借助区位优势和完善的交通基础设施体系，在注重自身优势培养的同时，努力打造跨区域的现代装备制造业产业集群。

（3）大力发展食品产业，注重对绿色食品、功能食品产业的重点培育。吉林市的农副产品加工业发展势头良好，一直是吉林市的重要支柱产业，2016 年其占工业总产值的比重上升至 21%，同比增长 6.4%。其中，仍以传统农副食品加工业为主。近年来，随着人们生活水平的不断提高和对食品安全意识的不断增强，传统食品加工业已渐趋不能满足需求，农副食品加工业亟须转型升级，绿色食品、功能食品将成为重点发展的产业方向。同时，农副食品产业也是吉林省的优势产业之一，吉林市应积极融入吉林省农副食品产业布局之中，依托自身优势，积极打造从种植、生产、加工到销售等全产业链的农副食品可追溯体系。

（4）依托丰富的自然资源和旅游资源，大力发展文化创意产业。吉林市地处长白山余脉，自然资源较为丰富，生态环境相对洁净，是世界生物圈天然保护区的"立体资源宝库"，也是中国北方特色旅游城市。吉林市可借助吉林省大力发展旅游业的契机，做好旅游发展规划，整合旅游资源，重点打造以冰雪休闲、消夏避暑、生态观光、民俗文化为重点的旅游发展带。同时，依托特色旅游资源，大力吸引专业人才进行短期或不定期智力支持，地方政府在强化宣传的同时可提供相应的政策、资金支持，共享在此期间的文化创意知识产权，支撑吉林市文化创意产业的发展。

当然，我们不得不说的是，单一结构城市的产生，往往是多重因素综合叠加的结果。一个地区经济结构单一并非坏事，应辩证加以考虑，但产业的衔接性、完整性等问题确是地区经济发展不得不面对的现实问题。吉林市在产业选择和转型升级过程中，应充分考虑自身实际情况，对产业加以选择和引导，积极融入吉林省乃至东北地区的分工体系之中，提升产业的跨区域协调性，进而促进地区经济的可持续发展。

（三）延边朝鲜族自治州单一结构型城市转型的途径及建议

延边朝鲜族自治州（以下简称延边州）地处吉林省东部中朝边境，

"一带一路"建设的加快和吉林省"十三五"规划的实施，将为延边州经济发展注入新的动力。延边州地缘优势明显，位处中朝俄三国交界，是东北亚的几何中心。同时，作为中国最大的朝鲜族聚集地，自然资源和人文优势明显，是中国主要的木材产区之一。近几年来，随着经济"新常态"和"东北新现象"的出现，延边州经济增速明显放缓，城乡人均可支配收入波动较大，主导产业的优势渐趋丧失，要素禀赋优势不明显，税收收入主要依赖于烟草制造业的兴衰。税收高度依赖单一产业的发展模式无疑将削弱地区经济抗风险能力。面对上述实际情况，地方政府如何依托自身资源，实现地区经济结构的优化，将是地方政府不得不思考的问题之一。

通过实地走访调研，与当地相关部门进行沟通交流，并深入延边州重点企业了解经营情况，现就延边州如何依托自身优势资源，推进产业优化升级，促进地区经济平稳快速发展，提出以下四点建议。

（1）大力发展医药产业，积极打造跨区域医药产业集群。近年来，延边州医药产业发展势头较好，现已渐趋成为当地的重要支柱产业。作为吉林省东部绿色转型发展区的排头兵，延边州应积极响应"五个一批"工程，依托长白山独特的资源优势，打造种植、生产、研发的全产业链，构建中药材的可追溯体系，塑造产业品牌。在原材料上，可定期举办大型人参等药材交易会，力图打造"中国北方药材交易基地"；在医药研发方面，一方面政府应注重当地人才培养，提供一站式服务引进不同形式人才；另一方面可依托互联网平台，定期发布重点研发项目包，依靠外部人才解决技术难题。此外，也应加强与吉林省相关地市（如通化市等）的医药产业联系，建立健全利益共享机制，注重培养"人无我有，人有我优"的核心竞争力，力争实现产业互联互补，地区各具优势，实现良性互动。

（2）积极稳妥推进养老健康产业，力图打造大健康产业体系。从近十年来看，延边州的要素禀赋结构开始出现不合理的态势。户籍人口总体略有下降趋势，人口自然增长率偏低，人口结构开始出现"两头大，中间小"的趋势。存款和贷款额均稳中有升，新增存贷差开始增大。基于此，延边州可依托自身丰富的自然资源和人口特征等，以地方政府为主导，积极规划与落实"养老健康小镇"，稳步推进居家养老、候鸟式养老等模式的开展。同时，针对吸引地区产业发展亟须人才，政府可为其提供住房、养生护理等配套服务，使其在养老养生的同时提供智力支持，实现"成果共享"，服务地方经济。

（3）大力发展文化创意产业，力促特色旅游与新兴产业融合。随着人们生活水平的不断提升，物质需求开始让位于精神需求。延边州旅游资源丰富，交通较为便利，气候特征明显，游客增幅显著。延边州拥有延边大学等高校，具有较好的人才储备。近年来，吉林省开始大力发展旅游业，延边州可以龙延图文化旅游区为基础，站在长吉图的高度统筹谋划特色旅游产业发展，重点打造以冰雪休闲、消夏避暑、生态观光、养老养生、民俗文化为重点的旅游发展带。同时，可基于第三季度气候宜人的特征和特色旅游资源，借机发展文化创意产业，政府可免费提供食宿等，分享在此期间专业人才文化创意的知识产权。

（4）稳步推进食品产业发展，注重绿色食品、健康食品产业的重点培育。从近十余年的发展情况来看，延边州的食品行业发展势头良好，是重要的支柱产业之一，但仍以传统食品行业为主。近年来，随着人们对食品安全意识的不断增强，食品可追溯体系的渐趋形成，绿色食品、健康食品将成为食品行业发展的新方向。延边州拥有较好的食品业基础，可依托长白山丰富的动植物资源，对食品业进行统筹规划，建立种植、生产、销售等全产业链的食品可追溯体系，打造朝鲜族自身特色品牌。针对"80后"消费习惯、二胎效应、老龄化等现象，可针对性发展大众化包装食品、婴幼儿食品、功能性健康食品等。

产业选择问题是地区经济发展不得不面对的问题之一，这点在经济结构单一的城市表现尤为明显。对于产业选择及其发展次序问题，地方政府应充分评估自身实力，多方面综合予以考量。地方政府在此过程中，一方面应努力创造适合其发展的土壤和营商环境，重点扶持，集中突破；另一方面也应努力通过财政资金市场化运作，提升自有资金利用效率。在注重自身地区发展的同时，兼顾区域间的产业协调发展，提升产业的区域协同性，实现包容性增长。

吉林省加快科技成果转化问题研究报告

吉林省社会科学院课题组[*]

摘　要　本报告先后就利用大数据进行科技成果转化能力评估、有效投资与科技成果转化的关系问题、特殊群体创新创业和成果转化问题、发挥财政相关经费作用等问题进行了探讨。本报告的部分内容得到了有关省级领导的批示，部分观点被有关省直部门制定的政策文件采纳。

关键词　吉林省　科技　成果转化

一　科技金融发展视角下的科技成果转化能力评估

国内外发展实践证明，科技成果转化能力在很大程度上表现为科技金融资源的配置能力。而在"互联网＋"背景下，科技金融资源的供给能力和需求能力都能够通过网络信息予以表达。为此，有必要基于搜索引擎和网络地图的大数据资源，从科技金融供给和科技金融需求两个视角，对吉林省科技金融资源的配置能力进行分析，对吉林省科技成果转化能力进行评估。

（一）吉林省科技金融供给能力的现状评价

1. 吉林省科技金融供给能力居全国第 18 位

以"吉林省科技金融"为关键词利用搜索引擎获得的信息量为 121 万

---

*　课题负责人：赵光远；课题组成员：徐嘉、王天新、李平、董姝娜、崔巍、井丽巍等。

条，在全国各省区中居第 17 位。科技金融发达地区的信息量均在 145 万条以上。从近一年的信息量来看，吉林省信息量为 43.1 万条，在全国各省区中居第 18 位。科技金融发达地区近一年的信息量均在 55 万条以上，各省区平均水平为 46.8 万条。从近一年的信息量比重看，吉林省为 35.6%，在全国各省区中居第 20 位。科技金融发达地区的比重多在 40% 以上，全国平均水平为 39.2%。按以上三个指标几何平均数排序，吉林省科技金融供给能力居全国第 18 位。

2. 长春市科技金融供给能力在省会城市和副省级城市中居第 21 位

以"长春市科技金融"为关键词利用搜索引擎获得的信息量为 66 万条，在 32 个省会城市和副省级城市（不含直辖市）中居第 17 位。东部沿海地区 12 个城市的信息量平均为 107 万条以上，全国 32 个省会城市的信息量平均为 82 万条以上。从近一年的信息量看，长春市信息量为 22.4 万条，在 32 个省会城市和副省级城市（不含直辖市）中居第 21 位。东部沿海地区 12 个城市的信息量平均为 49 万条以上，全国 32 个省会城市的信息量平均为 35 万条以上。从近一年的信息量比重看，长春市为 34.1%，在 32 个省会城市和副省级城市（不含直辖市）中居第 28 位。东部沿海地区 12 个城市平均为 45% 以上，全国 32 个省会城市平均为 43% 以上。按以上三个指标几何平均数排序，长春市科技金融供给能力在 32 个省会城市和副省级城市（不含直辖市）中居第 21 位。

3. 吉林省其他市（州）科技金融供给能力在东北地区城市中的位次

在东北地区 31 个地级城市（不包含省会城市、副省级城市和大兴安岭地区），吉林省在科技金融信息总量方面，吉林市居东北地区第 1 位，通化市、四平市、延边州、松原市、辽源市依次居第 12、13、16、19、21 位，白城市、白山市并列第 24 位。八市（州）信息量平均为 8 万条（不含吉林市 3.2 万条），东北地区 31 个城市平均为 6.4 万条。东北地区地级城市中排在前五位的城市依次是吉林市、朝阳市、大庆市、抚顺市、鞍山市。从近一年的信息量看，吉林市仍居东北地区第 1 位，四平市、通化市、延边州、松原市、辽源市、白城市、白山市依次居第 11、14、15、19、22、23、24 位。八市（州）信息量平均为 2.5 万条（不含吉林市为 1.2 万条），东北地区 31 个城市平均为 2.1 万条。东北地区地级城市中排在前五位的城市依次是吉林市、朝阳市、抚顺市、大庆市、鞍山市。从近一年信息量的比重看，吉林省表现最好的是松原市，居东北地区第2位，辽源市、白城市、白山市表现也较突出，依次居第7、9、10位，延边州、吉林市、四平市、通化市依次居第17、21、24、30位。八市（州）信息量比重平均为31.7%（不含吉林市为36.2%），东北地区31个城市平均为32.4%。东北地区地级城市中排在前五位的城市依次是七台河市、松原市、铁岭市、鹤岗市、锦州市。按以上三个指标几何平均数排序，在东北地区31个地级城市中，吉林市居第1位，四平市、通化市、延边州位居中游，依次居第11、14、15位；松原市、辽源市、白城市、白山市四个城市表现欠佳，依次居第19、22、23、24位。

（二）吉林省科技金融需求能力的现状评价

1. 吉林省科技金融需求能力居全国第24位

百度地图大数据显示，吉林省"公司"总数为3614户，居全国第23位。全国各省区平均数超过9000户；11个东部沿海省区（京津沪三个直辖市及冀鲁苏浙闽粤桂琼八省）该指标平均数近16000户，广东省高达43547户，四大直辖市中该指标最少的重庆市也达到了4223户。从"科技公司"数量来看，吉林省"科技公司"总数为1147户，居全国第24位。全国各省区平均数近4900户；11个东部沿海省区（京津沪三个直辖市及冀鲁苏浙闽粤桂琼八省）该指标平均数超过9800户，广东省高达36285户，四大直辖市中该指标最少的重庆市也达到了2003户。从"科技公司"与"公司"比重看，吉林省为31.7%，在全国各省区中居第25位。全国各省区平均数为54.3%；11个东部沿海省区（京津沪三个直辖市及冀鲁苏浙闽粤桂琼八省）该指标平均数为61.5%，北京市该指标高达112.4%，广东省也高达83.3%户，四大直辖市中该指标最小的重庆市也达到了47.4%。按以上三个指标几何平均数排序，吉林省科技金融需求能力居全国第24位，该指标值为508.6，相当于广东省的10%左右。

2. 长春市科技金融需求能力在省会城市和副省级城市中居第22位

百度地图大数据显示，长春市"公司"总数为1543户，在32个省会城市和副省级城市中居全国第23位。32个省会城市和省级城市平均数为

2871 户；12 个东部沿海城市（冀鲁苏浙闽粤桂琼八省的省会城市和副省级城市）该指标平均数为 4147 户，深圳市高达 10389 户。从"科技公司"数量来看，长春市"科技公司"总数为 782 户，在 32 个省会城市和副省级城市中居全国第 22 位。32 个省会城市和副省级城市平均数为 2180 户；12 个东部沿海城市（冀鲁苏浙闽粤桂琼八省的省会城市和副省级城市）该指标平均数为 3654 户，深圳市高达 17322 户。从"科技公司"与"公司"比重看，长春市为 50.7%，在 32 个省会城市和副省级城市中居全国第 18 位。32 个省会城市和副省级城市平均数为 75.9%；12 个东部沿海城市（冀鲁苏浙闽粤桂琼八省的省会城市和副省级城市）该指标平均数为 88.1%，深圳市高达 166.7%。按以上三个指标几何平均数排序，长春市科技金融需求能力居全国第 22 位，该指标值为 394.0，相当于深圳市的 12.7%。

3. 吉林省其他市（州）科技金融需求能力在东北地区城市中的位次

在东北地区 31 个地级城市（不包含省会城市、副省级城市和大兴安岭地区），吉林省在"公司"总量方面，吉林市达到 487 户，居东北地区第 2 位（仅次于大庆市），松原市、白城市、延边州依次居第 7、13、14 位，四平市、通化市、白山市、辽源市依次居第 18、20、24、27 位。八市（州）"公司"平均为 259 户，东北地区 31 个城市平均为 249 户。东北地区地级城市中排在前五位的城市依次是大庆市、吉林市、鞍山市、营口市、齐齐哈尔市。从"科技公司"数量来看，吉林市达到 114 户，居东北地区第 3 位（次于大庆市和鞍山市），四平市表现尚可，居第 13 位，其他城市均表现一般，延边州居第 17 位，白城市和通化市并列第 19 位，松原市、白山市、辽源市依次居第 21、23、28 位。八市（州）"科技公司"数量平均为 46 户，东北地区 31 个城市平均为 52 户。东北地区地级城市中排在前五位的城市依次是大庆市、鞍山市、吉林市、锦州市、营口市。从"科技公司"与"公司"比重看，吉林省表现最好的是吉林市，达到 23.4%，居东北地区第 8 位。四平市、白山市表现也较突出，依次居第 11、14 位，通化市、延边州、辽源市、白城市、松原市依次居第 23、24、25、27、30 位。八市（州）信息量比重平均为 17.6%，东北地区 31 个城市平均为 20.7%。东北地区地级城市中排在前五位的城市依次是锦州市、鞍山市、大庆市、葫芦岛市、鹤岗市。按以上三个指标几何平均数排序，在东北地区 31 个城市中，吉林市是吉林省表现最好的城市，居第 3 位；四平市位居中游，居第 13 位；延边州居第 17 位，白城市和通化市并列第 19 位，松原市、白山市、辽源市依次居第 21、23、28 位。其中表现最好的吉林市指标值为 109.1，相当于长春市的 27.7%，相当于东北地区最好城市沈阳的 21.0%，相当于深圳市的 3.5%。

（三）评估结论

1. 吉林省科技成果转化能力亟待提高

进一步数据处理结果显示，基于科技金融大数据的吉林省科技成果转化能力居全国第 21 位，在东北三省中略高于黑龙江省，相当于辽宁省的 74.2%，从全国来看仅相当于广东省的 25.5%；吉林省科技成果转化能力最强的长春市，在 32 个省会城市和副省级城市中居第 23 位，在东北地区四大城市中科技成果转化能力最弱，仅相当于深圳市的 17.8%。

2. 吉林省科技金融供需失衡较为严重

供需关系方面，从省域层面看，供需失衡系数为 4.54（系数越大，失衡越严重）；从省会层面看，失衡系数为 1.97；从其他八市（州）层面看，失衡系数最大为 2.37，最小为 1.24。区域失衡方面，吉林省科技金融供给能力的 64.6%、科技金融需求能力的 77.5% 都集中在长春市。从全省层面和长春市层面看，科技金融资源是供大于求，但从各市州层面看，则是科技金融资源供不应求。强化省级政府部门的科技金融资源和长春市的科技金融资源向全省的辐射作用，有利于加速全省的科技成果转化进程。

二 提高有效投资率是加速科技成果转化的重要内容

有效投资和创新驱动是发展实体经济科技成果转化工作的两个轮子，有效投资是加速实体经济成果转化的重要保障，创新驱动是促进实体经济有效投资快速达效和可持续发展的重要动力。

（一）吉林省有效投资率进一步下滑的不确定性较大

在假定有效投资是能够带动财政收入增长和就业总量增加的投资，以及初始年度有效投资率为80%的基础上，本文把2000年以来吉林省的有效投资率与全国、辽宁、黑龙江进行了比较，发现以下问题。一是吉林省有效投资规模持续扩大。2001～2015年，吉林省有效投资从552亿元增长到近8700亿元，年均增速达到21.8%，低于全社会固定资产投资23.3%的年均增速。其中2001～2008年有效投资增速达到24.5%，低于全社会固定资产投资35.2%的年均增速10.7个百分点；2008～2016年有效投资增速达到19.1%，高于全社会固定资产投资12.4%的年均增速6.7个百分点。从东北地区来看，吉林省有效投资规模在全国的比重从1.74%上升到2.31%，而辽宁省的比重从3.71%下降到2.94%，黑龙江省的比重从2.36%下降到1.61%。二是吉林省有效投资率相对较高。2001～2015年，吉林省有效投资率从81.2%下降到68.4%，下降了12.8个百分点，同期全国、辽宁、黑龙江分别下降了18.5个、21.3个、18.5个百分点。2015年吉林省68.4%的有效投资率分别高于全国、辽宁、黑龙江1.6个、6.7个、8.9个百分点。其中2001～2008年吉林省有效投资率下降了35.5个百分点，达到了2001年至2015年期间的最低值，同期全国、辽宁分别下降了3.8个、22.5个百分点，黑龙江省上升了0.7个百分点。2008～2015年，吉林省有效投资率走出低谷提高了22.7个百分点，而同期全国、黑龙江省分别下降了14.7个、19.2个百分点。辽宁省在2008年至2014年期间下降了12.3个百分点，2015年有效投资率有所上升，相比2008年提高了1.2个百分点。三是吉林省有效投资率进一步下滑的不确定性较大。2010年以来，吉林省有效投资率基本上呈现出震荡发展之势，从2010年到2014年有效投资率分别为78.1%、71.8%、76.0%、71.6%、68.4%，在震荡中具有下滑趋势。同期全国、辽宁、黑龙江的有效投资率均以下滑态势为主，在这种背景下，吉林省有效投资率提升的难度进一步增大，且其进一步下滑的不确定性也正在增强。

（二）有效投资与全口径投资下的科技进步贡献率具有显著差异

有效投资不仅关乎投资形成资本的能力，也对劳动增长率产生实质影响，其比率的高低必然影响一个区域科技进步的贡献率。本文基于全口径投资和有效投资分别计算了吉林省的科技进步贡献率。一是全口径投资下的科技进步贡献率被低估。按全口径投资计算，2001～2015年，吉林省科技进步贡献率先从 45.1% 下降到 40.2%（2009 年）后又上升到 55.3%。但是，以同样的方式按有效投资计算，2001～2016 年，吉林省科技进步贡献率先从 37.8% 下降到 30.7%（2007 年）后又上升到 60.3%。尤其是 2013 年之后，有效投资的科技进步贡献率普遍高于全口径投资的科技进步贡献率 4～5 个百分点。二是全口径投资下的科技进步贡献率变化周期被延后。2004～2008 年吉林省有效投资率大幅下降后，科技进步贡献率也随之下降，其中按有效投资的测量的科技进步贡献率于 2007 年达到最低值并于 2009 年出现企稳回升迹象，但按全口径投资计算的科技进步贡献率直到 2009 年才达到最低值并于 2010 年出现回升迹象，其周期滞后于按有效投资测量的结果 2 年左右。这种周期延后必然会影响科技政策的及时性、精准性，从而在一定程度上导致政府在科技领域的政策失灵。三是全口径投资下，有效投资率对科技进步贡献率的影响被弱化。全口径投资的科技进步贡献率变化对有效投资率的敏感性较弱，也就是说只有有效投资率持续提升或较大幅度提升时，全口径投资的科技进步贡献率才能获得明显提升。有效投资的科技进步贡献率对有效投资率的敏感性较强，只要有效投资率达到一定水平以上，该科技进步贡献率就会出现上升的态势。四是全口径投资下的科技进步贡献率扭曲了吉林省的创新能力。全口径投资下，吉林省科技进步贡献率自 2009 年以来大多低于全国平均水平 1.5～2 个百分点，然而在有效投资下，吉林省科技进步贡献率自 2012 年显著高于全国平均水平，2014 年、2015 年高于全国平均水平的幅度在 8 个百分点以上。结合吉林省近年来在投资下滑、国际形势恶化等背景下保持了经济发展相对平稳的事实，吉林省科技创新发挥了巨大的作用。相对而言，以全口径投资为基础计算的科技进步贡献率在一定程度上扭曲了吉林省的创新能力，而以有效投资为基础计算的科技进步贡献率则更能体现吉林省的科技发展实际。

（三）有关结论

一是有效投资率和科技进步贡献率是反映吉林实体经济发展质量的关键指标。吉林省应委托相关部门对有效投资率和科技进步贡献率进行测度，并将两项指标的数值纳入每年的政府工作报告和国民经济统计公报。二是吉林省处于有效投资与科技进步互相促进的发展阶段。吉林省与全国平均水平、辽宁省、黑龙江省不同，吉林省处于有效投资和科技进步互相促进、互补发展的阶段，而全国平均水平、辽宁省、黑龙江省都处于有效投资和科技进步替代发展的阶段。也就是说，吉林省增加有效投资，能够提高科技进步贡献率。三是基于有效投资的科技进步贡献率能够反映吉林省创新驱动的真实水平。近年来，吉林省在投资总体下滑和劳动力加速流出的背景下实现了相对稳定的经济增长，唯一的原因就是全要素生产率（科技进步贡献率）的提升。但按全口径投资计算的科技进步贡献率并未实现显著提升，无法解决吉林省经济增长的现实。只有基于有效投资的科技进步贡献率的测度结果，才能反映出吉林省经济增长和创新驱动的真实情况。四是有效投资率的提前回升是吉林省经济近年来稳步发展的重要支撑力量。吉林省有效投资大幅下降的时候，国内外经济形势较好，保障了吉林省经济增长，而近年来国际经济形势恶化、国内进入经济新常态时期，吉林省有效投资率在震荡中虽有所下降，但近年来相比于黑龙江、辽宁和全国平均水平而言降幅最低，防止了吉林省经济增长出现较大滑坡。五是有效投资率与科技进步贡献率双提升的结合点是科技成果转化。实体经济发展、有效投资率、科技进步贡献率三个内容的结合点是加速科技成果转化。实体经济发展需要新的科技成果转化成新的产品（服务），才能不断丰富和提升实体经济体系的发展质量；有效投资也必须不断注入科技成果转化中，才能使新的产品（服务）扩大生产规模和市场份额；科技进步贡献也必须依托科技成果的快速转化才能实现。为此，吉林省必须以加速科技成果转化为切入点，千方百计提高有效投资率和科技进步贡献率，使实体经济发展动能更强、前景更好。

三 残疾人等特殊群体的科技成果转化活动应予以关注

残疾人、军转干部、家庭妇女、失地农民等特殊群体的创新创业活动和科技成果转化活动对社会和谐发展和小康社会建设具有重要意义。经过实际调研和资料梳理，我们认为对残疾人等特殊群体的科技成果转化活动应予以关注，并总结特殊群体科技成果转化活动面临的八大问题。一是政策的精准问题。科技成果转化活动需要将普惠性政策和特惠性政策相结合，需要将补助性政策和激励性政策相结合，需要将引导性政策和示范性政策相结合。整个社会的不同群体、同一群体的不同时期所需要的政策都是不一样的。要改变现有的评项目、分资金式的支持政策，要综合利用财政资金、风险资本、金融资本、授信评级、政府采购、人才引进、市场推广等多种手段，针对不同类型、不同阶段的群体采取更加精准的支持政策，才能真正地推动科技成果转化活动走得更远。二是风险的分担问题。大多与"创"字相关的活动，都有较大的风险，科技成果转化活动更是如此。如果这些风险大都由科技成果转化者承担，显然是不利于开展科技成果转化活动的。当前财政支出对科技成果转化活动的补助式支持，尤其是依据科技成果转化活动只有基础的评价方式，只是有效地减少了政府财政资金的风险，没有实现降低科技成果转化活动风险的目的。甚至可以说，现有的财政支持方式，对表现不好的科技成果转化活动置之不理，而其支持额度对于表现好的科技成果转化活动而言又如杯水车薪。在科技成果转化活动最需要的风险分担领域，很难看到财政资金的效果。三是技能的提升问题。对于特殊群体而言，大多从事的是劳动密集型产业，如老兵代驾、家政服务等。即使有些从事的是电子商务等活动，实际上也是对新技术的简单应用，这些活动的市场份额和利润率有限。但是这些活动不可能只停留在创新创业初期，必须经历规模扩张、技术提升等阶段，这就需要加强特殊群体在科技成果转化方面的技能提升。如何使特殊群体解放出时间参与技能提升的相应培训活动，如何使其在相应培训活动中真正受益等问题，都迫切需要解决。四是竞争的公平问题。竞争的公平问题对科技成果转化活动的开展具有重大影响，对于特殊群体参与科技成果转化活动的积极性影响则更大。虽然没有直接的证据表明特殊群体科技成果转化活动中存在被不公平竞争、被不平等对待等问题，但是特殊群体在科技成果转化活动中需要付出的劳动力、时间等高于一般性群体，但是收益等同于甚至低于一般性群体是不争的事实。残疾人、军转干部、在家妇女、失地农民找工作都难，其科技成果转化活动的产品（服务）在起步期更是步履维艰，这些都是竞争中存在不公平问题的表现。五是社会的认同问题。竞争中存在的不公平问题，是特殊群体社会认同问题的一个缩影。尽管社会认同问题在支持科技成果转化活动的大环境下得到了很大改善，但是特殊群体由于受到自身因素（如行动不便、沟通不畅等）、家庭因素（家庭妇女照顾家庭）以及相关社会因素的影响，很多特殊群体面临着家人和亲友不理解、不支持的情况，有人认为特殊群体创业就是瞎折腾，有人认为特殊群体不应创业就该在家帮忙带孩子，等等。同时，特殊群体由于受教育程度有限、从业领域相对较窄、社会关系网络相对欠缺等原因，全社会有很大一部分人不认同特殊群体科技成果转化活动，没有认识到特殊群体创业是自食其力，是艰苦奋斗，是社会主义核心价值观的重要体现。六是平台的服务问题。当前针对特殊群体的科技成果转化平台有很多，也发挥了很大作用，但是与特殊群体的需求相比还有很大差距。很多平台多位于老城区，交通拥堵现象严重，基地办公用房老旧，有的甚至在采暖、水电等方面还存在一定隐患。与一般性平台已经进入智慧园区或"互联网＋"园区相比，特殊群体平台亟须政府资金支持，提升服务能力。七是活动的升级问题。如前所述，特殊群体科技成果转化活动大都集中在劳动密集型产业或对新技术的简单应用阶段。从创业平台走出的企业或团队，大多数以个体工商户形态存在，真正发展成为现代企业的很少，因而其资本运作能力、带动就业能力以及带动全社会发展的示范效应也受到限制；而且这些从创业平台走出来的企业或团队，还面临着市场风险和经营风险。为此，特殊群体科技成果转化活动不能止步于现有技术手段和现有市场，政府部门和科技成果转化平台要与有关智库部门加强合作，对特殊群体创业进行持续跟踪和政策帮扶，使更多的创业团队升级为现代企业和中小企业，使更多的特殊群体科技成果转化团队在科学规划和科学扶持的基础上发展成有技术、有管理、有市场、有前景的产业集群。八是政府的指导问题。相对于一般性群体而言，特殊群体更应该得到政府部门的关怀和指导。但是由于政府管理部门的人力有限、涉及特殊群体平台的人力有限等因素，特殊群体很难从政府部门得到相应的产业信息、政策信息，他们大多是通过自身的社会网络和实践摸索在艰难前行。为此，政府对特殊群体应加强指导和引导，如政府采购政策需要惠及特殊群体科技成果转化产品，又如政府部门应与智库机构、特殊群体创业平台共同制定不同类型特殊群体的科技成果转化指导目录，等等，减少特殊群体科技成果转化活动的盲目性和随机性。

四　强化财政经费引导加速吉林省科技成果转化的对策建议

（一）其他省市的有关做法和经验借鉴

1. 发挥财政资金杠杆作用，构建科技金融体系

调研对象省市均大力发挥财政资金杠杆作用，构建科技金融体系，对于提升财政科技资金绩效、促进区域创新活力具有重要作用。如重庆市通过科技金融手段，财政资金对金融资本、社会资本的撬动作用为1∶7左右，江苏省"苏科贷"实现省财政资金对地方财政资金1∶1引导作用，天津科融集团创业投资引导基金对区县及社会资金引导作用接近1∶3，成都市"科创贷"为科技企业获得信用贷款14.43亿元，"科创投"获批组建天使投资基金10只，基金总规模近10亿元。上述四省市财政资金充分发挥了杠杆作用，通过科技金融政策有力解决了科技企业融资难的问题，为区域经济创新发展提供了充足的动力。同时它们在实际发展中极其重视科技金融体系的培育，基金、银行、担保、保险多渠道发力，省、市、区、县多层次联动，共同提升了科技财政资金的作用。

2. 调整财政资金使用导向，突出培育科技企业

调研对象省市在财政科技资金使用上均具有较强的企业导向，而不是项目导向，大力推动科技计划经费向科技型企业尤其是初创期小微企业倾斜，四省市科技型企业均以万计，天津市科技型企业8.8万户，高新技术企业3265户，小巨人企业3900户；江苏省进入科技企业数据库的初创期科技企业17000多家，经国家认定的高新技术企业超过10000户；重庆市提出了到2020年实现3000户高新技术企业、20000户科技型企业的发展目标。四省市财政科技资金支持对象也以企业为主体，通过企业尤其是中小微企业成长形成具有内生性的区域创新体系。

3. 加强财政资金科学管理，提升科技经费效能

调研对象省市均大力优化财政资金支出结构，突出重大项目，改进资助方式，加强结果管理。重庆市将科技计划项目划分为企业自主创新引导

专项（创新券兑付为主）、社会事业与民生保障科技创新专项（按 4∶3∶3 比例依节点任务完成情况分三年拨付）、共性关键技术创新主题专项（按 3∶7 比例分前资助和后补助两次拨付）、决策咨询与管理创新专项（面上项目方式资助）、前沿和基础研究专项（面上项目方式资助）等；天津市 2017 年 3 月对科技计划管理办法进行了修订，从前补助、后补助、补贴、奖励、投融资等投入方式方面对科技计划进行了调整，并指出科技计划体系要在保持连贯性与稳定性基础上进行动态调整，调整意见根据监督评估结果提出，重点要突出科技计划的实施绩效。

4. 着力实施创新普惠政策，引导企业加大投入

调研对象省市在推进科技计划经费使用和创新驱动发展的过程中，普惠性政策是重要抓手，通过普惠性政策，引导企业加大投入，促进企业公平竞争。如天津市 2016 年落实国家高新技术企业税收减免、研发费用加计扣除等政策，为科技型企业减免税收 45 亿元左右；江苏省仅苏南国家自主创新示范区 2015 年近万户企业享受科技税收减免超 200 亿元。税收减免等普惠性政策有效地推动了中小科技企业发展，同时也促进了科技型企业集群和区域创新体系的形成。

（二）关于加速吉林省科技成果转化的对策建议

1. 强化财政资金杠杆作用

以构建科技金融体系为突破口，实施投保贷联动、省市县联动等措施，大力强化财政资金杠杆作用，促进财政与金融资金有机结合，构建吉林特色科技金融体系。设立省级科技成果转化引导基金。设立振兴东北科技成果转移转化专项资金配套资金，组建吉林省科技成果转化引导基金，引入国家基金、专项资金管理经验，引导市、县设立科技成果转化基金，专门针对初创期科技型企业进行支持。设立科技成果转化子基金。加强与产业部门相关基金合作，引入企业、社会资本和国内知名创投基金，在吉林省重点产业技术方向上成立 3～5 只科技成果转化子基金，引导科技成果转化基金规模达到 80 亿元以上。支持有条件的市（州）、县（区、开发区等）设立科技成果转化子基金，探索省、市（州）、县（区、开发区等）三级引导基金联动撬动社会资金、支持地方属初创期科技型企业发展的新

模式。建设科技金融服务示范平台。支持具备条件的科技金融机构建设省级科技金融服务示范平台，并依托示范平台运营包括省级科技成果转化引导基金在内等的相关资金、基金。有关部门根据示范平台年度运营绩效给予运营费用补贴和奖励支持，支持示范平台提升运营能力。支持示范平台联合牵头建立吉林省科技金融促进会。设立吉林省科技担保公司。由省财政、省科技厅、省科技投资基金有限公司共同出资组建吉林省小巨人科技融资担保有限公司，引进微企担保、信用担保、知识产权质押融资担保、投贷联动担保、高端人才多层次贷款担保等产品，加强增信功能，着力开发吉林特色科技担保产品，降低金融机构科技贷款风险，引导金融机构加大科技贷款规模。建立科技金融合理容错机制。探索建立符合吉林省情的科技金融合理容错机制，对科技成果转化基金、科技担保资金投入初创期企业造成损失的，只要投资评估评审过程合乎规范，经调查属于非决策原因造成的对决策部门和负责人员予以免责。

2. 调整财政资金使用导向

以培育、扶持中小微企业发展为核心，以促进科技成果转化为途径，把中小微企业作为强化企业创新主体地位的核心，多级联动支持，多策并举推动。科技计划项目向科技型中小企业倾斜。增加重大科技成果转化项目以及科技型中小企业创新项目资金投入强度，吸引中小企业申报、承担科技计划项目，推动中小企业向科技型企业转型发展；新增科技计划项目资金80%以上用于支持中小科技型企业发展。增强对中小科技型企业尤其是小巨人科技企业的科技金融支持。采取担保、增信、基金直投、贴息贷款、质押贷款等多种方式解决中小科技型企业融资难问题，促其发展壮大。采取省市县三级联动方式支持中小企业发展。省市县三级资金按1∶1∶1配套，向区县属地内科技型中小企业进行资助，把科技型企业发展作为衡量财政科技经费绩效的重要标准之一。

3. 调整科技发展计划体系

以省级科技发展计划体系为切入点，对现有科技计划体系进行优化整合，进一步明确不同科技计划体系的投入方式，使科技计划管理与经费投入方式、科技经费绩效情况相适应。基础研究计划、科技创新人才培育计划以形成知识源头和项目及人才储备为核心目标，继续以前补助形式予以支持，但要不断加大投入强度和扶持力度。科技攻关计划以促进核心关键技术突破、提高产业创新能力为核心，设立重大科技攻关专项，以招标方式予以支持。对企业承担的项目采用前补助（30%）和后补助（70%）相结合的方式予以支持，着力带动企业投入。将原科技创新与科技成果转化计划中的重大科技成果转化项目、特色产业基地建设项目、产业技术创新联盟项目调整为重大科技成果转化项目，采用有偿投入与无偿投入相结合，且以有偿投入为主的投入方式，有偿投入包括股权、债权等投入方式，无偿投入以贴息或后补助方式为主。将原科技创新与科技成果转化计划中重点科技成果转化项目、科技型中小企业创新项目、专利转化与推进项目、市县科技进步推进项目、重点新产品后补助项目、技术服务体系建设与技术转移示范项目、长白山资源开发项目以及小巨人科技企业培育项目（拟增设）等调整为新的企业科技创新引导计划，重点向科技型中小企业倾斜，主要采用贴息或奖励等后补助方式予以支持。科技条件与平台建设计划以平台年度绩效为基础，根据科技平台服务效果，以后补助、奖励方式予以支持。设立科技金融服务平台建设项目，支持长春、吉林等地的科技金融创新服务平台开展科技投融资服务。

4. 实施科技创新普惠政策

强化普惠性政策资金投入机制和投入力度，以普惠性政策引导全省营利性机构加大创新投入，加快创新驱动发展步伐。把地方企业作为创新普惠政策支持的主要对象，把地方企业 R&D 经费投入强度作为项目立项、科技型企业认定等最为核心的标准。工业、建筑业企业 R&D 经费投入强度不足 1.0% 的，服务业企业 R&D 经费投入强度不足 0.5% 的，高新技术企业上一年度 R&D 经费投入强度达不到认定标准的，其申报的研发项目、成果转化项目、技术改造项目等，省级财政资金原则上不予支持，且原则上不支持其申报国家相关部委项目。深入落实研发费用税前加计扣除政策（财税〔2015〕119 号），迅速落实科技型中小企业研发费用加计扣除比例由 150% 提高到 175% 的政策，并依据加计扣除额对企业给予补助。创新省财政资金资助的研发项目、成果转化项目等的评审机制，对上一年度 R&D 经费 100 万元以上且投入强度达到 5% 以上的中小企业，或连续三个年度 R&D 经费投入强度达到 3% 以上的规上企业，省财政资金可按企业实际研发投入的一定比例直接予以补贴。

吉林省农产品品牌战略研究

吉林省社会科学院课题组[*]

摘 要 吉林省农业资源丰富，近年来农产品品牌发展较快，农产品地理标志商标成效显著，农产品加工企业不断壮大，知名品牌市场影响力快速提升。但是，全省农产品品牌建设领域仍然存在一些问题，包括品牌意识不强、品牌竞争力有限、品牌多散杂、品牌科技含量低、品牌发展模式相对单一等。本文在借鉴发达国家农产品品牌战略成功的经验基础上，提出吉林省农产品品牌发展的新战略，包括实施标准化、推动技术创新、引导品牌整合、强调质量监管、完善农业合作组织等。

关键词 农产品 品牌农业 品牌战略 农业合作组织

一 吉林省农产品品牌建设基本情况

1. 涉农商标及中国驰名商标持续增长

自 2005 年以来，在涉农商标申请量上，吉林省几乎每年都在以 10% 左右的速度增长。截至 2010 年，吉林省共有涉农商标 3538 件，涉农商标注册量约占全省累计商标注册量的 16%，其中涉及特色效益农产品的商标申请量和注册量都有较快增长，注册量较 2005 年增长近两倍。从中国驰名商标及吉林省著名商标数量来看，截至 2016 年末，吉林省涉农品牌的中国驰名商标共计 50 余件，占比超过全省拥有的 146 件中国驰名商标总数的

---

[*] 课题负责人：崔剑峰；课题组成员：张春凤。

1/3。2016 年末，在吉林省全部 1534 件著名商标中，农产品品牌商标共计 760 余件，占比为全省著名商标的 49.5%。

2. "三品一标"认证不断完善

随着以"无公害农产品、绿色食品、有机农产品、农产品地理标志"为代表的"三品一标"认证受到广泛重视以来，吉林省每年新认证产品数量都保持在 300 个以上。截至 2016 年末，吉林省"三品一标"农产品种植养殖总面积达 69 万公顷（1036 万亩），"三品一标"产品总数为 1593 个，其中绿色食品 628 个，有机食品 97 个，无公害农产品 853 个，农产品地理标志 15 个。截至 2016 年底，吉林省已建成全国绿色食品原料标准化生产基地 27 个。应该说，这与吉林省各地区持续加大"三品一标"认证的政策奖励力度是密切相关的。

3. 农产品地理标志商标效果显著

截至 2017 年一季度末，吉林省共有 58 件地理标志商标，与 2011 年相比，增长了 132%。2016 年，58 个地理标志商标共创造总产值接近 300 亿元，直接或间接拉动就业人员近 200 万人，实现经济、社会效益的双赢。以蛟河市的"黄松甸黑木耳"商标为例，商标注册后，品牌效应显现，其品牌秋耳价格从 30 元/斤上涨到近 60 元/斤，在 2016 年的长春农博会期间，最高售价甚至高达 128 元/斤；2016 年，蛟河全市黑木耳产值达到 21 亿元，种植农户人均增收 1000 多元。同时，受品牌创造的良好市场价值的吸引，中农交建四大国有银行同时在黄松甸镇设立服务网点。

4. 农产品区域分布特色鲜明

从农业生产的区域布局来看，吉林省可以明显划分为中、东、西三大功能片区：中部以水稻、专用玉米、大豆、蔬菜种植，肉牛、奶牛、生猪、家禽养殖，以及农产品精深加工等为主导产业；东部以人参、黑木耳、中药材、山葡萄等生态特色种植及加工，延边黄牛、长白山黑猪、林蛙、鹿、柞蚕等特色养殖及加工为主导产业；西部以兼用型玉米、杂粮杂豆、油料、优质牧草种植，奶牛、肉牛、肉鹅等草食畜牧业养殖为主导产业。与鲜明的农产品生产区域特色相适应，从农产品品牌的地域分布来看，中部以长春、吉林等地为核心，以大米、玉米、畜产品等为代表的品牌及知名品牌较多；东部地区林下经济特色突出，人参和食用菌等特色农产品品牌比较集中；西部地区以绿豆、花生等杂粮杂豆产品生产为代表，是吉林省 2017 年重点打造的"吉林杂粮杂豆"品牌的优势产区。

5. 特色农产品品牌建设成果突出

自 2010 年以来，吉林省特色农产品商标、特色农产品加工企业及使用绿色食品标识的产品数量明显增多。可以说，近年来吉林省特色农产品品牌建设取得丰硕成果。截至 2015 年，吉林省各级各类"绿、特、优、新"名牌特色农产品种类多达 1000 多个，其中有效使用绿色食品产品标识的有 300 余个，有机食品 150 余个，无公害农产品 800 多个，无公害农产品产地认定 500 多个。同时，吉林省培养出一大批如"皓月""华正""德大"等知名农产品加工企业，以及延边黄牛、吉林梅花鹿、长白山林蛙油等一批享誉国内外市场的名优特色农产品品牌。吉林省认定的特色农产品中国驰名商标，包括天景、新开河人参、通化葡萄酒、查干湖等共计 17 个。在吉林省拥有的 941 件农产品的著名商标中，特色农产品品牌商标就有 455 件，占总数的 47%，其中粮食、食用菌以及人参三类产品所拥有的著名商标品牌数量最多，分别占特色农产品产业所持有商标总数的 36%、6% 以及 5%。

6. 农产品加工龙头企业带动作用增强

截至 2016 年，吉林省共有农产品加工企业 6500 多个，其中国家级龙头企业 47 个，省级龙头企业 521 个，销售收入超过 1 亿元的企业有 229 个，超过 10 亿元的有 18 个，超过 100 亿元的有 4 个，龙头企业不断壮大。同时，龙头企业的效益也稳中有升。2015 年底，吉林省省级龙头企业销售收入达到 2585 亿元，利润达 118 亿元，上缴税金 42 亿元。2017 年底，全省省级龙头企业销售收入有望达到 2800 亿元，占全口径农产品加工业销售收入近 60%。通过不断提高"产加销"一体化经营水平，吉林省农产品加工业初步形成区域鲜明、产业配套、质量可控、集群集聚的发展格局，玉米、水稻、杂粮杂豆、生猪、肉牛、禽蛋、乳品、人参、食用菌、中药材等龙头产业的产品加工渐成规模。2016 年，省级龙头企业从事玉米、水稻、杂粮杂豆等粮食生产加工的有 258 个，年销售收入为 1452 亿元；从事肉、蛋、奶等畜禽类生产加工的企业有 103 个，年销售收入为 608 亿元；从事人参、食用菌、果菜等特色产品生产加工的有 153 个，年销售收入为

783亿元；从事农产品贸易等的企业有7个，年销售收入为13亿元。据初步统计，吉林省近50%的玉米、80%的水稻、70%的畜禽产品都是通过加工转化销往全国乃至全世界的。同时，农产品加工企业通过"公司＋合作社＋基地＋农户"等模式，带动农民增收、促进现代农业发展的作用在增强。省级龙头企业与基地农户每年通过租赁、入股经营等方式规模经营耕地面积可达1480万亩，占全省土地流转面积的70%以上；签订畜禽养殖订单1.6亿头（只），占全省畜禽养殖量的1/3；带动192万户农户参与一体化经营，增收71亿元，参与产业化经营的农户户均增收3350元。另外，加工企业还拉动农村物流、市场、金融、信息等服务业的发展，促进了农村经济繁荣。

二 吉林省实施农产品品牌战略存在的问题

1. 品牌意识普遍不强，品牌农业思想体系尚未建立

质量是农产品品牌的核心与关键。2001年以来，随着我国加入世界贸易组织，全国各地先后迈开了农业品牌化建设的步伐。随着以国际标准化组织制定的"ISO 9000质量管理体系标准"及"ISO 14000环境管理体系标准"为代表的众多质量标准在全球范围内兴起和广泛应用，涉及农产品生产、加工、包装、运输、储存及相关药物残留等各个方面，都设置了越来越周密细致的相关指标标准规定。这就意味着，任何农产品品牌的创建，都必须经得住确切而严格的标准体系的衡量。同时，作为品牌识别的基本法律标记，商标注册的重要性受到前所未有的重视。对于部分地区和企业，在意识到品牌的重要市场价值之后，抢注商标甚至成为比严格采用相关产品标准、提高产品质量更为"迫在眉睫"和要紧的事项。近年来，随着各级各类"驰名商标""著名商标"的兴起，以及近年来引入我国的"地理标志农产品"认证的流行，尤其是"三品一标"认证广受追捧，从各地政府到相关行业组织，从生产加工企业到农户，普遍"领教"到了品牌商标注册的重大战略价值和意义。作为农产品品牌建设主体的企业和农户，其重视品牌建设的第一步，很多时候也是最重要的一步，就是注册商标的积极性日益高涨。

对吉林省来说，从2005年开始，涉农商标注册量就连年持续增长，增

速连年保持在10%左右，总数达到3538件。这一增长速度虽然低于全国平均水平，但其增长趋势与全国农产品商标注册的快速增长是一致的。在以消费升级为重要特征的市场经济形势的影响下，在吉林省各级政府推动与农业企业努力下，全省农产品品牌得到了迅猛的发展。应该说，消费者品牌意识的逐年提升，进一步强化了生产加工企业和农户的品牌意识。品牌商标及生产经营主体快速增长，但在全国乃至全球范围内能够叫得响的著名品牌很少。这种反差的背后，最直接反映出的问题，就是品牌农业领域没有构建完善的品牌化思想体系。在现实中，仍然存在一些地方政府、农业部门、农业企业和农民缺乏农产品品牌化发展的新思维、新办法、新手段，从农业组织管理者、农业企业经营者到一线农业生产者，小农经济思想的影响残留仍然根深蒂固，且并非一朝一夕就可以根除。他们不能把握农业发展趋势的变化，对品牌的战略地位和作用的认知，往往只是停留在抢注了商标、搭上名牌商标的"列车"就可以坐享其成的相对浅薄的层面。涉及落实环节，那些对维系品牌起到核心与关键作用的品质的打造及市场信誉的维持等，一些管理者认为那是经营者的事，经营者认为那是少部分先进地区和先进企业的事，一线农业生产者认为那是政府和企业的事。这一尴尬局面的形成，致使品牌发展成了部分先知先觉者的自发行动，从根本上缺少统一严密的规划、组织和引导。近年来，随着吉林省对品牌农业发展的重视程度的提高，政府采取了多项综合配套措施，普遍提高了相关经营者的品牌意识。然而我们不能忽视，从总体上来看，全省农产品品牌战略的实施，仍然缺乏足够的重视。众多小企业经营仍然缺乏长远战略眼光，常常只看到眼前现实利益而忽视农产品品牌打造的长期性，农户则常常就生产论生产，相当范围内仍然缺乏可持续经营的思维理念，品牌战略对推动农业生产经营的作用还没有得到充分发挥，甚至在很大程度和范围内没有得到足够的重视。

2. 品牌竞争力有限，国际影响力有待提升

与过去相比，随着市场形势的变化，吉林省农产品品牌建设也迎来了难得的发展机遇，一大批具有地方特色的名、优、特、新农产品逐渐成长为具有较高市场知名度、品牌美誉度和较强市场竞争力的品牌，个别品牌农产品甚至名扬海外。尽管全省农业资源极为丰富，农产品商标注册及驰名、著名商标品牌数量连年持续增加，但由于农产品品牌建设起步晚、基

础差，具有竞争力的品牌仍然较少。整体来看，除了个别具有一定影响力的品牌，如吉林大米、长白山人参等，吉林省多数农产品品牌的影响力还仅仅停留在产出地附近和局部地域，跨省跨区域影响力较大的品牌不多，能在国际上造成影响力的知名品牌更是凤毛麟角。

从理论上来讲，农产品品牌化的过程，就是实现区域化布局、专业化生产、规模化种养、标准化控制、产业化经营的过程。而优化区域布局、推动农业产业化经营，是政府宏观政策大有可为的环节。然而也应当意识到，以工业化的理念去重塑现代农业，打造绿色农业、品牌农业，进而叫响一批具有相当市场竞争力和国际影响力的品牌，并使之长期站稳脚跟，绝不是短期和一蹴而就即能实现的目标。近年来，吉林省在主推拳头产品、叫响大米和人参品牌、推动农业产业化经营、标准化生产、扶持龙头企业等方面进行了诸多尝试，也初步取得一定成效。但必须指出的是，与很多省份和邻近地区相比，吉林省提升农产品品牌竞争力仍然任重而道远。以吉林大米为例，水稻产量占地区的近四分之一，但在市场上却长期拼不过黑龙江的五常大米，当然近几年来，随着吉林大米发力中高端产品市场，这种情况逐步有所改善。但在竞争条件下，随着江苏、江西等地大米改良品种的市场口碑在上升，吉林大米面临不小的压力。与此同时，近七年来，吉林省发力长白山人参品牌，力图将其打造成能在国际市场上与韩国正官庄人参相抗衡的国际名牌。然而长期以来，吉林省人参生产的70%为散户种植，管理松散，人参良种少，没有专用肥料和农药，未能开展大面积测土栽参，标准化种植程度不高，部分参农追求短期效益，超标准使用农药、肥料，重金属和农药残留量超标现象严重，发生了多批次进口产品被扣留的情况，国际市场竞争力不高。总之，品牌的树立与维系并非一朝一夕之功，在肯定吉林省重点打造的吉林大米和长白山人参等品牌取得的重要成果的同时，我们不能忽视的是，绝大多数农产品品牌竞争力有限，当然还远远谈不上形成国际影响力。

3. 品牌多、散、杂，品牌整合力度有待加强

作为一个农产品资源丰富的农业大省，以玉米、大米、人参、鹿茸、木耳、林蛙油、杂粮杂豆、畜禽蛋及乳制品等为代表，吉林省拥有种类丰富、数量多而杂的农产品品牌。单是一种农产品，其在市场上出现的品牌数量，就可能达到惊人的程度。2014年前后，单是吉林大米一度就有900

多个品牌在市场上"混战"。同时，市场上充斥着各类数量众多的小型加工企业。2016 年末，吉林省农产品加工企业高达 6500 多家，其中国家级龙头企业和省级龙头企业数量加起来仅相当于总数的 8.7%。吉林省农产品品牌之多、散、杂，生产加工企业数量之多、规模之小，可见一斑。

自 2001 年加入世界贸易组织以来，随着品牌农业与农业产业化快速发展，作为重要的品牌管理方法之一，农产品品牌整合的作用急剧凸显。所谓农产品品牌整合，就是通过对农产品生产加工企业进行改造、改组等，实现跨地区、跨行业的经济联合或兼并，进而实现品牌扩张的目的。农产品品牌整合的意义，在于通过对现有小品牌进行提炼，逐步形成一批强势品牌；通过对现有强势品牌的锤炼，逐渐打造一批具有较强影响力的农产品品牌；通过对现有的相关质量安全认证标准等进行规范，如近年来盛行的"三品一标"认证，改变相关生产者和经营者"无所适从"的局面。简言之，品牌整合对内可以形成合力，对外可以形成竞争力，对提高农产品集中度和知名度，对培育特色名牌，甚至打造全球知名品牌，都具有深远意义。从全球成功的农产品品牌经验来看，多是先有规模，而后有品牌，规模是支撑品牌的基础。自 2015 年开始，吉林省以吉林大米品牌整合为突破口，实施打造吉林大米品牌的"五个一工程"，从统一使用"吉林大米"的区域公用品牌，到打造产业联盟、构建网销平台等，使得 2016 年吉林大米中高端产品量价齐升，获得良好的市场反响。应该说，近年来吉林省高度重视推动和引导农业实现产业化经营，大力推进农产品加工业上规模、上水平，甚至把农业产业化经营和农产品加工业作为发展现代农业的主要模式。然而，吉林省农产品组织化程度低，经济实力薄弱，农业企业小规模分散经营的总体状况没有根本扭转，使得无论在地域还是产业链环节上，农产品品牌都存在相当的分散性。全省数量众多的特色农产品都纷纷建立了自有品牌，但少有名牌，覆盖面相对狭小，难以形成合力，无法与国际化知名品牌竞争。同时，一些地方政府重视对名牌的评选，且大多重申报、重评选，但缺乏后续的品牌跟踪监管。当然，品牌扶持政策力度与政策连续性还有待加强，扶持效应也不够明显。同时，部分农产品质量不稳定，质量标准体系不健全，应用流于形式，相关的产前、产中、产后技术操作还缺乏统一标准，产品难以符合名牌产品运作程序，也就难以保证品牌产品的质量。说到底，品牌整合主要应靠市场力量推动完成，而政府主导的整合工作，其进展势必不可操之过急；吉林省农产品品牌多、散、杂，以及由此引发的诸多现实问题普遍存在，进一步加剧了全省农产品品牌整合的难度。

4. 农产品科技含量偏低，产品附加值不高

按照农产品加工程度的不同，农产品可以分为初级农产品、初加工农产品及精加工农产品。一般来说，瓜果蔬菜、粮油、食用菌、畜禽产品及水产品等，都属于初级农产品品牌。长期以来，吉林省农产品多以初级农产品、初加工农产品的面貌在市场上销售，包括以水稻、杂粮杂豆等为代表的粮食产品，以肉蛋奶等为主的畜禽类产品，食用菌与人参等为代表的特色农产品等，基本都属于初级和初加工农产品，其生产、加工及包装销售几乎不存在什么科技含量，产品附加值非常低。而经过精深加工制作，达到标准化生产加工的农产品，一般来说附加价值比较高，能延长农产品加工产业链条，产生更强的辐射带动作用。在农产品精深加工领域，吉林省长期处于劣势。尤其是产量领先、能够创造较高附加价值的吉林人参，长期以传统作坊式粗加工为主，企业普遍规模小、分散且实力弱，集约化程度低，致使人参产业链条延伸度非常低。多年来，吉林人参有近80%直接以原料形式消费或出口，一度甚至卖出了"白菜价"，就是因为严重缺乏以较高科技含量为支撑的精深加工，创造品牌附加值更是无从谈起。

自2011年卫生部批准吉林省开展人参"药食同源"试点，以及"长白山人参"品牌商标完成注册，通过引进和应用人参加工转化创新技术，通过规范化生产示范、品种培育及严格实施相关标准等，长白山人参品牌产品种类得到丰富，技术含量实现重大提升，初步摆脱了附加值不高的困扰，获得了较好的市场成效。然而应该注意到，长白山人参品牌获得的初步成效，并不能代表全省的总体情况。实际上，吉林省众多农产品深加工企业普遍存在科技含量偏低的问题。如在长春市，有46%的粮食加工企业的主营业务，是对粮食的后期磨制。而在发达国家，这一工艺过程在机械化收割的工序中就能完成。因此，相当比例的加工企业仍然属于农产品加工的初级阶段，附加值提高势必难有质的突破。同时，加之上述提到的多数农产品加工企业规模小、难以形成品牌竞争优势等问题客观存在，全省农副食品加工业的总产值增长缓慢，占全省工业总产值的比重仅有10%左右，这一比重对于农业大省的吉林省来说显然偏低。总的来说，吉林省品牌农业总体上仍然处在初级阶段，并且存在很多问题，这些问题相互影响、相互制约，掣肘全省现代农业发展。

5. 知名企业品牌少，品牌发展模式亟须转换

按照品牌拥有主体的不同，农产品品牌可以分为企业品牌和区域公用品牌。企业品牌，多以农产品企业名称注册商标，是农产品生产经营者为了区分本企业产品与其他企业产品而设计的名称、标记、符号及其组合。例如，皓月和华正就是企业品牌，其系列产品打造的是企业整体的品牌形象。在农产品流通领域，还有一种渠道品牌，实际上也属于企业品牌。农产品区域公用品牌，是指在一个具有特定的自然生态环境、历史人文因素的区域内，由相关社团机构、企业、农户等所共同持有，在生产地域范围、品种品质管理、品牌许可使用、品牌行销与传播等方面具有共同诉求与行动，以联合提高区域内外消费者评价，使区域产品与区域形象共同发展的农产品品牌。近年来，吉林省倡导发展区域公用品牌，简言之，就是地理标志。2015 年，全省既已拥有地理标志商标 58 件，占当年全国 2794件地理标志证明商标的 2.1%，排名第 14 位，是吉林农业的重要无形财富。一方面，区域公用品牌的背后，是地方政府为主导的产业及农民在支撑；另一方面，经过统一宣传，消费者容易对其产生稳定的预期，品牌溢价最终也能惠及农户和农民。相较而言，吉林省运作初步取得成效的区域公用品牌，非"吉林大米""长白山人参"莫属。

尽管对吉林省而言，区域公用品牌的运作取得了较好的成效，但这一发展模式的短板已然开始暴露。缺乏有效的控制机制的配合，各自为战、分散经营的农户，其提供的产品良莠不齐，致使统一标准难以落实，掺假现象也时有发生，最后伤害消费者利益，致使消费者把责任归咎到区域公用品牌上来。简言之，品牌相关利益方都乐于享受品牌带来的好处，但必须承担的责任义务则遭到各方推卸。从全国范围来看，影响较大的例子，包括阳澄湖大闸蟹造假、被大量贴牌冒充的五常大米等。在消费者利益受损的同时，区域公用品牌形象也遭到抹黑，市场影响恶劣。当然，因公用品牌部分农产品质量不过关遭订货方退回的现象，在吉林省也时有发生，对区域公用品牌的塑造，进而对品牌溢价的维持与提升，都带来了负面影响。反观企业品牌的发展，例如新西兰猕猴桃、英国立顿，都成为世界知名的农产品品牌，在中国市场也有很大影响力。这些企业品牌成功的原

因，在于守住农产品品牌相关"标准"的底线，对位于前端的供应链进行有效整合，实施严格可控的标准，之后才有企业品牌的成功塑造，才进一步带来品牌溢价，并最终将创造的价值分配到产业链各个环节，让多方共同受益。对吉林省来说，根据自身农产品资源极为丰富、农产品品牌众多的现实，在继续做好相关品牌的资源整合，持续做好大米、人参等产品的区域公用品牌的同时，考虑转换发展机制，引导市场机制做大做强企业品牌，同时鼓励产品品牌"多点开花"，极有可能为未来全省品牌农业发展创造更大机遇。

三 发达国家农产品品牌建设的经验借鉴

1. 严格执行相关质量标准认证，实施高标准质量监管

品质是品牌的核心与灵魂，农产品标准化是农产品品牌建设的技术生命，是确保品质稳定一致的不二法门。从发达国家经验来看，任何世界知名农产品品牌的打造，都以高度标准化的品质为基础，从选种育种到田间生产、从工厂加工到商业包装、从物流运输及仓储销售等，各个环节都制定并严格执行相关品质标准与认证程序，对全产业链实施严格的监督管理，让品质撑得起市场对品牌的预期。从相关认证体系发展来看，先是国际标准化组织推出了 ISO 系列认证标准，接着"原产地命名控制"（AOC）认证体系逐步完善，以及 GMP、HACCP 等，在农产品生产与质量安全领域同样广为采用。经过多年精进，目前我国农产品品牌认证领域广受认可的当属"三品一标"认证。其中的"一标"即地理标志认证，实际上来源于法国的原产地名称保护制度。法国作为原产地标准的起源国与输出国，逐步通过完善的法律法规标准制度，设置多个等级的质量标准区分，对包括享誉世界的葡萄酒在内的所有农产品，都实行地理标志保护制度。此外，法国还有红色标签认证（即国家级优质产品标识）、生物农业标识认证及产品合格证认证等。在标准化方面，很多西方国家食品加工生产管理执行"良好操作规范（GMP）"，即为保证企业生产符合食品标准或食品法规的产品，必须遵循的、经食品卫生监督管理机构认可的强制性作业规范；在安全控制上普遍实行"危害分析与关键控制点（HACCP）"，以识别食品生产过程中可能发生问题的环节，并采取适当的控制措施防止危害

的发生。当然，相关质量体系标准还包括 ISO9000 系列等。日本的农产品质量安全监管体系非常完善，实行严格的有机农产品认证制度（JAS 认证）、特别栽培农产品认证制度、原产地可追溯制度、药用植物栽培规范（GACP 制度）等。

在实施高标准质量监管方面，美国和日本表现尤为突出。美国实行统一领导、多头管理、交叉执法的食品质量安全监管体系，有一系列完整的食品召回法律制度体系，在农产品召回制度基础上，FDA 还拥有强制召回权。日本在实施特色农产品地理标志保护的同时，对纳入这一管理体系的农产品生产实施严格监管，不但细致规定相关栽培种植方法，产品还要接受第三方检验机构认证，且对假冒或伪造地理标志产品予以严厉打击。日本在这一领域也极为严格。以瓜果为例，日本农协对瓜果品种、播种时间、肥料用量、采摘时间等，都有明确规定，进入市场前还要根据形状、大小及色泽等进行分级筛选，标准可谓细致入微。同时，日本的农业标准与时俱进，每隔 5 年就修订一次，其修改内容完全根据农业生产和市场需求进行。

2. 重视技术创新与品牌创新，加大农业科研投入

发达国家普遍重视不断应用新技术、研发新产品，为品牌注入创新基因。为确保技术研发，政府重视农业科研投入，扶持引导企业增加育种、土壤改善与管理等环节的投入，不断研发新的产品种类，抓住消费者对新鲜感的渴求欲望，维系和提高消费者的品牌黏性。不断应用新技术、研发新产品，是发达国家农产品品牌战略的重要环节。如韩国的人参品牌，与中国过去长期禁止人参药食同源截然相反，韩国鼓励人参技术研发应用于产品创新，韩国市场上人参产品多达 600 多种，包括食品、化妆品、药品等，种类丰富。在日本农业领域，仅以日本大米为例，近年来十分注重新品种创新，以日本一贯标准严苛、"细如发丝"的相关标准为前提和保证，日本各地争先推出大米新品牌，截至 2016 年，日本标识大米名称在市场流通必须要有的"产地品种品牌"已经多达 753 个，加上 2017 年预计推出的 41 个新品牌，日本大米品牌数量将创下新高。不断应用新技术、推出新品牌的成功案例，还包括新西兰的猕猴桃、英国立顿茶饮系列等。

从投入角度来看，农业科研需要长期投入且风险较高，政府的基础与引导作用因此得到凸显。在美国，从 1950 年到 2008 年，农业科研经费从

20多亿元增至96亿美元，占世界农业研发经费的20%，其中政府公共部门投入的经费就占50%左右。美国联邦农业科研机构，即农业研究署，连同各州农业科研机构等，负责基础性农业研究与推广工作；大型跨国农业公司则进行应用性农业技术的研发，其研发经费通常占公司销售收入的5%左右。整体来看，美国农业科技企业用于研究开发的投入，占销售总额的比例在5%到15%，是全球同类企业中的佼佼者。美国依靠科技创新提升品牌价值的模式可以概括为：高投入研发、申请专利、销售并收取专利使用费。美国主要农业公司创造的品牌收入中，约有45%都来自科技创新。同时，美国农业已经在一切领域实行机械化，粮食作物、棉花、坚果、葡萄及一部分蔬菜等，都实行机械收获，粮食作物实现机收机烘一体化。日本也建立完备的农业科研体系，由政府财政给予资金支持。2000年以来，日本每年投入的农业科研经费约占农业生产总值的2.2%。日本农业科研体系注重根据自然区划设置区域农业科技研究中心，既有利于促进农业科技与地区特色农产品紧密结合、更有针对性，又有利于地区之间农业科研的合理分工，避免重复研究。日本还借助农业高等院校和农业科技推广机构，针对农民开展农产品品牌培训活动，提高其品牌经营能力。

3. 大力实施广告宣传战略，输出独特的消费理念

纵览全球知名农产品品牌的打造，除了具备统一严格标准化的高品质为基础支撑，更离不开销售环节宣传推广的全方位立体化形象包装。作为一种无形资产，品牌的重要创新能力之一，就体现在它能够输出特定的消费价值观、挖掘新的消费潜能、推广独特的消费理念，甚至引领红极一时、经久不衰的消费习惯与品位。简言之，创意广告营销对品牌的意义非同小可。在品牌广告宣传方面，投入精力最大、效果最好的非美国莫属。高度专业化的美国农业公司非常重视市场推广与营销工作，不但能够利用独具特色的产品包装来吸引和打动消费者，还注重运用多种宣传手段来塑造和加强产品品牌形象，使得全球消费者都能够通过各种渠道了解品牌、认可品牌，从而实现增强品牌市场黏性的目标。美国农产品在进入国际市场之前，都制订周密的广告计划。如"新奇士橙"的广告宣传，就借助统一的种植标准与统一包装，以突出其高品质，使"新奇士橙"超越了商标的范畴，成为高品质和高品位的象征。同时，"新奇士橙"还通过广告宣传延伸了产品用途，"喝一个橘子"是"新奇士橙"最富有代表性的广

告词，将产品范围由新鲜水果扩展到果汁、榨汁机等更广的产品范围，带动销售额大幅提升。近年来，在传统电视广告与平面媒体广告之外，美国农产品还利用移动终端、互联网及线下营销活动等渠道进行推广。2014年，美国加利福尼亚州巴旦木协会就与中国果壳网合作，举办"美国加利福尼亚州巴旦木零食好心情"线下分享活动，想中国消费者宣传加利福尼亚州的巴旦木坚果产品，极大地提高了品牌知名度。2015年我国淘宝"双十一"也以全球狂欢节为主题，投放大量来自全球各地的特色农产品品牌广告。不得不提的是，近几年，随着全球旅游业发展繁荣，以休闲游、农庄游为特色的农旅结合模式逐渐兴盛，而其中最具代表性的当属法国的酒庄旅游。带动法国旅游和酒庄游的重要功臣之一，当属法国葡萄酒广告宣传片。其成功之处在于，宣传广告不但使得法国葡萄酒的高品质与高品位深入人心，带动了法国葡萄酒销售；辅之以法国当地举办各种葡萄酒文化节活动等，更进一步带热了法国游、酒庄旅游等。在法国葡萄酒广告中风光旖旎的法国酒庄、法国本土风光的吸引下，赴法国旅游、赴酒庄旅游和品酒购物等，成为无数国人心中的度假必选项；赴法国旅游，势必进一步促进法国葡萄酒及法国多种农产品的销售，提高法国农业品牌的知名度。这种"广告促进销售—促进旅游—进一步带动销售"的良性循环，成为农业与旅游业融合发展的成功案例。

4. 实施产品差异化战略，抢占和引领高端市场

紧跟甚至引领市场需求，是品牌的风向标。针对不同层次和类别的市场，制定适合企业定位的、等级细致区分的产品标准，以差异化满足不同市场需求，是发达国家农产品品牌战略的重要内容。实施产品差异化战略，需要把握三个要点：一是产品必须贴近消费者，即了解消费者偏好，甚至为消费者创造需求；二是应用创新技术、开发新产品，提高产品的科技含量与附加值；三是了解产品的发展趋势。简言之，差异化战略就是根据不同产品品质进行精准的目标市场定位，把握市场主动权，吸引新消费群体，维系消费黏性。实际上，目标市场定位即新产品的市场定位，是管理者对企业产品和形象进行设计，从产品特征出发进行更深层次的剖析，以发挥甚至创造产品特色，使之在消费者心中占据突出的地位，留下鲜明印象。需要指出的是，正如前文所述，发达国家农产品品牌战略对创新技术与产品的重视，是产品差异化战略实施的前提和根基。同时，辅之以营

销环节对市场潜在需求进行深入细致的挖掘、对自身产品的独特定位，最终得以使品牌产品与同类产品区别开来。

品牌差异化战略实施较为成功的例子当属日本大米。其产品差异化主要从三个方面入手：一是突出产品性能质量，往往以单位种粮所含有的高营养成分，来凸显其与众不同的特点，如日本的花样滑冰选手荒川静香在2006年冬季奥运会上获得女子花样滑冰金牌之后，她所在的县立即以"金"为主题推出"金芽米"品牌，以其含有较高的各种维生素、铁、镁等营养为宣传卖点，发布由荒川静香表演的"金芽米"广告，在日本国内引起了轰动；二是突出产品独有的特色，用以强调产品基本功能之外的某些增补益处；三是突出形式差异，力求产品外观设计、尺寸、形状等方面新颖别致。就目前情况来看，日本农业改革中的一个重大转变，就是采取进攻型的农业政策，开展出口高品质农产品的相关活动。作为能将细节做到"变态极致"的民族，日本农产品企业非常注重并善于挖掘顾客的潜在需求，并根据不同需求，有针对性地组织各具特色的农产品出口。以日本青森县的陆奥苹果为例，作为知名品牌，陆奥出产的大苹果，却不受广泛喜爱个头适中的苹果的日本人的喜爱，但在中国却受到消费者追捧，每个苹果可卖800日元。同时，个头较小的苹果，则受到欧洲市场的欢迎。在产品差异化上做到国际领先的，还有新西兰猕猴桃品牌。猕猴桃虽然产自我国，但却被新西兰发扬光大。其猕猴桃产品品牌国际竞争力非常强，重要原因之一，就是新西兰致力于实施以新技术创新不断开发新品种的产品差异化战略。新西兰成立生产者控股的"Zespri"公司，每年不惜重金对消费者偏好的猕猴桃口味、大小、品种及成熟度等信息，进行深入细致的市场调研，根据不同消费需求与偏好开发不同的产品品种。同时，公司还与科研机构合作培育新的猕猴桃品种。经过多年努力，新西兰猕猴桃产品广受欢迎，产品附加值非常高，国际竞争力非常强。可见，在面向全球、竞争激烈的农产品市场，实施差异化战略，抢占和引领高端市场，是发达国家打造世界知名品牌的重要手段。

5. 加大政府扶持力度，完善农业信息服务体系

长期来看，名牌是公平充分竞争的结果，久经考验的世界知名品牌，都需要经过多重竞争才能脱颖而出。如果竞争环境无序，必然影响名牌的成长。欧美发达国家的世界级名牌之所以较多，与这些国家市场经济发展

时间较长，形成了较好的市场环境与市场竞争规则直接相关。有序的市场环境，必然离不开政府的支持。政府不仅可以通过创造良好的市场环境，为名牌发展铺路架桥；更通过相关科技政策、税收政策以及贸易政策及一定的"政治营销"手段，大力支持名牌的发展。发达国家多重视对特色农产品品牌的扶持，从税收、金融、补贴、技术及信息等方面，出台相应的优惠政策，对知名度较高的农产品予以减免税收、提供出口补贴等扶持措施。如美国政府为农业投资实施的延期纳税、减免税款、遗产税优惠等。2015 年，美国农业部还发放了近 40 亿美元的农作物补贴，以降低美国农产品生产成本。而日本的农业补贴规模更为庞大，农林水产省每年的补贴项目都在 470 种左右，补贴金额达 4 万亿日元，比日本农业总产值还要高，日本农民约 60% 的年收入都来自政府补贴。当然，日本的高额补贴属于保护本土农业的战略，虽然一定程度上限制了竞争，但极大提高了日本农民的积极性，保证了农产品优质高效，增强了日本农产品的竞争力。

值得关注的是，在信息化社会，互联网全方位渗透各个领域的条件下，农业信息化发展，将有助于农业生产与销售环节更高效地结合，加快农产品销售速度，有利于农民通过网络信息安排农业生产，提升农业产业链的生产与经营效率，为农产品品牌建设提供重要辅助。欧美发达国家和地区的农业信息服务十分发达，便于农民将生产销售与市场紧密联系起来，极大地提高农业生产率，为农产品品牌化注入了强大的活力。发达国家和地区通过农业科技生产信息支持体系，发展"精准农业"，实现农业耕作的自动指挥与定位、定量和定时控制，建立了比较完善的农用物资及产品销售的网上交易系统，将电子交易广泛应用于农业。以美国为例，美国农业信息化水平处于世界前列，"精准农业"发展水平高，不仅农业生产实行了高度自动化和智能控制，而且依靠全球定位系统、自动化系统等信息技术，收集气候、土壤、空气质量、作物成熟度、农业机械设备及劳动力可用性等的实时数据，并进行预测分析，以帮助农民做出更明智的生产决策。美国农产品电子商务也非常发达，农场互联网普及率很高，2011 年时美国就有超过 60% 的农场连接了互联网，63% 的农场能够使用电脑。此外，还有众多农产品电商平台，包括亚马孙、Fresh Nation、Relay Foods 等。丰富的农产品网络销售渠道，极大促进了美国农产品流通与品牌发展。在日本，遍布全国的批发市场不仅早就使用现代化电子设备进行交易，更实现了全国批发市场的互通互联，还能实时接收国外农产品市场信息。总体来说，信息化的发展为发达国家农产品品牌建设提供了重要促进作用。

四　吉林省实施农产品品牌战略的对策建议

1. 深入实施标准化，提高品牌核心竞争力

品质是品牌的核心竞争力所在，而标准化是确保品质稳定一致的重要技术保障。也就是说，农业标准化体系的应用与推广，关系着农产品批量生产及农产品品质能否实现。高质量的农产品，往往需要产前、产中、产后多重技术操作标准的严格把关。农业生产与经营方式的专业化变革趋势日渐明显，农场主的独立生产经营，使得产业向生产与经营的专业化分离，而技术标准在保障产品质量、简化产品贸易程序、建立产品市场信誉等诸多环节，都起到了关键作用。近年来，吉林省高度重视标准化工作，2016 年发布了《吉林省标准化体系建设发展规划（2016 - 2020 年）》，对完善农产品质量安全标准体系、健全农业社会化服务标准体系等，都做出了相应要求。截至 2017 年 3 月末，吉林省共有国家级、省级农业标准化示范区 289 个，其中国家级农业标准化示范区 125 个。吉林省逐步实现了示范区布局区域化、种（养）规模化、生产标准化机制，为吉林省提升品牌农业质量、效益和竞争力起到积极促进作用。虽然吉林省农业标准化取得了不小的成绩，但从整体来看，全省标准化体系的深入推广尚任重而道远。仅以 GMP、HACCP 等食品加工管理标准的应用情况来看，在我国的 5 万多个食品加工企业中，只有 133 个达到国家二级企业标准，吉林省的情况更是不容乐观。在品牌农业思想体系尚未建立的情况下，整体实现农产品生产管理与国际标准对接，绝非一朝一夕之功。实际上，目前吉林省标准化推广以政府推动模式为主，采用基地示范、建立农业标准化示范区的形式，以项目实施带动推广标准化；同时围绕示范产品，筛选和组装配套适用的生产技术和管理标准体系；以统一培训的方式加强宣传，对农民进行现场培训与技术指导；健全农药化肥等农业投入品的监管制度，推动农产品生产经营档案化管理。这些措施的推进，与目前吉林省的实际情况还是较为适应的，未来随着全省龙头企业不断壮大、农民专业合作组织的进

一步完善，应逐步推动向龙头企业带动型、农民专业合作经济组织拉动型的推广模式转变，推行"龙头企业＋基地＋农户＋标准"的模式。随着农民合作经济组织的不断壮大，还可以逐步推广"农民专业合作经济组织＋农户＋标准"或"农民专业合作经济组织＋龙头企业＋农户＋标准"的模式。而无论采取哪种模式，政府部门都应积极持续在资金、政策及技术上提供支持。

2. 推动创新技术应用，鼓励产品品牌差异化

自 20 世纪后期开始，世界农业科技迅猛发展。现代生物技术的突破，信息技术的广泛应用，农业向医药、化工、能源、环保及航天等多个领域不断拓展，以及设施农业兴起、转基因作物推广应用等，大大提升了人工控制农业生产条件和抵御灾害的能力，传统意义上"靠天吃饭"的农业，在技术不断创新应用的时代，发生了诸多重大变化。随着全球化进程加深，农业领域的国际竞争日趋激烈。在激烈的市场竞争中，农产品品牌要取得竞争优势，就要一边挖掘市场，一边降低成本。而科技创新与应用，是实现这两个目标的重要技术支撑。通过应用创新技术，企业可以打造满足甚至引领消费需求的农产品品牌，通过开发和推广独具特色的产品及实施差异化的经营策略，进而开发和占领市场，保持独特的竞争优势；还可以改进生产加工流程工艺等，降低农产品生产、加工及运输等环节的成本。因此，通过利用产研学协同创新，整合科技创新资源，将农业新品种、新技术、新模式应用到田间地头与企业车间，既可以提升农产品的质量与安全，又能增加农产品的附加值，是实施农产品品牌战略的必经之路。然而从现实来看，吉林省农产品科技创新及新技术应用水平整体比较低，尽管近年来，在人参药食同源获批以来，人参产品开发领域引入和应用了很多新技术，开发了诸多新产品，但吉林省农产品品牌的技术层次与品种丰富程度仍然较低，品牌产品附加值也有很大提升空间。造成这一局面的主要原因在于，吉林省科技创新、自主创新实力较为薄弱，缺乏核心技术，农产品相关科学院所的自主与创新成果不多，部分农产品品种与重要技术设备仍依赖进口，农业科技创新体系不健全，成果转化速度缓慢，农民科技水平与整体素质有待提高，对新成果与新技术吸纳转化能力不强，科技创新投入总体偏低，等等。应该说，这些问题，不仅仅是吉林省的问题，更是全国范围内的普遍共性问题，其解决过程也不可能是一蹴而

就的。因此，对吉林省来说，一方面要加大创新研发与投入力度，下大力气促进农业新技术研发，促进新技术的引进与消化吸收，引导和鼓励农业企业加大科技研发投入，积极引进国际先进技术，不断提升科技层次与水平，以新技术推动品牌产品不断推陈出新，不断挖掘新的消费需求，以创新引领和支撑农产品品牌差异化战略的实施，扎实开拓和占领国内甚至国际市场，提高产品市场认可度与国际竞争力。

3. 持续引导品牌整合，大力培养企业品牌

长期以来，农产品生产与加工等环节存在的企业规模小、品牌众多、分散经营、管理杂乱等诸多问题，成为吉林省实施农产品品牌战略之路上遭遇的、最紧迫的障碍之一。综观世界知名农产品品牌的成功经验，大力推动品牌整合，是打造世界一流企业、唱响全球知名品牌的重要战略手段。一般来说，农产品品牌整合具有一定的客观规律，分为初期、中期与成熟期。一般来说，农产品整合初期的策略大致包括四个方面。一是通过建立旗帜品牌，突出单一产品的特点和强化产品的核心功能，提升品牌整合的支撑力，如近年来吉林省着力打造的"吉林大米""长白山人参"等旗帜品牌。二是推广和应用相应的农产品质量标准，以从根本上提升和保障农产品品质对品牌的基础支撑作用，如吉林省大力推广农业标准化所采取的一系列措施。三是明确相关产品标识的使用，对率先达到整合所规定的质量标准的企业授予品牌标识使用权，最典型的表现就是吉林省重点推进的农产品地理标识品牌的认定与授权使用工作。四是加强宣传推广力度，以增强品牌整合的提升力，打出区域性品牌的声势，如吉林省对大米品牌的宣传，就是通过电视广告宣传、高铁与飞机座椅广告宣传、赴外地举办产品推介会等手段进行的。事实上，目前，吉林省部分农产品品牌已经进入品牌整合的发展期，最显著的表现，是开始确定旗帜品牌与子品牌的关系，如先期发展初见成效的吉林大米品牌，就在使用统一标识的前提下，又推出"梅河牌""吉农牌""禾丰牌"等系列；人参在统一的"吉林长白山人参"标识之外，又主推了"新开河牌""阜封牌"等；葡萄酒也在"吉林长白山山葡萄酒"标识之外，主推"红梅牌""长白山牌""天池牌"等系列。同时，实施统一的品牌管理，对市场上具有一定影响力与竞争力的知名品牌，进行相关部门的审核认定，之后冠以统一标识商标，对竞争力差和质量不达标的小品牌则逐步淘汰。逐步实行统一宣传、

统一加工标准、统一质检的"三统一"策略，维护统一标识的声誉。另外，开始组建产业集团，通过品牌整合带动企业间联合与重组，提高同类产品集中度，扩大品牌产品市场占有率和竞争力，如吉林省为推动大米品牌整合，组建不同形式的大米产业集团、打造一批大型龙头企业，为推动人参品牌整合，打造的新开河有限公司、阜封参集团等大型龙头企业。就目前情况来看，吉林省农产品品牌整合总体尚处于初期阶段，部分品牌的整合进入发展期，尚没能进入打造国际性品牌的成熟期。因此，继续推动资产重组，大力开拓市场，加强生产基地建设，通过科技创新与实施严格的标准化来全面提高产品质量，强化相关扶持保障，持续加大宣传力度等，成为吉林省实施农产品品牌战略的必选项。必须指出的是，吉林省坐拥极为丰富的农业资源，在大力实施农产品品牌整合战略、大力发展区域公用品牌的同时，要认识到区域公用品牌的适用性，以及目前发展区域公用品牌所暴露出的一些问题。例如，从全国范围来看，我国虽然拥有近2000个农产品地标，但却几乎没有一家像样的企业品牌。区域公用品牌发展中暴露出的一些短板，如缺乏有效的控制机制、农产品良莠不齐、无法形成统一标准，以及产品掺假等问题，在吉林省都不同程度地存在。从这个角度来看，专业化的全球跨国公司打造出的世界知名企业品牌，如新西兰猕猴桃、英国立顿等，就为我们提供了很好的借鉴。同时，从农产品品牌发展来看，品牌虽然是永久的，但它始终要依托企业的正确运营与维护，才会不断发展壮大。因此，在加强区域公用品牌发展的同时，充分发挥吉林省农产品资源丰富的优势，借鉴国际知名品牌经验，吉林省应积极鼓励农产品的企业品牌与产品品牌"遍地开花"，走出一条农产品品牌战略的新路子。

4. 严格实施质量监管，重视品牌危机管理

农产品品牌战略的实施是一个系统工程，其涉及的标准化推广、创新技术研发与应用、品牌整合等多个方面，均离不开政府政策与资金的引导支持。而农产品市场监管领域，更是需要强有力的政府监管把控、把关，以确保农产品质量安全与品质提升得以不断推进。综观发达国家农产品品牌监管领域，都实施严格的监督管控，为我们提供了丰富的经验。以美国为例，美国极为重视农产品相关残留监控与质量追溯。早在1926年，美国联邦政府就开始对食品中农药残留的检测工作，并每年发布检测结果报告，所有违法信息被输入全国性的违法残留信息系统，以便于管理部门追

踪和采取跟进措施，进行没收或召回等。同时，美国对农产品推行分等级的质量认证，并实施驻点监管。例如，对肉类、禽类、水产品、果蔬加工等企业强制推行 HACCP 认证，实施以预防为主的全程质量安全管理。同时，美国对超过 600 种农业商品建立统一分级标准，以使消费者与商家在互相认可的质量水平上公平交易。当然，监管部门还对注册加工企业与农产品批发市场实施专人驻点监管，监管人员履行农产品质量安全符合性检验、进行违规处罚等。从吉林省农产品质量监管工作来看，近年来，吉林省通过加强工作指导、加强资金与政策支持等，加大了定期和不定期的农产品抽查检测与惩罚曝光力度，以严格确保不发生重大农产品质量安全事件。在看到这些进步的同时，我们不应忽视，从总体来看，吉林省农产品质量的市场监管工作，与以美国为代表的发达国家相比，还有着不小的差距。尤其是发生影响品牌市场信誉的质量安全事件时，更缺乏系统科学的品牌危机管理，加之市场监管体系不健全前期给消费群体带来的不良印象，二者叠加，致使一旦品牌因质量问题导致信誉受损，其带来的负面影响极有可能长期徘徊不散，初期为塑造品牌形象所做的诸多努力，也就大打折扣，甚至会让品牌相关利益方长期蒙受损失，品牌市场形象迟迟难以恢复，而阳澄湖大闸蟹、五常大米等品牌，都发生过市场信誉受损的负面事件。必须承认，农产品市场监管体系的完善是个系统工程，不是一朝一夕就能完成。未来吉林省应继续扎实推进国家级和省级农产品质量安全县的创建，深入开展农产品质量安全专项整治活动，强化对重点农产品质量安全的监管、逐步扩大监管范围，完善例行监测与检打联动机制的协调配合，及时准确发布质量安全监测信息，全面推广实施产地准出制度，推进农产品质量安全监管执法能力建设，加快建设和完善农产品可追溯体制机制，积极利用新媒体开展打假宣传活动等，全方位推动农产品质量监督管理与品牌危机管理体系的建设与完善。

5. 完善农业合作组织，突出农民主体地位

从应然角度讲，农业合作组织在农产品品牌建设中的角色与作用，主要体现为三个方面，即组织载体、利益共同体、运营主体。然而从吉林省现实情况来看，农业合作组织的角色与具体运营过程中，存在诸多缺陷，阻碍其在农产品品牌建设中主体作用的发挥。首先，行政干预过多，农民主体地位被虚置。发展农业的最终目的，就是要让农民得利，品牌农业的

最终目标，当然也是让农民成为受益主体。然而当前农业合作组织建设表现出政绩工程的苗头，使其具有强烈的"官办"色彩。这表现在，很多农业合作组织的负责人，是县乡政府官员或村干部而不是农民，其行政色彩可见一斑。过多的行政干预，将扭曲农业合作组织性质，难以真正维护农民利益。其次，农业合作组织治理机制不健全。受农民知识文化层次普遍较低影响，其对合作组织认识有限，使得多数农业合作组织还处于初级阶段，治理机制也存在诸多问题，缺乏完备的组织机构和民主决策机制，最终将导致很多农产品品牌及其利益难以被农民享有。最后，农业合作组织的品牌运营能力普遍较差。对于地区范围内共有特性十分突出的农产品品牌来说，很多农业合作组织以为只要取得了国家地理标志商标，就可以形成品牌效应，致使品牌营销策略产生偏差、力度不够，难以形成真正的品牌竞争力。事实上，上述问题不是吉林省特有的，在全国范围内同样普遍存在。因此，对吉林省来说，应根据自身情况，借鉴发达国家经验，一是平衡组织利益关系，突出农民主体地位。既要剔除政府对合作组织的行政干预，真正放权于农业合作组织，发挥农民在组织中的主体作用，又要确保在组建专业公司运营管理的时候，确保农民控股和占主体地位，避免农业合作组织的功能异化。二是完善组织治理机制。在现有法律制度体系下，完善农业合作组织内部的理事会、监事会及会员大会等的组织建设，促进农业合作组织从松散的治理走向密集型治理模式；发挥会员大会在组织民主决策中的作用，制定详细的农业合作组织章程，将农民在合作组织中的民主权利义务具体化，使其真正参与决策过程；建立以合作组织成员为核心的产权制度，避免其他市场主体的"搭便车"行为，提高合作组织的资源配置效率。三是实施品牌传播项目，提升农业合作组织的品牌运营能力。进一步加强与专业广告策划机构的合作，进行品牌体验式传播与广告诉求传播；密集开展产品推介会，农业合作组织还可以发挥当地旅游资源优势，向游客宣传推介当地品牌农产品，通过农旅结合的模式，走农业和旅游业相互促进带动的路子；持续实施终端品牌营销，成立专门的农产品直销店与农产品超市等，提升农产品品牌影响力。同时，随着网络信息技术飞速进步，网络推介营销越来越受到广泛重视，对农产品品牌推广传播的作用也日益凸显。未来吉林省农产品品牌建设，应继续推动农业合作组织与知名电商及生鲜农产品网站的合作，提高农产品品牌的市场认可度。

参考文献

〔美〕杜纳·E. 科耐普：《品牌智慧：品牌战略实施的五个步骤》（第 2 版），赵中秋、
　　罗臣译，企业管理出版社，2006。

刘雪飞、胡胜德：《国外农产品品牌建设的基本经验及启示》，《世界农业》2014 年
　　第 6 期。

王文龙：《农业现代化东亚模式对当前中国农业改革的启示》，《经济学家》2015 年第
　　9 期。

《中国农产品品牌发展研究报告》，农业部市场与经济信息司，2014 年 12 月。

贾枭：《农产品区域公用品牌战略的实践与思考》，《中国果菜》2015 年第 9 期。

何柳：《新媒体时代特色农产品品牌营销研究》，《当代经济》2017 年第 1 期。

江洪：《农产品品牌体系建设中农业合作组织的角色分析》，《农业经济》2016 年第
　　2 期。

吉林省支持创新创业政策体系研究

吉林大学课题组[*]

摘　要　创新是社会进步的灵魂，创业是推进经济社会发展、改善民生的重要途径，创新和创业相连一体、共生共存。当今，世界范围内新一轮科技革命和产业变革加速，新技术、新业态、新模式加快发展，创新创业成为国际竞争的新赛场。实施"大众创业、万众创新"战略，激发全社会创新创业活力，是推动吉林省新一轮振兴发展的动力之源。

近年来，吉林省创新创业事业发展较为迅速。吉林省政府出台了一系列政策，并制定了相应的措施，鼓励创新创业，并从投融资、企业孵化、人才、科技、创新创业服务、创新创业教育多方面给予了政策支持和资金扶持，创新创业支持力度有所加强。同时，我们也应该看到，吉林省的创新创业政策还有较大的改进空间，甚至存在一些空白领域。

本研究课题在界定创新创业以及创新创业政策体系基本内涵的基础上，通过案头调研和实地调研获取了相关数据资料，从法律法规、投融资政策、孵化政策、人才政策、科技政策、中介服务、创新创业教育和创新创业文化八个方面分析了吉林省支持创新创业政策体系建设的现状，并提出了吉林省支持创新创业政策体系建设模式，即完善创新创业相关法律法规，拓宽企业融资渠道，建设有效的孵化政策体系，加强创新创业人才培养，优化科技创新服务政策，完善创新创业服务体系，加快创新创业教育体系建设，推进创新创业文化建设。培育创新精神，塑造创业品质。构建

---

[*]　课题负责人：张秀娥；课题组成员：张坤、马天女、金兰、祁伟宏、毛刚、徐雪娇、方卓、邢鸥。

以政府为推动者、企业及创业者个体为主体、高校及科研院所为基础、金融机构为支撑、中介服务机构为桥梁、媒体为传播者的，集政、产、学、研、金、介、媒等关键资源要素为一体的吉林省支持创新创业政策体系，加快吉林省实现经济由要素驱动、投资驱动向创新驱动转变，促进吉林省经济社会协调、可持续发展。

关键词 创新创业 经济社会 吉林省

引 言

习近平总书记曾指出"创新是社会进步的灵魂，创业是推动经济社会发展、改善民生的重要途径"。党的十九大报告提出，"必须坚定不移贯彻创新、协调、绿色、开放、共享的发展理念"。国务院《关于大力推进大众创业万众创新若干政策措施的意见》（国发〔2015〕32号）明确指出："推动大众创业、万众创新是培育和催生经济社会发展新动力的必然要求，是扩大就业、实现富民之道的根本举措，是激发全社会创新潜能和创业活力的有效途径。"国务院《关于深入推进实施新一轮东北振兴战略加快推动东北地区经济企稳向好若干重要举措的意见》（国发〔2016〕62号）明确指出，要推进行政管理体制改革、全面深化国有企业改革、加快民营经济发展；大力培育经济发展新动能、加强创新载体和平台建设。国务院《关于强化实施创新驱动发展战略进一步推进大众创业万众创新深入发展的意见》（国发〔2017〕37号）指出，要进一步系统性优化创新创业生态环境，强化政策供给，突破发展瓶颈，充分释放全社会创新创业潜能，在更大范围、更高层次、更深程度上推进大众创业、万众创新。

近年来，吉林省创新创业事业发展较为迅速，创新创业环境有所改善，创业支持力度有所加强，但与国内发达省份及国外发达国家相比，仍然有较大的差距。根据《2015中国城市创新创业环境评价研究报告》，东北地区城市创新创业环境最差，低于全国平均水平。全球创业观察（GEM）将地区早期创业活跃度划分为高活跃创业地区、活跃创业地区、不活跃创业地区、沉寂创业地区四类，吉林省处于不活跃创业地区。吉林省必须制定更加完善的创新创业政策支持体系，形成更加适宜的创新创业环境，加快实现由要素驱动、投资驱动转向创新驱动。这是破解吉林省发展难题，促进吉林省经济社会稳定发展的关键。

一　支持创新创业政策体系内涵的界定

（一）创新创业内涵

1. 创新内涵

按照美籍奥地利经济学家 Joseph Schumpeter（1934）的观点，"创新"即"建立一种新的生产函数"，主要表现为采用一种新的产品和生产方法，开辟一个新的市场，掠取或控制原材料或半制成品的一种新的供应来源，以及实现任何一种工业的新的组织。20 世纪 50 年代以来，科学发现和技术发明不断涌现，技术进步对经济增长的作用日益明显，理论界越来越关注技术进步理论和 Joseph Schumpeter 的"企业创新理论"。后来的学者在 Joseph Schumpeter 研究的基础上，发展并形成了"创新"研究的三个分支。一是技术创新理论，重点研究技术创新的规律，特别是企业技术创新。二是制度创新理论，重点研究经济或经营管理的组织和制度变化。三是国家创新系统研究，Damanpour（1991）指出创新包括产品创新、服务创新、技术创新、管理创新等。John Bessant 和 Joe Tidd（2013）认为，创新过程的核心是识别机会、寻找资源、发展新企业和创造价值。现代管理学之父 P. F. Drucker（1985）认为，创新赋予了资源一种新的能力，使其创造财富。Tidd J. 和 Bessant J.（2013）认为，创新体现在识别商机、寻找资源、建立企业和创造价值过程中。尽管学者从不同角度诠释了创新，但关于创新的定义尚未统一。本研究课题认为，创新是使用某种新技术、新知识，通过为客户提供某种新产品或新服务，以满足客户需求，创造价值的过程。

2. 创业内涵

对创业的研究最早可以追溯到法国经济学家 Say。他将企业家描述成把"经济资源从生产率较低和产量较少的领域，转移到生产率较高和产量较大的领域的人"，他认为作为生产过程的中心枢纽，企业家收集信息、制定决策和承担风险，着重发挥其协调人、财、物、产、供、销的作用。

J. A. Timmons 和 Stephen Spinelli, Jr.（2005）认为, 创业是一种思考、推理和行动的方法, 它不仅要受机会的制约, 还要求创业者有完整缜密的实施方法和讲求高度平衡技巧的领导艺术。Knight（1921）认为, 创业的本质在于创业者由于承担不确定性和风险而获取利润。Kirzner（1973）从创业者的心理特性角度定义创业, 认为, 创业者必须具有能够敏锐感知市场获利机会的能力。Stevenson 和 Jarillo-Mossi（1985）研究认为, 创业是通过资源整合以发掘新机会的价值创造过程。Marc J. Dollinger（2006）认为, 创业就是在风险和不确定性条件下, 为了获利或成长而创建创新型经济组织（组织网络）的过程。我国学者林嵩等（2005）认为, 创业是创造新价值的活动, 既包括创建新企业, 也包括大企业内开展的新业务。张玉利、陈寒松（2013）研究认为, 创业包含创业活动和企业家精神两层含义, 其中, 创业活动涉及新企业创建、生存和初期发展, 企业家精神是创业者及其团队在创业过程中所展现的抱负、执着、创新等品质以及独特的技能, 这是创业者及其团队创建新企业和开创新事业所必须具备的。

综上可以看出, 创业是一个过程, 是一种高风险的活动, 其本质是一种新价值的创造活动, 创业利润来源于对创新的回报, 对风险的补偿, 以及对企业科学管理的回报。

创新和创业是两个既联系紧密又相互区别的概念。创新和创业相连一体、共生共存。研究认为, 创新是创业的本质和手段, 创业是实现创新的过程（Joseph Schumpeter, 1934）。创新是创业的源泉, 创业是实现创新的过程, 创业活动本身就是创新。创业的成败取决于创新的程度, 创业推动并深化了创新。

（二）创新创业政策体系内涵

创新创业活动是在一定的经济社会环境下进行的, 在创新创业过程中, 创业者（个人或团队）是主体, 环境是关键, 创新创业深受政策支持的影响。

有关创新政策的系统研究开始于 20 世纪 80 年代。创新政策被视为一个系统, 该系统内存在若干个组成要素, 要素之间关系密切。创新政策是政府为了鼓励创新发展和利用创新成果而采取的公共措施, 是一个多目标体系，涉及促进技术和信息在多个部门之间的流动（Lemola，2002；Bessant and Dodgson，1996）。创新政策实质上是政府施政行为的总和。纳尔逊认为，创新政策体系应该包括：专利制度、市场制度、政府和大学支持产业创新的政策以及相关研究和开发制度（李刚、马丽梅，2015）。政府应该从增强企业创新源、提高企业创新动力和创新能力、完善企业创新过程四个方面激励企业技术创新（李志军，2016）。

　　创业政策则是通过一系列的制度安排或政策工具来增加创业机会，提高创业技能，增强创业意愿，从而提升创业水平，促进"创业型经济"发展（辜胜阻等，2008）。哈特（David M. Hart）认为，创业政策的功能是运用政府的管理能力减少企业创立之初的不确定性，为新创企业创造良好环境。创业政策体系包括创业教育、创业共识、资金可用性、税收制度及知识资本等（Kayne，1999），旨在研究全球创业活动的态势和变化，发现国家创业活动的驱动力和创业与经济增长之间的作用机制。评估国家创业政策的全球创业观察组织（Globe Entrepreneurship Monitor，GEM）将一国的创业政策分为创业融资、政府政策、政府创业项目、创业教育、研究开发转移、商业及法律基础设施、准入制度、有形基础设施以及文化和社会规范九个方面。

　　创新创业政策支持体系则是为了提高国家或地区的创新创业能力所制定的一系列公共干预的准则及所有的公共干预行为的总称。创新创业政策的制定主体分布广泛（杜红亮，2016），政策制定参与机构多、范围广，涉及科技、财政、教育、金融、税收、商务、人力资源、社会保障等领域，它们必须相互协调、互为补充（李志军，2016）。东北三省拥有良好的科研资源，但是良好的知识资源对创新创业的作用未得到充分的发挥，其原因在于相关政策不够完善（宋冬林，2015）。现行的创新创业政策系统性不强，创业政策针对性不足，政策连续性不够，创业服务主体单一，创业氛围不够浓厚。吉林省科技创新政策存在金融支持度不够、政策的制定上量化程度不足、政策总数较少等问题。

　　综上，本课题认为创新创业政策支持体系是政府为了激发一国或地区创新创业活力，提升创业成功率，在法律法规、投融资、人才、企业孵化、科学技术、中介服务、创新创业教育、创新创业文化等方面采取一系列政策和措施。

二 吉林省支持创新创业政策体系建设现状分析

近年来，吉林省创新创业事业发展较为迅速。同时，我们也应该看到，吉林省的创新创业环境还有较大的改进空间，与国内发达省份及国外发达国家相比差距较大。如何改进和完善吉林省创新创业环境，值得深思。为了更好地反映吉林省创新创业环境建设现状，使研究结果更加科学，本研究进行了实地调查和案头调研，共发放问卷 400 份，回收有效问卷 348 份。

（一）法律法规

吉林省近年以来相继出台了一系列支持创新创业的政策，从投融资、税收减免、孵化基地建设、人才、科技、中介服务，到创业培训与教育等方面鼓励创新创业。2015 年吉林省颁布了《关于推进大众创业万众创新若干政策措施的实施意见》（吉政发〔2015〕54 号），提出要"着眼激发调动全社会的创业创新热情，坚持放宽政策、放开市场、放活主体，通过体制机制创新、健全普惠性政策措施，构建有利于创业创新的政策环境、制度环境和公共服务体系，形成创业创新的良好氛围，以创业带动就业，以创新促进发展，为推动新一轮振兴发展集聚新动能"。为充分发挥知识产权推动创新驱动发展，促进经济转型升级、提质增效的支撑作用，2015 年 4 月吉林省科技厅等部门制定了《吉林省深入实施知识产权战略行动计划（2015—2020 年）》（吉政办发〔2015〕15 号）。为加快推动科技成果转化为现实生产力，有效实施创新驱动发展战略，2016 年 10 月吉林省人民政府办公厅印发了《吉林省促进科技成果转移转化实施方案》，围绕下述六个方面制定了具体实施方案：建立吉林省科技成果信息系统、产学研协同开展科技成果转移转化、建设一批科技成果中试与产业化载体、进一步推进全省科技市场网络化建设、加快建设一批"双创"平台、建设一支科技成果转移转化人才队伍。上述政策措施的实施，为吉林省推进创新创业创造了良好的条件。但是，实施细则尚未健全，更缺少针对不同群体，如科技人员、中高等院校毕业生、留学回国人才、农民工、退役士兵、妇女、失业人员及农民等制定的创新创业法规和政策。政策宣传也不到位。调研结果显示，仅有 25.86% 的受访者经常关注国家的创新创业政策。再者，在知识产权建设方面，吉林省起步晚，专利申请量低，专利意识较为薄弱。在调研中我们发现，虽然超过 90% 的受访者认为知识产权对于企业创新有用且非常重要，但仅有 39.64% 的受访者表示其企业拥有知识产权内部管理制度，27.81% 的受访者的企业正在制定知识产权内部管理制度，仍有 32.54% 的受访者指出他们的企业没有知识产权内部管理制度。可见，虽然吉林省的企业对于知识产权重要性的认识正在逐步提高，但是知识产权的普及仍然任重而道远。

调查显示，企业对各类知识产权服务的需求较大。调研企业表示知识产业对创新创业至关重要，企业也正在积极建立完整的知识产权内部管理制度。但在调研中我们发现，在企业获得知识产权信息的主要渠道上，吉林省大部分企业主要是通过知识产权管理部门和行业主管部门获得知识产权信息，通过专业网站、文献期刊、信息服务机构和行业协会自主查询知识产权信息也正逐渐成为主流。可很多官方网站的建设并不完善，很难查询到相关的信息，而且吉林省也没有针对本省实际情况制定专门的知识产权法律法规，这给需要获得针对吉林省本地情况的知识产权相关信息的企业造成了障碍，因此很多企业经常无法获得最新最准确的信息，对相关政策也就无法详细了解。尽管在落实科学发展观，加强自主创新能力建设背景下，吉林省对于知识产权工作的重视程度不断增强，但相比其他发达地区发展仍旧滞后，知识产权中介代理机构服务体系不完善。吉林省多数初创业没有接受过政府部门关于知识产权保护方面的服务，没有接受过任何专利资助资金的企业不在少数。

（二）投融资政策

2015 年吉林省颁布的《关于推进大众创业万众创新若干政策措施的实施意见》（吉政发〔2015〕54 号）围绕支持创业企业融资，创新银行支持方式，完善融资担保体系，拓宽创业融资渠道，建立创业投资引导机制，拓宽创业投资资金供给渠道，发展国有资本创业投资，推动创业投资"引进来"与"走出去"。

创新创业投融资作为科技创新的一个重要方面，是企业创新发展的保证。但是，吉林省融资渠道不畅。根据 2015 年《中国城市创新创业环境评价研究报告》，在全国 100 个城市创新创业——金融环境排名中，吉林省仅有长春市（12 位）、通化市（52 位）、吉林市（78 位）位列其中。在对吉林省内各个地区多家企业、事业单位，政府机关以及金融机构（中国银行、农业银行、工商银行、建设银行、吉林银行、招商银行和中信银行）的相关负责人和员工的调研和访谈显示，由于受国有体制的束缚、风险资本来源渠道单一、吉林省科技基础薄弱和经济欠发达等因素的影响，基金公司、银行和信贷机构在实际运作中存在投资偏后期、偏保守，而且借贷规模大于股权投资等问题。当前中国企业创新力不足，除了科技等方面的原因外，还有一个重要的因素就是支撑企业创新与成长的资本平台仍然相对缺乏，创新创业的普遍特点是前期风险大、不确定性高，因而金融机构往往不愿意承担巨大风险。

关于企业创业的初始资金来源，调查显示，多数企业所获得的初始资金来自个人储蓄，而大型国有企业获得商业银行贷款的概率则更大。52.45%的受访者表示在企业创业发展阶段出现过资金缺口。在出现资金缺口的情况下，企业弥补自身资金缺口的主要渠道是金融机构贷款和企业自身积累，国有企业还能得到国家财政补贴。企业最希望得到弥补企业资金缺口的融资途径是金融机构贷款和国家财政补贴。

综上可以看出，在企业创业和发展的过程中，不论是私营企业还是国有企业，都存在资金短缺的情况。根据本课题调研，创业者认为对于初创公司最重要的是投融资政策扶持，但是初创企业初始资金主要来源于家人资助和个人储蓄，银行对于初创企业并没有政策扶持。国有银行对初创企业无特殊金融政策或虽然有金融政策，但宣传力度不足，执行力度差。在实际的放款过程中，仍偏好大、中型企业和经营良好的小微企业。初创企业仍面临贷款难的问题。近年来国有银行不良贷款呈井喷式爆发，银行极其注重贷款的风险性。对客户经理而言，采取终身责任制，一旦放款出现一笔不良贷款，逾期或赖账不还，对客户经理将终身追责。客户经理有"宁愿不放款，也不放风险大的款"的心态，对初创企业更是谨慎又谨慎。与国有银行相比较，吉林银行更加注重对初创企业的贷款，但门槛仍很高，由于盈利空间小，不作为业务重点来推动，初创企业的银行贷款仍不受重视。另外，通过对吉林省内多家股份制银行的调研发现，对于吉林省的创新创业企业，银行在资金投放方面会有比较明显的偏好，比如目前市场整体环境较好的交通运输、仓储和邮政业、水利、环境和公共设施管理业。零售信贷在资金投放方面偏向于经营稳定、受经济波动影响较小的与民生息息相关的企业，如服装销售、电器销售、餐饮行业（高档消费除外）等。

（三）孵化政策

近年来，科技企业孵化器已经越来越得到吉林省政府和科技部门的重视。早在 2005 年，吉林省工业和信息化厅（原省中小企业发展局）就启动了创业孵化服务工作，并在全国范围内最早提出了"创业孵化基地"的概念。2007 年吉林省在全省范围内正式启动了创业孵化基地建设。截止到 2016 年底，吉林省创业孵化基地总数达到 200 余个，其中有 3 个国家级小型微型企业创业创新示范基地，18 个省级创业孵化示范基地，到 2016 年底，全省创业孵化基地总数达到 200 余个。根据调查，处于创业园区或孵化基地的企业知晓各类扶持政策信息要早于其他企业，有时不需要直接与政府对接，由园区或基地作为对接桥梁帮助企业解决与政府的沟通问题，使企业很轻松地获得相关的政策信息，这样既减轻了企业的难度和工作量，也减轻了政府的工作量。

按照投入主体不同，创业孵化基地运作方式可分为政府主导型、社会投资型和多元合作型三种，吉林省创业孵化基地多数为政府主导型，少数为社会投资型和多元合作型。各类创业孵化基地在促进吉林省创业创新方面发挥着不可或缺的作用，但调研中也发现了诸多问题。

（1）创业孵化基地管理工作整体水平偏低

按照人均数来计算，吉林省的孵化基地数量已在全国前列。调研发现，创业孵化基地硬件设施环境尚好，但孵化服务功能建设落后，绝大多数孵化器运作不规范、一体化双创服务体系搭建力度不够，仍以房地产开发、闲置物业的运营为主，房地产属性过高。政策扶植主要集中在空间与资金的扶持上。同时，由于初创期企业聚集度与消费能力受限，市场化中介机构无法形成规模化、标准化的众包服务，以至于服务的积极性、响应速度、服务质量、服务成本均与发达地区的众包服务有明显差距。部分孵化基地以创业孵化基地的名义获取政府补贴，未能尽到孵化基地之责。作为为创业者提供服务的重要机构，创业孵化基地的实质应该是服务机构，但现有孵化基地在工作理念上还停留于政府角色。研究人员通过与部分入驻孵化基地的创业者面谈，多数创业者的感受是孵化基地仅提供了免费或低价的办公场地、相关政策的咨询服务，以及部分信息支持服务，孵化基地工作停留在初级服务层次上，缺少专业化的服务。

（2）创业孵化基地资源配置错位

受整体经济贡献的影响，省内政策资源更多地向能产生大量财政收入、税收和就业的大中型国有企业倾斜，目前针对双创的投入依旧与双创发展的需求严重不匹配。首先体现在资金扶持方面，资助的数额、申请的门槛、受理的周期等远不能满足初创期中小企业的实际需求；融资方面，债权融资仍然是以抵押贷款为主，针对初创期中小企业来说，融资渠道过于狭窄，而且在申报、审批、拨款等各个环节耗时过长，影响了企业运营；在扶植企业的选取方面，也往往以"锦上添花"为主，"雪中送炭"很少，待企业发展较为平稳时获得的一些扶植，既不能对当前企业有实质性的帮助，又占据了迫切需要本就为数不多的扶植资源，资源配置错位。

（3）产学研体系未真正打通

虽然吉林省有着丰富的科研教育资源，双创氛围较为活跃，并且在扶植资金的投入、双创活动的组织、知识产权的保护等方面有了长足进步，尤其长春新区提出了创新券的模式，由政府为企业采购中介服务，但受创服孵化管理人员专业技术水平的限制，无法理解科技类创业公司的真实需求，进而也就无法对科技类创业公司提供有效帮扶，产学研体系未真正打通，关联性创新主体（高校，研究所，包括初创企业在内的中小企业、大企业和孵化基地等）未能充分集聚，有竞争力的行业上下游链条未能培育，可持续的创业生态体系未能建立。

（四）人才政策

初创企业对于研发设计人才、营销人员和专业管理人员的需求较大。根据调研数据，约70%以上的企业拥有或者正在考虑外聘专家、顾问或科技特派员。在调研中也发现，吉林省部分企业对于高端人才给予了比较大的支持，有的企业根据员工的学历层次设计薪酬制度，部分企业给予高端人才的资金扶持从10万元到200万元不等，虽然这类企业的数量较少，但是也可以说明，吉林省的部分企业对于高端人才还是非常需要和重视的。

但是由于受初创企业成本限制以及吉林省对于高层次人才的吸引力不足等原因，企业很难引进高层次高科技专业人才，如部分企业表示吉林省人才激励门槛较高，吉林省资金扶植力度不足，处理周期较长，很难在吉林省申请到人才激励资金。而且已经引进高层次人才的企业也表示并没有享受到政府给予的安家补贴等支持政策。根据 2015 年《中国城市创新创业环境评价研究报告》，在全国 100 个城市创新创业——人才环境排名中，吉林省长春市位列第 17 位、吉林市位列第 61 位、通化市位列第 95 位。调研的企业中大部分并没有形成产学研一体的发展系统，也并没有特殊的政策吸引并留住高端人才。

（五）科技政策

近年来，吉林省各级部门在鼓励和促进科技创新创业方面先后制定了《吉林省科学技术进步条例》《吉林省促进科技成果转化条例》《吉林省促进科技企业发展条例》《吉林省技术市场管理条例》等一系列地方法规，有效地改善了科技创新的法制环境。2012 年 12 月，吉林省委省政府印发了《中共吉林省委吉林省人民政府关于深化科技体制改革加快推进科技创新的实施意见》（简称《实施意见》），制定了关于科技计划管理改革和鼓励科技人员加速科技成果转化的两个配套文件，在强化企业技术创新主体地位、深化科技计划管理改革、激励科技人员创新创业、营造有利于自主创新的良好环境等方面有很多突破性措施。其中多项政策优惠力度之大。

但是，根据 2015 年《中国城市创新创业环境评价研究报告》，在全国 100 个城市创新创业——研发环境排名中，吉林省仅有长春市（42 位）、通化市（73 位）、吉林市（87 位）榜上有名，且位置靠后。超过一半以上的企业没有设立研发机构，每年研发经费在 500 万元以上的企业虽然占 23.53%，但是基本都是国有企业，而私营企业的研发经费往往较低，大部分处于 10 万元以下，并且 58.44% 的企业没有专职的技术研发人员。这也和吉林省企业的创新性不强，缺少科技型创业企业的现状相吻合。然而，在调研的企业中大部分企业是非常需要技术研发等科技服务支持的，这就说明吉林省内企业对科技的需求和投入不相匹配，直接导致吉林省创新创业研发环境发展不良。

（六） 中介服务

中介服务业的发展与城市经济规模、产业结构密切相关。吉林省的中介服务环境与经济发达省市之间差距仍然较大。根据 2015 年《中国城市创新创业环境评价研究报告》，在全国 100 个城市创新创业——中介服务环境排名中，吉林省长春市位列第 35 位、吉林市位列第 53 位、通化市位列第 99 位。对于吉林省初创企业来说，市场信息、技术信息和投融资信息等是在企业创办过程中非常重要的信息。调研结果显示，初创企业通常通过企业管理咨询机构、财务咨询机构、法律咨询机构、知识产权代理、资产评估机构、信用担保以及检验检测机构等中介服务部门来获取相关的投融资信息、财务审计和会计咨询服务、专利标准以及商标信息等咨询服务。调研企业也表示希望能够与高校/科研院所、相关项目的组织和专门支持创业的实体机构等部门合作，解决在创新创业过程中遇到的实际困难。

在对企业所处的公共服务平台是否有完备的财务、法律、成果转化、知识产权保护等服务进行调研时发现，超过半数（52.12%）的企业表示所在地区的公共服务平台没有完备的财务、法律、成果转化、知识产权保护等服务。吉林省需要鼓励中介服务的发展，以此来提升城市的创新创业环境水平。

（七） 创新创业教育

相对于国内其他省份来说，吉林省的创新创业教育开展较晚，但是发展较快，逐渐形成了以多个角度、多部门为主导的创新创业教育模式。2016 年 12 月根据教育部办公厅《关于开展首批深化创新创业教育改革示范高校认定工作的通知》（教高厅函〔2016〕92 号）精神及省教育厅《关于开展吉林省深化创新创业教育改革示范高校立项建设工作的通知》（吉教高字〔2016〕48 号）要求，吉林省各高等职业院校组织开展了深化创新创业教育改革示范高校的申报工作。2017 年 4 月 14 日，吉林省高校创新创业教育联盟成立，将在吉林省教育厅的指导下，联合各界资源，深入探索创新创业教育规律，丰富创新创业教育方式和方法，协同共享创新创业教育资源，形成良好的创新创业教育生态系统，服务吉林省高校创新创业教育，厚植大众创业、万众创新土壤，为吉林省全面振兴发展提供强有力的人才保障和智力支撑。

吉林省创新创业教育明显滞后，调查显示，只有 6.55% 的创业者表示自己目前掌握的创新创业知识和技能满足创业的要求。受访者认为创业者应该具有把握商机、熟悉创业政策与环境、企业管理、承受和规避风险以及领导能力等方面的能力，才能促进创业的成功。创业者希望能在企业管理能力、战略规划、创业机会识别与环境分析等方面得到提高。但是，参加创新创业相关培训课程的创业者仍是少数，而且目前的创新创业课程存在不连贯、时间短、与实际情况脱节等问题，多数创业者是通过自学或者亲身实践的方式获取创新创业知识的。

（八）创新创业文化

根据 2015 年《中国城市创新创业环境评价研究报告》，在全国 100 个城市创新创业——创新知名度排名中，吉林省仍然是仅有长春市（40 位）、吉林市（42 位）、通化市（73 位）榜上有名。创新知名度是指社会对城市创新创业文化的关注度。62.28% 的受访者认为政府相关扶持政策对于创新创业非常重要，28.14% 的受访者认为比较重要。但是，超过 35% 的调研对象对国家和吉林省出台的扶持创新创业的相关政策并不关注，仅有12.42% 的人表示对"大众创业、万众创新"的相关政策比较了解。

调查显示，仅有 6.12% 的受访者表示明显感受到国家、吉林省颁布的一系列"大众创业、万众创新"政策所带来的变化，虽然很多受访者表示感受到"想创业的人多了""市场环境变好了""服务平台多了"等变化，但是对创新创业文化建设的变化感受不明显，甚至没有感受到的人占受访者的 52.88%。对受访企业享受过政府哪些创新创业扶持政策方面的调查显示，在所有扶持政策中，大部分受访企业只享受过税费减免政策，而更有 17.44% 的企业没有享受过任何扶持政策。在营造创新创业文化氛围方面吉林省取得了一定成绩，近年来，吉林省积极倡导敢为人先、宽容失败的文化理念，树立崇尚创新创业的价值观，大力培育企业家精神和创客文化，为大众创新、万众创业营造良好氛围。但是，整体上，吉林省人们的官本位意识仍旧较强，创新创业意愿不强，创新创业文化环境建设滞后。

综上所示，通过对吉林省的多家企业的调研与访谈发现，大部分受访企业对吉林省创新创业政策八个方面（法律法规、投融资政策、孵化政策、人才政策、科技政策、中介服务、创新创业教育和创新创业文化）的建设并不满意，可见，吉林省创新创业支持政策的建设仍需相关部门的努力，在"大众创业、万众创新"的时代潮流中，积极鼓励、支持创新创业，鼓励中小微企业的创新发展，真正实现吉林省经济的复兴和发展。

三　完善吉林省支持创新创业政策
体系的对策

根据吉林省实际情况，从以下九个方面提出完善吉林省支持创新创业政策体系的对策。

（一）完善创新创业相关法律法规

政府可通过制定相关的法律法规来保障、支持创新创业活动，在创业初期、企业成长期、企业成熟期及创业企业退出的全过程，制定保障创业的法律法规。吉林省政府及其相关部门要对现有企业创建的相关法律法规进行梳理完善，形成合理完备的创新创业法律法规体系。改革监管环境，减少官僚作风，使企业更容易注册和运作，降低成本，从而更快、更容易地开展新业务。

要保证支持创新创业政策的连续性，对于各项创新创业优惠政策的执行进行明确的说明。根据吉林省目前发展现状，针对不同群体，如科技人员、中高等院校毕业生、留学回国人才、农民工、退役士兵、妇女、失业人员及农民等群体，制定自主创新创业的法规和政策，突出重点，合理帮扶，营造良好的宏观创新创业法律环境。此外，还应加大对创新创业行为的监督力度。

（二）拓宽企业融资渠道

首先，为高科技创业企业设立创业基金。吉林省政府应该发挥自身优势，为高科技创业企业提供资金支持。由政府支持，企业家能够获得种子资本，降低商业银行在抵押品方面的要求。对投资于一定规模以下新企业的投资者提供减税等优惠政策，鼓励对新企业的投资。其次，加强各机构间合作。充分发挥政府的引导和服务功能，利用吉林省内科研院所众多的有利条件，组织高校、科研机构做好产学研对接工作。应当建立全方位多层次的资金支持体系，为技术创新，科研成果产业化、市场化提供充足的资金来源。再次，大力发展融资租赁，解决中小微企业融资难问题。最后，健全中小企业信用担保机制。要发挥政府主导作用，构建中小企业信用担保系统，向中小企业提供信用保证。对高风险、高回报或者高科技企业，政府可以设立专门担保制度或部门，在风险承担、风险补贴、利润分配等方面进行特别规定，降低企业的融资难度。鼓励民间资金进入信用担保领域。推进风险补偿制度建设，完善再担保机制。

（三）建设有效的孵化政策体系

有效的孵化服务体系能够极大地推进知识的科技化与创新的产业化，建设创新创业生态体系要加强对企业孵化服务体系的建设。第一，创新孵化模式。加强孵化体系的整体规划，鼓励支持省内科研院校、科技园区以现有存量土地建设企业孵化器。对新认定的国家级和省市级企业孵化器分别给予不同额度的补贴；对科技企业孵化器完善公共服务平台给予补贴。第二，加强创新创业生态体系中多方要素的聚合，统筹产学研三者的集聚与平衡。第三，提供多样化增值服务。针对企业需求，提供管理咨询、技术培训、风险投资、融资服务、财务咨询、市场营销、媒体推广等增值服务。第四，积极促进专业孵化器建设，提升孵化效率。第五，加强对众创空间及企业孵化器的考核监管。推进众创空间建设，构建一批具有吉林省特色的创客空间及新型孵化机构。第六，加强创业孵化基地建设。加强对众创空间及企业孵化器的考核监管。一方面，要加快对众创空间发展指标体系的建设；另一方面，对已纳入国家孵化器管理体系的众创空间，从服务能力、孵化绩效和社会贡献等方面对孵化器做出评价，加强和规范对孵化器的管理，引导科技企业孵化器健康发展。

（四）加强创新创业人才培养

首先，注重创新创业人才培养、选择与引进。吉林省要围绕支柱优势产业、现代农业、战略性新兴产业、现代服务业等重点产业和重大科技成果转化项目，引进新一轮振兴发展急需紧缺的高层次创新创业人才和团队。积极引导省内企业家参与国际合作与竞争，提高经营管理水平和国际视野。加强高等学校和科学研究所、外部企业的通力合作，实现创新创业人才重点培养。其次，提升创业者素质和能力。吉林省需要加快培育数量更多、素质更高的优秀创业者和企业家。注意培养开发企业家的创造力和创新思维，培育对商机的敏感性，时刻对市场保持警觉性，不断提升自己创业技能和管理技能。最后，激发潜在创业群体的创业意愿。大力推动大学生创业，支持下岗失业人员、退役军人、返乡农民工、农民等群体创业，积极鼓励科研人员在职或离岗创业，支持企业家、科研人才联合创业和跨区域合作创建科技型企业。

（五）优化科技创新服务政策

科技政策是国家为实现一定历史时期的科技任务而规定的基本行动准则。先进的科学技术是创新创业的奠基石。吉林省应该进一步优化科技创新服务政策，提升企业创新效率。

首先，落实扶持政策，强化创新引导。着力补齐吉林省科技创新短板，把科技型中小企业和高新技术企业作为重点服务对象，建立科技部门牵头抓总，其他部门协同协调，省市县联动联合的工作机制。财政部门设立科技型中小企业专项资金。瞄准引领世界科技发展的"高、精、尖"科技产业，推进生物医药、电子信息、新能源汽车等战略性新兴产业向科技研发、专利引进、高新技术成果转化。其次，加大科技投入，提升创新能力。鼓励企业加大研发投入，开展企业内创业。充分发挥吉林省中小企业服务平台作用，不断健全企业技术创新激励机制。再次，注重高技能人才建设。坚持培养和引进高技能人才并重的人才政策，建设一支与吉林省产业体系相适应的人才队伍。一是建立人才培养长效机制。二是在鼓励企业引进高技术人才的同时，积极采取多种灵活方式"柔性"引进人才，促进经济发展。最后，加强知识产权体系建设，提升企业创新效率，提高知识产权保护意识，鼓励省内企业以专利技术建设为中心，开发新型产品。

（六）完善创新创业服务体系

首先，加速创新创业中介服务体系建设。要充分发挥科技中介协会和社会团体的纽带作用，建立健全技术转移、管理咨询、知识产权代理、资产评估、科技信用担保、成果推广等专业服务机构，提高创新创业服务能力和水平。同时，要放宽科技中介机构市场准入条件，鼓励民间资本进入科技中介服务行业。大力扶持一批科技、金融、人才、管理、法律等方面的专业服务公司。组建创业服务平台，完善创业指导功能。其次，完善创新创业服务队伍。在各地区的工商部门、人力资源和社会保障部门、税务部门、中小企业局，民营企业和中小企业协会等事业部门，以及各大高校与科研机构中抽调专门人员，组建形成一支专业的创新创业服务团队。鼓励拥有丰富经验和创业资源的企业家、风险投资人加盟，建立专家服务团队。积极鼓励民间力量成立创业者协会等公益组织，切实有效地为创业者服务。最后，积极开展创新创业公共服务活动。积极开展创新创业大赛，注重创新创业活动宣传，营造全民创业氛围，激发全民创业激情。通过政府购买服务和适当补贴方式，对各类中小微企业创新创业服务机构开展的人才培训、技术创新、科技成果转化、创业创新大赛等活动给予支持。

（七）加快创新创业教育体系建设

首先，建立科学的创新创业教育课程体系。吉林省各高校要更新创业教育观念，建立健全集"课堂教学、自主学习、结合实践、指导帮扶、文化引领"为一体的创新创业教育体系；形成创意、创新、创业教育链条，构建"实训基地—孵化器—加速器—产业区"的进阶式实践平台。探索多学科交叉融合的人才培养模式，制定柔性化的专业培养方案。大力加强高校与科技界、产业界、投资界的合作，集聚创新创业要素和资源，形成全方位支持创新创业教育和学生创新创业的良好生态。其次，打造专业化的创新创业教育教师团队。一方面，进一步加强创业教育专职教师的培养工作，通过培训、到企业挂职等方式，大力提高高校教师的创新创业意识和能力，广泛开展启发式、参与式、讨论式教学，注重培养学生批判性和创造性思维。另一方面，积极聘请有创新创业实践经验的优秀人才进校园、上讲台。最后，加强继续教育创新创业教育和培训。要针对不同企业创建定制课程，并有针对性地培训。通过创业教育和培训，帮助失业人员转变就业观念，树立创业自信心，同时提高创业者的心理素质，增强其管理能力和创业能力，以及应对市场变化的能力。

（八）推进创新创业文化建设

首先，培育创新精神，塑造创业品质。以价值创造为本质内涵，大力弘扬创新文化，厚植创业沃土，营造敢为人先、宽容失败的良好文化氛围，培养吉林人的创新精神，引导人们树立正确的就业观念和创业价值观，推动创新创业成为生活方式和人生追求。与此同时，要注重塑造良好的创业品质，形成自信、自主、自立、自强的企业家精神。其次，培育企业创新创业文化。要培育以创业精神为核心价值取向的企业文化。引导省内企业不断创新。针对有创业意向的企业内部员工，企业提供咨询、资金、技术与人员，培育和孵化具有前沿技术和全新商业模式的创客企业。再次，塑造浓厚校园创新创业文化。将创新、独立、自信、冒险等精神教育引入中小学教育系统，普及大学创业教育和发动社会各种力量共同参与创业技能培训。举办创新创业研讨会、创业沙龙、创意大赛等活动，邀请知名企业家、创业成功人士进行经验交流，推动校园创新创业文化氛围的形成。最后，加强创新创业宣传。通过各种新闻媒体，加大宣传力度，在吉林省形成"勇于创新创业、不怕失败、宽容失败"的文化氛围。

总之，创新创业政策体系建设是一项系统而复杂的工程，涉及法律法规、资本政策、孵化政策、人才政策、科技政策、中介服务、教育、文化等内容。本研究围绕上述内容，提出了构建以政府为推动者、企业及创业者个体为主体、高校及科研院所为基础、金融机构为支撑、中介服务机构为桥梁、媒体为传播者的，集政、产、学、研、金、介、媒等关键资源要素为一体的吉林省支持创新创业政策体系，以加快吉林省实现经济由要素驱动、投资驱动向创新驱动转变，促进吉林省经济社会协调、可持续发展。

参考文献

Schumpeter J. A. *The Theory of Economic Development: An Inquiry Into Profits, Capital, Credit, Interest and the Business Cycle* [J]. Harvard Economic Studies, 1934: 46.

Drucker P. F. *The Discipline of Innovation* [J]. Harvard Business Review, 1985, 76 (6): 13–15.

Tidd J. and Bessant J. *Managing Innovation: Integrating Technological, Market and Organizational Change*, 5th Edition [J]. 2013.

Acs Z. J., Audretsch D. B., Lehmann E. E., et al., *National Systems of Innovation* [J]. Journal of Technology Transfer, 2016: 1–12.

Acs Z. J., Audretsch D. B., Lehmann E. E., et al., *National Systems of Entrepreneurship*

［J］. Research Policy, 2014, 43（3）: 476 – 494.

GEM 2015/16GLOBAL REPORT, http://www. gemconsortium. org/2016 – 4 – 12.

Jeffry A. Timmons, Stephen Spinelli, Jr.：《创业学》，周伟民、吕长春译，人民邮电出版社，2005。

Peter E. Drucker（1985），*Innovation and Entrepreneurship*，*Harper Collins Publishers* Inc.，p. 20.

清华大学启迪创新研究院：《2015 中国城市创新创业环境评价研究报告》，清华大学出版社，2016。

蔡莉、崔启国、史琳：《创业环境研究框架》，《吉林大学社会科学学报》2007 年第 1 期。

张凤、何传启：《创新的内涵、外延和经济学意义》，《世界科技研究与发展》2002 年第 3 期。

张秀娥、马天女：《国外促进大学生创新创业的做法及启示》，《经济纵横》2016 年第 10 期。

张秀娥、张宝文：《基于 GEM 创业生态系统的大学生创业机制构建研究》，《经济纵横》2017 年第 2 期。

刘刚：《发达国家创业政策的启示与对策》，《人民论坛》2016 年第 23 期。

覃睿、秦雪：《基于 ISM 的国家创业系统运行机理与政策含义研究》，《科学决策》2013 年第 4 期。

王昌林：《大众创业万众创新的理论和现实意义》，《经济日报》2015 年 12 月 31 日。

张秀娥、马天女：《树立先进的创新创业教育理念》，《吉林日报》2016 年 1 月 19 日。

夏荣威：《我国区域创业环境评价研究》，吉林大学，2009。

张秀娥、张宝文、秦鹤：《大学生创新创业生态系统优化研究——基于三螺旋理论的视角》，《财经问题研究》2017 年第 5 期。

社会发展研究篇

延边朝鲜族自治州脱贫攻坚的
实践难点与对策建议

吉林省社会科学院课题组*

摘　要　贫困现象的广泛存在已成为当前我国全面建成小康社会的严重障碍，而我国少数民族地区的贫困问题显得尤为突出。延边作为吉林省唯一的朝鲜族自治州，贫困与扶贫问题一直存在，是典型的"老少边穷"地区，又是吉林省脱贫攻坚两大主战场之一。在当前全面建成小康社会和进入"十三五"发展的新阶段，国家的政策资金等有利因素正向贫困地区倾斜，未来几年正是延边朝鲜族自治州抢抓机遇，实现社会发展和扶贫攻坚关键期及黄金时期。课题组结合赴延边州实地调研，分析延边州开展脱贫奔康的难点并提出针对性建议，坚决打赢脱贫攻坚战，这对于延边乃至全国社会稳定和长治久安，全面小康社会的建成都具有重大意义。

关键词　延边朝鲜族自治州　脱贫攻坚　精准扶贫

精准扶贫是党和国家在"十三五"时期重要的战略目标之一，少数民族地区精准扶贫又是其中的重中之重。延边朝鲜族自治州（以下简称延边州）地处吉林省东部、中俄朝交界地带①，是典型的"老少边穷"地区，是吉林省脱贫攻坚重点地区。分析延边州开展脱贫奔康的难点并提出针对性建议，对于延边州乃至全国社会稳定和长治久安，全面小康社会的建成均具有现实意义。

---

* 课题负责人：邵汉明、谭红梅；课题组成员：王静、石美生、王海龙、范凡、杨晨。

① 下辖延吉、图们、敦化、珲春、龙井、和龙 6 市，汪清、安图 2 县，66 个乡镇，1051 个行政村。

一　延边州朝鲜族聚居区贫困现状及特征

（一）延边州朝鲜族聚居区贫困现状

延边朝鲜族自治州地处吉林省东部、中俄朝交界地带，是吉林省脱贫攻坚重点地区。延边州有 4 个国家扶贫开发工作重点县、1 个省定高寒连片贫困县。

"十二五"期间，延边州共有 19.5 万名农村贫困人口实现脱贫，贫困发生率大幅下降，由 2010 年的 37% 下降到 2015 年的 13.3%。贫困人口收入水平接近扶贫线。

"十三五"期间，延边州共识别出贫困村 304 个，占全州行政村的 28.9%；全州贫困人口 46831 户、84628 人（截至 2016 年 6 月 30 日，含低保、五保人口 25553 户、41944 人），占全省贫困人口总数的 10.2%，贫困发生率为 13.4%。

（二）延边州朝鲜族聚居区贫困状况特征

一是朝鲜族是重点扶贫对象。2016 年，延边州朝鲜族人口达到 77.8 万人，占全州总人口（214.6 万人）的 36.3%；延边州少数民族贫困人口以朝鲜族人口为主。

二是贫困人口集中分布在 4 个国家级贫困市（县），占全省的一半。汪清县（12177 户，占 26%）、安图县（11102 户，占 23.7%）、和龙市（8093 户，占 17.3%）、龙井市（7984 户，占 17%）贫困户数占全州总户数的 84%；贫困人口（72905 人）占全州人口的 85.5%。

三是贫困人口主体为因病致贫和因残致贫。在延边州贫困人口中，因病致贫 31186 户，占 66.6%；因残致贫 3332 户，占 7.1%；缺劳力 4393户，占 9.4%；缺资金 2190 户，占 4.7%；缺土地 2184 户，占 4.7%；缺技术 4129 户，占 3.1%；因学致贫 933 户，占 2%；其他原因（交通、因灾、缺水等）致贫 1038 户，占 2.4%。其中，因病、因残致贫的贫困户数两项合计占全州贫困总户数 73.7%，贫困人口两项合计（5.8 万人）占总贫困人口 68.1%；丧失劳动能力的贫困人口（5.4 万人）占总贫困人口 63.4%。

四是老龄化、空心村现象严重。调查统计数据显示，全州 8.5 万名贫困人口中，60 岁以上老年人有 4.4 万人，占总贫困人口 52.5%；一线边境村①平均人口流失率为 57.1%②，个别村达到 80% 以上，60 岁以上留守人口占比达 52%；安图县、汪清县等村人口流失率也超过 50%，青壮年劳动力极度缺乏。

二 延边州朝鲜族聚居区脱贫攻坚的主要举措

脱贫攻坚战打响以来，延边州省委、省政府高度重视，精心谋划，高位推动，压实责任，脱贫攻坚工作取得了显著成效，主要举措如下。

（一）深入学习，全面领会，狠抓中央精神贯彻落实

党的十八大以来，以习近平同志为核心的党中央高度重视扶贫开发工作，提出了一系列重要思想，做出了一系列重要部署，为延边州做好新时期脱贫攻坚工作提供了行动指南。中央和全省扶贫开发工作会议后，州委、州政府高度重视，随即召开州委常委会议、州政府常务会议专题研究延边州脱贫路径、主攻方向、重点任务、政策支持、资金投入、组织保障等重大问题；迅速召开了由 300 多人参加的最高规格的全州扶贫开发工作会议。会后，各地迅速行动，全部召开了扶贫开发大会，并制定了脱贫攻坚实施方案，强化了扶贫机构，充实了人员队伍。州直各部门也全部成立了由一把手任组长的脱贫攻坚领导小组，全州上下形成了四级书记抓扶贫、全党动员促攻坚的浓厚氛围，保证了党中央、国务院和省委、省政府决策部署在延边大地落地生根。同时，全州结合"两学一做"学习教育，组织各级各部门党员领导干部深入学习习近平总书记系列重要讲话和《习近平关于扶贫开发论述摘编》读本。

---

① 如安图县新合乡吉房子村户籍人口为 271 人，实际人口为 125 人，人口流失率为 54%；和龙市南坪镇兴化村户籍人口 499 人，实际人口 112 人，流失率 78%；图们市月晴镇马牌村户籍人口 1107 人，实际人口 137 人，人口流失率 88%。
② 未计算珲春市英安镇 4 个城郊村。

（二）强化部署，高位推动，层层压紧压实工作责任

为迅速落实党中央、国务院和省委、省政府的决策部署，制定出台《延边州全面推进脱贫攻坚实施方案》，在明晰了脱贫时序和攻坚目标的同时，确定了重点任务和保障措施，并狠抓落实，强力推进。一是建立双组长高位推动机制①。全州各级党政主要领导亲自挂帅、亲自出征、亲自督战，由党政一把手任双组长的脱贫攻坚领导小组在全州各地成立，确保责任层层压实。二是建立重大事项处理机制。实行党政主要领导"月调度，季汇报"制度。重要工作部署、重大问题处理、重大项目督办均由党委、政府主要领导和分管领导身体力行。三是建立真查严考督查机制。组建专项督导组，制定督查清单，开展专项督导，2016 年 7 月 4 日至 8 日，对全州 8 个县市进行了专项督导，发现整改问题 47 项，并对督查结果全州通报，督促各地整改落实。并由 36 位州级领导带头到包保地区督导工作，持续传导压力。2017 年 2 月 27 日，又召开了全州春季脱贫攻坚督查工作动员部署会议，从 2 月 28 日开始利用 8 天时间，由州脱贫办、州委督查室、州政府督查室、州直机关党工委、州农委牵头，抽调近百人组建了 24 个督查小组，对全州 4 个重点县 230 个贫困村的脱贫攻坚工作，进行了全方位"地毯式"的大督查。重点从精准识别、精准退出、项目资金监管和政策敲实落地等方面开展综合督导和专项督查，确保全程督导督查全覆盖、无死角、无盲区。四是建立责任追究问责制。坚持问题导向，对干部在落实脱贫攻坚工作中不作为、慢作为等问题实行问责。2016 年第二次小组会后，对工作推进缓慢的 2 个县市分管领导进行了约谈提醒，同时，加大对州直帮扶部门的检查、督促与考评力度，并将脱贫成效与干部奖惩任用挂钩。

（三）精准识别，夯实基础，从严从实开展认贫定贫

延边州委、州政府下发了《关于做好 2016 年扶贫对象动态调整和信息采集工作的通知》，结合"六看"要求，明确提出 50 条档案规范管理标准，并依照"八入八不入"的标准，对符合条件的及时纳入，对不符合条

---

① 严格落实中央确定的省负总责、市县抓落实、乡村管理的责任分工工作机制。

件的坚决清退，确保不错不漏、能进能出，全面开展建档立卡录入信息再核查、再确认工作，加大对突出问题查摆整改力度，确保数据真实准确，全面可靠。通过建档立卡"回头看"，全州共识别出贫困村 304 个，占全州行政村的 28.9%，贫困人口 46831 户、84628 人（截至 2016 年 6 月 30 日），贫困发生率为 13.4%。

（四）精心谋划，狠抓落实，促进项目资金敲实落地

2016 年以来，延边州为加快项目和资金敲实落地致力于资金筹措和项目谋划。在扶贫资金争取上，坚持多条腿走路，全州共投入脱贫攻坚各类资金 37.81 亿元，其中，安排各级财政扶贫专项资金 13.14 亿元，创扶贫专项投入历史最高水平。扶贫项目谋划，产业扶贫方面，重点发展特色种养业①，积极推进扶贫新业态②。基础设施和民生建设方面，重点谋划对贫困地区支撑作用大和带动功能强的水利、交通、通信等，努力补齐基础设施短板。"十三五"期间共谋划了 5030 个扶贫项目，总投入达到 225.6 亿元。2016 年，共实施扶贫项目 1644 个，完成投资 23 亿元。其中，产业项目 563 个，完成投资 7.3 亿元；基础设施及公共服务建设项目 1081 个，完成投资 15.7 亿元。

（五）拓宽渠道，突出创新，全力抓好脱贫攻坚新业态

一是金融扶贫。在全州广泛开展农村土地经营权抵押贷款，发放贷款 4.4 亿元（其中 1.29 亿元发放给贫困村）。小额扶贫贴息贷款积极推进，4600 万元风险担保基金注入全州，扶贫贴息贷款以 1∶10 倍放大，可撬动 4.6 亿元扶贫贷款。为解决 4 个国贫县脱贫攻坚融资难问题，与国开行吉林省分行积极对接以搭建州级增信融资平台。③ 二是移民搬迁。明确时间表、任务图、补助标准及扶持政策，不断加大对贫困地区危房改造和易地扶贫搬迁工作推进力度。2016 年，完成危房改造 2647 户，启动易地扶贫搬迁 1061 户、2266 人，占全年搬迁计划的 120%，竣工 1002 户、2181 人，

---

① 如有机水稻、延边黄牛、食用菌、中药材等。
② 如电商、光伏、旅游等。
③ 现已谋划 815 个项目，计划总投资 10.7 亿元，拟争取国开行吉林省分行 8.5 亿元贷款，支持 4 个国贫县贫困村基础设施建设。

占全年搬迁计划的 115%。三是就业扶贫。为 2000 多贫困人口提供免费服务；为 3000 多人开展各类技能培训。四是旅游扶贫。建设 14 个乡村旅游扶贫试点村，70 个贫困村全域实施旅游项目。五是电商扶贫①。开展农民专业培训 3 万余人次。

（六）强化包保，落实责任，扎实推进驻村包保帮扶

延边州出台了《关于在全州深入实施"百千万"包保脱贫工程全面打赢脱贫攻坚战的实施方案》《延边州抓党建促脱贫攻坚实施方案》，并下发了《州直部门（单位）包保帮扶贫困村工作成效考核评价办法（试行）》《州直部门选派第一书记考评办法（试行）》。全面落实包保责任②，组织州级领导联乡包村及州直单位定点包村，选派第一书记和驻村工作队开展驻村帮扶，全面落实包保责任，做到不脱贫、不脱钩；强化东西扶贫协作，先后 5 次同宁波市深入研究对口支援相关事宜，为两地合作共赢奠定基础；扎实推进社会扶贫，出台《关于在全州民营企业中开展精准扶贫行动的实施意见》，组织州域内 116 家企业和社会团体深入开展认领包保帮扶工作，全年共帮扶贫困村 57 个，投入资金 5500 多万元。

三 延边州朝鲜族聚居区脱贫攻坚的难点

虽然延边州脱贫攻坚工作取得了阶段性成果，但脱贫奔康由于历史、自然等因素仍面临一些亟待解决的突出困难。

（一）边境地区是脱贫攻坚难点

一是收入水平低，贫困覆盖面大。全州边境一线 5 公里以内的 76 个行政村，大多地处偏远，属于高寒山区，耕地零星分散（很难进行机械化、规模化耕种），大多是山坡地（部分耕地的坡度大于 25°），土层浅、无霜

---

① 延吉、敦化、和龙、安图列入国家电子商务进农村综合示范县行列，已建成 2 个县域服务中心，在建县域服务中心 2 个。

② 组织 37 名州级领导联乡包村，122 个州直单位定点包村，选派 75 名第一书记和 75 个驻村工作队开展驻村帮扶，机关党员、干部包户，实现贫困村全覆盖包保、贫困户全覆盖帮扶、工作队全覆盖进驻。全州省、州、县三级帮扶单位超过 1000 个，选派驻村工作队 800 多个，派驻村第一书记 304 名，落实帮扶项目 700 多个，投入资金 4 亿多元。

期短、有效积温低，自然灾害频繁发生，对农业发展造成负面影响，农业产值不高。加之，集体经济薄弱，村级组织服务能力不强，产业规模小（无主导产业），布局分散、混杂，集体收入主要依靠土地、林地发包，来源单一，增收渠道狭窄，如崇善镇古城村是典型的边境少数民族贫困村，此前村集体经济收入仅靠出租场地收入几千元。此外，5个边境县市老弱病残贫困人口占比高达80%。这部分人看病、治疗用去大量的资金，又无固定收入，有的靠低保收入维持生活；有的将有限土地出租，收取少量租金。二是空巢现象突出，养老问题凸显。边境村的青壮年大多外出打工（其中朝鲜族多到韩国打工），走出去后返乡务农或创业的很少，主要原因在于未婚的返乡很难找到对象，已婚的也多数因为考虑孩子的教育问题而放弃回乡。村屯间距离过远，组织活动十分困难，同时也不利于整村推进。目前，不论是常住人口还是返乡人员多为年龄偏大，想到城市生活但由于生活费用高，不得不在原居住地生活。以和龙市柳洞村为例，现在村里1户1人的总计27户，这27户平均年龄在65～70岁以上，这些人谁来照顾，目前根本无法解决老有所养的问题。三是基础设施相对落后，社会保障能力差。边境地区村屯人口分散、规模小，集聚度低，人口大量流失后，学校、医院很难维持下去，医疗卫生（目前仍有个别村缺少驻村村医，虽有镇卫生院巡诊，但不能解决根本问题）、教育文化等社会公共服务设施基础设施建设成本高，布局不够合理。虽然近年来对边境一线的投入力度不断加大，但基础设施历史欠账较多。四是边民补贴专项资金（引导边民回流）紧缺。边境镇（如崇善镇），距离市区较远，生活成本较高，一般产品都高于市区，为群众造成一定的生活困难。2013年，吉林省财政安排2000万元专项资金在和龙市边境一线开展了巡边员补贴试点，即对居住满一年以上的边境居民每月发放300元生活补贴，收到了显著成效，当年就有很多边民回流，但缺乏专项资金此项政策已经难以为继，也制约了试点推广到5个边境县市。同时，考虑到边境安全问题，集中移民搬迁只能向外不能向内，农民种地太远，搬迁意愿不足，依靠边民稳边固边任重而道远。五是村级组织致富带富能力有限。有的村支部党员均为年龄较大的朝鲜族，不仅在汉语听、说方面存在较大的障碍，同时身体力行上也存在很大困难，在两学一做学习过程中较为吃力，学习效果相对差一些。大学生村干部作为新鲜血液补充，一般到镇政府工作，并不是每个村都有。

村支部老龄化严重，办公效率较低，致富带富能力较弱，制约了扶贫工作的进一步开展。

（二）贫困群众自我脱贫内生动力不足

在延边州 8.5 万名贫困人口中，60 岁以上老年人占 52.5%；因病、因残占 73.7%；初中文化及以下占 90% 以上。由于贫困人口中老年和病残人口数量较多，整体文化水平较低，发展信心不足，一些先进农业技术的学习也难有成效，缺乏自我脱贫致富的门路和能力，对如何利用好相关政策，通过谋划和发展产业实现脱贫还没有清晰的思路，对脱贫工作构成阻碍。如和龙市某村于 2015 年组织村民开展民俗表演，但村民起初并不相信通过表演可以赚钱，没多少人响应，当见到收益后积极性大增。

目前，仍有很多贫困群众还是单纯地认为脱贫攻坚是党和政府的工作，就是给钱给物给贷款给照顾。多年"捐钱送物"的反复扶贫，许多贫困户习惯性接受慰问和照顾，等、靠、要依赖思想还不同程度存在。如龙井市某村，到目前已换了三家包保单位，尽管包保单位赠送鸡雏并包回收，但村民仍以年龄为借口推脱，尽管贫困户多数年龄偏大，但也并非如他们所言"连养鸡的力气都没有"。前两年有个村，包保单位赠送牛犊并包回收，但不到半年牛犊就都不见了，村民给出的理由是生病或者丢失；还有汪清县某贫困村住房改造已结束，而个别贫困户的住房仍岌岌可危，最主要的原因在于有的人希望房屋改造费用完全由政府负担，即使个人有能力也不愿承担任何费用，而未参与改造。

在调研中，特别需要指出的是，还有因户口独立而人为致贫的现象存在。据部分单独立户的老人讲述，虽有子女，但他们已成家立业且自顾不暇；还有人刻意隐瞒子女，其实他们中不少人都会定期或不定期接到在外打工子女的汇款，且在城里有楼房（冬天即到城里居住）。扶贫单位到访前需要先通话联系定好时间，否则就会徒劳而返。这样的情况需要重新考虑是否应归为贫困人口。

（三）基层脱贫攻坚帮扶仍不够到位

一是一些帮扶单位有名无实，难以起到真正的帮扶效果。调研中，我们了解到有些扶贫单位对扶贫认识不足，对农村情况也并不了解，扶贫工作要么按上级文件走，要么走马观花。有些帮扶单位帮扶能力弱，缺乏约束激励机制，任务落实不是很严格，严重影响了帮扶的进度。个别帮扶单位对帮扶工作摆位不高，力度不够，帮扶计划简单笼统，缺少有效帮扶措施，争取协调资金没有渠道、途径，顾虑过多。还有的部门、单位对帮扶工作只是简单的捐钱捐物，可持续的帮扶项目不多。二是驻村工作队存在挂名、走读现象。下派前未经过任何有关扶贫方面的系统培训，由于原有各工作经历不同，对扶贫工作的认识和重视、扶贫政策的把握和运用，以及带动贫困户脱贫致富的热情和能力也不尽相同。未能真正协助镇村研究和破解村里党的建设、经济发展和脱贫攻坚的难题。三是各县（市）、乡（镇）一级扶贫岗位工作业务量大，难以发挥应有的作用。主要日常工作多限于到包保贫困村走访慰问、上报统计材料、迎接领导调研、应付上级检查等事务，而实际工作则需加班加点。此外，驻村工作队成员补助（每天100元）明显低于公务出差的补助（每天180元），同时，市（县）、乡（镇）一级驻村工作队成员补助很难落实，直接影响工作效率和工作积极性。据和龙市某村一名驻村干部反映，由于所在扶贫村地处边境较为偏远，去年一年的工资几乎都搭在了路上，自己的私家车也在去年的洪灾中受毁严重。

（四）扶贫资金管理使用不规范

由于管理部门不同，项目资金比较分散，协作能力差，各类扶持资金难以形成合力，一定程度上影响了整体效益的发挥。由于扶贫资金来源渠道较分散，在申报立项、资金分配、资金投向和使用等方面各部门也各有侧重，难以有效捆绑整合使用各渠道下达的资金，投资效果也因此不佳。个别部门和镇村干部法律意识淡薄，对扶贫资金使用管理认识不到位，管控措施不严格，督导检查不到位，导致在扶贫领域出现了扶贫资金延压和闲置、部分项目建设进度缓慢。据当地一名扶贫干部介绍，有些村成立了合作社，但财务秩序不规范、不民主，村干部三年一换届，最后入股的扶贫资金的70%很可能都没了（即分的并非红利，而是扶贫资金本金）。

"输血"大于"造血"，精准性不强。长期以来没有真正把扶贫资金精准地落实到贫困人群头上，用在村委的，成为"一次性"的项目，当年可起到增收效益，没有可持续性。用于合作社的，大部分合作社不规范，实质上扶持了"能人"和个人，精准性、针对性不强，扶贫没有发挥应有的作用。

扶贫资金投入不足。例如，和龙市福洞镇，从 2013 年至今，扶贫项目 7 个，扶贫资金总投入 790 万元，每年每个项目平均 37 万元，每村每年平均 66 万元，其中落实项目 3 项，落实资金 150 万元，这样一平均，每村每年仅 12.5 万元。

（五）扶贫产业发展思路灵活性不足

一是扶贫产业谋划同质化现象严重。贫困人口中病残和老龄人口比例高，自我脱贫能力弱，导致产业扶贫模式单一，大多采取企业、合作社和大户带动的委托或股份制经营扶贫模式，这就导致扶贫产业项目同质化问题比较突出。大多扶贫产业项目集中在棚模经济、食用菌栽培、养牛、养羊、养鸡等少数几类项目上①，发展农产品加工及服务业少。由于产业项目有一定的雷同性，市场竞争激烈，在自然灾害和市场因素影响下，一遇市场波动，价格将下跌，贫困群众收入将随之下降，难以确保持续稳定脱贫，存在再次返贫的风险。

二是有劳动能力的贫困户发展产业脱贫还没有成型的经验。无论是搞种植、养殖或其他加工业，还是在贫困户原有的基础上做文章，产品的附加值都没能得到很好的开发，没有因为脱贫攻坚在规模上有扩大、效益上有增加，缺少贫困户自主发展脱贫产业。由于科技等信息流通不顺畅，无专业人员帮助，部分产业项目很难发展壮大。特色产业项目发展落后，没有做大做强，农民受益及参与度小。

三是项目资金还本期限太短，分红比例高，不仅给承包人带来资金压力，还对产业项目长远健康发展有影响。各镇村一些计划发展项目由于见效慢，扶贫资金无法短期内偿还，造成无法实施。项目分红比例太高，核算价达项目资金 10% 每年，如安图县永庆乡大田人参项目，由于人参生长周期是 3 年，第一年和第二年不能获得项目收益，第三年人参价格还要受市场价格的影响，很难保证项目收益率高于考核标准。于是，不得不选择

---

① 如全州计划建设大棚 1334 栋，有投资 20 余万元的大棚的年租金收入仅 2000 元；超过 40% 的重点贫困村谋划了以木耳为主的食用菌项目。

短平快的项目，加之防疫风险、技术风险、灾害风险等因素，有的承包人怕完不成任务，采取资金打捆投入大企业，吃利息保本；还有的则不得不先借钱给贫困户分红。这种扶贫不保证结果，未免流于形式。

四是新兴业态还有待进一步探索。如光伏发电项目。首先，从光伏发电特点看，中午发电效率最高，延边地区此时却是用电低谷（没有重工业）；晚上是延边地区用电高峰，却是光伏发电低谷。再加上，雪天多，雪后还要及时清雪，灰尘覆盖也不行，维护费很高（相当于收益的10%）。其次，目前有些村屯的房屋结构无法承受光伏。最后，国家补贴（每户每年3000元）直接给电网（电网说了算，缺少透明度），但先由电力部门垫付，光伏项目给电力部门的工作增加了压力（变电压力大），电力部门积极性不高。以安图县为例，县内有国电和吉林省地方电力在运行，承载能力是13兆瓦，申报的是35兆瓦，升级改造投入需要2亿元，受输电线路制约，发了电总出不去。又如旅游扶贫项目，因投资大见效慢，多数尚在谋划并未真正启动。目前，很多乡镇的旅游产品都体现为规模不大、档次不高的特点，有效资源特别是旅游资源未能充分开发利用，缺乏对文化内涵的挖掘，缺乏产品特色，因此在短时间内打造乡村旅游品牌形象的难度颇大，尚未形成增收致富的支柱产业。延边州也有极有发展前景的创意旅游项目，如安图县五峰村打造以渤海千年驿站为特点的旅游规划早已完成，却因约20万元项目启动资金不能及时到位（时间上受约束：今年报的项目明年才能落实），而无法开工。该规划项目负责人介绍，五峰村具备了搞乡村旅游开发必备的条件，只有自身先搞起来，再将投资商请进来（投资1亿元、2亿元问题不大），经济才能活起来。目前就缺少启动资金支持，在这个创意时代，如不能抢抓时间，就会有人效仿先行。此外，电商扶贫。由于有些贫困村老龄化严重，原本40岁至55岁人就不多，也不懂电脑。尽管村里有电商服务站，但利用率不是很高；尽管市（县）商务部门不定期深入各村屯讲课，搞电子商务培训，但村民多是学会了在网上进行生活缴费。

（六）县级自有财力扶贫投入有限

2015年底，全州5个贫困县在全省42个县（市、区）综合实力排名中，在29个Ⅰ类县中，图们市排名末位；在13个Ⅱ类县中，和龙市排名末位、安图县倒数第三、龙井市倒数第四、汪清县倒数第六。5 个贫困县贫困人口占全州的89%，但 GDP、全口径财政收入的总和只占全州总量的30.7%、17.3%，属于典型的"吃饭"财政，县级财政扶贫投入能力不足。例如，落实两不愁三保障——在落实安全住房上面，一些贫困户按照危房改造补助标准 2.675 万元改造房屋，但是资金还是有很大缺口，如继续改造，容易造成贫困程度加深，需要政府进行兜底改造，这样政府需要注入大部分资金，有的县财力较差，无法补助此部分资金。同时也反映出，整村推进扶贫模式①对绝对贫困户的扶贫力度在弱化，如果未能重视这一问题，整村推进的目标则难以实现，且会造成发展中出现的新问题，即贫困村中收入差距在不断扩大，这与整村推进的宗旨相悖。

四 延边州脱贫工作主攻方向及思考建议

（一）多措并举，全力破解边境地区扶贫难题

一是采取"政策托底 + 产业托底"的双保险方式，确保贫困户真脱贫、不返贫。对失去劳动能力的贫困群体，采取大病医疗、低保救助等方式，利用相关政策托底进行脱贫，但这部分群体仅用国家政策脱贫，返贫率很大。因此，利用政策托底的基础上，采取发展种植业、畜牧业或加工业等产业，有效提高贫困户收入，将政策托底和产业托底相结合，真正确保贫困户长期稳定脱贫。

二是尝试组建科技扶贫专家库，定期不定期对边境村在生产经营上进行科学指导、开展科技培训、技术指导、信息服务等工作。就农村老人而言，可对他们进行获得一定经济收入的实用技术培训，如季节蔬菜和紧缺药材等的种植、花篮和玉米皮坐垫等的加工制作等。

三是解决好农民养老问题。加快发展边境农村养老事业，重点全力帮扶孤寡老人，设立制度性养老规划，集中建设养老院，通过互助养老、居家养老②（可结合民宿、1 人 1 户的进养老大院、拿房子入股分红养老）

---

① 整村推进的扶贫项目中几乎是修路、建桥、打井等基础设施的扶贫工程，但对贫困户个体的脱贫扶持似有不足，换言之，整村推进与农民个体脱贫不甚协调。

② 集食堂、医疗、洗浴等于一体的。

等多种形式，解决老有所养问题。集中赡养，不仅解决这部分无劳动能力老龄人口的生活问题，还可以解决一部分人的就业问题。

四是加大对边境地区项目开发力度，有了可行的项目，自然会吸引村民返乡以及吸引外来人员入住。优化人才引进政策，提高贫困地区教师、医生、技术人员等群体的福利待遇。对于有意向来边境村创业的外来人员给予较大力度的政策倾斜，鼓励和吸引外来人员入边境村创业。如开山屯镇边境村有外来户 74 户，他们大多在本地从事农业生产和经营其他产业，在一定程度上弥补了该镇人口流失严重的问题，也促进了该镇的经济社会发展。

五是选配精干建强基层党的组织。村民有句土话，给钱给物，不如帮建个好支部。村一级的支部和干部，是扶贫工作的具体组织者和落实者，也是农民脱贫致富的带头人和领路人，只有选配一批懂党建、懂经济、懂民族政策的优秀干部充实到基层一线，才能真正带动村民破除以往等靠要思想，谋发展、选项目。此外，建议村党支部开展时事新闻热点方面的讲座，正确引导广大村民的认知度及辨别是非能力。柳洞村一名驻村干部讲述亲身体验，如果村党支部有威信，核心力量上来了，村干部威信上来了，即使决定的事再难，村民肯定也能配合和执行。

（二）精准发力，强化对贫困群众的组织动员和技能培训

一是要从观念上解决问题，尤其在农闲时间、春节等时间段，通过培训、宣讲等多种形式对农民的思想观念进行教育和引导，激发他们自行发展脱贫产业的动力和激情，为有劳动能力的贫困人口，量身定制可持续脱贫产业。

二是对于大部分想过好日子的人，受制于知识结构和视野，不知道用什么项目和方式改变自己的贫困现状，他们需要的是脱贫成功的范例，进而带动自身，而其中最关键的因素是地方政府对于启动资金的落实和技术培训①的支持。此外，应加强思想教育宣传，从人生规划能力和项目角度，培训并开启其致富的思维和观念。

---

① 可尝试推进贫困村创业致富带头人培训工程，每项培训可从每个贫困村选三到五人进行专门集中培训，通过示范引导，吸引贫困农民学科技、用科技的热情。

此外，对于人为致贫情况，可进一步普查贫困人口、精确贫困对象和查清贫困状态。确定科学、动态标准，入户调查，深入基层摸排，将贫困人口归类，登记必须填表，内容必须涉及子女状况（是否有赡养老人的能力等），剔除虚假贫困人口数量，对因贫失学儿童应进行集中调查，对其父母去向及是否具有劳动能力建立动态数据库。

（三）人文关怀，让扶贫队伍全身心投入扶贫工作中

扶贫是技术活，不能只凭一腔热情。在选派驻村扶贫工作队员时，一定要把真正想干事、能干事、会干事的干部选派下去，且有必要对他们进行产业、农业、经济和民族政策等方面的培训，有效提高他们指导实践、解决问题、推动工作的能力。

大数据时代要充分应用现代化办公手段，减少一线扶贫工作人员的工作量。通过现代化办公方式（如长白县研究开发的精准扶贫云平台①，根据管理权限，通过手机终端便可直接查看相关信息），代替频繁而重复的各级检查，只有这样，才能解放人力，节约物力和财力，让扶贫队伍将精力真正投入扶贫工作当中去，基层扶贫队伍自身的建设才能趋于科学、才能提高效率。

（四）统筹管理，实现扶贫资金规范使用

一是突出资金资源的使用效益，有限扶贫资金应用于贫困地区和贫困户增收致富的关键性项目。按重要性和用途对扶贫项目进行分类，应在急需解决产业发展基础设施建设"短板"的前提下，再对其他项目进行分阶段建设。为确保项目启动经费充足应将项目前期费用纳入项目申报及支出范围。

二是设立村集体经济专项引导资金。为实现扶贫开发的精细化，必须制定确保到村到户的有关集体经济的资金管理使用办法及年度扶持计划，

① 吉林省长白县依托全国扶贫开发建档立卡信息系统数据库，研究开发了"长白县精准扶贫云平台"系统，包村部门、驻村工作队、驻村第一书记及其他社会力量可以通过手机数据采集终端，即时将帮扶贫困户项目的具体实施过程上传至数据库。县、乡、村三级包保领导根据管理权限，通过手机终端便可直接查看每个贫困村、贫困户的基本情况，项目实施带动情况及帮扶计划、帮扶措施、脱贫成效等信息。

有效助力各村集体经济发展。

三是开设绿色通道。以充分保证一些好项目和值得推动的项目能够得到及时批复和启动。一名下派驻村书记直言,现在扶贫支持更需要做的是雪中送炭,而非锦上添花。

(五) 深入调研,推动产业项目特色化和多样化

一是抓项目规划。在项目规划过程中,着手群众最迫切需要解决的问题,以"统筹兼顾、突出重点、因地制宜、量力而行"为原则,切实做好并落实项目规划,让贫困群众通过项目建设脱贫。

二是具体扶贫项目的落实与养成。从根上找到每一个村、每一个贫困户切实可行的致富方式和所需扶持的重点,并监督落实,使项目生根落地、开花结果①。这需要组织专家团队(建立帮扶专家数据库并组建专家帮扶顾问团)实质进村,在深入调查研究当地具体情况的基础上,挖掘具有地方特色的、切合实际的项目。

三是考核重点,确保项目的可行性和可持续性。目前,产业扶贫考核指标一年(当年)8%,二年10%,三年12%。事实上,大多产业项目很难做到当年发挥效益。产业扶贫考核重点应集中于产业项目的可行性和可持续性,而非当年即可获益分红,且应根据不同产业项目发展规律制定切实可行的考核指标,并应具备灵活机动性,减轻承包人的思想包袱,尽职尽责推动扶贫产业落地生花。

(六) 创新思维,增强产业扶贫的带动能力

一是建立起行之有效的科技扶贫组织模式。延边州、县(市)政府可与延边大学农学院签订战略合作协议并不断深化合作,依托农学院的技术支撑推动养殖业和种植业的科技创新发展,建立起农大现代科技创新园区并引入大学生创业团队②。为切实增强产业扶贫的带动能力,应根据延边地区实际强化技能培训、重视示范引导、培育支柱产业并形成完善的科技服务体系。

---

① 逐村逐户厘清思路、制定规划、细化措施,重点为帮扶对象找准产业发展路子。
② 实现科技创新、科技示范、大学生创业三大功能。

二是建设扶贫信息化平台。为贫困地区农民提供科技扶贫相配套的信息服务①，实现信息交流的规范化、常态化②，不仅使农户也使企业得到及时、实用的信息资源，让信息转化为生产力，为扶贫提供有效支撑。

三是继续切实推动电商平台建设，将扶贫产业项目利用互联网销售平台进行包装宣传和推介销售。

（七）后续跟进，建立扶贫工作长效机制

一是建立退出激励措施。为激发贫困户脱贫的积极性，对提前脱贫的乡镇和贫困村给予表扬和资金奖励，并在小额信贷方面优先考虑先脱贫的贫困户。

二是制定返贫帮扶预案。实行动态管理以确保贫困户走上可持续的脱贫之路，即重视脱贫信息的收集、跟踪和反馈，一旦出现返贫迹象立即启动帮扶预案并研究解决对策。要使贫困群体实现真正意义上的脱贫，唯有实现可持续发展，如此他们才能靠自己的力量更好地生活下去。

---

① 如政策、市场、农资、劳务等。
② 信息交流的规范化、常态化的实现，主要是在企业之间、企业与农户之间、企业与市场之间、农户与市场之间。

吉林省地方政府债务风险的
防范与控制问题

长春理工大学课题组[*]

摘　要　当前，吉林省地方政府债务风险可控但区域差异较大，结构性因素、周期性因素、环境性因素、不可抗力因素正在放大地方政府债务风险。为此，吉林省应在十九大精神的指导下和省委十一届二次全会的战略部署下，坚持预警管理、精准管理双轮驱动，强化发展环境营造、国企债务化解、社保债务依赖等重点环节，突出融入新兴技术、提升信用评级、强化债务重组等工具，策划实施并争取打赢"债务风险守备战"。

关键词　吉林省　地方政府　债务风险

国内地方政府债务风险的研究主要是从 1994 年分税制改革后开始的，目前主要集中在债务风险内涵、债务风险状况、债务风险成因等方面。但是，对于吉林省地方政府债务风险问题的系统、深入研究，并不多见。然而，无论是从吉林省经济发展现状和未来趋势来看，还是从全国乃至全球经济当前面临的重大问题来看，研究地方政府债务风险问题都具有极强的现实意义：不仅有助于防范地方政府债务危机以及避免引发一系列经济、社会发展问题，还有助于促进经济社会协调、健康发展，增强国民经济的稳健性和持续性，更有助于在新时代形成新的借债发展模式，从而助力吉林发展并引领东北老工业基地振兴。为此，本文在科学分析的基础上提出了吉林省地方政府债务风险可控但区域

---

　　* 课题负责人：秦惠敏；课题组成员：冯英娟、杨福荣、徐春秋、赵鲲翔。

差异较大、结构性因素、周期性因素、环境性因素、不可抗力因素正在放大地方政府债务风险等结论。在此基础上,本文提出吉林省应在十九大精神的指导下和省委十一届二次全会的战略部署下,坚持预警管理、精准管理双轮驱动,强化发展环境营造、国企债务化解、社保债务依赖等重点环节,突出融入新兴技术、提升信用评级、强化债务重组等工具,在全省三大攻坚战的基础上,在地方政府债务风险防控方面策划实施"债务风险守备战",着力谋划打造攻防兼备、持续发展的区域经济发展新格局。

一 吉林省地方政府债务风险可控

(一) 地方债务风险可控

2014 年 1 月 23 日,吉林省政府对政府性债务审计结果显示,截至 2013 年 6 月底,全省各级政府负有偿还责任的债务 2580.93 亿元,负有担保责任的债务 972.95 亿元,可能承担一定救助责任的债务 694.48 亿元。统计数据显示,2013 年吉林省债务率为 123.69%,2016 年债务率为 130.09%。参照国际货币基金组织相关标准,2013 年,吉林省的债务率 123.69%总体上处于合理区间,风险可控。

从 2017 年吉林省财政预决算报告看,2015 年、2016 年末吉林省地方债务总额分别为 2748.5 亿元、2895.29 亿元。2016 年末与国家核定的限额相比还有 414.41 亿元的空间。从国家核定的限额看,吉林省的债务率也处于合理期间,风险可控。

(二) 区域债务率差异较大

从有关网络数据看,吉林省 2016 年整体债务率为 138% (与统计数据有一定差异),扣除省级平台以外 9 个地市州合计债务率 153%,其中吉林、辽源和长春债务率较高,吉林市的债务率达到 362%。有的市州债务率不足 50%,债务率在各市州之间分布相当不均衡。尽管这一数据来源和科学性有待进一步考证,但也能够在一定程度上说明不同区域负债率的差异。

二 吉林省需兼顾广义和狭义的债务
风险管理

地方政府的债务风险有广义和狭义之分。吉林省近年来在财政收支、经济增长方面走弱的趋势，国内外经济风险逐步加大的态势，新时代强化政府内部治理水平提升的要求等方面，都要求吉林省要兼顾广义和狭义两个层面的债务风险管理，切实控制住可能存在的风险，提升债务这一工具对于吉林省乃至东北老工业基地振兴的支撑能力。

（一）广义的地方政府债务风险

1. 债务规模的扩大可能引发系统风险

地方政府债务对经济发展的影响，尽管与区域经济发展阶段有一定关系，但是总的看来，过高的债务负担是会抑制地方经济增长的，甚至仅仅是偿债利息都有可能将地方经济压得喘不过气来。地方政府债务风险具有不确定性，而对债务风险的管理又缺乏常态机制和评估框架，有的地方还会故意遮掩或者将政府债务转移给有关企业，有意或无意地扩大了债务风险的影响范围，从经济风险扩展为社会风险乃至信用风险，从可控风险扩展为不可控风险，从局地风险扩展为全域风险乃至全球风险。尽管目前吉林省地方政府债务仍处于可控标准之内，但是隐性债务、潜在的债务扩大可能等都成为引发系统风险的重要因素。因此，巨额的和急剧膨胀的地方政府债务是社会稳定的重要隐患，可能会进一步引发系统风险，即金融风险、经济风险和社会风险。

2. 财政收入增长不协调导致财政收入风险产生

2017年上半年，吉林省全省一般公共预算地方级财政收入667.5亿元，其中税收收入449.7亿元，非税收入217.8亿元，税收占比为67.37%。上年同期全省一般公共预算财政收入681.4亿元，其中税收收入462亿元，非税收入219.4亿元。本期与上年同期相比，吉林省全省一般公共预算财政收入减少13.9亿元，减少了2.04%，其中税收收入减少12.3亿元，减少2.66%，而非税收入则减少了1.6亿元，降低了0.73%。

由上述数据可以看出，吉林省财政收入主要来自税收收入。而税收收入的获取则取决于经济发展的多种不确定性因素，这就使得未来财政收入的获得具有了不确定性，而且税收收入开始减少，且减少比重较大，这些均可能会影响政府职能的行使，导致财政收入风险的产生。

3. 财政支出结构不合理导致财政支出风险的出现

2017年上半年，全省公共预算财政支出1751.4亿元，比上年同期增加174.8亿元，同口径增长11.1%。从主要支出项目来看，一般公共服务支出156.3亿元，增长27.5%，主要是去年下半年调资以及安置军队转业干部等增加的支出；教育支出232.5亿元，增长10.2%，主要是中央和省加大转移资金下达力度，基础教育资金拨付进度进一步加快增加的支出；科学技术支出20.4亿元，增长66.9%，主要是拨付技术研究与开发和科技重大专项资金增加的支出；医疗卫生和计划生育支出168.3亿元，增长17.3%，主要是提高城乡居民医疗保障水平增加的支出；节能环保支出56.3亿元，增长49.9%，主要是拨付林业生态保护和林业改革发展，以及工业企业结构调整专项奖补资金增加的支出；城乡社区支出236.8亿元，增长35.4%，主要是拨付城市地下综合管廊以及城乡基础设施建设等资金增加的支出；资源勘探信息等支出39.3亿元，下降14.5%，主要是上年同期一次性拨付股权资本金较多的影响；金融支出5.7亿元，增长8.4倍，主要是一次性拨付政府和社会资本合作融资引导基金增加的支出。从上述数字可以看出，由于各种不确定性因素的影响，未来财政支出趋势的不确定性是导致财政支出风险最本质的原因，决策失误、自然灾害以及相关突发性因素等都会影响既定财政目标的实现，使财政支出面临风险。整体而言，国家的宏观财政政策对刺激消费、扩大内需有积极的促进作用，但对某些有特殊情况的地方政府而言则会起到相反的作用。财政支出结构的不合理往往推动了财政赤字的形成。吉林省近年来各项事业费支出在预算内支出项目中占主要地位，而生产性支出平均所占比重较小，文化产业支出在预算支出的比重更少。以公共财政为出发点，地方财政主要通过两种方式来维护社会的和谐与稳定，一是提供区域性的公共服务，二是提供区域性的公共产品。而基于以上数据发现，吉林省地方政府应该投入更多的财政资金来调整地方产业结构，发挥地方政府调控经济的职能，为当地投资指明正确的方向，最终实现经济可持续发展、社会和谐稳定的最终目标。

4. 资金成本提高降低社会投资效率和经济增长质量

受经济发展所限，吉林省的资本市场并不发达，因而吉林省政府债务的主要来源是金融机构贷款。贷款所需支付的大量利息，使得资金的使用成本不断提高，从而降低了社会投资效率，最终会影响吉林省经济增长的质量，阻碍吉林省经济、社会的持续发展。

（二）狭义地方政府债务风险识别

1. 债务资金管理不佳

管理风险是指政府债务由借到还的过程中，因为制度或其他情况的不确定性导致的政府债务存在损失的相关可能。现阶段，吉林省地方政府债务资金管理及应用存在监管队伍不健全、专业化人才缺乏、监管常态化机制不完善、法律制度不完善等问题。吉林省现阶段的债务资金管理还没有实现制度化、规范化和科学化的管理目标，一些重大决策仍具有随意性，资金使用缺乏合理约束，债务资金使用存在混淆等风险。此外，市场利率风险在一定程度上也属于管理风险，利率与资产及负债存在紧密的联系，它们之间的具体联系为同方向的变动关系，这一风险在任何地区、任何国家都存在。从吉林省来看，由于政府所借的外债利率基本施行固定利率，因而面临着更大的利率风险。

2. 债务资金使用效益较低

地方政府债务的效益风险是指在政府债务金的使用过程中对能否实现预期目标的不确定性，包括债务的外溢、挤出、就业、结构以及收入等方面的效应，尤其是债务资金使用的间接效益难以得到准确的统计、测度和评估。如债务资金投资项目的外溢效用，特别是公益性项目；挤出效应是政府债务资金对民间投资、外商直接投资等的替代；就业效应是指因债务资金的使用导致的就业率变化情况；结构效应是指本地区的产业结构因政府债务资金的投入而被调整；收入效应是指经济萧条的时期因地方政府债务资金的作用而实现的国民收入增加、经济发展速度加快的现象。这些效应之间也存在相互替代的可能，如外溢效应与收入效应之间、结构效应与就业效应之间等。如果不能因项目而异进行科学评价，债务资金使用的实际效益情况会被严重扭曲。

三 多种因素正在放大政府债务风险

尽管吉林省债务率，尚处于合理区间，但是必须注意到结构性因素、周期性因素、环境性因素的变化趋势，这些相关趋势和多种因素目前正在放大政府债务风险。

（一）结构性因素

产业结构优化缓慢，高利税行业发育不充分，民营经济总体规模仍然较小，国有企业以及国有资本对经济影响较大，全省地方性财政收入比重不高。基础设施建设、科教文卫环保事业需求增长过快，事业单位改革进程缓慢，市场化融资手段缺乏，区域经济对财政的刚性需求过高。同时，省外经济增长也倒逼省内债务需求增加。产业结构、财政收支结构、债务结构、区域经济结构，等等，随着经济社会的发展都在逐步放大吉林省的政府债务风险。

（二）周期性因素

近年来东北地区进入经济速度和城镇化进程双放缓时期、传统行业进入革新改造新周期、全国经济进入"四新经济"引领的新周期等因素，国际经济每 10 年一次经济危机的风险可能再度降临，国际政治与世界经济互动作用进入新周期的影响，等等，都在强化经济发展的不确定性，也在放大吉林省地方政府债务风险。

（三）环境性因素

尽管近年来吉林省营商环境有所改善，但是基础设施、基层服务、服务平台的建设、服务理念的更新等与发达地区还有很大差距，地方财力和制度政策建设对环境优化的支撑作用还极为有限，短期内金融机构、债务机构对吉林省的信用评级很难大幅提升，这也将放大吉林省的政府债务风险。

（四）不可抗力因素

近年来吉林省周边国家政治形势不容乐观，非经济因素、国际因素对吉林省的潜在影响难以估量。同时与吉林省紧密联系的国际经济体的发展形势、相关跨国企业的运行态势也都受到多方面影响，吉林省主要产业——农业等，受自然因素方面不可抗力的影响较大。这些不可抗力因素对吉林省经济社会发展的影响，自然也会对地方政府债务水平造成影响，存在放大政府债务风险的可能性。

四　加强吉林省地方政府债务风险防控的建议

由于前述原因，吉林省有必要加强地方政府债务管理尤其是风险管理。在当前的形势下，要按照十九大报告中提出的"优化存量资源配置，扩大优质增量供给，实现供需动态平衡""加快建立现代财政制度""守住不发生系统性金融风险的底线"等相关要求和省委十一届二次全会提出的"防范化解重大风险，推动经济发展质量变革、效率变革、动力变革"等重要工作，坚持预警管理、精准管理双轮驱动，强化发展环境营造、国企债务化解、社保债务依赖等重点环节，突出融入新兴技术、提升信用评级、强化债务重组等工具，在全省三大攻坚战的基础上，在地方政府债务风险防控方面策划实施"债务风险守备战"，着力谋划打造攻防兼备、持续发展的区域经济发展新格局。

（一）强化预警管理

加强吉林省债务风险的防范与控制，需要建立一套包括债务风险预警指数和评价指标体系在内的地方政府债务风险预警模型。首先，确定债务风险预警指数数值。吉林省债务风险预警指数可以参考国际货币基金组织确定的指数值，同时考虑吉林省经济、社会发展实际和数据统计口径来确定，以90%～150%为基准，上限浮动5%～10%来确定，亦即吉林省社会较稳定，经济发展保持持续、快速增长的势头，且经济结构合理，财政收入稳定增加有保障，那么债务率上限可达160%，反之则应更为谨慎为好。其次，构建债务风险评价指标体系。地方政府债务风险的来源可以分为内部因素和外部影响两个方面，内部因素主要有地方政府的财政收入规模、财政支出规模、已有的债务规模及债务偿还机制等。外部影响主要是指受到宏观经济运行状况和地方经济发展情况的影响。

（二）强化精准管理

警惕政府债务风险不等于紧缩债务规模。吉林省应在利用好债务限额，学习南方省份借债发展经验的基础上，强化债务的精准管理和风险管理，利用好"债务"这一工具，促进全省经济发展质量提升到更高水平。

1. 强化政府债务精准管理

地方发债仅仅使用单纯的"扎口"管理和规范发债渠道等管理模式显然不够，尤其在一些地方已经出现债务到期兑付危机的当下，亟须推进精准管理来减少和杜绝发债可能引发的难以兑付风险。一是具体明确"扎口"管理的对象，对城建投类准政府公司不宜适用国企发债的"扎口"管理模式，应视同地方政府发债的管理，切实强化发债规模的总体控制，采取银行管理信贷资产的精准管理新办法，杜绝盲目发债和变相发债融资，从源头防范发债带来的各种风险。二是组织专门部门与人员开展全面发债自查，摸清各种实际发债底数，充分暴露自身的各种债务，根据债务总量精准核算偿还能力，推行落实责任部门、责任人员和失职追责，并准确向上级政府报告现有债务的实际状况，以及报告如何精细处理现有债务和偿还债务的进度，避免出现发行新债掩盖旧债而不断集聚隐性风险。三是针对地方发债不是片面推行核准发行规模的宏观管理，要纳入发债地方的财经预算管理，与管理层职责相结合，并严格规定旧债没有偿还清楚不允许发行新的债券，打消地方依靠发债来维持运转的短视思维和念头，消除各种依附于发债的隐患。

2. 提高收入弱化债务依赖

地方发债很大程度上是源于地方财政收入不足，同时债务的偿还在很大程度上也依赖于地方财政收入的增长。为此，着力提高地方财政收入有利于防范政府债务风险。一是大力培植新财源、发展壮大旧财源。吉林省政府应充分发挥自身的主导作用，根据本省的经济发展优势和资源优势，积极招商引资，加快市场化、城镇化、工业化进程，大力支持发展战略性新兴产业和第三产业，着力培养新的经济增长点。对于已有的税源基础，我们要继续为其提供各种优惠政策，加大扶植力度，鼓励其做大做强。二是加强税收征管力度，完善相应法规和实施细则，做到有法可依、违法必究。充分调动税收征管员的积极性，做到应收尽收，不遗漏、不欠税，同时，对于逃税行为依法严惩。三是广开税源，结合吉林省经济社会发展实际开征新税种或调整已有税收比例，如开征房产税等。四是优化财政支出结构，提高支出效率，减少不合理支出。吉林省政府在财政预算时财政支出应明确支出目的、控制支出规模，合理有效配置使用财政资金，以此来缓解财政压力，降低财政风险。五是发挥土地财政的作用，增加财政收入。据《中国经济周刊》文称，在中国 23 省土地依赖度排名中，吉林省位列第 20 位，属于土地依赖度较低的省份。因此，吉林省目前可以在优化产业结构获取持续发展力的同时，充分发挥土地财政的作用，增加政府的财政收入，控制政府债务风险。

3. 优化结构降低偿债需求

从结构上看，地方政府债务包括长期债务和短期债务、国内债务和国外债务、显性债务和隐性债务、直接债务和间接债务、负有偿还责任的债务、负有担保责任的债务和可能承担一定救助责任的债务等。经由地方政府与发债方协商，不同类型的债务类型之间存在转换的可能。这也意味着可以通过优化结构降低偿债需求。一是积极协商发债方，推动债务类型调整和偿债方式转换。着力推进一批短期债务转换成长期债务、一批地方债务转换为中央债务、一批隐性债务转换为显性债务。加强与国内金融机构合作，探索债务类型转换、偿债方式转换的新方式新路径。二是在负有担保责任的债务方面。做好服务并督促被担保方如期归还债务，降低该类债务亟须扩大的可能，探索推动将该类债务转换为政府主导、市场运营的担保公司、国有资本运营公司、国有企业的债务，并允许该类债务转换成有关国有企业的股份，同时推动债转股和国有企业股份制两个改革。三是探索以服务创新偿还债务。探索地方政府、相关服务平台、相关负债企业等政府负债的责任主体以商业服务、设备使用权、厂房使用权以及其他使用权让渡等方式偿还债务，同时要加大引入战略投资者和资本运营者力度，利用资本运作、资本服务等手段降低偿债需求。四是优化区域结构提高偿债能力。借债发展在一定程度上是南方省区经济发展的重要举措。针对债务区域结构不均衡的现象，建议由省级相关部门统筹全省各市（州）、县（市）借债、偿债工作，探索跨市州行政区域配置调剂债务限额等相关工作，促进全省形成合理的债务布局。

（三）强化环境营造

良好的营商环境、信用环境和法治环境，是提高借债能力的重要手段。吉林省未来发展离不开借债这一手段，为此必须重视相应环境建设，从而提高债务评级水平，进而在多元债务转换等方面进行试点示范。

1. 做好信息披露，提高信用评级

建立健全政府财政状况公开信息披露制度是提高信用评级的重要内容。因此，要推进财政报告与地方政府债务风险的透明公开性，要将政府所承担的风险与债务清查编目。吉林省地方财政、债务的公开可以先从局部开始，比如政府领导以及监督执行财政预算的机构、所要公开的信息主要包括地方政府的负债情况及其所承担的较大的风险情况。

2. 优化营商环境，提高信用评级

商业环境是经济社会发展的基础，好的商业环境才能夯实发展的基础、加快发展的速度，也才能引起发债主体的重视，借来更多的债。为此解决债务问题、化解债务风险必须把营商环境放在首位，强化信用、法律、信息公开等各种手段，坚决打赢软环境攻坚战，坚决树立地方诚信的形象，坚决推动区域信用评级在全国各省区中的位次前移，为地方经济的可持续发展和扩大借债发展提供良好的环境支撑。

（四）重点化解国企债务

对资产不足以抵销企业所负债务的国企进行债务重组，强制实行企业破产，清偿全部债务；对经营状况良好但债务比例过高的国企，实施合资或进行股份制改组以清偿其部分债务；将部分因国家政策或历史遗留问题所造成的企业债务不再追究，只当成政府对企业的资金支持；对企业办社会的国企，强行分离其非企业的社会部分，将其交由当地政府负责管理；对于经营业绩良好的优秀企业，要充分支持和鼓励其对业已处于亏损状态或仅存微薄利润的企业进行收购或兼并；持续鼓励国有股转让或出售，深化推进国有资产以重组、收回、合并等形式进行合理有效地流动，使国有资产集中化、效用最大化，以使国有经济布局结构更加合理，并促进经济

发展。建立健全国有企业投资风险约束机制。更深层次明确规范国有企业的产权关系，建立国企内部控制制度及法人治理结构，使国有企业独立经营，独立承担风险；彻底抛弃国有经济中政府、银行、企业三位一体的结构，政府不再干涉企业的具体管理和运营，除投以必要的资金支持关系国民经济命脉的国企外，对于竞争性行业的企业，政府只能作为社会管理者去收取税收和作为资本所有者来收取利益，对国企的债务，政府也仅负企业所有的资产为限的有限责任，这样，一方面减轻了政府的负担，另一方面也敦促国有企业在市场竞争中优胜劣汰，自我提高，自我实现。

（五）降低社保债务依赖

拓展社保基金筹集渠道。施行社保基金部分积累制的筹资模式。建立部分积累制的基金筹集模式，实行基础养老金"现收现付"并达到当年收支平衡，实行个人账户"完全积累"且保证做到实账积累，积极应对当前吉林省乃至全国社会经济发展波动和人口老龄化加快的趋势，拓宽社保资金的筹集渠道，完善社保制度体系。吉林省要强化对社会保障资金的管理和运营。社保资金是广大职工退休后的生活保障，在经营和管理时应该格外注意，严肃谨慎对待。建立社会保障资金预算机制，将社保资金的收入纳入国家预算部分，规范划分社保收支与政府预算收支，确保社会保障资金的专款专用，不被擅自挪用和滥用。建立健全社会保障部门监督机制，做到法律监督与社会舆论监督并行，相互补充。完善法律条款法令法规，使社会保障部门有法可依，做到对社保资金的各基金运营公司的宏观调控，充分行使其指导、管理及监督的职能。此外，为警戒基金财务危机，还应设立社保资金收支预警系统，达到未雨绸缪，防患于未然的作用，健全基本养老保险的征缴机制。

关于药品零差率后吉林省公立
医院补偿机制的调研报告

北华大学课题组[*]

摘　要　公立医院为广大人民群众提供安全、有效、经济的卫生保健服务，其性质为公益性，公立医院在推动医学研究与医疗技术水平提高、区域内疑难危重疾病诊疗、医学学科建设与人才培养、基本药物筛选、医疗技术创新与新技术推广、基础与临床医学科学研究等方面发挥重要作用。随着人民生活水平的提高、城市化的进程加速，人民群众对医疗卫生水平包括卫生资源配置、医疗服务能力和效果等都有了更多的需求，公立医院的公益性需要更大的体现，但公立医院在长期"以药补医"体制和机制的运行下暴露出很多的问题和不足，如国家财政补助不足导致的很多公立医院依靠药品费用运行，提高药品费用导致患者看病费用居高不下，这些问题都阻碍了公立医院的发展，也阻碍了我国整体的卫生事业发展，因此国家出台文件，制定相关措施，推进医药分开，解决"看病贵"等问题。但我国医药卫生体制自改革以来，改革政策取向上的模糊不清及在市场经济体制改革大环境下卫生改革的被动适应，使得公立医院在卫生服务体系中的功能定位不准，加之政府投入不足、管理体制改革滞后、补偿机制不合理和监管不力，导致了公立医院公益性质淡化，出现不同程度的逐利行为、内部管理低效等问题，影响并加剧了群众看病难和看病贵的问题[①]。同时，长期的改革不及时与不充分，更导致出现医患矛盾、医疗卫

　　＊　课题负责人：徐国成；课题组成员：王华、曹忠梅、董珩、孟晓明。

　　①　邵明慧：《浅谈公立医院成本管理》，《现代经济信息》2016年第2期，第248~250页。

生费用增长不合理、医务人员整体水平不高、医疗服务体系不健全等问题，公立医院必须在整个医药卫生体系中发挥重要作用，公立医院的改革也必然成为医药卫生体制改革的重中之重。

关键词 药品零差率 公立医院 补偿机制 吉林省

一 研究的背景、意义及方法

（一）研究的背景

自 2005 年起，中国的卫生体制进入了新的一轮改革。党中央和国务院高度重视本次卫生体制改革，医疗健康成为关注的重点，也说明党中央和国务院对推进本次医疗改革具有坚定的决心。国务院发布的《公立医院改革试点指导意见》明确提出坚持公立医院的公益性质，把维护人民健康权益放在第一位，推进体制机制创新，调动医务人员积极性，提高公立医院运行效率，努力让群众看好病，并提出构建公益目标明确、布局合理、规模适当、结构优化、层次分明、功能完善、富有效率的公立医院服务体系的总体目标，探索建立与基层医疗卫生服务体系的分工协作机制，加快形成多元化办医格局，形成比较科学规范的公立医院管理体制、补偿机制、运行机制和监管机制，促使公立医院切实履行公共服务职能，为群众提供安全、有效、方便、价廉的医疗卫生服务，同时提出通过先设立改革试点医院，再覆盖全国推行的总体思路①。

2012 年 3 月，国务院颁布《十二五期间深化医药卫生体制改革规划暨实施方案》（以下简称《实施方案》）。《实施方案》提出：坚持公立医院公益性质，按照"四个分开"的要求，以破除"以药补医"机制为关键环节，以县级医院为重点，统筹推进管理体制、补偿机制、人事分配、药品供应、价格机制等方面的综合改革，由局部试点转向全面推进，大力开展便民惠民服务，逐步建立维护公益性、调动积极性、保障可持续的公立医

---

① 钮庆璐、熊季霞：《基于 DEA 的江苏省不同法人治理模式下的公立医院相对效率评价》，《中国卫生事业管理》2017 年第 1 期，第 1~4 页。

院运行新机制①。其中一个重要的方向就是要破除"以药补医"这一关键环节，将传统的公立医院三个补偿渠道转变为通过调整医疗技术服务价格和增加政府投入等途径进行补偿。

2015 年 5 月，国务院办公厅发布《关于全面推开县级公立医院综合改革的实施意见》（以下简称《实施意见》），明确规定要破除"以药补医"机制②。《实施意见》指出：所有县级公立医院推进医药分开，积极探索多种有效方式改革"以药补医"机制，取消药品加成（中药饮片除外）。县级公立医院补偿由服务收费、药品加成收入和政府补助三个渠道改为服务收费和政府补助两个渠道。医院由此减少的合理收入，通过调整医疗技术服务价格和增加政府补助，以及医院加强核算、节约运行成本等方式来多方共担。

2015 年 5 月，国务院办公厅发布《关于城市公立医院综合改革试点的指导意见》，再次提出破除"以药补医"机制③。该指导意见中指出：试点城市所有公立医院推进医药分开，积极探索多种有效的方式改革"以药补医"机制，取消药品加成（中药饮片除外）。将公立医院补偿由服务收费、药品加成收入和政府补助三个渠道改为服务收费和政府补助两个渠道。通过调整医疗服务价格、加大政府投入、改革支付方式、降低医院运行成本等，建立科学合理的补偿机制。

2016 年 7 月，国家发改委、国家卫生计生委、人力资源社会保障部、财政部发布《推进医疗服务价格改革的意见》④，同年 11 月 9 日，中共中央办公厅、国务院办公厅转发了《国务院深化医药卫生体制改革领导小组关于进一步推广深化医药卫生体制改革经验的若干意见》⑤，都明确提出所有公立医院取消药品加成。

当然，医药卫生体制改革是一项长期艰巨复杂的系统工程。要清醒地

① 邹树荣、王亦农、王勇：《贫困县公立医院实现公益性与建立补偿机制的探讨》，《中医药管理杂志》2013 年第 6 期，第 563 ~ 565 页。

② 《国务院关于印发"十二五"期间深化医药卫生体制改革规划暨实施方案的通知》，http://www. gov. cn/zwgk/2012 - 03/21/content_2096671. htm. 2012 - 03 - 14。

③ 《国务院办公厅关于全面推开县级公立医院综合改革的实施意见》，http://www. gov. cn/zhengce/content/2015 - 05/08/content_9710. htm. 2015 - 05 - 20。

④ 王宇：《医疗服务价格改革加速　缩小政府定价范围》，《21 世纪经济报道》2016 - 07 - 07（003）。

⑤ 江德斌：《摒弃以药补医需避免跷跷板效应》，《健康报》2016 - 11 - 10（002）。

看到，当前医药卫生体制改革中还存在一些较为突出的矛盾和问题，特别是随着医药卫生体制改革的深入，一些体制性、结构性等深层次矛盾集中暴露，改革的难度明显加大，医疗保障制度建设有待进一步加强，基本药物制度还需巩固完善，公立医院改革需要深化拓展，推进社会力量办医仍需加大力度，人才队伍总量和结构性矛盾依然突出，政府职能转变亟待加快步伐，制度法规建设的任务更加紧迫①。同时，随着经济社会进入新的发展阶段，工业化、城镇化、农业现代化、经济全球化以及人口老龄化进程加快，城乡居民健康需求不断提升并呈现多层次、多元化特点，进一步加剧了卫生资源供给约束与卫生需求日益增长之间的矛盾；疾病谱变化、医药技术创新、重大传染病防控和卫生费用快速增长等，对优化资源配置、扩大服务供给、转变服务模式、合理控制费用和提升管理能力等都提出了更高要求。解决这些问题和挑战，必须持续不断地推进改革。新医改正在稳步推进中，相应的配套设施也在不断地完善中，公立医院的压力和挑战也在随之增加。取消药品加成后，公立医院如何能有效运行，如何既能够获得合理的经济补偿，又能够使人员及医院的工作效率得到提高，需要我们对其进行探讨与研究。

（二）研究的意义

疾病是人类面临的主要风险之一，它威胁人类健康甚至生命。药品在人类防病、治病的过程中发挥着不可估量的作用，但价格虚高和过度消费所带来的药费迅猛增长会影响人们健康及医疗服务的获取。我国由于医疗保障不足，"看病贵、看病难"问题严重。诚然，我们可以调整药品费用，使药品费用在合理的范围内增长，但由于我国公立医院补偿机制始终不完善、医药行业采取不正常竞争手段、医生与患者由于信息不对称，药品费用增长不合理、不合理用药现象严重，最终产生"以药补医"和"药价虚高"的问题。要解决此问题，关键是如何建立良好的机制控制药品费用的不合理增长，提高医疗服务的边际产出，使有限的卫生资源更有效地提高人们的健康水平，这是改善民生、促进中国社会和谐发展的重要保障。

---

① 《"十二五"期间深化医药卫生体制改革规划暨实施方案》，http://www.gov.cn/zwgk/2012 - 03/21/content_2096671.htm。

公立医院是我国基本医疗服务体系的主体，公立医院综合改革是"十三五"期间医疗体制改革的重点任务，是推动医保、医药、医疗"三医联动"的核心①。因此，公立医院既要保持本性，又能够得到合理补偿。只有当公立医院得到合理的补偿时，才能坚持公益性，才能实施与"创收"行为脱节的相应的运行机制改革，才能没有后顾之忧全心全意地为广大患者提供优质的医疗服务②。当公立医院作为非营利性的医疗机构，其必须承担的基本医疗卫生服务的范围明晰了，才有可能给营利性医院的非基本医疗服务的项目留下空间。公立医院应由政府主导补偿，根据区域规划统筹安排其发展规模、合理投入。公立医院补偿机制的完善，与公立医院运行机制改革、医疗保障体系的建立和完善都有十分密切的关系。补偿机制决定运行机制。对公立医院补偿机制的改革成功是坚持公益性前提下医药卫生体制改革顺利推行的必要条件。确保公立医院的公益性质是公立医院的改革方向，是公立医院改革的核心内容。完善公立医院补偿机制、将补偿政策落到实处是实现公益性的根本保证。

（三）研究的方法

本研究在公共卫生管理理论、价格规制理论、信息不对称理论、供给诱导需求等理论的指导下，借助统计学分析方法与工具，在充分调查研究的基础上，采用理论分析与实证研究相结合，辅助以计算机实现的综合研究方法，以保证最终研究结论的科学性。具体方法如下。

1. 文献资料法

采取文献研究的方法，在 CNKI、WHIP 中文、万方数据库、EBSCO、Google Scholar 等数据库，以公立医院、财政补偿、零差率、医疗服务价格、支付方式、社会资本等作为关键词进行全库检索，对国内外公立医院补偿相关的文献进行整理、归纳，为本课题提供丰富的研究理论基础。本课题通过对政策文件的梳理分析，分别从财政补偿、服务收费补偿、药品加成补偿三方面，了解我国医院补偿来源的历史沿革，分析造成目前现状

---

① 何晓俊：《县级公立医院改革的实践与探索》，《南京医科大学学报》（社会科学版）2013年第 6 期，第 531 ~ 534 页。

② 方如平：《我国公立医院运行机制改革的思考》，《中国医院管理》2009 年第 8 期，第 5 ~ 6 页。

的因素，为下一步建立科学合理的补偿机制方案提供决策依据。

2. 问卷调查法

本课题通过按地区分层抽样，借助函询发文的形式，选取吉林省不同地区 80 家医疗机构进行调研，对当地卫生行政部门人员、医院管理人员、医务人员、就诊患者四类人群进行问卷调查。

3. 实地调查法

结合卫生财务报表提取的数据分析结果，选取吉林市内 6 家不同类型有代表性的医院，以实地发放问卷和对医院管理专家深入访谈的形式，广泛征求有关各方的意见，为改革方案的设计建言献策。

4. 描述性统计分析法

采用 Excel 对卫生财务报表数据进行筛选、汇总；采用 Epidata 3.0 对问卷进行录入；运用 SPSS 20.0 软件对上述数据进行描述性统计分析、卡方检验等。

二 吉林省县级公立医院改革成效与启示

2009 年，国家进行新一轮医改，并将公立医院改革作为五项重点改革之一，2012 年第一批县级公立医院改革试点 311 个，2014 年县级公立医院综合改革试点覆盖 50% 以上的县（市）增加到 1011 个，覆盖 5 亿人口，2015 年全面推开①。吉林省作为县级公立医院改革试点省份之一，目前已全面推开县级公立医院改革，共有 43 个县（市），80 个医院纳入县级公立医院改革。

为了解吉林省公立医院改革现状及运行情况，评价公立医院改革成效，全面分析公立医院改革存在的问题，总结取得的经验，课题组对全省 43 个县（市）的 80 家医院进行调查研究，以期达到了解医改现状、分析存在的问题、总结相关经验、提供决策依据的目的。课题组通过对吉林省 9 个市（州）下辖的 43 个县（市）的 80 家县级公立医院进行调查，了解了县级公立医院近三年的医院收支情况、人员构成、就医患者量、病床配置使用

① 叶青跃、杨杨、程鹏飞、张明洁：《公立医院改革中存在的问题及对策》，《医学与社会》2014 年第 12 期，第 54~56 页。

情况、患者就诊费用等方面的现状，为下一步深化医改提供数据支持。

（一）调查内容与方法

采用国家县级公立医院综合改革省际交叉互评组所用的满意度调查问卷和组织专家设计的调查问卷。问卷的内容围绕吉林省县级公立医院取消药品加成政策落实情况，医院的财政收支状况、补偿渠道以及医护人员的满意度而进行。采用独立和匿名的方式自填问卷，其中医院填写问卷，由所调查公立医院负责人调取有关数据、报表后填写；医务人员填写问卷，由统一培训的调查员进入医院通过集中召集医务人员进行现场调查；患者填写问卷，由统一培训的调查员进入医院通过随机抽调的方式对就医患者进行现场调查，对于不能自填的患者可以由调查人员提问，然后以患者作答的方式完成调查。所调查的医院涉及吉林省9个市（州）下辖的43个县（市）的80家县级公立医院，具体情况详见表1。

最后，课题组采用 Epidata 3.1 软件建立数据库，由课题组人员进行数据录入，采用 SPSS 20.0 统计软件进行数据分析。所得计数资料用频数与构成比表示，组间比较采用卡方检验或秩和检验，以 P < 0.05 为差异具有统计学意义。

（二）结果分析

对吉林省9个市（州）下辖的43个县（市）的80家县级公立医院进行县级公立医院综合改革情况调查，每家医院由负责人调取有关数据、报表后填写，最终汇总结果，如表1所示。

表1　县级公立医院综合改革情况调查

指标	2014 年	2015 年	2016 年	增减趋势
医院基本情况				
编制人数（人）	25626	27441	28125	↑
在职职工数（人）	33103	33963	35828	↑
执业（助理）医师数（人）	10594	10533	11466	先减后增
执业（助理）医师中高级职称数（人）	3139	3489	3811	↑
本科及以上学历数（人）	6169	6603	7205	↑

续表

指标	2014 年	2015 年	2016 年	增减趋势
医院基本情况				
注册护士数（人）	11372	11861	12514	↑
注册护士中大专及以上学历数（人）	7395	8013	8702	↑
离退休职工数（人）	11770	12262	12539	↑
编制床位数（张）	24352	24960	25782	↑
年平均开放床位数（张）	25251	25852	27047	↑
诊疗人次数（万人）	1204.22	1195.18	1234.97	先减后增
门急诊人次数（万人）	1131.4997	1135.82	1251.59	↑
出院人数（人）	860588.00	845987.00	867558.00	先减后增
医院收入总体情况				
收入总计（万元）	791391.59	857337.66	931892.89	↑
财政补助收入（万元）	137963.71	168099.38	190176.46	↑
医疗保险收入				
来自职工医疗保险的收入总量（万元）	74058.92	83783.48	97147.65	↑
来自居民医疗保险的收入总量（万元）	46611.65	48715.00	57515.03	↑
来自新农合的收入总量（万元）	208486.86	224710.82	255259.80	↑
来自按项目付费的收入总量（万元）	43885	47041	56441	↑
来自按病种付费的收入总量（万元）	11032	14458	16640	↑
来自按床日付费的收入总量（万元）	2573	3159	3127	先增后减
来自按总额预付的收入总量（万元）	87105	103148	114186	↑
医疗收入（不含药品收入）				
门诊收入（万元）	144259.52	198725.37	173164.55	先增后减
住院收入（万元）	216519.49	247103.66	291818.50	↑
药品收入				
门诊收入（万元）	88699.22	92488.65	99665.84	↑
住院收入（万元）	208192.64	198211.39	195465.49	↓
医院支出总体情况				
支出总计（万元）	737385.98	827217.08	884676.81	↑
医疗支出（万元）	515529.26	581122.14	630254.50	↑
卫生材料费（万元）	91248.88	99935.78	116543.08	↑
药品支出（万元）	256387.13	265415.43	278785.28	↑
医院基本建设资金支出（万元）	16689.60	21272.40	24666.00	↑

续表

指标	2014 年	2015 年	2016 年	增减趋势
业务支出				
业务支出总计（万元）	626661.57	697512.08	750722.88	↑
工资福利支出（万元）	240917.81	230587.93	257170.49	先减后增
对个人和家庭的补助支出（万元）	47114.49	55454.95	59936.33	↑
相关指标（全省均值）				
病床使用率（%）	76.683875	74.216125	72.2338	↓
出院者平均住院天数（天）	8.8368	8.8214	8.7546	↓
门急诊次均费用（元）	178.6704	187.8398	202.6946	↑
药品费（元）	73.4050	77.8255	78.6679	↑
出院者平均费用（元）	4431.6113	4621.4682	4850.1586	↑
出院者平均药品费（元）	2186.5201	2314.1142	2038.2829	先增后减

资料来源：表中部分数据来源于吉林省县级公立医院综合改革实施情况第三方评估报告。

1. 吉林省县级公立医院财政投入方式分析

国务院印发《十二五期间深化医药卫生体制改革规划暨实施方案的通知》指出："要强化政府办医的主导责任，坚持公立医院面向城乡居民提供基本医疗卫生服务的主导地位，进一步明确政府举办公立医院的目的和应履行的职责，扭转公立医院逐利行为。进一步落实政府对公立医院的基本建设和设备购置、重点学科发展、公共卫生服务、符合国家规定的离退休人员费用和政策性亏损补贴等投入政策。合理确定公立医院（含国有企业所办医院）的数量和布局，严格控制建设标准、规模和设备配备。禁止公立医院举债建设。推进补偿机制改革，以破除"以药补医"机制为关键环节，推进医药分开，逐步取消药品加成政策，将公立医院补偿由服务收费、药品加成收入和财政补助三个渠道改为服务收费和财政补助两个渠道。医院的药品和高值医用耗材实行集中采购。政府投资购置的公立医院大型设备按扣除折旧后的成本制定检查价格，贷款或集资购买的大型设备原则上由政府回购，回购有困难的限期降低检查价格。医疗机构检验对社会开放，检查设备和技术人员应当符合法定要求或具备法定资格，实现检查结果互认。由于上述改革减少的合理收入或形成的亏损，通过调整医疗技术服务价格、增加政府投入等途径补偿。我们可以看到，政府的财政投入确实在平衡公立医院收支起到重要作用。对吉林省县级公立医院财政投入现状以及医院运行状况进行分析，有助于我们结合当前实际状况，提出更加有针对性的问题解决方案和措施。本研究以吉林省县级公立医院为案例，主要从财政投入的基本情况、财政投入效率以及费用控制等方面作为切入点进行分析。

从表1中可以看出，2014～2016年间吉林省财政对医院的投入是持续增加的，分别为：137963.71万元，168099.38万元，190176.46万元，财政投入持续增加，其中，2015年增长18%，2016年增长12%，年平均增长率为15%左右。对公立医院财政投入进行分析可以发现，在所有公立医院中，县级公立医院是财政投入的重点对象，从对县级公立医院财政投入结构进一步分析可以发现，公立医院财政投入的绝大部分是人员支出，包括在职和离退休人员费用，该部分费用从2014年至2016年均达到医院投入的40%以上，虽然2016年由于项目支出补助比上年增加了，导致其所占比重下降，但其绝对数额并未减少。虽然项目支出高达827217.08万元，但其整体呈现先减后增的趋势，且所占比例仍然低于人员支出，数据说明，对于公立医院而言，人员支出是投入的重点，这部分投入应当纳入对医院的政策性亏损补偿的内容之中。

通过对县级公立医院的财政投入和运行现状的分析，当前，吉林省县级公立医院财政投入仍存在问题，因此，调整政府财政投入的方式，是十分必要的，主要有以下两个方面。一方面，国家明确提出对医院离退休人员进行补偿之前，离退休人员费用连同在职人员费用一道计入医疗支出和药品支出，实际上是医院运行成本的一部分。中共中央、国务院《关于深化医药卫生体制改革的意见》中将离退休人员费用和政策性亏损单独列出，作为财政补偿的重要内容，使得医院运行成本大大降低，政策性亏损也随之减少，但从以上现状来看，离退休人员费用和其他人员费用仍然占据主导地位。另一方面，从政府财政投入现状来看，在吉林省县级公立医院的财政投入中，人员支出占有40%以上，是财政投入的主要部分。县级公立医院的政策性亏损直接关系到医疗服务的提供，补偿方式具有多样性，当前对公立医院投入方式的讨论很大程度上是针对政策性亏损补偿的，因此，一旦解决医院政策性亏损的补偿，政府财政补偿的问题也就迎刃而解了。一直以来，政府对于公立医院的财政投入没有明确的标准，无法满足医院发展的实际情况，不能维持医院的正常运转。县级公立医院为维持运行，选择其他的补偿方式，而使原本的财政投入没有发挥作用，因此必须改变现有的医院补偿方式，建立科学的补偿机制。

2. 吉林省县级公立医院药品费用控制分析

政府对公立医院进行政策性亏损补偿，是为了促进公立医院提高诊疗质量，优化诊疗方式，使群众得到质优价廉的医疗服务。因此，必须对医院药品费用情况进行分析，才能全面了解财政投入的实际效果。

表 2　2014~2016 年医药费用变化情况

指标	2014 年	2015 年	2016 年	增减趋势
病床使用率（%）	76.68	74.22	72.23	↓
出院者平均住院天数（天）	8.84	8.82	8.75	↓
门急诊次均费用（元）	178.67	187.84	202.69	↑
其中药品费（元）	73.41	77.83	78.67	↑
出院者平均费用（元）	4431.61	4621.47	4850.16	↑
其中药品费（元）	2186.52	2314.11	2038.28	先增后减

从表 2 中可以看出，所有县级公立医院的门急诊次均费用 2014~2016 年在缓慢的增长，未有较大波动，2015~2016 年增长速度较快；其中药品费用呈现缓慢增长。从出院者平均费用来看，其增长较快，年均增长率均超过 10%。其中，药品费用呈现先增后减的趋势。患者住院天数没有显著变化。因此，吉林省县级公立医院住院患者医药费用控制不理想，但药品费用得到一定的控制。

表 3　县级公立医院支出情况调查表

指标	2014 年	2015 年	2016 年	增减趋势
支出总体情况				
支出总计（万元）	737385.98	827217.08	884676.81	↑
医疗支出（万元）	515529.26	581122.14	630254.50	↑
卫生材料费（万元）	91248.88	99935.78	116543.08	↑
药品支出（万元）	256387.13	265415.43	278785.28	↑
医院基本建设资金支出（万元）	16689.60	21272.40	24666.00	↑

续表

指标	2014 年	2015 年	2016 年	增减趋势
业务支出				
业务支出总计（万元）	626661.57	697512.08	750722.88	↑
工资福利支出（万元）	240917.81	230587.93	257170.49	先减后增
对个人和家庭的补助支出（万元）	47114.49	55454.95	59936.33	↑

2014～2016 年，被调查县级医院住院药品收入、病床使用率、出院者平均住院天数呈逐年降低趋势；全省医院执业（助理）医师数、诊疗人次数、出院人数、工资福利支出呈先减后增趋势；门诊收入、来自按床日付费的医保收入、出院患者平均药品费用呈先增后减的趋势。其中：在医院总支出当中卫生材料费支出呈增长趋势，卫生材料费支出占医院总支出比例：2014 年为 12.37%，2016 年为 13.17%；医院基本建设资金支出占医院总支出比例呈逐年增长趋势：2014 年为 2.26%，2015 年为 2.57%，2016 年为 2.79%。

由表 2、表 3 可见，县级公立医院收入发生结构性的改变。2014～2016年，所调查的县级公立医院总收入逐年增加，财政补贴逐年增加，财政补贴以外的医疗卫生服务收入逐年增加（653427.88 万元/2014 年、689238.28 万元/2015 年、741716.43 万元/2016 年），并略有结余。药品收入占医院总收入比例逐年下降，全省县级公立医院药品收入占医院总收入比例分别为：2014 年 37.5%，2015 年 33.9%，2016 年 31.6%。总体显示，患者个人自付费用（医院总收入扣除财政补贴收入和医保收入）占医院总收入比例逐年下降，2014 年为 40.97%，2015 年为 38.73%，2016 年为 35.60%，表明药品零差率后公立医院医疗服务收入发生了结构性改变，体现了医务人员劳动技术价值的提升，可见吉林省县级公立医院药品费用得到较好控制。

3. 吉林省县级公立医院医务人员薪酬待遇情况

（1）被调查医务人员近三个月平均每月的工资和奖金收入情况

如表 4 所示，被调查县级公立医院医务人员中近三个月平均每月的工资和奖金收入情况中：333 人（11.6%）在 2000 元以下，1623 人（56.5%）在 2000～4000 元，793 人（27.6%）在 4000～6000 元，99 人（3.4%）在 6000～8000 元，17 人（0.6%）在 8000～10000 元，10 人（0.3%）在 10000 元以上。

其中，对被调查医务人员平均近三个月每月的工资和奖金收入情况分析中，被调查医务人员平均工资为3801.7（中位数3500）元。

表4　被调查县级公立医院医务人员薪酬待遇情况

选择项目	人数（人）	构成比（%）
2000 元以下	333	11.6
2000～4000 元	1623	56.5
4000～6000 元	793	27.6
6000～8000 元	99	3.4
8000～10000 元	17	0.6
10000 元以上	10	0.3
合计	2875	100.0

（2）被调查医务人员与前一年相比收入变化情况

如表5所示，被调查县级公立医院医务人员与前一年相比收入变化情况：408人（14.2%）表示收入增加较多，1267人（44.1%）表示收入少量增加，823人（28.6%）表示收入没有变化，272人（9.5%）表示收入少量减少，105人（3.7%）表示收入减少很多。

其中，与前一年相比，被调查医务人员收入变化分析中，有1675人（58.3%）被调查医务人员收入增加。

表5　被调查医务人员与前一年相比收入变化情况

选择项目	人数（人）	构成比（%）
增加较多	408	14.2
少量增加	1267	44.1
没有变化	823	28.6
少量减少	272	9.5
减少很多	105	3.7
合计	2875	100.0

4. 吉林省县级公立医院不同医保类型费用构成情况

从表6可见，医保收入占医院总收入比例呈逐年上升趋势（41.59%/2014年、41.66%/2015年、43.99%/2016年），在三种医保类型当中2014～

2016 年职工医疗保险收入占医院总收入比例分别为 9.36%、9.77%、10.42%，居民医疗保险收入占医院总收入比例分别为 5.89%、5.68%、6.17%，新农合医疗保险收入占医院总收入比例分别为 26.34%、26.21%、27.39%。

医保收入占医院财政补贴以外收入比例呈逐年上升趋势（50.37%/2014 年、51.83%/2015 年、55.27%/2016 年），在三种医保类型当中 2014～2016 年职工医疗保险收入占医院财政补贴以外收入比例分别为 11.33%、12.16%、13.10%，居民医疗保险收入占医院财政补贴以外收入比例分别为 7.13%、7.07%、7.75%，新农合医疗保险收入占医院财政补贴以外收入比例分别为 31.91%、32.60%、34.41%。

表 6　不同医保类型费用构成情况

项目	2014 年	2015 年	2016 年
医院收入总计（万元）	791391.59	857337.66	931892.89
医院医保收入（万元）	329157.40	357209.30	409922.50
医保收入占医院总收入比例（%）	41.59	41.66	43.99
职工医疗保险收入占医院总收入比例（%）	9.36	9.77	10.42
居民医疗保险收入占医院总收入比例（%）	5.89	5.68	6.17
新农合保险收入占医院总收入比例（%）	26.34	26.21	27.39
医保收入占医院财政补贴以外收入比例（%）	50.37	51.83	55.27
职工医疗保险收入占医院财政补贴以外收入比例（%）	11.33	12.16	13.10
居民医疗保险收入占医院财政补贴以外收入比例（%）	7.13	7.07	7.75
新农合保险收入占医院财政补贴以外收入比例（%）	31.91	32.60	34.41

通过表 6 可以看出，医保收入占医院总收入比例：2014 年为 41.59%，2015 年为 41.66%，2016 年为 43.99%，呈逐年上升趋势，占医院总收入的比重较大，其中，新农合保险收入占医院财政补贴以外收入比例：2014 为 31.91%，2015 年为 32.60%，2016 年为 34.41%，所占的比例也较大，这符合县级公立医院患者构成特点。医疗保障制度是控制药品费用的主要因素，更是解决看病贵的主要途径。医疗保障制度改革直接关系到国家医疗改革能否全面成功。如何抑制医疗费用过快增长，如何实现医疗成本合理补偿已经成为新一轮医疗保障制度改革的重要任务。但是在信息不对称环境下，抑制费用能否保证医疗服务质量又成了一个问题。为了解决这些

问题，我国的医疗保障制度新一轮改革，必须要重视配套激励机制和约束机制的设计，综合考虑内外部激励因素与约束条件，进行系统性、整体性的规划设计，实现对医疗成本合理补偿和医疗服务质量的有效控制。

（三）吉林省县级公立医院改革的启示

县级公立医院是我国公立医院体系的基础，是农村三级医疗卫生服务体系的龙头，是乡镇卫生院和村卫生室发展的主要依托。县级公立医院改革是推进公立医院综合改革的重要突破口，是深化县域医药卫生体制改革的必然要求，是切实解决县域百姓就医问题的重要途径和推动县域社会经济发展的重要保障。通过以上分析可见，县级公立医院改革基本上是成功的，特别是药品零差率后的补偿渠道得到很大改善。

1. 加强政府投入是公立医院合理补偿的重要渠道

通过调查可知，县级公立医院收入发生结构性的改变。在 2014 年至 2016 年间，所调查的县级公立医院总收入呈逐年增长的趋势，财政补贴也逐年增加，财政补贴以外的医疗卫生服务收入从 2014 年的 653427.88 万元增长到 2016 年 741716.43 万元，同样呈现逐年增加趋势。但药品收入占医院总收入比例逐年下降，全省县级公立医院药品收入占医院总收入比例从 2014 年的 37.5% 下降到 2015 年的 33.9%，再到 2016 年的 31.6%。同时，患者个人自付费用占医院总收入比例逐年下降：2014 年 40.97%、2015 年 38.73%、2016 年 35.60%。通过数据说明，县级公立医院在实施药品零差率后，整体的医疗服务收入情况发生了结构的改变，医务人员的劳动价值得到了提升，表明新医改取消药品加成的效果，降低了药品费用，并能够保障公立医院的有序运行。

政府财政投入是公立医院补偿的强大后盾，既能够对取消药品加成后造成损失进行补偿，也能够维持公立医院正常运行。吉林省县级公立医院当前"看病贵"问题存在的原因与政府财政投入不足，导致医院依靠药品加成来维持运行有关，因此，政府必须承担更多的社会责任，加大财政补助，有合理的投入分配比例，优化补助结构，既要增加补助力度，又要创新投入机制，避免不合理的现象出现；同时需建立财政投入的长效机制，使补助及时到位，保证医疗卫生资源的合理使用，减少公立医院运营困难，保证老百姓就医。从县级公立医院的现况来看，吉林省必须既加强政府对公立医院的补偿力度，又对于政府投入标准、补偿的数额也需要进行进一步的制定与测算。根据相关医改的要求，政府对公立医院的投入至少应当包括政策性亏算补偿，公立医院基本建设和大型设备购置，离退休人员费用，重点学科发展费用，公立医院所承担的公共卫生任务的专项补偿，政府制定的急救、援外、支农、质变等公共服务费以及对中医院、传染病医院、精神病医院及儿童医院等在投入政策上的予以倾斜这七部分内容[1]。因此，公立医院的财政补偿既应当用于其建设、发展以及公共服务的购买上，也可以采用医保支付的方式逐步补偿。

2. 改善医疗保障制度是公立医院合理补偿的主要途径

县级公立医院就诊患者不同医保类型报销后的满意度存在差异（$p < 0.05$）。不同市（州）的县级公立医院就诊患者医保报销后的满意度存在差异（$p < 0.05$），门诊患者较住院患者满意度低。县级公立医院医保收入呈逐年增长趋势，占医院平均医疗卫生服务收入42.4%，在医保收入中新农合收入占医保发送比例较大，可能与县域内农村人口比例较大有关。因此，完善新农合补偿机制至关重要。城镇居民医保报销满意度较低，有21.1%表示不满意。同时也存在地区间的差异，吉林地区医保报销满意度较高（70.8%）。毋庸置疑，医疗保障制度作为一种费用分担机制，确实在缓解患者个人"看病贵"方面发挥着特定的作用，对医疗成本合理补偿也起到重要作用，然而，如果医疗保障制度设计不合理，使用不得当，反而会制造"看病贵"问题。目前，医疗保障制度设计非常重视医疗保障制度覆盖面的扩大和报销比例的提高，而没有考虑配套政策和制度设计同步跟进，导致医疗保障制度在缓解"看病贵"问题方面作用有限，对医疗成本合理补偿效果不理想，尤其是在信息不对称的情况下，医疗保障制度如何有效控制医疗费用过快增长的同时，又不损害医疗服务质量，又对医疗成本进行合理补偿是当前面临的最大难题。

补偿渠道是指补偿资金的来源，本质上是一个补偿结构的问题，补偿渠道的不同组合，是实现财政补偿和市场补偿交叉融合的过程[2]。公立医院的补偿主体要多元化，建议由政府、医疗保险机构、社会以及医院共同

---

① 冯博：《公立医院补偿机制研究》，华中科技大学，2012。

② 尹占春：《基层医疗卫生机构药品零差率销售补偿机制研究》，天津大学，2015。

补偿。医疗卫生事业是一项有一定福利性质的社会公益事业，在众多补偿主体中，政府应当承担主要责任，明确中央、省级和地方政府的责任，实现对公立医院的投入制度化。医疗保险部门视基金结余情况给予适当支持，同时，应充分发挥社会的力量，大力发展慈善事业，可通过建立慈善基金等方式，鼓励社会和个人进行慈善捐赠。吸引社会捐助需要创造有利于社会捐赠的环境，此外，可以探索第三方投资管理方式，即由专业的金融管理机构对慈善捐助资金进行管理等。

当然，在各界对医院补偿的同时，最关键的还在于医院自身在新形势下经营理念的转变。医院应深化内部改革，更加注重医院内部管理，不断提高医疗服务质量，以吸引更多的患者，降低运行成本，提高运营效率，实现对自身的补偿。如按人头补偿的方式，政府或医疗保险部门在年初制定出每个人头的药品费用补偿标准，年末根据在该院就诊的实际人头数和年初制定的补偿标准给予医院相应的药品补助①。采用这种补偿方式，医院得到的补偿数，仅与就诊人头数有关，与开药无关。同时，要改革支付方式，借鉴在医保总额控制的基础上，推进按病种、人头、服务单元、床日等支付方式改革，改革单一后付制向混合预付制的改革过渡②，即以总额预算为基础，融合按病种付费、按人头付费等付费方式。

3. 改革医务人员薪酬机制是提高公立医院效益的必要手段

从调查的情况来看，县级公立医院医务人员薪酬待遇普遍偏低。2016年被调查医务人员近三个月平均月工资为3801.7元（中位数3500元），与当前物价、房价相比，被调查县级公立医院医务人员工资收入普遍不高，但与前一年相比，有58.3%的被调查医务人员收入增加，调查显示县级公立医院收入分配改革正在逐渐完善。37.3%的被调查医务人员3个月来平均每天工作时间超过8小时，且40.7%的被调查医务人员认为与前一年相比工作时间延长，调查显示部分医务人员工作压力大、工作超负荷。由此可见，合理调整县级公立医院医务人员的薪酬待遇，提高奖励性绩效工资的比例，由县级公立医院自主确定奖励性绩效工资比例尤为重要。提

---

① 周绿林、邹玲红：《取消药品加成后公立医院的补偿机制探讨》，《中国药房》2012年第1期，第9~11页。

② 谭华伟、郑万会、张云等：《公立医院补偿机制改革：典型模式和路径反思》，《卫生经济研究》2016年第5期，第9~13页。

高医务人员的收入水平是改革的目的，也是改革的重点。

根据医疗行业培养周期长、职业风险高、技术难度大、责任担当重等特点，制定符合医疗卫生行业特点的薪酬改革方案。通过合理的薪酬标准，保护医务人员应有的收入水平，并且根据工作责任和风险的不同强度，应制定不同标准的薪级工资，更好地体现医生服务的价值。着力体现医务人员技术劳务价值，合理确定医务人员收入水平，并建立动态调整机制。完善绩效工资制度，医院通过科学的绩效考核自主进行收入分配，做到多劳多得、优绩优酬，重点向临床和公共卫生一线、业务骨干、关键岗位和有突出贡献的人员倾斜，合理拉开收入差距。严禁给医务人员设定创收指标，严禁将医务人员收入与医院的药品、检查、治疗等收入挂钩。

目前吉林省县级公立医院现状是医务人员收入结构不合理，回报机制的缺失是导致"以药补医"现象产生的重要原因之一。在新医改背景下，有必要对医疗服务价格进行合理改革，实现医务人员的劳动价值得到合理补偿，变"以药补医"为"以技养医"，也是维护公立医院公益性的重要一环。

三 吉林省公立医院补偿机制政策建议

自 2014 年 9 月起，吉林省 21 个县市区，41 所县级公立医院全面启动综合改革试点，城市公立医院改革试点取得进展，继续推进长春、通化、辽源三个城市公立医院改革省级试点工作。据统计，试点单位药品价格较改革前平均下降 15% 以上，省级医药采购服务平台网上集中采购价格与国家物价部门定价比较，基层用药平均降幅达到 57.32%，非基层用药平均降幅达到 50.71%。以吉林省某县医院为例，2015 年药占比 66.78%，而实行药品零差率政策后第一个月（2016 年 7 月）药占比为 59.95%，环比下降 7.36%；每门诊人次收费 581.99 元，环比下降 3.3%；每住院人次收费 19939.29 元，环比下降 5.71%；每床日收费 631.95 元，环比下降 5.7%。由此可见，药品零差率的实行有效降低了患者医疗费用的负担，促进了医药卫生行业的健康有序发展[①]。吉林省自开展县级公立医院综合改革试点

---

① 刘一雯：《浅析实行药品零差率对公立医院的影响及对策》，《财会学习》2016 年第 17 期，第 183～184 页。

以来，总体呈现"四升四降"的良好态势①，即医院门诊人次、住院人次、医疗收入和医务人员收入都有不同程度的上升；门诊次均费用、住院次均费用、药品价格和县外转诊率均有不同程度的下降。但对于尚未进行改革的城市大型公立医院来讲，不可预知的问题与难度会增加，因为长期"以药补医"机制已使大型公立医院形成稳定的盈利模式及医务人员稳定的收入水平，因此，城市公立医院实行药品零差率需要政府行政部门的管理者和研究者充分调研后做出科学决策。目前吉林省县级公立医院中，药品收入仍然是整体公立医院收入的一项重要来源，作为政府补偿转移形式的"以药补医"被逐渐取消后所造成的真空如何弥补，仍然需要进行进一步的研究和论证。

（一） 建立新型的公立医院财政补偿机制

药品零差率后，公立医院在出售药品时直接按照药品采购价格进行出售，而不再对药品价格进行加成，即"平价平出"。由于医改的初衷是解决"看病难、看病贵"的问题，因此公立医院在出售药品实行零差率后，形成的损失将主要由政府财政补助与加强管理降低运营成本来补偿。政府财政补助是公立医院补偿的强大后盾，既能够对取消药品加成后造成损失进行补偿，也能够维持公立医院的正常运行。吉林省当前"看病贵"问题存在的原因与政府财政补助不足导致医院依靠药品加成来维持运行有关，因此，政府必须承担更多的社会责任，加大财政补助，建立并完善政府对医事、药事服务的投入和补偿机制，对于各级公立医院的财政补助要有合理的分配比例，优化补助结构，既要增加补助力度，又要创新投入机制，避免不合理的现象出现；同时需建立财政补助的长效机制，使补助及时到位，保证医疗卫生资源的合理使用，减少公立医院运营困难，保证老百姓就医，使药事服务在政府方面得到支持并使此项收费发挥作用。可积极探索政府对公立医院的经济性经费补助，采取按病种加权拨款方式，即按不同病种分类编号（按国际疾病分类标准 ICD），根据每个病种的病情程度、诊治技术复杂程序和费用的消耗，由专家组分析确定给予不同的权重系

---

① 于洗河、张野、沈文生等：《吉林省县级公立医院改革现状分析》，《医学与社会》2014年第 4 期，第 10～13 页。

数,最终按比例确定每一类疾病的经费补助,在这种拨款付费方式的制约与引导下,促使公立医院严格管理,重视每一个工作环节的快节奏和高质量,加快病床周转,缩短住院天数,克服滥用药物,杜绝过度治疗,努力加快公立医院与社区的双向转诊的真正运行,努力实现社会效益与经济效益的统一。加强服务项目成本核算,建立以政府"购买服务"为主的补偿机制。

(二)改革公立医院医疗服务价格

在保证医保基金可承受、总体上群众负担不增加的前提下,可以通过推进药品和耗材招标采购、流通、使用等方面改革降低费用,主要用于调整医疗服务价格,不得直接返还医院。合理调整医疗服务价格,降低大型医用设备检查治疗、检验价格,合理调整提升体现医务人员技术劳务价值的医疗服务价格,特别是诊疗、手术、护理、床位、中医等服务项目价格,建立以成本和收入结构变化为基础的价格动态调整机制,将价格调整政策与医保支付政策相互衔接。

按省发改委、卫生厅印发文件规定,以医疗服务项目价格为基准,在保持《吉林省推进县级公立医院综合改革医疗服务价格调整暂行办法》测算原则基础上,进行结构性微调,提高手术类、普通护理类、普通中西医诊察(查)类(不含高级专家诊察/查费)、中医服务类、床位费(含医用垃圾处理费)项目价格。降低大型设备检查类[包括磁共振扫描、X线计算机(CT)扫描、超声检查]和检验类项目价格①。调整后价格为基准价,上浮幅度为零,下浮幅度不限。其配套措施包括:一是调后的医疗服务项目按政策规定纳入县(市)医保(城镇职工、城镇居民基本医疗保险和新型农村合作医疗,下同)支付范围;二是门诊诊察(查)费[不含高级专家诊察(查)费]提高部分由医保基金全额支付,实行总额控制、预算管理,年度预算总额由当地医保经办机构会同县级公立医院共同测算确定;三是充分考虑个别医疗服务项目价格调整对特定类别患者可能造成的个人累计医药费用支出增加过大的情况,进一步健全大病保险保障机制和

---

① 县级公立医院:《改革进行时》[EB/OL]. http://jl. people. com. cn/n/2014/1007/c349771 - 22522989. html. 2014 - 10 - 07。

积极开展特困群体医疗救助等措施，做好相关政策衔接①。根据《推进医疗服务价格改革的意见》，建议省级公立医院销售的所有药品（中药饮片除外）实行按进价"零差率"销售，同时调整诊查费、护理费、治疗费、手术费、病理服务价格。结合吉林省城市公立医院现状，根据调整价格政策，公立医院实行药品零差率销售后，医疗服务价格调整与医保、卫生、财政政策同步，医疗服务价格调整总量小超过药品综合差价的 90%，通过调整体现医务人员价值的项目价格，弥补约 90% 的药品差价，其他 10% 通过医院加强精细化管理进行内部消化。对就医影响较大的血液透析治疗血液滤过、连续性血液净化等项目价格小做调整，体现公立医院公益性，提高群众满意度。在省级公立医院综合改革的价格调整中，手术费根据手术类别（1～5 类）分别按 0%、10%、23%、35%、50% 幅度调整，肝、肾、心脏移植手术按 100% 幅度调整，口腔手术按 15% 幅度调整，中医诊疗按 35% 幅度调整。如诊查费（含挂号费、药事服务成本）：普通门诊诊查费（门急诊留观诊查费）10 元/次，住院诊查费 15 元/日。护理费：等级护理费 20 元/日，特级护理费 5 元/小时，精神病护理 35 元/日，其他护理费相应调整，按次计费的按特级护理费调整幅度调整。

（三）增设公立医院药事服务费

在实行药品零差率后，公立医院由于缺少药品加成收入而使得整体收入亏损，但凭借财政补助、医疗服务收费仍然是难以维持医院的正常运行，同时长期以来，在"以药补医"的机制下，公立医院中药师的专业技术水平没有得到发挥，专业价值和服务价值均没有得到体现，药事服务整体工作发展缓慢，因此，公立医院药事服务费成为降低药品费用，减少患者诊疗费用，改变"以药补医"机制，加强药学工作的重要途径和重要手段。国家卫生部在 2010 年 3 月对药事服务费给出的概念是：对医师和药师的处方、处方审核、药品调剂、管理等工作给予的报酬，是为合理弥补医院药事服务成本、维持医院药房正常运转而设立的收费项目。增设药事服务费，是医药成熟国家发展的必然趋势，能够凸显公立医院重要作用，调

---

① 《长春 31 家中省直公立医院取消药品加成 CT、核磁等项目检查费用降了》［EB/OL］. http://cnews.chinadaily.com.cn/2017 - 03/01/content_28387581.htm. 2017 - 03 - 01。

整公立医院补偿机制，更是药师队伍与药事服务发展的需要，是对药事服务提供者专业服务价值和劳动价值的充分反映，既符合国际惯例也契合我国新医改精神。

增设省公立医院药事服务费，是通过对药事服务成本进行测算，综合考虑政府财政、医疗保险、患者自身等方面的经济承受能力制定出来的收费项目，与药品价格没有联系。一方面，可以补偿公立医院取消药品加成后减少的收入或形成的亏损，使公立医院回归公益性的本质，既能够保障正常运转，也能够保障患者用药安全，突出公立医院的综合地位和社会价值。另一方面，对药师的劳动和服务进行补偿，对我国药事服务和临床药学发展最有力的探索，既能够对药师群体产生触动，促使其加强自身学习和提升，以提供优质、快捷、便利的药事服务，加强药事服务实践，丰富药事服务内容，提高药事服务的整体水平，对于多年停滞不前的药事服务工作进行有力推进，促进药学工作的发展；同时，通过药事服务费收取的促进，能够加强临床合理用药，使药师真正地为百姓服务，提高合理用药质量，使百姓少遭罪，好得快，将药事服务费做到"取之于民，用之于民"。

自药事服务费在我国部分省市试行以来，在实施的过程中存在补偿方式不合理、药事服务体系不完善、对药事服务费认识不足、收取不明确、药师队伍建设缓慢许多的制约因素，使得增设药事服务费仍处于政策性措施中，实践落实的不到位。因此，吉林省设立省公立医院药事服务费，建议相关部门听取医院、患者及相关部门的意见，深入调查，综合考核，明确药事服务费收取方式、收取范围、收取标准、报销范围，同时不断优化政府财政补助，加快药品价格改革，加快医疗体制改革的步伐，加强药师队伍建设，培养优质药师，加强各级部门的监管，推进药事服务费的顺利落实，让百姓早日享受到优质的药事服务，促进公立医院的整体发展。

（四）完善公立医院内部监管机制

建立有效的监管机制，是降低公立医院运行成本的有效办法。有效的规制和监管是政府对公立医院的重要职责，对于公立医院而言，为了保证其福利性的实现，必须有严格的准入机制来规定其运营行为，通过这种预算方式对公立医院的固定成本进行补偿的做法，有利于对医院固定成本进行总量上的控制，防止公立医院盲目扩张，从根本上对公立医院运行开支进行控制。为了确保公立医院公益性质，公立医院监管的主体必须是多元化的，病人权益维护组织、社会中介组织、医疗保险机构等都是利益相关者，是政府外部监管和评价机制相结合的参与者。还应建立包含政府部门、民间组织、行业自律组织、公众舆论等主体参与的医疗卫生监管体系①。医疗保障的经办机构可以代表城乡医疗参保者的利益，构建与利益相关者的谈判机制，使更多的参保人员参与医疗卫生服务的监督，有效发挥医疗保障第三方对医疗卫生服务的监管以及费用的控制作用。内部监管主要表现如下。

第一，强化药品零差率干预政策。实行药品零差率主要就是切断医院对药品收入的依赖，医院和医师失去诱导患者需求的动力，医师处方行为变得合理。药品在销售过程中是会有一定比例的损耗，如过期、破损、污染等，另外医院销售药品的过程中还需要有一定比例药品养护和管理费用，完全依靠政府财政来补这个缺口，政府肯定不堪重负。更重要的是，零差率的亏本销售药品，将会直接导致公立医院药学部门成为没有创收能力的部门，使医院药学部门沦为更不受重视的部门，最终将会直接影响医院药品质量、处方调配质量和处方合理用药审核激励机制的发挥，从而抑制医院药学事业和药学服务的发展和药师职业独立②。因此，对医院销售药品，应是维持医院购销药品的微利以折扣这部分损耗，包括药品养护费用和药学部门人员支出。

第二，完善预算机制。加强对基层医疗卫生机构财务工作的统一管理，建立规范基层医疗卫生机构的预算制度，由上级卫生行政部门对基层医疗卫生机构的各项收支项目进行汇总，审核通过之后纳入财政预算。政府部门必须能够清晰核算公立医院的运行成本，才能在补偿标准的制定过程中，避免预算过低，难以起到补偿作用，或是防止机构虚报成本的情况③。因此，需要加强对公立医院的财务管理，规范其上报的收支项目，包括机构维持基本运转的日常费用，以及保证事业发展的建设经费等，结

---

① 宋玲霞：《我国公立医院监管模式研究》，南方医科大学，2012。
② 徐敢：《公立医院医药分开路径和补偿机制系统建模研究》，天津大学，2010。
③ 尹占春：《基层医疗卫生机构药品零差率销售补偿机制研究》，天津大学，2015。

合基本医疗卫生服务均等化的新进展不断进行补充。例如，设备购置与更新、人员培训、信息化管理课程培训等。同时，加强监督管理，对财政收入、财政预算、项目审核、预算分配、预算拨付、资金使用等过程进行全程监督，防止资金被截留、挪用或挤占，及时发现、处理政策缺失所产生的灰色利益漏洞，同时及时倾听、反馈来自基层医疗卫生机构管理人员、医护人员以及患者的利益呼声。

第三，对医院药品成本的管理。首先，在医保基金支付范围内的药品应该由医保基金来统一招标。医保基金在招标的过程中，应尽量扩大应标企业的范围，打破现在招标制度中应标企业的地域限制，形成公开透明的良性价格竞争机制，并且医保基金应缩短招标的周期，保证临床必须药品的覆盖率。其次，医院取消除在院内治疗手术期间的用药以外的药品供应，其他的处方药一律改为由医院出具处方，由患者在零售药房由职业药剂师审核后进行购买，患者有用药自主选择权。最后，医保基金必须按照基本医疗保障的需求以及基金自身的承受能力制定合适的医保目录，在目录上的药品必须既要满足基本医疗保障的需求又要保证药品档次的适度，医院使用对在医院内病人使用医保基金支付范围以外的药品，一律不允许向病人收费。

（五）改革医务人员人事分配制度，完善激励约束机制

医疗行业人才培养周期长、职业风险高、技术难度大、责任担当重，建立符合医疗行业特点、体现以知识价值为导向的公立医院薪酬制度，是深化医药卫生体制改革和事业单位收入分配制度改革的重要内容，对确立公立医院激励导向和增强公立医院公益性，调动医务人员的积极性、主动性、创造性，推动公立医院事业的发展，都具有重要意义。通过合理的薪酬标准，保护医务人员应有的收入水平，并且根据工作责任和风险的不同强度，建立动态调整机制，制定不同标准的薪级工资，更好地体现医生服务的价值和医务人员技术劳务价值，使医务人员收入水平得到合理确定。

第一，深化编制人事制度改革。在现有编制总量内，合理核定公立医院编制总量，创新公立医院机构编制管理方式，逐步实行编制备案制。推行聘用制度、岗位管理制度、公开招聘制度等人事管理制度，人员由身份管理向岗位管理转变，定编定岗不固定人员，形成能进能出、能上能下的

灵活用人机制。在收入分配、职称评定、管理使用等方面，医疗卫生机构要合理确定编外人员工资待遇，逐步实现同岗同酬同待遇。落实公立医院用人自主权，对医院紧缺、高层次人才，可按规定由医院采取考察的方式予以招聘，结果公开。

第二，推进公立医院薪酬制度改革。结合公立医院公益性定位、工作特点和本地实际，以及不同公立医院的功能定位和医、护、技、药、管等不同岗位职责要求，合理确定公立医院薪酬结构，注重医务人员长期激励。完善岗位绩效工资制，有条件的可探索实行年薪制、协议工资制等多种模式。根据人力资源社会保障部、财政部、国家卫生计生委、国家中医药管理局下发的《关于开展公立医院薪酬制度改革试点工作的指导意见》，按照"允许医疗卫生机构突破现行事业单位工资调控水平，允许医疗服务收入扣除成本并按规定提取各项基金后主要用于人员奖励"的要求，建立适应行业特点的公立医院薪酬制度。在现有水平基础上合理确定公立医院薪酬水平和绩效工资总量，逐步提高体现医务人员技术劳务价值的医疗服务收入，重点向临床一线、业务骨干和有突出贡献的人员倾斜。推进公立医院主要负责人薪酬改革，合理确定薪酬水平。

第三，落实公立医院分配自主权。公立医院在核定的薪酬总量内进行自主分配。医院制定绩效分配办法要充分发扬民主，广泛征求职工意见，充分体现医、护、技、药、管等不同岗位差异，兼顾不同学科之间的平衡，向关键和紧缺岗位、高风险和高强度岗位、高层次人才、业务骨干和做出突出成绩的医务人员倾斜，向人民群众急需且专业人才短缺的专业倾斜，体现知识、技术、劳务、管理等要素的价值，避免大锅饭。适当提高低年资医生薪酬水平，统筹考虑编制内外人员薪酬待遇，推动公立医院编制内外人员同岗同薪同待遇。严禁向科室和医务人员下达创收指标，医务人员个人薪酬不得与药品、卫生材料、检查、化验等业务收入挂钩。

综上所述，公立医院的合理补偿不能统一模式，其中外部环境的推动是很重要的方面，特别是制度设计、宏观监管的保证，政府、社会、医疗系统各方面共同努力才能保证公立医院既得到合理补偿，又不能影响公立医院的服务质量；同时医院内部的改革，如法人治理、绩效管理、人事分配、成本管理等配套措施共同发力，才能保证各项措施得以真正实施。可以说，国家药品零差率政策彻底改变了公立医院的补偿机制，公立医院需要得到稳定的政府财政保障才能更好地承担社会责任，维护广大人民群众的健康，体现卫生服务的公益性。因此，通过拓宽多种补偿渠道与方式，医疗保障体制改革，对运行成本进行有效控制，在保证医院的正常运行的基础上，凸显公益性原则，最终达到减轻患者因就医而产生的经济负担的目的。

文化发展研究篇

马克思主义中国化时代化大众化研究

吉林省社会科学院课题组[*]

摘　要　马克思主义的世界观和方法论从诞生的那天起就开始了它的时代化、大众化进程。这种进程使马克思主义理论与时俱进，成就了无产阶级改造世界的生动实践和辉煌图景。面对不同的时代，马克思主义大众化的内涵和实践要求有着不同的指向性和规定性。深刻地理解当代中国历史语境下的马克思主义大众化，并探寻马克思主义中国化时代化大众化的实现路径，是我国学术界思考马克思主义的必要视角。

沿着这一视角探讨马克思主义中国化时代化大众化时，我们将面对诸多需要思考和审视的问题。本研究以当代中国人为研究对象，通过对当代中国人思想发展动向进行研究，探讨中国的马克思主义究竟需要以怎样的形态，遵循什么样的路径才能有效地"中国化时代化大众化"。

关键词　马克思主义　中国化　时代化　大众化

一　马克思主义中国化时代化大众化的科学内涵和战略意义

马克思主义中国化时代化大众化是一项创造性工作，既需要对理论进行深入挖掘，又要满足群众的真实需求。列宁曾指出，最高限度的马克思主义等于最高限度的通俗化，由此可见具有最时代化、大众化、通俗化的

---

*　课题负责人：杨静波；课题组成员：苏虹蕾、孙莹。

作品也是最经典、最精辟和最富创造力的成果。当前，世界处在大发展大变革的重要调整期，中国面临新的机遇和挑战，在这样的背景下，党的十七大报告明确提出"推动当代中国马克思主义中国化时代化大众化"的号召，从而掀起了社会主义文化建设的新高潮。在新中国成立60周年之际，党的十七届四中全会公布了《中共中央关于加强和改进新形势下党的建设若干重大问题的决定》，提出了"不断推进马克思主义中国化时代化大众化"的新命题。党的十八大更加明确地提出"推进马克思主义中国化时代化大众化，坚持不懈用中国特色社会主义理论体系武装全党、教育人民，深入实施马克思主义理论研究和建设工程，建设哲学社会科学创新体系，推动中国特色社会主义理论体系进教材进课堂进头脑"。把马克思主义中国化时代化大众化研究推向了深入。

（一）马克思主义中国化时代化大众化的科学内涵

马克思主义中国化时代化大众化，顾名思义就是指通过各种学习和宣传教育途径，使马克思主义理论从枯燥的书本走进群众具体的生活，将抽象变为具体，深奥变为通俗，由被少数人掌握到被广大人民群众理解，并将其转化为某种思维方式、价值取向和行为标准。马克思主义中国化时代化大众化是特指有中国特色社会主义理论体系的时代化、大众化。在基本共识的基础上，学者们也从不同的角度对马克思主义中国化时代化大众化给予进一步的阐述，有代表性的观点如下。第一，马克思主义中国化时代化大众化不仅是表达方式问题，也是根本立场、根本方法问题。坚持贴近实际、贴近生活、贴近群众，充分考虑广大群众特别是城乡基层群众的接受能力和思维习惯，把深邃的理论用平实质朴的语言讲清楚，把深刻的道理用群众乐于接受的方式说明白，使抽象的理论逻辑转化为形象的生活逻辑，让科学理论从书斋走进人民大众，融入人们心灵。第二，马克思主义中国化时代化大众化是指把马克思主义与广大人民群众的日常生活实践结合起来，与大众文化结合起来，同时吸收各国优秀文明成果，不断赋予当代中国马克思主义鲜明的实践特色、民族特色、时代特色，形成适应广大人民群众需要的具有时代特色的马克思主义。第三，马克思主义中国化时代化大众化就是指马克思主义从当初只为少数思想家掌握的科学理论，发展成为亿万人民群众掌握的思想理论体系的过程。

归根到底，马克思主义中国化时代化大众化最根本的目的不是解释世界，而是改变世界。因此，对马克思主义中国化时代化大众化的内涵把握也应该深入改造人民群众思想的层面来理解和把握。从这个意义上说，马克思主义中国化时代化大众化脱离了理论研究和思想宣传的狭隘局限，回归到了实践问题的层面，是一个解决矛盾和改造主客观世界的问题。所以，马克思主义中国化时代化大众化一方面是指马克思主义理论的通俗化，能够更好地被普通民众理解和接受；另一方面也是指普通民众会自觉地使用马克思主义的基本方法、观点和立场来处理问题，指导人们的日常生活和各行业的发展，从而推动政治社会的科学发展。因此，推动马克思主义中国化时代化大众化研究的根本目的在于应用，将理论与现实生活有机结合，运用马克思主义基本原理深刻分析实际问题。

（二）新形势下推进马克思主义中国化时代化大众化的战略意义

推进马克思主义中国化时代化大众化不但是理论本身的需要，同时也是社会实践和中国人个人成长的需要。

1. 推进马克思主义中国化时代化大众化是马克思主义理论的根本属性和基本要求

马克思主义中国化时代化大众化的取向根源于它的本质属性。马克思主义从来都不是书斋里的文字游戏，而是改造客观世界的有力武器，通过学习马克思主义理论进而改造世界是其存在的基本价值。实践性是马克思主义理论的根本属性，用马克思主义指导实践，并通过实践不断丰富理论是马克思主义长盛不衰的原因。实践既是理论产生的源泉，也是理论创新的原动力。中国人是国家未来的建设者和接班人，他们对马克思主义的理解和接受的程度从某种意义上决定着中国社会未来发展的方向，决定着马克思主义能否发挥思想和理论的主导作用。

2. 推进马克思主义中国化时代化大众化是社会主义建设实践的需要

当今世界正处在不断变革和调整中，世界多极化、区域集团化、经济全球化深入发展。世界范围内各种思潮交流、交融的现象日益明显，思想文化领域的斗争愈加深刻和复杂。西方国家价值观输出力度不断增大，手法不断翻新，他们始终将意识形态作为颠覆和控制别国的重要手段，凭借经济、科技等优势推行文化霸权，加大文化输出的力度，加紧对我国民众进行思想价值观念渗透。反观国内，经济体制发生重大变革、社会结构深度调整、利益格局变动明显等原因，导致当代中国人思想活动出现新特点，独立性、多变性、差异性明显增强，社会价值观念日趋多元化。如何使中国人进一步掌握马克思主义理论，增强抵御各种错误思想的免疫力，远离不健康的思想观念，是新时期摆在我们面前的重大课题。这就需要通过马克思主义中国化时代化大众化加强马克思主义理论的感召力和说服力，让社会主义核心价值体系真正深入中国人心中，用马克思主义中国化的最新成果武装中国人的头脑，从而为建设社会主义国家发挥更大的作用。

3. 推进马克思主义中国化时代化大众化是中国人成长的需要

当前，我国进入发展的关键期、改革的攻坚期、矛盾的凸显期，经济社会面临着诸多挑战。经济危机的阴霾还未散去，经济增速逐年放缓；收入差距不断扩大，潜在的社会问题不容忽视，收入分配格局亟待调整；各种群体性事件层出不穷；教育、住房、医疗成为背在中国人身上的新"三座大山"。这些挑战使得当代中国人出现了思想上的困惑、负担增多和现实生活压力增大的现象。"马克思主义不是对彼岸世界的一种论证，而是对此岸世界的现实关注。"这就要求我们的社会更加关注中国人的利益诉求，理解他们的处境，从最直接、最现实的问题着手，在解决社会矛盾的过程中推进马克思主义中国化时代化大众化，用对民生问题提出明确目标的中国特色社会主义理论为中国人解疑释惑、解决问题，从而提高中国人对马克思主义理论的认可，增强他们对祖国的信心，做到真信、真学、真用马克思主义理论，以科学的理论为指导，以坚定的信仰为依托，指引其正确的人生方向。

（三）推进马克思主义中国化时代化大众化须知行合一

面向当代中国人推进马克思主义中国化时代化大众化需要一个从知到行不断发展的过程，通过有目的、有组织和有计划的教育和宣传，使中国人了解、理解、接受，最终到掌握和信仰马克思主义的基本理论，并将其内化为自身的信仰和毕生的追求，外化为中国人的社会行动。总之，推进马克思主义中国化时代化大众化要有学习、认同和实践三个步骤。

1. 将抽象理论转化为具体理论，是推进马克思主义中国化时代化大众化的前提条件

科学理论都是源于生活而高于生活，抽象性、系统性和逻辑性是其根本特征。马克思主义理论是由马克思、恩格斯等人创立的知识体系，以历史唯物主义和辩证唯物主义为方法论，以实现人人平等的共产主义社会为最高理想，是广大无产阶级和人民群众反抗资本主义社会的重要武器，是人们认识和改造主观和客观世界重要的方法论。有中国特色的马克思主义理论体系是马克思主义与中国革命实践相结合的产物，有着实践性、民族性和时代性等重要特征，是社会主义建设实践运动在理论上的提升，是经过历代中国人民实践检验的科学体系，是当代马克思主义理论的重要组成。它涉及中国社会的政治、经济、文化等方方面面的内容，也包含了中国社会将如何发展等一系列重大理论问题。要使当代中国人了解、掌握抽象和枯燥的理论，就必须通过读书和社会实践等途径，运用中国人熟悉的网络、报刊等媒介把抽象的理论转化为具体的理论，这是推动马克思主义中国化时代化大众化的基本前提。

2. 理论接受主体与理论内容相契合，是推进马克思主义中国化时代化大众化的根本问题

马克思主义理论能否被当代中国人所接受，很大程度上取决于理论对中国人现实需要的满足程度。当前各种思潮鱼贯而入，极大地干扰了一些中国人的人生观、价值观、道德观，因此对中国人进行政治社会化教育是很必要的，这是中国人步入社会必备的素质之一。学习和掌握中国特色社会主义理论，才能深刻理解中国社会的现实状况，才能在学习和工作中摆正自己的位置，明确自己的责任，实现自身的个人和社会价值。推进马克思主义中国化时代化大众化，最根本就是向中国人传授马克思主义基本原理、毛泽东思想、邓小平理论、"三个代表"重要思想和科学发展观等重大理论，使他们认同马克思主义道路是历史和人民的选择，是中国强大和发展的必由之路。同时，牢固树立坚定地走中国特色社会主义道路的思想，把个人的发展进步自觉融入中国民族伟大复兴的历史潮流中来，在服务人民和奉献社会的同时实现自身价值。

3. 由信到行，是推动马克思主义中国化时代化大众化的最终目的

推进马克思主义中国化时代化大众化，使中国人了解、接受、信仰马

克思主义，其最终目的还是要让马克思主义理论指导个人的行为，使中国人从相信马克思主义到践行马克思主义。一个理论如果不能和实际相联系，那就失去了其最根本的存在价值。因此，推进马克思主义中国化时代化大众化最终目的是使中国人形成正确的政治信仰，树立为共同理想而奋斗的观念，用马克思主义理论指导建设中国的实践，实现理论和实践的有机结合，将精神力量转化为物质力量。

二　当代中国人思想状况与特点

"每一个时代都有这个时代中国人的特点。"经济全球化和市场经济的不断发展，给当代中国人带来了前所未有的思想解放和个性自由发展的空间，当代中国人在知识、思想、人格、品德、意志等方面比以往任何一个时代的中国人都得到更多的教育和锻炼的机会，这使得他们认识事物更加客观、成熟，做出评价更加理性。因此，知识经济时代的中国人在思想上也有这个时代独特的烙印，需要我们认真去分析、把握和引导。

为了更准确地把握当代中国人的思想状况，课题组精心设计了一系列调查问卷，分别于2017年4月、5月两次开展大范围调查研究工作，通过实地调研和网络问卷的形式，分别针对吉林省省直机关工作人员和国内其他地区进行了大范围的调查，发放问卷3624份，回收3535份，有效率为90.5%，问卷采用SPSS软件进行数据分析，并对统计结果进行实证分析。调查选取了25岁到60岁的年龄区间，包括了"50"后至"00"后的中国人群体，其中男性占45.9%，女性占54.1%，政治面貌的比例为党员占41%，民主党派占8%，其他为1%。此次调查涵盖了政府机关、事业单位、企业、学校、个体经营者、农民工、农民等，因此本调查最大限度地保证了调查的全面性和代表性，较为科学地反映了当代中国人的思想实际。问卷内容涵盖了人生观、世界观、价值观、政治观等内容，是对当代中国人思想发展状况的一次全面的检验，为本研究提供了可靠的事实依据。

调查显示，我国当代中国人的思想大的方向是积极的、向上的，但同时也存在一些消极的因素和潜在风险。从整体上看，当前中国人的思想主流健康，基本上具有较为成熟的世界观和人生观，有理想，富有积极进取的精神，对人生充满信心，多数中国人将自身的价值与国家或集体利益相统一，道德观念清晰正确，政治上有明确的立场和爱国主义情怀，生活中有端正的态度和作风。但是，受到西方思想和网络文化等因素的影响，当代中国人在思想上也存在一些消极因素，需要加以正确的引导和教育。

（一）当代中国人对马克思主义理论具有较好的认知和了解，肯定马克思主义的现实指导意义

中国特色社会主义理论是当代中国的马克思主义，是近 20 年理论界、教育界普遍传播的马克思主义理论的主要内容。调查显示，72.9% 的受访者认为自己"了解中国特色社会主义理论的基本内容"。其中学历越高的、年龄较低的受访者对马克思主义基本理论的了解程度越高，认知也更加准确。这说明该理论传播的影响面很大。交互分析显示，受访者学历越高，对这一问题的肯定回答也越高。

调查显示，在回答"马克思主义对解决当前中国社会现实问题的作用"时，超过一半的受访者选择了马克思主义"仍有重大指导意义，但需要中国化的马克思主义"。不同学历的受访者对这一问题的回答呈现出显著性差异。受访者对马克思主义对于当代中国指导意义的认识，随着学历程度的提高而向更积极的方向变化。这一结果说明：学校教育在提高公众的马克思主义理论水平、理性看待马克思主义的问题上起到了关键作用；大多数的社会公众对马克思主义能够指导中国的现实问题是持积极和肯定态度的。这是马克思主义中国化时代化大众化的一个重要基础。

（二）当代中国人并未放弃集体主义、为人民服务的价值观倾向，但个人主义滋生

价值观最核心的内容是对人生态度和社会行为的意义和价值做出客观的衡量和评价。社会主义价值观强调"客观个人价值"，在个人奋斗的基础上实现人生价值，当代中国人仍然承袭了这一价值观念。在被问及"您认为以下哪些价值观念能够代表您所属社会阶层的价值观"时，在受访者中回答排在前三位的答案是"责任"、"团结"和"奉献"，分别占到了56.16%、36.06% 和 27.47%。在问及"您最不能容忍的社会现象"时，大多数受访者选择了"危害国家"，占 58.18%；其次是"损人利己"，占

54.7%。由此可见集体主义、爱国主义和为人民服务等价值观念仍然在中国人中有较高的认同度，而并非如一些以偏概全的分析认为的那样，当代中国人都是利己主义者和自由主义者。但是，分析也显示出，当出现一些"自我价值的实现""个人发展"等个人主义价值观念时，集体主义价值观念就退居第二位，从某种意义上说，当代中国人已经不再推崇绝对的、无条件的为"社会和他人服务"，而更倾向于在个人利益和集体利益间寻找平衡，利与义兼顾发展。对于金钱、知识、权势、职位等方面，比较突出的是金钱的位置。在理想主义和实用主义之间，中国人的价值观正在向实用主义靠近。通过对图1和表1的分析可见，受访者认为"人生最大的幸福"是身体健康、家庭和睦、生活富裕等，而选择为社会做贡献、个人取得成绩的人则相对较少。在被问及"当前考虑最多的是什么？"时，受访者选择工作、经济状况、前途、住房等的比例远高于人生意义、学历等选项。经过分析可以看出，当前中国人明显有两种不同的价值观取向：一种是坚持在为国家、为党的事业奋斗过程中实现个人的价值；另一种强调为个人努力、为个人奋斗，客观上也是为社会工作。这两种不同的价值取向表面上都有合理性，但不能忽视的是第二种价值观从长远来看，会出现很多潜在的问题，而持这种价值观的中国人恰恰占了大多数。中国人不可能没有个人利益、个人抱负、个人追求。问题在于，我们某些党员干部尤其是一些年轻干部，过于追求个人的价值实现，甚至把个人利益、个人抱负、个人追求凌驾于党和人民的利益之上，热衷于"人生设计"，一心盯

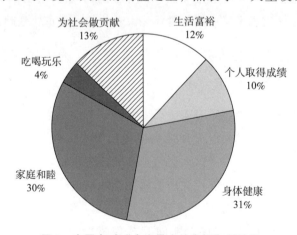

图1 中国人对"人生最大的幸福"的诠释

着个人的"事业成功",连参加党校学习、拿第二文凭等充实提高自身修养的内容,都要想方设法异化成走向个人成功的"敲门砖",极尽功利之能事。在实际工作中,这样的干部往往一心想做官、无心办实事。心浮气躁,急功近利。其决策也往往倾向于能给自己获得"加分"的形象工程、政绩工程。

表1 中国人"当前考虑最多的是什么?"

	人数（人）	百分比（%）
前途	1715	49.27
经济状况	1785	51.86
工作	1925	55.75
住房	1155	33.95
娱乐	196	5.67
人生的意义	1123	32.25
学历	388	11.10
爱情	595	17.75

（三）当代中国人人生观积极向上,人生追求更加务实、多样,理想主义色彩淡化

事业有成、家庭幸福、贡献社会、身体健康依然是当代中国人的主要追求。而社会地位、权力、名誉等内容都不是中国人最为关注的问题,可见他们的思想正在逐步走向成熟和理性（如表2所示）。但值得高度重视的是,中国人变得更加追求物质生活,对于精神生活的追求有所下降。只有10.62%的受访者认为人生最重要的是"知识",这是一个不容忽视的问题。在知识经济的今天,不重视知识的储备,不建立终生学习的意识,个人能力的提高和为社会做贡献就无从谈起。对于"判断人生价值的标准"这个古老的话题,本次调查结果的显著特点是当代中国人更加重视自身的社会价值和个人才能的发挥,有63.29%的受访者认为社会贡献的大小是决定人生价值的重要考量标准,有62.07%的受访者认为知识、技能、才能的高低决定了人生的价值,有59.72%的受访者觉得个人与家庭的幸福决定了人生的价值,这三个选项反映了大多数中国人的人生观。而选择社

会地位、财富、舒适的生活等选项的人寥寥无几，可见当前中国人对人生的追求更加理性化，判断的标准也更加客观和务实，凡是在他们的现实和想象中无法企及的事情，他们大都不会更多苛求，而对于通过自身的努力可以实现的人生价值得到了他们更多的认可。

在被问及"具备怎么样的素质才能实现人生理想"时，大多数受访者都将积极的人生态度摆在第一位，其次是良好的交流能力和扎实的专业知识，大多数受访者都认可积极的人生观是实现人生理想最重要的素质，个人素质和才能决定人生理想能否成真。同时，只有5.82%和10.25%的人选择了"感恩的心"和"倾听他人的想法"，这反映出当前一些中国人凡事都只希望满足自己的欲望，要求人人为己，却将别人的需求和想法置之度外，不愿为别人做出牺牲，不关心他人痛痒，陷入了以自我为中心的误区。

表2 人的一生中，最重要的东西是什么？

	人数（人）	百分比（%）
金钱	457	13.29
社会地位	564	16.13
事业	1993	56.97
感情	1349	38.57
友谊	788	22.52
健康	1616	46.19
家庭	1894	54.13
知识	371	10.62
名誉	133	3.80
权力	62	1.78
社会贡献	402	11.51

（四）爱国主义精神在中国人中依然具有感召力和凝聚力

爱国主义是一个古老的话题，从战争年代到和平年代，爱国主义的内涵和外延悄然地发生着变化。当抗击外敌、保家卫国等战争年代的爱国主义离生活越来越远时，中国人也用别样的方式表达着他们的爱国情怀。当前，中国人的爱国主义精神有以下几个特点。一是表达爱国主义的方式更加理性、健康，能够将个人发展与国家命运自觉的联系起来。在被问及"如何表达爱国情怀"时，46.43%的受访者认为要"理性思考，从实际出发，做有利于国家和人民的实事"，21.56%的受访者选择"首先想到发展自身技能，方能为国家尽一份力"，14.34%的受访者选择"在国家需要的时候义不容辞"，12.80%的受访者选择"在国家利益受损时勇敢挺身而出"，4.86%的选择"爱国只要放在心中就好"。可见，当代中国人表达爱国主义的方式是理性的、健康的，能够和平、自信、克制地对待一些国际问题和社会问题，避免过激和伤及无辜。同时，选择"发展自身技能"的排在第二位，可见中国人更多地意识到个人发展与国家强大的紧密联系，能够自觉地通过提高自身技能的方式为国家做出更大贡献。二是表达爱国主义的方式多样化。在被问及"如果现在有一家商场公开承认台湾是一个国家，您会怎么做？"时，选择"号召抵制，通过各种媒体（微博、微信、QQ）发表意见"的受访者排在第一位，说明在信息时代的今天，大多数中国人更愿意通过现代媒体发表观点，发出呼吁，通过这种方式引起更多人对一些问题的关注，而不仅仅是依法进行示威游行或者是抵制消费等小范围的活动，爱国主义的感召力在更大的范围焕发能量（如图2所示）。但同时值得我们注意的是，加强对爱国主义的正确引导在网络时代显得更为重要。如果引导不利，不良的信息会快速传播，有时也会被一些不良的情绪，或者被一些别有用心的人利用而走入歧途，呈现出一些狭隘的民族情节，变成盲目的"排外主义"或者更可怕的"仇外主义"。三是受访者认为树立民族自尊心、自信心、自豪感，热爱中华文化是爱国主义的生动体现。爱国主义从来都是具有历史内容和政治倾向的，从我国社会主义初级阶段的实际出发，以热爱祖国、贡献全部力量建设社会主义祖国为最大光荣，以损害社会主义祖国利益、尊严和荣誉为最大耻辱，是现阶段爱国主义的实质内容。马克思主义认为："爱国主义就是千百年来巩固起来的对自己的祖国的一种极深厚的感情。"当代中国人认同爱国主义精神，是对祖国秀丽河山、辉煌历史、灿烂文化、优良传统与生俱存的爱恋之情。这种深挚的感情，又集中表现为对我们国家荣誉和尊严的强烈自豪感，对民族强大、祖国强盛的坚定信心和奉献精神上。由此可见，爱国主义精神在当代中国人中依然具有感召力和凝聚力，依然是广大中国人为实现中华民族伟大复兴而奋斗的巨大精神力量。在现实生活中，爱国主义精神是具体的、有形的，与每个人的生活息息相关，通过新兴媒体的渠道，爱国主义精神在更广阔的范围内得到了认同。

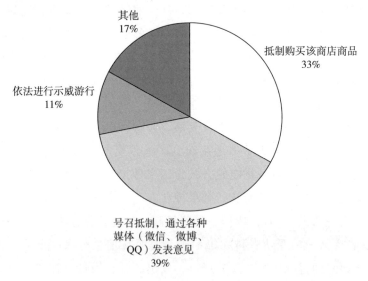

图2 您认为"如果现在有一家商场公开承认
台湾是一个国家，您会怎么做？"

（五）当代中国人政治取向积极，能够理性地面对社会

当代中国人在政治观念上明显的进步在于处理问题更加理性、务实、冷静，相对于以前的那种盲从、狂热和偏执是一个质的飞跃。通过调查，中国人政治态度上的特点主要表现在以下几个方面。

中国人处于个性养成阶段，逐渐形成在理性思考基础上的独立判断能力，由于知识素养的提高和传播媒介的发展，他们的视野也得到了极大地开拓，对社会问题有强烈的表达欲望，体现了较好的心理承受能力和社会适应能力。在调查"中国当前比较严重的社会问题"时，43.03%的人选择了贫富差距大，28.53%的人选择了腐败，而选择医疗、教育、"三农问题"、社会保障等选项的人数较少（如图3所示），这也说明我国近年来的医疗和教育体制改革卓有成效，"三农问题"也得到了较为妥善的解决，社会保障体系进一步完善，中国人大多认可国家和政府在以上几个领域出台的政策、措施，认为以上几个领域取得的成绩不菲，有效地缓解了社会矛盾。但是，贫富差距拉大和腐败问题近年来呈现出增长的趋势，成为中国人对社会问题关注的核心。收入分配不合理的格局是长期困扰我国发展的大问题，在社会分配领域中收入差距的过分扩大，甚至两极分化的现象引起了民众的极大关注。很多中国人认为初次分配过程中存在许多不平等的竞争；收入分配再分配的手段和功能严重不足；灰色收入、黑色收入以及腐败等非法收入问题突出；由于地域差别的存在，东部地区比西部地区收入高，地区收入差距拉大。因此，广大中国人对贫富差距拉大的不满情绪表现得十分强烈，对政府寄予厚望。腐败问题受到普遍关注，一方面是由于中央加大了反腐败力度，严厉惩治腐败分子，并将反腐败作为工作重点，因此引起广大中国人的关注；另一方面，当前反腐败形势发生了新的变化，重点行业的腐败问题已经影响了每个公民的切身利益。虽然中国人对政府廉洁性的积极评价呈现上升趋势，但仍然认为应加大力度惩治腐败。可见，反腐倡廉、增强政府廉洁性的任务依然十分艰巨。

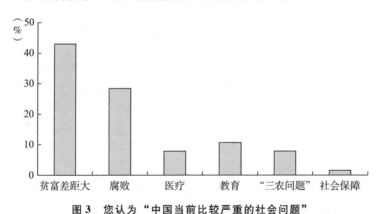

图3　您认为"中国当前比较严重的社会问题"

（六）当代中国人对人际交往的态度总体信任，但人际顾虑和不信任成分在增长

"朋友"和"友谊"自古以来就是人们谈论的永恒话题。然而不同文化背景下，有着不同习俗的人对于朋友和友谊的内涵的理解却有着很大的差异。调查表明，当代中国人对人的看法和人际交往方面总体上表现出以下几个特点。一是对于朋友保持着信任态度，超过一半以上的受访者认为，"自己的朋友基本是诚实、可靠的"，"社会上还是好人多"。同时，中国人对双向互动式人际关系表现出认可和接受，在被人信任时，多数也会

信任对方。二是道德品行、价值观、人生观、世界观是影响交友的最重要因素。在问及"影响交友的因素"时，72.45%的受访者认为是道德品行，60.29%的受访者认为是价值观、人生观、世界观，52.92%的受访者选择爱好兴趣，只有4.46%的人选择社会地位、家庭背景，5.11%的人选择对方的交际圈和影响力。由此可见，当代中国人在交友时都较为谨慎，更重视与朋友的精神交流和价值观的一致，而淡化社会地位、家庭背景等物质条件，友谊观更加成熟、理性。三是中国人人际交往方式更加虚拟化，存在较高的人际交往顾虑。在问及"平时与朋友的交往方式"时，电话、短信、QQ、微博等依托现代网络科技的交往方式已经代替了朋友聚餐、一起出游等传统的人际交往方式（如图4所示）。网络交往使得人们的交往空间扩大，人际沟通的时效性、便利性和准确性提高，免去了彼此的客套、试探、戒备和情感道义责任，但同时网络交往导致的人际关系冷漠已是现代社会生活中日趋严重的一种社会病，人与人之间情感交流的削弱、退化和疏远也必然造成人际交往的顾虑和不信任。而且网络上浮萍式的虚拟交往，使人无法在人际关系中建立持久的信任和联系，所以现代人"快餐式"的生活方式以及不愿在情感上花费大量时间、精力，表现的冷淡稀疏并非偶然。

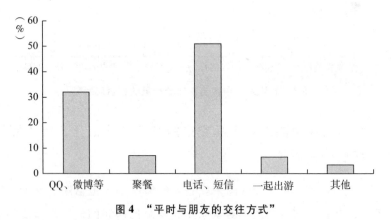

图4 "平时与朋友的交往方式"

三　影响中国人思想发展的重要因素

思想不是凭空产生的，而是受经济、政治、社会和文化多重影响的。

另外，心理和生理特点，以及思想文化素质等因素，也潜移默化地影响着中国人的思想发展。

(一) 经济社会发展多元化

随着改革开放和经济全球化的深入发展，市场机制在中国逐步建立，因此也出现了利益主体多元化的社会格局。人格独立、个人利益本位、个性张扬、向往自由等思想在这种经济社会背景下获得了实现的可能和长足的发展。思想解放、人身自由以及思想文化繁荣、民主政治推进、教育水平提高等因素，为多元主体的多元选择提供了更大的空间。利益的多元化需求反过来又为经济社会文化的繁荣提供了可能。在这样一种多元化的社会环境下，加之历史文化传统等原因，中国人的思想，呈现出了多元化的态势。

当然，利益主体多元化和利益需求多样化背后其实反映的是中国社会更加复杂的社会关系，这种复杂性容易导致社会的无序散漫，社会因差异而出现不同群体的隔阂、矛盾、冲突，不同的利益主体缺乏归属感，从而导致信仰缺失，信仰危机。缺乏共同的价值目标和奋斗方向，主体必将回归自身，凡事以自我为中心，固守自我，从而出现各种功利主义、享乐主义、自由主义、利己主义。因此，经济社会多元化在带来发展机遇的同时也表现出突出的负面效应。社会上，见利忘义、损人利己大有人在；违法乱纪、滥用职权的报道常见于报端；封建迷信、歪理邪学在一部分人当中还占有一定市场，种种错误观念对思想尚不成熟的中国人产生了负面影响。

(二) 国内外各种思潮文化发展

在思想文化领域，多元化的文化发展对中国人思想观念形成提供了较大的选择性空间。随着人们自主性增强，思想领域也逐渐呈现出多元化发展的趋势。当前，人们生活的选择性越强，自由空间越大，做出正确选择的难度就越大，于是，就出现一部分人在诸多选择面前游离不定、变化无常，或者无所适从。另外，多元化的文化思潮中良莠不齐的现象也十分常见，有一些反马克思主义的、西方的腐朽思想乘虚而入，给中国人思想观念的形成带来威胁。加之国内外一些别有用心的人借各种机会大肆宣传反动思想，制造舆论攻势，严重干扰了正常的经济社会秩序，也在一定程度上影响了中国人的思想观念。

同时，西方国家利用经济优势将其政治制度、价值观念、生活方式等在世界范围内推广，这也是当前我们应当关注的苗头。一些国家的颜色革命、政权更迭、社会动荡的政治局势应引起我们的高度重视。尤其是在网络时代，西方国家利用书籍、影视作品和网络对我国进行全方位的文化渗透，其隐蔽性、技巧性不断增强，迷惑性越来越大，蒙蔽了一部分中国人，就中国人权问题进行攻击、对一些社会问题进行恶意夸大、歪曲，公开支持"台独""藏独"等反华势力，对钓鱼岛问题进行大肆渲染等，在不同程度上影响了中国人的思想观念。

另外，国内一些利益集团和非法组织，利用各种名目散布歪理邪说，挑起事端，制造矛盾，欺骗愚弄群众。一些邪教组织、会道门组织或其他以祛病强身、修身养性为幌子的非法组织也通过电话、网络等先进科技手段对中国人进行思想"公关"。一些封建迷信活动利用现代科技手段改头换面，在思想领域鼓动造势。

（三）中国人接受的教育与文化修养

近年来社会对于诚信缺失、心理问题严重、社会责任感缺乏、社会公德意识淡薄等方面的报道屡见不鲜。这些现象虽然都有个体因素和社会环境的影响，但也说明一部分中国人的思想道德修养有待提高。无论外界的客观因素对中国人的思想观念形成有多大的作用，但不能否认的是，主观因素还是起决定作用的，思想观念体系的建立与存在状况还要依赖个体的主观选择。

马克思主义科学信仰的确立需要我们对马克思主义理论进行系统的学习，对中国社会现实有准确、全面的把握和理解，对中国传统文化的人文精神有深入把握。对这些内容的掌握和领会的程度主要取决于个人的努力程度。虽然我们在学校都开展了专门的课程学习马克思主义理论和时事政治，但往往学生将其当作一个需要完成的功课，对其学习仅仅停留于书本，死读硬背，而非一种指导人生发展的目标，因此未能与现实有机联系，不能融会贯通。因此，加强个人修养，树立正确的世界观、人生观、价值观，对于当代中国人尤为紧迫，中国人只有将自己的人生梦与中国梦、民族梦有机结合，才能更大地发挥个人价值。

四　推进马克思主义中国化时代化
大众化的路径选择

当代中国人思想观念上出现了很多不同于以往的新特点、新变化，对于一些不良的苗头，如果不加以正确的引导和教育，可能会影响国家的经济、政治建设和社会的稳定。推进马克思主义中国化时代化大众化建设是必要的，也是必需的。因此，在新的历史起点上要积极探索推进马克思主义中国化时代化大众化的战略机制和有效方法。

（一）依托网络、电视、手机、报纸等媒体，开展生动活泼的马克思主义中国化时代化大众化活动

根据工业和信息化部电信管理局公布的数据显示，截至2012年6月底，我国网民数量达到5.38亿人，互联网普及率已经达到39.9%，其中网络游戏用户达到3.3亿人，占网民人数六成以上。手机首次成为中国网民的"第一上网终端"。截至2012年6月底，我国手机网民达到3.88亿人，超过电脑上网用户的3.86亿人。可以说，当前文化传播的方式已经从平面媒体拓展到了网络空间，形成了具有鲜明时代特色的网络和手机文化。以网络为载体的舆论宣传越来越重要，微博、微信等以前我们从未听说过的字眼，以超乎我们想象的速度在中国人中普及。因此，充分利用现代传媒手段推进马克思主义中国化时代化大众化势在必行。

但是现代传媒技术在以直观、形象的方式使理论教育摆脱了单调和枯燥的同时，也出现了宣传过程中的消费性、娱乐性特征。当前的新闻报道、商业广告、电视影视作品等通过各种媒介进行传播时，其规模之大、信息之密集、复制频率之高，令人无暇思考。这样的传播方式，"大众"仅仅是简单的受众，只是从属于文化创造的主体而存在。受众对于传播内容的简单接受会导致"速食主义"的文化消费倾向，造成对理论的接受只是停留于感性、肤浅的认知水平。同时，理论教育过程中也存在庸俗化倾向。信息的传播往往和经济利益挂钩，导致信息的价值意义变得模糊和庸俗。在这种大背景下，文化创造的主体只是一味迎合大众口味，普遍走向

媚俗和娱乐，从而使理论教育走上庸俗化。

因此，在推进马克思主义中国化时代化大众化的过程中我们可以多尝试依托公益广告等载体阐述理论内涵，通过一些大型文献纪录片的方式向大众宣传党史国情，利用网络宣传一些平凡人不平凡的生活经历，以激发中国人的爱国热情等。同时，电视和报纸可以推出塑造中国人榜样的访谈节目或娱乐节目，给中国人以展示的舞台。在教育方法上，我们要通过隐形教育的方法，营造积极向上的文化氛围，潜移默化的改造中国人的思想，减少他们对说教式宣传的抵触情绪。

（二）利用重大节日和纪念日，开展主题教育活动，推进马克思主义中国化时代化大众化

在中国的传统节日中往往蕴含着崇尚自然的哲学情怀，追求和谐的核心价值理念，渗透其中的传统美德以及期盼团圆的民族情结成为建设共有精神家园的重要资源和路径。通过建设中华民族共有精神家园，我们可以找到共同的文化认同、精神归属、理想目标和价值原则。各种纪念日大多是中国共产党领导中国各族人民在争取民族独立和解放的长期革命实践中以及在社会主义革命、建设、改革实践中所形成的一些具有特殊意义的日子，是爱国主义精神和民族精神的重要载体。因此，推进马克思主义中国化时代化大众化也要充分利用这样的节日，开展各种主题活动，引导中国人了解我国的悠久历史、灿烂文化和传统道德伦理观念，增强学生的爱国热情，提高思想道德素质，培养民族自信心和马克思主义的思想意识。

（三）依托社会实践活动，促进中国人了解社会、增强社会责任感

社会实践既是认识社会、改造社会的行为过程，又是进行思想道德修养和人格塑造的活动。参与社会实践的过程也是学习知识和参与社会生活的过程，是中国人形成知识、技能，丰富情感，培养完美个性的人的过程。社会实践会帮助中国人端正思想认识，拓展视野，树立忧患意识，增强为国家和民族发展贡献力量的责任感；有利于激发中国人的爱国心和同情心，这样的情感可以增强他们的社会责任感。因此，我们建议为各级组织提供各种志愿者服务机会，能让中国人更多地参与到扶贫开发、应急救

援、红十字、海外志愿、支教、社区服务、环境保护、大型赛会等活动中来，使中国人志愿服务活动常态化、制度化，挖掘志愿服务内涵，健全活动运行机制，让中国人在社会实践的大课堂中学习知识、锻炼自我，传递社会正能量。同时，可以开展"公益创业"活动，一方面是整合社会各界的公益力量，培养中国人的创业观念和技能，帮助中国人树立正确的人生观、价值观、世界观，将社会责任的基因植入中国的创业者群体中；另一方面，也可以锻炼中国人的工作能力。

（四）发挥优秀中国人在推动马克思主义中国化时代化大众化中的带动作用

树立一些典型人物对推进马克思主义中国化时代化大众化有着独特的作用。现在，在一些中国人中存在不能吃苦、爱慕虚荣、自私自利、金钱至上等陋习。因此，树立新时代中国人的形象，打造中国人的品牌，有重要的意义。建议各级组织通过高校、企业、政府机关等单位展开"中国人榜样""行业榜样"等评选活动，以发现、举荐、宣传和表彰扎根基层、立足岗位，在经济社会发展中取得新成绩、做出新贡献、引领新风尚、传播新文化的优秀中国人，以展示当代中国人的良好精神风貌，为广大中国人树立可敬、可亲、可学的榜样，感染、激励、引领广大中国人勤于学习、善于思考、勇于探索、敏于创新，引导和激励广大中国人奋发成才，进一步营造崇尚人才、学习先进的良好社会氛围，培养和造就顺应新形势要求的人才队伍。

参考文献

刘云山：《把建设马克思主义学习型政党作为重大而紧迫的战略任务抓紧抓好》，《人民日报》2009 年 10 月 15 日。

王联斌：《论推动当代中国马克思主义大众化》，《南京政治学院学报》2008 年第 1 期。

杨鲜兰：《大众化是马克思主义的本质要求》，《湖北大学学报》2008 年第 3 期。

《毛泽东选集》第 3 卷，人民出版社，1991，第 820 页。

《毛泽东选集》第 1 卷，人民出版社，1991，第 292 页。

《马克思恩格斯选集》第 1 卷，人民出版社，1995，第 9 页。

《马克思恩格斯选集》第 1 卷，人民出版社，1995，第 248～249 页。

《毛泽东选集》第 2 卷，人民出版社，1991，第 707 页。

《当代中国马克思主义的大众化及其实现途径》，《光明日报》2009 年 8 月 4 日。

《马克思主义大众化传播问题调查：真理如何离大众更近些》，《光明日报》2011 年 2 月 22 日。

东北三省文化软实力比较研究

吉林省社会科学院课题组[*]

摘　要　当今世界，文化软实力在综合国力竞争中的地位和作用越来越突出，已经成为综合国力的重要组成部分。党的十七大提出"提高国家文化软实力，使人民基本文化权益得到更好保障，使社会文化生活更加丰富多彩，使人民精神风貌更加昂扬向上"。习近平指出，"提高国家文化软实力，关系'两个一百年'奋斗目标和中华民族伟大复兴中国梦的实现"。在十九大报告中，习近平总书记进一步指出，要坚持中国特色社会主义文化发展道路，激发全民文化创新创造活力，建设社会主义文化强国。这表明，提升国家文化软实力已成为中国特色社会主义进入新时代的重要战略，成为实现中华民族伟大复兴的重大举措。作为国家的一个地域单元，东北文化是中华文化的一个重要组成部分，其文化软实力是国家文化软实力的组成部分和具体体现。"十三五"乃至更长一段时期，东北三省应进一步加速提升文化软实力，推动文化大发展大繁荣，为促进经济社会全面转型、开创加速振兴新局面发挥应有的作用。

关键词　东北三省　文化软实力　文化产业

一　软实力与文化软实力的提出

"软实力"（soft power）最早提出的是美国哈佛大学教授约瑟夫·奈，

---

*　课题负责人：丁晓燕；课题组成员：纪明辉、李丽莉、崔魏、吴妍、张金朋。

1990 年他在美国《大西洋》杂志上发表一篇名为《衰落的误导性隐喻》的论文，在这篇论文中，他提出"我们需要在'软实力'上增加投入，而不是在'硬实力'上即昂贵的新武器系统上增加投资"。此后，他出版了《注定领导世界》，在这部著作中，他进一步指出，如果一个国家可以建立并且主导国际规范及国际制度，从而左右世界政治的议事日程，那么它就可以影响他人的偏好和对本国国家利益的认识，从而具有软实力，或具有"制度实力"（institutional power）。后来在他的著作《软实力：世界政坛成功之道》的前言中，约瑟夫·奈把"软实力"明确定义为"是通过吸引、而非强迫或收买的方式来达到自己目的的能力。它源自一个国家的文化、政治观念和政策的吸引力"。他认为一个国家的软实力，主要来自三种资源：一是具有吸引力和影响力的文化，二是具有主导作用的政治价值观，三是具有合法性和道德威信的外交政策。由此可见，国家软实力是一个国家的文化要素、政治观念和政策体系等共同作用而形成的吸引力、制胜力，整体上反映了一国的文化、价值观念、社会制度、发展模式的国际影响力与感召力，其中最为重要的因素和力量就是文化。

"文化软实力"是"软实力"的核心内容之一，北京大学中国软实力课题组在《软实力在中国的实践之四——文化软实力》中指出，"简要地讲，文化软实力即文化创生力；完整地表述，文化软实力即文化的凝摄自固力、竞争力、传创力和感召力的整合表达，它无论是对自己还是对他者，都产生实实在在的改变性影响"，所以，文化软实力可以看作是人类在发展过程中，不断改变自己或他者的现实力量。从我国文化建设的具体实践出发，我们认为，文化软实力是软实力的重要组成部分，是提高一个国家或地区综合实力和核心竞争力的一个重要途径，具体体现在社会文化层面所呈现精神上的感召力、思想上的影响力、心理上主导力、社会上的聚合力。文化软实力要求我们在发展中不是仅仅把文化作为一种发展经济的手段和实现外交目的的形式，而是通过自身文化体系建构，实现文化事业繁荣与文化产业发展，以此提升国家或地区综合实力。

文化软实力作为软实力的一种重要形态和国家综合国力，已经成为国际力量平衡对比的重要因素。当今世界各个国家都极其重视文化软实力的建设。20 世纪 90 年代以来，发达国家、新兴工业化国家和地区纷纷实施文化发展战略，制定文化政策制度，完善文化法规体系，在不断加强经济角逐的同时，在文化领域展开了新一轮竞争。美国、日本、韩国、新加坡等国家都是这一轮文化软实力竞争的积极主导者和推动者。随着经济社会发展和国际地位的提升，文化软实力在我国日益受到重视。实践表明，一个民族的复兴，离不开文化的复兴，要实现中华民族的伟大复兴，就要弘扬中华文化，提升文化软实力。

二 东北文化软实力的主要构成要素分析

（一）国家文化软实力构成要素分析

对于文化软实力的要素构成，许多学者从不同角度和不同层面进行了研究和解释。有学者从提升国家综合实力的角度展开研究，认为国民素质、文化资源、文化形象、文化创新、文化产业、知识经济等，是国家文化软实力的构成要素。有学者从提高文化软实力任务的角度进行分析，认为培育中华文化魅力、创造中华文化新价值、提高中华文化国际贡献度，应是国家文化软实力的应有要义；从区域角度来探讨软实力要素，认为一个地区通过直接诉诸心灵——或者说精神——的方式，发展、动员和发挥区域内外的心智能力，以此提升区域经济社会发展的能力，其要素来源分为区域文化、公共管理、人口素质等方面，这一论断对于省域文化软实力要素构成分析具有借鉴价值。北京大学中国软实力课题组认为，文化软实力实际上是一种内蕴文明张力的健康活泼的文化状态，所以，文化软实力具有一种完整的文化所必须构成的全部要素，其构成要素包括物化成果的文明创生张力、制度运行的创生张力、精神敞开的创生张力，但这种系统对于提升文化软实力的实践指导性不强。学者贾磊磊在《国家文化软实力的主要构成》一文中对我国文化软实力的构成要件进行了概括，认为我国文化软实力包括五个方面：一是在政治文化领域，体现国家根本利益的社会主义核心价值体系；二是在传统文化领域，代表中国文化核心价值观的思想体系；三是在公共文化领域，引领行业发展、体现国家指导方针的一系列政策、法规、质量体系与评价标准；四是在主流文化领域，体现主流意识形态，表现国家、民族形象的艺术作品；五是在流行文化领域，具有普遍社会反响和市场效应的娱乐性、大众性文化产品。这一观点与我国提升文化软实力的建设实际相符合，具有很强的指导性、实效性。

（二）东北文化软实力构成要素分析

东北地区作为中华人民共和国一个重要的区域单元，其特殊的地理位置和发展沿革历程，使之在文化上呈现出历史悠久、特色鲜明、多元融合、传承创新、影响深远等特点。在相关软实力和文化软实力要素构成理论的基础上，从东北地区文化建设的具体实践出发，我们认为东北地区文化软实力的基本构成要素，应包括以下几个方面。

一是社会主义核心价值体系。这是文化软实力的本质和灵魂，具有强大凝聚力和引领力的社会主义意识形态，体现了国家根本利益和东北人民精神状态、意志品格及内在凝聚力。围绕社会主义核心价值体系建设，巩固马克思主义指导地位，推进马克思主义中国化、时代化、大众化，发挥社会主义核心价值观对国民教育、精神文明创建、精神文化产品创作生产传播的引领作用，坚持不懈地用马克思主义中国化最新成果武装全党、教育人民，将其转化为人们的情感认同和行为习惯，把社会主义核心价值观融入社会发展各方面。用中国特色社会主义共同理想凝聚力量，推动新时代中国特色社会主义思想深入人心，巩固广大人民群众团结奋斗的思想基础，使全体人民在理想信念、价值理念、道德观念上紧紧团结在一起。弘扬以爱国主义为核心的民族精神和以改革创新为核心的时代精神，使其成为东北地区文化建设的主旋律。全面提升公民思想觉悟、道德水准、文明素养，强化教育引导、实践养成、制度保障，培育现代人文精神，提高全社会文明程度，努力把东北地区建设成为社会主义核心价值体系构建的示范区。

二是地域文化资源。以东北文化为代表的东北地域文化及其蕴含的深厚的优秀道德传统和思想体系，这是东北地区文化软实力的主体内容和主要特色。东北地区历史文化丰厚，既包含着东北优秀的文化传统，又体现了我国核心文化的思想精髓，具有时代价值。可以说，东北文化是中华文明的重要组成和典型样本，是东北地区人民在创造历史实践中的文化体现和文明结晶。深入挖掘东北传统文化蕴含的思想观念、人文精神、道德规范，是引领东北振兴、实现小康的不竭源泉和持续动力，是东北地区提升文化软实力的主要依托和鲜明亮点。

三是文化创作。展现东北文化特色、思想精深、艺术精湛、制作精良的文化作品，是东北地区文化软实力中的标志性、形象性要素。发扬艺术民主，提升文艺原创力，推动文艺创新，培育国内外具有持久影响力的文化品牌，加强现实题材创作，推出在主流文化领域中体现主流意识形态、表现东北文化特色和民族形象的艺术作品，具体包括：表现重大革命历史题材与重大现实题材的小说、电影、电视剧、舞台艺术及美术、音乐作品，这些作品中所具有的积极向上的精神力量，不论对于扩大文化产品的市场占有率还是加强文化的心理吸引力都极为重要。

四是文化产业。文化产业是文化当中最具活力、最具发展潜力、最富于创新冲动的力量，不断发展壮大的文化产业，是东北文化软实力中的关键因素，是提升文化软实力的突破口和着力点。文化产业之所以是文化软实力中的关键因素，主要在于文化产业是资源消耗最少、环境污染最低、最具有可持续发展特征的新兴战略性支柱产业。发展文化产业能够满足人民过上美好生活的新期待，是满足人们多层次、多样化文化需求的主要途径。据统计，美国的文化产业已经成为三大支柱产业之一，文化产业增加值占 GDP 比重接近1/3；日本的文化娱乐业早在1993年起就超过其汽车工业的年产值，成为支柱性产业。近年来，东北地区将文化产业作为提升文化软实力的主要抓手和重要途径。可以说，文化产业不仅已经成为东北地区新兴战略、新兴产业之一，也必将在提升东北文化软实力和区域综合实力中发挥更大作用。

五是公共文化服务体系。文化公益事业尤其是正在完善的公共文化服务体系，强调的是文化的普惠性、共享性和基本性，是东北文化软实力的基本内容，是全体人民对社会文明进步成果、文化创造成果的共享。公共文化服务体系在东北文化软实力的构成中具有特殊意义，公共文化服务体系是否完善，直接关系到满足人民群众基本精神文化需求和保障人民群众基本文化权益。东北地区公共文化服务体系建设经过十多年的快速发展，取得了较大的成就。当前，东北地区正着力实施文化惠民工程以及公共文化服务工程，这些都是提升文化软实力的基础性工作。

六是文化发展的政策法规体系。围绕文化自身发展和文化与其他事业联动发展，制定一系列政策、法规、质量体系与评价标准等，是东北文化软实力的重要内容和保障因素。为推进文化大发展大繁荣，提升文化软实力，东北三省都出台了一系列文化政策、文化法规，今后将出台更多推动专门领域文化事业、文化产业发展的政策法规，使提升文化软实力的政策法规体系不断健全，成为东北地区文化软实力的要素。

三　东北文化软实力的现实基础

加快提升东北文化软实力，不仅具有重要意义，而且具有可行性。东北地区具备必要的基础条件和明显的比较优势。

（一）现代公共文化服务体系建设取得明显成效

1. 公共文化服务政策框架初步形成

东北三省不断加强公共文化服务体系建设，相关部门出台了一系列重要政策文件，初步形成了构建现代公共文化服务体系的制度框架。辽宁省出台《关于推进基层综合性文化服务中心建设的实施意见》，为全省公共文化服务体系建设提供了政策支撑。黑龙江省围绕中央关于公共文化建设系列文件精神，先后出台《黑龙江省推进基层综合性文化服务中心建设实施方案》《黑龙江省"十三五"时期贫困地区公共文化服务体系建设工作方案》《关于做好政府向社会力量购买公共文化服务的通知》《黑龙江省2016年贫困村文化设施建设实施方案》4部配套政策。牡丹江市、黑河市和哈尔滨南岗区、道里区率先出台向社会力量购买公共文化服务目录。吉林省为进一步规范公共文化服务体系建设，用法规制度推动全省公共文化服务发展，制定出台了《关于加快构建全省现代公共文化服务体系的实施意见》《关于做好政府向社会力量购买公共文化服务的实施意见》《关于开展文明共建、文化共享"结对子、种文化"活动的实施办法》等一系列政策制度。

2. 文化惠民活动丰富多彩

东北三省实施一系列重大公共文化服务项目，"走"进了群众，"沉"到了基层，使公共文化服务更加亲民、便民、惠民，更具发展活力。黑龙江举办全省农民文化节，持续开展"高雅艺术进校园""送欢笑到基层"系列演出活动，惠及城乡群众。各地文化惠民活动遍地开花，哈尔滨的"唱响中国梦，放歌哈尔滨"、牡丹江的"舞动全城""万众放歌"、双鸭山的"北大荒之都群众文化之城"、大庆的"大庆之冬""激情之夏"、伊春的"2016 森林之声"、七台河的"七台河艺术之冬""七台河之夏"、黑河的"黑河之夏"暨市民文化节、大兴安岭地区的"放歌兴安、爱在北极"等品牌活动社会影响广泛。辽宁举办全省群众文化系列活动,包括全省广场舞展演、群众合唱展演、群众美术书法作品展等主题活动,弘扬了社会主义核心价值观。吉林省公共图书馆举办"全民读书节"系列活动,推进全民阅读;举办全省第九届少数民族文艺调演,丰富了少数民族文化生活;举办"周末百姓大舞台"和"百馆千站万村"培训工程,让基层群众受益。各市突出地域特色,打造了一批群众文化活动品牌,沈阳的"社区文化节"、大连的"千家文化大院"、鞍山的"文化惠民微书场"、抚顺的"民族民间舞蹈大赛"、本溪的"文化艺术节"、丹东的"朝鲜族民俗游园会"、锦州的"京剧评剧票友节"、营口的"鲅鱼圈秧歌节"、阜新的"百团调演"、辽阳的"河东之夏"、铁岭的"铁岭欢歌"、朝阳的"农民春晚"、盘锦的"春夏秋冬四季品牌"、葫芦岛的"沙滩音乐季"等活动,深受人民群众喜爱。吉林省组织开展"文化惠农直通车"活动,成为吉林文化惠民、文化扶贫的品牌活动。吉林省举办全民阅读活动,实施民生出版项目,不断满足广大群众的阅读需求;积极开展农村电影公益放映活动,组建了农村数字电影院线公司,成立了电影放映管理服务站,组建了流动电影放映队,构建起一支覆盖全省所有行政村的流动放映队伍。

(二) 艺术创作生产进一步繁荣发展

1. 艺术创作生产环境进一步优化

东北三省不断致力于改善文化创作环境,大力扶持地方艺术创作。辽宁省开展全省地方戏曲普查,完成了《辽宁省地方戏曲汇编》;对阜新蒙古剧调研,提出意见建议。本溪歌舞剧院的评剧《中秋泪》参加中国评剧节演出,受到好评。锦州评剧团的评剧《朱痕迹》参加第二届辽吉黑蒙四省区地方戏曲展演,获优秀剧目奖。沈阳市出台了《关于振兴沈阳地方戏曲的实施意见》。吉林省也积极改善地方戏曲发展环境,推进"吉剧振兴工程",创排吉剧《为了烈士的尊严》《宝贝回家》等新剧目;二人转《嫂娘》入选全国道德模范故事汇巡演。黑龙江省实施《关于支持戏曲传承发展的实施意见》,极大地调动了戏曲创作生产积极性。在牡丹江市举行

"戏曲进校园"启动仪式，开启戏曲进校园演出普及项目；组织开展"深入生活、扎根人民"主题实践活动，在同江市等地建立一批艺术创作研究基地。

2. 文艺创作生产持续繁荣

东北三省加强文化作品创作，积极打造重点剧目。辽宁人民艺术剧院创作反映毛丰美先进事迹的话剧《干字碑》，被纳入全省"两学一做"学习教育内容，在全省各地巡演 62 场，有 5 万余名干部群众观看，广受好评；芭蕾舞剧《八女投江》在第十一届中国艺术节上荣获中国舞台艺术最高奖——文华大奖，并应邀到中央党校演出，为辽宁赢得荣誉，李希书记对其做出批示，给予充分肯定；话剧《祖传秘方》参加第五届全国少数民族文艺会演，荣获优秀剧目奖，沈阳京剧院复排《沙家浜》等红色经典剧目，大连话剧团《一诺千金》应邀参加首都剧场 60 周年展演活动。吉林省积极打造重大题材文艺作品。主旋律影片《老阿姨》《白天鹅》在全国上映，其中电影《老阿姨》被列为庆祝建党 95 周年 6 部重点献礼影片之一，在全国院线公映，票房超过 1100 万元，实现了口碑和票房"双赢"；以全国时代楷模吴亚琴为原型的电影《社区主任》作为庆祝建党 95 周年献礼影片在长春首映；纪录片《科恩眼中的中国》获得观众好评；由长影集团领衔出品的年度历史巨制《少帅》，在上海举行的第二届中国电视剧品质盛典上摘得"年度品质特别剧作奖""年度品质导演奖"等四项大奖，还荣获了第 22 届上海电视节"白玉兰"奖最佳编剧奖和六项提名；由吉林电视台影视频道《儿女情长》栏目组创作的纪录片《爷仨儿》获得"第 22 届中国电视纪录片长片十优作品"奖，这也是该栏目继获第 24 届电视文艺"星光奖"之后，取得的又一项国家级殊荣。黑龙江省创作复排一批大型舞台文艺作品，省歌舞剧院民族管弦乐《情醉关东》、省京剧院现代京剧《杜鹃山》、省评剧艺术中心评剧《千里沃野》《金沙江畔》、省曲艺团爆笑相声喜剧《抗日大侠》、哈尔滨儿童剧《海盗船》、齐齐哈尔音乐剧《家——特殊婚礼》，牡丹江大型人偶剧《森林历险记》、佳木斯童话剧《木偶奇遇记》、大庆龙江剧《百米河边》、黑河大型歌舞《龙江风华边疆颂》、伊春歌舞晚会《印象伊春》、鹤岗《时代楷模孙波》、七台河小品《救援》、大兴安岭歌舞晚会《大开发的脚步——挺进高寒》受到普遍好评。一些优秀剧目获得国家和地区重要奖项。龙江剧《农民的儿子——

于海河》荣获第二届辽吉黑蒙四省区地方戏曲优秀剧目展演优秀奖，《松江魂》参加十一届中国艺术节展演，赫哲族民族舞剧《乌苏里传歌》参加第五届全国少数民族文艺会演获得最佳舞台美术奖，大型拉场戏《海伦往事》参加全国基层院团戏曲会演并应中央军委政治工作部邀请进行专场慰问演出，舞蹈《映山红》在"歌舞中国——2016 全国少数民族电视歌舞展演"上获金奖，音乐剧《干娘》等 17 个项目获得国家艺术基金支持。

3. 品牌演出占领文化主阵地

东北三省坚持发挥公共文化产品在弘扬社会主义核心价值观中的重要作用，不断丰富优质公共文化产品和资源的供给。辽宁省围绕中国共产党成立 95 周年、红军长征胜利 80 周年组织系列演出活动，辽宁歌剧院创作的歌剧《雪原》、交响组曲《江姐》在沈阳盛京大剧院上演，受到热烈欢迎。辽宁演艺集团在辽宁大剧院小剧场举办"时代之歌"文化惠民演出季活动，推出不同艺术门类的 10 场精彩演出。省委、省人大、省政府、省政协四大班子领导集体观看芭蕾舞剧《八女投江》和"启航辽宁"2017 辽宁省新年音乐会。辽宁演艺集团演出的歌舞晚会"故乡情·幸福梦"和民族音乐会《国乐情·风华颂》，受到广泛赞誉。组织"振兴之歌"省直机关文艺会演，为辽宁全面振兴营造了良好的氛围。吉林省歌舞团创作的庆祝建党 95 周年大型文艺演出《光荣与梦想》受到社会各界好评。大型中国朝鲜族民族舞剧《阿里郎花》入选第五届全国少数民族文艺汇演，获音乐舞蹈类剧目金奖和最佳舞台艺术奖。省直文艺院团持续开展优秀舞台剧（节）目惠民系列活动，2016 年演出 560 场，观众累计 25 万人次。黑龙江组织开展"缤纷夏季"系列驻场演出活动，2016 年省直院团和哈尔滨院团共策划 64 台驻场演出节目，在哈尔滨音乐厅、老会堂音乐厅、各院团演出场馆及五大连池风景区等演出 760 场，观众达 20 余万人次。省直文艺院团全年完成"高雅艺术进校园"演出 150 场、"送欢笑到基层"演出 300 场。策划实施了 2016～2017 年度"欢乐冰城"冰雪文化活动，在哈尔滨及重点旅游景区开展交响乐、民乐、冰上杂技、京剧、评剧、龙江剧等多种形式驻场演出 1800 多场。哈尔滨市成功举办第 33 届"哈夏"音乐会，开展全国声乐展演、勋菲尔德弦乐比赛、国际手风琴艺术周等国内外高端音乐赛事活动，齐齐哈尔策划杂技剧目《幻境扎龙》在扎龙景区驻场演出。

（三）文化产业实现较快发展

1. 重点文化产业项目扎实推进

东北三省积极建立国有资本、民间资本和外来资本共同投入的文化产业多元化投入机制，推进重点文化产业项目的开发与运营。2016年辽宁省文化系统共有9个项目获得国家文化产业专项资金3945万元，有12个项目入选2016年度国家重点文化产业项目，沈阳杂技演艺集团等10个文化企业被评为文化出口重点企业，3个项目被评为文化出口重点项目，5家文化文物单位入选国家文化创意产品开发试点单位。通过实施省科技计划和争取国家科技计划，支持"数字出版资源集成投送及交互服务技术集成与应用示范"等7个项目，开发出立体内容加工制作系统、文化科技产品交易推广系统等一批重点文化科技产品，有效提升了文化科技创新能力和核心竞争力。吉林省加大文化产业的投资力度，2016年文化、体育和娱乐业投资额超过百亿元，中央和省补助全省文化文物事业专项资金近十亿元。其中，中央补助全省文化文物事业专项资金10项，省财政补助全省文化文物专项资金15项。2016年黑龙江确定重点推进的文化产业项目96个，年度计划投资76.8亿元。吉林省杂技团《一场雪一万年》等4个项目获得中央文化产业发展专项资金支持，21个项目获省级文化产业重点项目扶持资金支持。哈尔滨极光文化等11户企业被评定为国家文化出口重点企业和重点项目。

2. 文化产业政策引导作用日益凸显

东北三省高度重视从政策层面支持文化产业发展，出台了一系列支持文化产业发展的重要政策，而且政策"含金量"不断提高。辽宁省相继出台了《辽宁省文化产业振兴规划纲要》《关于促进文化产业发展的若干政策规定》《辽宁省产业（创业）投资引导基金设立方案》等一系列政策措施，加速推进了文化产业的发展，取得了一定的成绩。吉林省制定印发了《支持文化体制改革和文化产业发展的若干政策》《中共吉林省委吉林省人民政府关于大力发展文化产业的意见》《推进文化创意和设计服务与相关产业融合发展的实施意见》等一系列规划指导类文件，明确了未来全省文化产业发展的空间布局、重点行业、重点园区、重点任务、保障措施等，为文化产业发展指明了方向和路径。黑龙江省制定《黑龙江省推动文化文物单位文化创意产品开发的若干措施》，黑龙江省博物馆、七三一陈列馆等文化文物单位陆续开发出系列文创产品，修订印发《黑龙江省"互联网＋文化"行动计划》，黑龙江省文化产业大数据信息服务平台、哈尔滨赛格中俄艺术品交易平台等项目上线运营。结合国家文化消费试点政策，黑龙江省组织哈尔滨、牡丹江申请了试点城市，哈尔滨市被文化部确定为第一批第一次国家文化消费试点城市之一。

（四）文化遗产保护利用稳步推进

1. 文物基础工作得到加强

东北三省采取多种举措，推动文物保护的基础性工作，取得了明显成效。辽宁省启动第九批251处省保单位保护范围和建设控制地带划定工作，有序推进第七批国保单位保护范围和建设控制地带划定工作；启动省级及以上文物保护单位文物保护工程档案完善编制工作；启动第一到第五批全国重点文物保护单位记录档案编制工作；组织开展革命文物、"万人坑"、儒家文化遗产调查登记工作，初步摸清这几类文物的基本情况，对全省注册的文物保护工程勘察设计、施工和监理资质单位开展资质年检工作，成立文物保护工程专家库并印发工作规则。吉林省积极推进全省国有可移动文物数据库建设，实现博物馆馆藏资源共建共享。文物行政执法能力不断增强，文物安全形势明显好转，文物保护单位安全措施基本完善，文物保护与现代科技深度融合，文博人才队伍结构不断优化，基本形成基础扎实、重点突出、逐级多元、成熟完善的文物保护与利用体系。黑龙江省启动绥滨县、漠河县等文物保护工程20余个，指导地方在编或完成11个文物保护规划，协调落实17个文物保护项目纳入"十三五"国家文化和自然遗产保护利用设施建设项目库。七三一旧址保护工作扎实推进。黑龙江省还组织论证了细菌实验室及特设监狱遗址保护展示项目补充设计方案并报国家文物局第三方评估机构审核。另外，冻伤实验室等3处遗址保护展示项目和航空指挥所等3处遗址考古发掘项目得到国家文物局批复并核发挖掘许可证。

2. 文物保护工程和考古工作取得积极进展

东北三省积极推进文物保护工程和考古工作，组织实施一批具有重大影响和示范意义的重点项目。辽宁省组织召开辽、吉、黑、内蒙古四省份中东铁路建筑群文物保护工作联席会议；完成兴城城墙总体维修工程野外施工任务、千山古建筑群部分建筑维修工程野外施工任务，实施了五女山山城遗址保护工程、东京陵保护工程等十余项省级及以上文物保护工程；完成清原抽水蓄能电站、新建朝阳至盘锦客运专线等基建考古工作，开展医巫闾山辽代重要遗迹、大凌河中上游地区红山文化等考古发掘，并取得一批新成果；积极推进"丹东一号"沉船水下考古和文物保护工作，取得较大成绩，"丹东一号"水下考古入选 2015 年度全国十大考古新发现；推进牛河梁红山文化遗址申遗、兴城城墙申遗、辽代帝陵遗址保护等工作，取得了较大成效。吉林省以夫余、高句丽、渤海大遗址保护为核心，以辽金城址群、长城资源保护为重点，构建以伪满时期建筑群、中东铁路附属建筑群、抗联遗迹和"一五"时期工业遗产为特色的"五片两线一带十点"吉林省文物保护利用总体格局。黑龙江制定出台了《黑龙江省人民政府关于进一步加强文物保护工作的实施意见》《黑龙江省历史文化建筑保护条例》；开展三江治理工程文物保护工作，落实受损文物遗址各项保护措施；积极开展学术考古研究，组织专家赴大兴安岭松岭区岩画群进行实地考察，推进大兴安岭岩画考古发掘、研究保护、岩画地理信息系统建设等工作；开展七三一旧址、金上京遗址、渤海上京遗址考古发掘资料整理工作。

3. 博物馆事业有序推进

进一步完善博物馆公共文化服务功能，建立博物馆建设的长效机制，有效推动博物馆事业的发展。辽宁省现有博物馆 111 家，其中国有博物馆80 家。辽宁省博物馆搬迁浑南新馆后举办了多个展览，平均每天接待观众4000 余人。博物馆晋级评估工作有新突破，沈阳故宫、大连现代博物馆晋升为国家一级馆，围绕"5·18"国际博物馆日、"文化遗产日"举办多项展示展演活动。吉林省现有博物馆 77 个，2016 年全年博物馆参观人数达1116 万人次，文博创意产业快速发展，博物馆公共文化服务体系基本形成。黑龙江省建立全省可移动文物资源数据登录平台，举办普查成果系列展览 49 个。东北抗联博物馆《抗战十四年》、七三一陈列馆《反人类暴行》2 个展览获"第十三届全国博物馆十大陈列展览精品"优胜奖。

4. 非物质文化遗产保护不断增强

东北三省发挥非物质文化遗产在文化传承中的作用，不断丰富文化内涵，彰显地域文化特色。辽宁省 2016 年向国家申请非遗保护专项资金 1118 万元，有力支持了全省非遗保护工作的开展。非遗保护水平不断提高。凌源皮影戏、海城高跷、乌力格尔 3 个项目参与第二批国家级非遗数字化保护试点工作。对汪秀霞、田连元、刘兰芳等 6 名国家级传承人进行图文音像采录，拍摄视频素材 180 小时。全省各地共举办各类非遗展览展示活动 300 多场次，参加展览、展演的项目和传承人达 900 多个、2460 多人，非遗的社会影响不断扩大。吉林省已经形成了比较完备的省、市（州）、县（市、区）三级项目名录保护体系，传承展示场所建设也进入了新的阶段，东北二人转博物馆、"吉林故事"非物质文化遗产展示馆等一批非遗、民俗类展馆已经成为传统文化的重要宣传阵地。在 2016 年已启动的省级非物质文化遗产保护传承基地及传习所建设工作中，首批已公布 13 个省级传承基地、28 个传习所，"文化和自然遗产日"系列等活动已成为影响广泛的社会文化活动。黑龙江省于 2016 年 10 月 1 日正式实施《黑龙江省非物质文化遗产条例》，推进 6 个项目纳入国家发改委"十三五"非遗基础设施建设储备库项目，举办非遗传承人群培训班，开展省级非物质文化遗产代表性传承人评审认定工作。

（五）对外文化交流更加活跃

1. 对外文化交流合作深入开展

东北三省树立开放意识，加强对外文化交流合作，推动具有中国特色、东北风格的优秀文化产品"走出去"，不断提升东北文化的国际影响力。2016 年辽宁省与中国驻多哥、加蓬、喀麦隆大使馆开展文化对口合作，赴喀麦隆参加中喀建交 45 周年文化交流活动，赴贝宁、塞内加尔、卢旺达参加文化部在非洲三国举办的 2016 年海外"欢乐春节"访演活动，献上 6 场精彩演出；与新西兰中国文化中心开展年度合作，赴新西兰等海外中国文化中心举办"辽宁省非物质文化遗产展览"活动；赴俄罗斯参加莫斯科中国文化中心举办的第四届"品读中国"读书周活动。吉林省围绕"一带一路"发展战略，积极培育"吉风吉韵送吉祥"吉林文化品牌，圆满完成赴智利、哥伦比亚的"欢乐春节"访问演出任务，派遣艺术团组赴朝鲜参加文化交流活动。大型歌舞《雪韵春光》参加"感知中国·俄罗斯行—吉林文化周"。在推动吉林文化"走出去"扩大影响的同时，积极把国内外优秀剧目"引进来"，爱尔兰《大河之舞》、乌克兰《天鹅湖》等一批国内外优秀剧目相继在省内演出。黑龙江省组织协调马林斯基剧院歌剧《战争与和平》在哈尔滨大剧院演出，取得巨大的成功。在第 33 届中国哈尔滨之夏音乐会期间，邀请俄罗斯乌拉尔模范爱乐乐团等团体参加哈尔滨之夏音乐会。

2. 文博交流更加活跃

东北三省不断拓展文化交流的内容形式，利用各种文博会展等交流合作平台，推动东北文化产品和文化服务"走出去"，努力扩大在周边国家文化领域的影响。辽宁省博物馆赴美国、意大利举办《侯北人艺术展》、赴韩国参加《美术里的都市，都市里的美术》展览；辽宁省文物考古研究所赴美国、日本、韩国参加学术交流；辽宁省艺术学校承办"2016 塞内加尔博物馆管理运营培训班"、沈阳故宫博物院在台北故宫博物院南院区举办《锦绣缤纷—亚洲织品展》展览；旅顺博物馆赴台湾举办《画说红楼——旅顺博物馆馆藏〈红楼梦画册展〉》。黑龙江省在俄成功举办"黑龙江非物质文化遗产刺绣展""大美龙江摄影展"。吉林省圆满完成在吉举办的第 18 届东北亚地区美术作品展、在朝鲜举办的"欢乐春节——第三届大同江猴年春节庙会"文化交流活动。黑龙江省对接我国"一带一路"战略和俄罗斯欧亚经济联盟战略，成功举办第七届中俄文化大集，内容涵盖"高端交流、展览展销、文艺演出、民众文化、体育文化、文化旅游"六大板块近 40 项文化活动。大集首次将中俄代表性文化元素、项目和活动聚合，开创中俄文化交流新模式，黑河市与俄布市建成中俄影视基地、中俄画家村等项目，搭建文化贸易互动新平台。本次大集直接销售额总计近 2.5 亿元，黑河市累计接待国内外游客近 120 万人次，实现旅游收入 5.6 亿元，带动住宿、餐饮、零售以及交通运输等相关行业大幅增长。

（六）文化市场健康规范发展

1. 文化市场综合执法改革深入推进

东北三省积极推进文化市场综合执法改革，提升文化市场综合执法能力，促进了文化市场健康有序发展。辽宁省出台《关于进一步深化文化市场综合执法改革的实施意见》《辽宁省文化领域供给侧结构性改革实施方案》，制定《辽宁省文化厅贯彻落实辽宁省法治政府建设实施方案（2016—2020）的意见》《辽宁省文化厅行政许可信用信息公示目录》《市场主体行政许可目录清单》。吉林省为推进全省文化市场综合执法改革工作，促进文化市场健康有序发展，结合本省实际，出台《关于进一步深化文化市场综合执法改革的实施意见》，提出整合文化市场执法权，加快实现跨部门、跨行业综合执法，有效维护文化市场正常秩序。黑龙江省出台《黑龙江省关于进一步深化文化市场综合执法改革的实施意见》，提出了统一名称、同城一支队伍、机构编制等政策措施，建立了文化市场综合执法改革台账，为推进综合执法改革奠定了坚实基础。

2. 文化市场综合监管进一步加强

东北三省不断加强文化市场管理，监管效能进一步增强。辽宁省相继开展县城乡镇上网服务场所、校园周边文化市场、演出市场、艺术品市场等专项整治；开展"平安文化市场"创建活动，加强文化市场安全生产监督检查；开展文化市场分级分类管理，建立警示名单和黑名单管理制度。2016 年全省共出动执法人员 37.8 万人次，检查文化市场经营单位 13.8 万家次，查办案件 2430 件。吉林省开展文化市场专项整治行动，重点对网络市场和娱乐场所进行专项整治，规范经营秩序，保障吉林省文化市场平安、有序、健康发展，整治行动成效显著，经营秩序得到规范。黑龙江省全面推行"双随机一公开"执法检查，依托全国文化市场技术监管和服务平台建立交叉执法检查人员名录库和随机抽查市场主体名录库，开展文化市场交叉执法检查，2016 年随机抽查文化市场经营场所 173 家，对 27 家存在违规经营的文化经营场所进行了依法处理。吉林省先后部署"清朗""秋风""暑假"等 8 次各类文化市场专项整治行动，各级文化市场综合执法机构共检查各类文化经营单位 10.5 万家次，查办案件 644 件，取缔违法经营单位 38 家。

3. 文化市场发展环境不断优化

东北三省积极完善文化市场综合执法运行机制，文化市场环境进一步改善。辽宁省审批项目全部进省政务服务中心，实现网上审批；加强对各市审批指导，推动创建行政审批示范点 6 个；开展全省行政审批检查，促进各地简政放权、优化服务。2016 年全省共审批文化市场经营单位 1336 家，同比增长 163%。吉林省实施"互联网＋"文化市场综合执法模式，应用好全国文化市场技术监管与服务平台，推进行政许可与行政执法在线办理，提高政务服务水平；通过视频监控、在线监测等远程监管措施，加强非现场监管执法；采用移动执法、电子案卷等手段，提升综合执法效能；建设文化市场基础数据库，完善市场主体信用信息记录，与省信用信息数据交换平台实现共享，探索实施文化市场信用分类监管，建立文化市场守信激励和失信惩戒机制；推动信息化建设与执法办案监督管理深度融合，运用信息技术对执法流程进行实时监控、在线监察，规范执法行为，强化内外监督，建立开放、透明、便民的执法机制。黑龙江省坚持深化监管与服务并重，加大与文化部沟通，完成全国计算机技术监管服务平台与省政府办公系统的有效对接，为企业提供便利服务。

（七）文化人才培养力度加大

1. 专业艺术人才培养加强

东北三省多措并举，加大文化艺术专业人才的培养力度，满足文化发展需求。黑龙江省委托北京戏曲艺术职业学院定向培养戏曲学生，作为专业人才后备梯队，为省京剧、评剧长远发展提供人才保障。委托中国音乐学院培训的声乐表演专业研修班圆满结业。选送戏曲作曲、合唱指挥、美术和声乐表演等专业人员参加培训，培养个性化人才。组织编剧创作研讨培训班，采取专家授课、经验交流、作品研讨、节目观摩的方式培训编剧人才。吉林省注重文化专业人才的培养与扶持，通过大力实施人才培训工程，开展产学研综合培养；同时，建立健全文化产业拔尖人才资助扶持机制，积极支持文化产业拔尖人才创新创业，从而培养一支结构合理、素质优良的文化产业拔尖人才队伍。

2. 艺术职业教育不断拓展新领域

东北三省采取多样化的方式，加大对文化专业人才队伍的教育培训力度。黑龙江省强化艺术职业学院办学特色，增加杂技表演、曲艺表演和乐器制作与维护专业，恢复戏曲表演专业，建立"订单式""校中厂"等现代学徒制。与绥化学院、黑河学院开展联合办学，在拜泉鑫东北二人转演艺学校设立学院分校，与绥化北林区文工团建立团带班联合培养机制；在雪乡、枫叶小镇等地建立实训基地，创作排演反映赫哲族生活的原创音乐剧《太阳的部落》；建立"乔梁舞蹈艺术中心"，抢救传承地域民族民间舞蹈，打造舞蹈艺术教育品牌。吉林省为传承和弘扬长影"小白楼"创作精神，打造吉林省影视创作核心团队，以长影集团为依托，举办吉林省影视编剧创意人才培训班；举办"吉林曲艺人才培训班"，从曲艺艺术的表现形式、创作手法、表演技巧、塑造人物角色、艺术语言在舞台上的运用、文化领域的最新动态等方面进行全方位辅导，增强广大曲艺工作者综合素质，挖掘和培养曲艺人才，提高吉林曲艺在全国的影响力。

东北地区虽然在提升文化软实力上具备必要的基础条件和明显的比较优势，但也应清醒地认识到，其文化软实力建设还处于起步阶段，文化生产和服务能力与人民群众的精神文化需求还不相适应，文化建设水平与东北地区加速振兴、全面建设小康社会的要求还不相适应，文化发展思想观念、方法手段与高新科技特别是信息化、网络化迅猛发展的趋势还不相适应，文化发展的体制机制与日趋完善的社会主义市场经济体制还不相适应，文化创新能力与文化业态不断创新发展的新形势还不相适应，文化人才队伍建设与文化发展对强大智力的需求还不相适应。具体从文化产业来看，东北三省文化产业总量还不够大，占 GDP 比重还不够高，发展还不够平衡。从公共文化服务体系建设来看，公共文化服务总体水平仍然不够高，一些人均指标在全国各省市中排名靠后，城乡和区域间发展也不够平衡。从文化体制改革来看，东北地区虽然取得重要进展，但一些深层次矛盾和难题还有待进一步破解，文化体制改革任重而道远。从文化人才状况来看，东北地区文化人才发展存在总量相对不足、结构和布局不尽合理、高层次创意创新人才尤为匮乏、人才创新能力仍需增强、人才发展体制障碍亟待破解、人才资源开发投入仍然不足等问题。提升东北三省文化软实力，应当正视这些困难和不足，通过深化文化体制改革，消除制约因素，集聚积极要素，不断解放和发展文化生产力，把东北地区文化软实力提升到新的水平。

四　东北地区文化软实力的比较分析

（一）文化投入

文化投入是文化发展的基本保障，不仅是文化发展的基础水平的反映，还是文化发展前进的动力。文化投入包括文化事业投入和文化产业投入，二者的区别就是投入的领域和活动是公益性还是经营性。从文化事业投入上看，2016 年东北三省文化体育与传媒投入共计 2099400 万元，占全国的 7.2%。辽、吉、黑三省文化体育与传媒投入占财政投入比重分别为0.23%、0.28%、0.20%，辽宁、吉林两省高于全国水平（0.21%），三省在全国排名依次是第 12 位、第 6 位和第 19 位。辽、吉、黑三省人均文化体育与传媒费分别为 193.46 元、263.55 元、140.06 元，其中吉林省高于全国平均水平 52.73 元，辽宁和黑龙江均低于全国平均水平，三省人均文化体育与传媒投入在全国排名分别为第 19 名、第 12 名和第 27 名。从文化产业投入上看，东北三省规模以上文化及相关产业法人单位数共计 1437个，占全国比重的 2.6%，规模以上文化企业从业人数共计 186875 人，占全国的 2.14%（见表 1）。总体上，东北三省文化投入水平较低，不论是文化事业投入还是文化产业投入，在全国都属于较落后的水平。

表 1　东北地区文化投入比较

	文化体育与传媒投入					文化产业投入	
	文化体育与传媒（万元）	占财政投入比重（%）	位次	人均文化体育与传媒（元）	位次	规模以上文化及相关产业法人单位数（个）	规模以上文化企业从业人数（个）
辽宁	847000	0.23	12	193.46	19	728	120809
吉林	720300	0.28	6	263.55	12	451	39557
黑龙江	532100	0.20	19	140.06	27	258	26509
全国	29151300	0.21		210.82		54728	8716754

资料来源：中国统计年鉴。

（二）公共文化服务

区域文化软实力的建设一方面能够促进公共文化事业的发展，增加图书馆、博物馆等社会公共文化设施的数量，收获良好的社会效益；另一方面也能够产生经济效益，使文化产业具备规模效益和竞争优势。从公共文化机构数量上看，2016年东北三省的博物馆、公共图书馆、群众文化机构、艺术表演团体机构和出版社发行机构的总数分别为318个、304个、4163个、357个和52个，占全国的比重分别为7.74%、9.64%、9.40%、2.90%和12.38%（见表2）。三省比较来看，辽宁省艺术表演团体机构数是吉林省的4.6倍、黑龙江省的4.3倍。辽宁省出版社发行机构数分别是吉林省2.4倍、黑龙江省的6.6倍。黑龙江的博物馆数量较为突出，是辽宁省的2.7倍、吉林省的2.3倍。

表2 2016年东北地区文化机构数

单位：个

	博物馆	公共图书馆	群众文化机构	艺术表演团体机构	出版社发行机构
辽宁	65	130	1543	246	33
吉林	77	66	979	54	14
黑龙江	176	108	1641	57	5
全国	4109	3153	44291	12301	420

资料来源：中国统计年鉴。

东北地区博物馆行业发展稳定，2016年博物馆基本陈列展览数共计1667个，文物藏品为1962782件，分别占到全国的7.2%和5.9%。相比较而言，黑龙江省博物馆建设好于辽宁和吉林，黑龙江省的文物藏品数是辽宁的1.9倍、吉林省的2.3倍；基本陈列展览数，黑龙江是辽宁的2.1倍、吉林省的2.5倍。

东北地区公共图书馆发展势头良好，2016年，辽、吉、黑三省人均拥有公共图书馆藏量分别为0.90册、0.68册、0.51册，辽宁、吉林两省高于全国平均（0.65册），黑龙江略低。每万人拥有公共图书馆建筑面积分别为128.3平方米、101.6平方米和78.0平方米，辽宁省比全国平均多出25.3平方米，吉林、黑龙江两省分别比全国平均少1.4平方米和25平方米（见表3）。电子阅览室终端数分别为5154台、2744台和3873台，分别占全国的3.8%、2.0%和2.8%。

东北艺术表演团体演出场次共计3.05万场，占全国比重1.3%，其中，辽宁省演出场次达到 1.82 万场，吉林省和黑龙江省的演出场次也超过 5000 场。艺术表演场馆共计演出 6.49 万场，占全国的 5.4%（见表3）。

表3 东北地区博物馆、公共图书馆和艺术表演团体建设情况

	博物馆		公共图书馆		艺术表演团体演出场次（万场）	艺术表演场馆演（映）场次（万场）
	文物藏品（件/套）	基本陈列展览（个）	人均拥有公共图书馆藏量（册）	每万人拥有公共图书馆建筑面积（平方米）		
辽宁	534003	426	0.90	128.3	1.82	3.12
吉林	437300	352	0.68	101.6	0.59	3.02
黑龙江	991479	889	0.51	78.0	0.64	0.35
全国	33293561	23109	0.65	103.0	230.60	119.41

资料来源：中国统计年鉴。

（三）文化产业发展

从东北三省规模以上文化企业发展看，2016 年文化制造业企业营业收入约 5052 万元，占全国比重 1.02%；文化销售业企业营业收入约 2115 万元，占全国比重 1.10%；文化服务业企业营业收入约 3816 亿元，占全国比重 1.51%。相比较社会效益，东北地区文化产业的经济效益更低，在全国所占比重微乎其微。分产业来看，文化制造业经营情况最好，营业收入和营业利润都与文化销售业和文化服务业二者的和相当。分省份看，辽宁省情况最好，吉林省次之。营业收入上，辽宁省是吉林省的 2.5 倍，是黑龙江省的 3.8 倍；营业利润上，辽宁省是吉林省的 1.3 倍，黑龙江省的 2.7 倍（见表4）。

表4 2016 年东北地区规模以上文化企业经营情况

单位：万元，%

	文化制造业企业		文化销售业企业		文化服务业企业	
	营业收入	营业利润	营业收入	营业利润	营业收入	营业利润
辽宁	2597681	131665	1429147	21642	2598433	113461
吉林	1420484	135011	393644	15787	804372	56316
黑龙江	1033885	55142	291877	5964	413128	38862
全国	494779537	28683241	192930501	4830455	252796176	32488268

	文化制造业企业		文化销售业企业		文化服务业企业	
	营业收入	营业利润	营业收入	营业利润	营业收入	营业利润
东北合计	5052050	321818	2114668	43393	3815933	208639
东北占全国比重	1.02	1.12	1.10	0.90	1.51	0.64

资料来源：中国统计年鉴。

（四）文化产品生产

随着文化资源规模的不断扩大，东北地区的文化生产能力逐渐提高，文化供给能力不断增强，为广大民众提供了丰富的文化产品和文化活动。2016 年，东北三省图书出版种数达到 44640 种，图书总印数达到 4.7 亿册；期刊出版种类为 875 种，总印数为 2.1 亿份；报纸出版种类为 187 种，总印数达到 24.5 亿份；电子出版物品种有 295 种，出版数量 324.4 万张（见表 5）。东北三省图书、期刊、报纸、电子出版物总印数和出版数量占全国的比重分别为 5.2%、7.8%、6.3%、1.1%。分省区看，吉林省图书出版在种类和总印数上比辽宁和黑龙江省高出很多，辽宁省在电子出版物出版领域遥遥领先，出版数量是吉林省的 9.2 倍。

表 5　2016 年东北地区出版情况

	图书		期刊		报纸		电子出版物	
	种数（种）	总印数（亿册、亿张）	种数（种）	总印数（亿份）	种数（种）	总印数（亿份）	品种（种）	出版数量（万张）
辽宁	10385	1.5	321	0.9	68	10.4	202	292.7
吉林	26919	2.4	240	0.8	51	7.9	93	31.7
黑龙江	7336	0.8	314	0.4	68	6.2	—	—
全国	499884	90.4	10084	27	1894	390.1	9836	29064.7

资料来源：中国统计年鉴。

东北地区广播电视事业发展良好，三省公共广播节目共计 294 套，公共电视节目共计 315 套，分别占全国的 10.7% 和 9.4%。有线广播电视实际用户数达到 2019.9 万户，占全国比重 8.8%。辽、吉、黑三省有线广播电视实际用户占家庭总用户的比重分别为 55.69%、52.13%、48.42%，辽宁省高于全国平均水平（见表6）。

表6　东北地区广播、电视发展情况

	公共广播节目套数（套）	公共电视节目套数（套）	有线广播电视实际用户（万户）	有线广播电视实际用户占家庭总用户的比重（%）
辽宁	110	118	842.1	55.69
吉林	73	76	526.4	52.13
黑龙江	111	121	651.4	48.42
全国	2741	3360	22829.5	52.75

资料来源：中国统计年鉴。

（五）文化传播

一般而言，文化传播能力的强弱与民众接受文化影响力的大小有直接的关系，文化传播能力强，民众接触文化产品的机会就越多，文化影响力就越显著。所以，文化传播工作对发挥文化的影响力至关重要。东北广播电视节目综合人口覆盖率情况较好，辽、吉、黑三省广播节目人口覆盖率分别为99.05%、98.68%、99.21%，均高于全国平均水平（98.37%）；电视节目人口覆盖率分别为99.13%、98.77%、99.00%，辽宁省和黑龙江省高于全国平均（98.88%），吉林省基本与全国持平。辽、吉、黑三省博物馆参观人次分别为1389万人次、943万人次、2201万人次，占全国的1.6%、1.1%、2.6%；公共图书馆总流通人数分别为2313万人次、806万人次、986万人次，占全国水平的3.5%、1.2%、1.5%；艺术表演团体国内演出观众人次分别为565万人次、358万人次、332万人次，占全国的0.5%、0.3%、0.3%；艺术表演场馆观众人次分别为538万人次、260万人次、108万人次，占全国的4.2%、2.0%、0.8%（见表7）。相比较而言，东北三省的广播电视、黑龙江省的博物馆和辽宁省的艺术表演场馆的传播文化能力较强，其他方面东北地区还有待加强。

表7　东北地区文化传播情况

	广播节目人口覆盖率（%）	电视节目人口覆盖率（%）	博物馆参观人次（万人次）	公共图书馆总流通人数（万人次）	艺术表演团体国内演出观众人次（万人次）	艺术表演场馆观众人次（万人次）
辽宁	99.05	99.13	1389	2313	565	538

	广播节目 人口覆盖 率（%）	电视节目 人口覆盖 率（%）	博物馆参观人 次（万人次）	公共图书馆 总流通人数 （万人次）	艺术表演团体国 内演出观众人次 （万人次）	艺术表演场 馆观众人次 （万人次）
吉林	98.68	98.77	943	806	358	260
黑龙江	99.21	99.00	2201	986	332	108
全国	98.37	98.88	85061	66037	118138	12884

资料来源：中国统计年鉴。

五　提升文化软实力的国内外
实践及经验借鉴

21世纪以来，我国一些地区高度重视文化软实力建设，在增强民众凝聚力、提高科学发展的自觉性、提升经济社会发展层次、提高区域文化的影响力和感召力、塑造区域良好形象等方面都取得了显著成效。这里，不可能对各地提升文化软实力的做法和经验做全面系统的介绍，重点是关注一些"亮点"，"聚焦"一些特色。

（一）我国部分省（区、市）提升文化软实力的主要实践

1. 北京

注重文化民生的改善，积极发展文化事业，办好惠民文化消费季等系列活动，促进文化消费。深入实施创新驱动发展战略，持续推进体制机制改革，促进科技文化创新不断取得新突破。提升首都文化功能，构建现代公共文化服务体系，加快建设北京市文化活动中心等文化基础设施。引导文学艺术繁荣发展，推出一批精品力作。加强优秀传统文化保护、传承与发展，做好"三山五园"、周口店遗址、长城文化带的保护利用工作。全面推进文化体制机制创新，完善文化投融资体系，培育多层次文化产品和要素市场。促进国家文化产业创新实验区、国家数字出版基地、中国乐谷、怀柔影视产业示范区建设，推动文化创意和设计服务与科技、旅游、体育等相关产业融合发展。扩大对外文化交流，推动文化贸易发展和文化"走出去"，增强首都文化的国际影响力。

2. 天津

文化惠民工程扎实推进，国家 3D 影视创意园、天津出版产业园投入运营，国家海洋博物馆加快建设。加快发展各项文化事业，大力发展哲学社会科学、新闻出版、广播影视、文物保护、非物质文化遗产保护、图书档案、科普等事业。支持发展文化产业，开展精神文明创建活动，培育践行社会主义核心价值观，多出文艺精品，讲好天津故事。

3. 河北

促进文化消费需求稳定增长，培育文化旅游、健康养老、家政服务、信息服务等消费热点，打造一批精品旅游景区和线路。推进各项文化事业。不断完善公共文化服务体系，组建河北博物院。推进多部精品力作获全国精神文明建设"五个一工程"奖。文化产业"三个十工程"成效显著。加快推进正定古城、泥河湾遗址等保护工作。持续加强保障和改善文化民生，培育和弘扬社会主义核心价值观，打造一批文化艺术精品，培养一批艺术名家，推进标准化、均等化公共文化服务体系建设。加强公共文体设施建设，推动公共文体资源向社会开放共享。

4. 山西

加快发展文化事业，进一步完善省级重点文化设施，扎实开展"文化惠民在三晋"系列活动。倡导全民阅读。加强对外宣传和文化交流，讲好山西故事，塑造山西改革发展新形象。增强公共文化服务能力，深入开展"文化惠民在三晋"系列活动，推进文艺院团下乡和农村公益电影放映。推进乡村文化记忆工程，加强文物和非物质文化遗产保护。发展壮大文化产业。加快推进重点文化产业园和文化保税区建设，推进文化创意和设计服务与科技、农业、体育等相关产业融合发展，加快发展数字出版、动漫游戏、移动多媒体等新兴文化产业。

5. 内蒙古

大力发展文化事业。加快公共文化服务体系标准化、均等化建设，推动首批自治区公共文化示范区、示范项目创建。加强对精品创作演出的扶持引导，继续抓好重点舞台剧目精品创作、草原文学精品创作和优秀蒙古文作品翻译工程。积极推动特色文化产业发展，健全重点文化产业项目库，充分发挥大企业大项目的带动作用，扶持发展特色中小微文化企业，形成一批具有核心竞争力的特色文化企业和品牌。搭建自治区文化产业发展投融资平台，扩大文化产业发展专项资金规模。努力提升对外文化交流水平。扩大文化产品和服务出口，提升草原文化的对外影响力。

6. 上海

完善现代公共文化服务体系。加快推进国际文化大都市建设，优化公共文化内容配送网络，完善需求导向、社会化供给的公共文化内容配送机制。加快公共文化服务云和数字博物馆群建设，鼓励社会力量、社会资本参与提供公共文化服务。加快发展文化创意产业，健全文化创投引导基金运作机制，支持小微文化企业发展。加快国际影视园区、音乐产业创新基地建设，培育电影、音乐产业集群。推动网络视听、数字出版、艺术品交易等产业发展，建设设计之都。加快国家对外文化贸易基地建设，拓宽文化"走出去"渠道。支持文艺创作出精品、出人才。弘扬中华优秀传统文化，在兼收并蓄中提升文化原创力。实施青年文艺人才培养计划，促进优秀文艺人才脱颖而出。

7. 江苏

繁荣发展文化事业，激发文化创造力，重视发展哲学社会科学，繁荣发展广播影视、新闻出版、文学艺术事业，为谱写好中国梦江苏篇章凝聚强大精神力量。完善公共文化服务体系，大力实施文化惠民工程，提高"三馆一站"开放水平，加快公共文化服务示范区建设，加强城市社区"15 分钟文化圈"和农村"10 里文化圈"建设。广泛开展全民阅读，加快"书香江苏"建设。基本实现 3000 个"农家书屋"与县级图书馆资源共享、通借通还。加快文化产业发展。实施重大文化产业项目，积极发展新型文化业态，推动文化与科技、文化与金融合作，促进文化创意与相关产业融合发展。发挥特色资源优势，加强旅游与文化、科技融合，展现民族特色风情，打造"畅游江苏"品牌。

（二）国外加强文化软实力的做法和经验

从世界范围看，许多国家都是基于国情实际、民族特点、经济水平、发展方式来加强文化软实力建设。它们在加强政府引导和政策推动、扶持公共文化建设、促进文化产业发展、拓展对外文化传播等方面，取得重要成效和成功经验，值得我们借鉴（见表8）。

表 8　国外部分国家（地区）提升文化软实力的模式和经验

国家（地区）	模式概括	成功做法和经验
美国	思想影响全球，产业领先世界	加里·哈特指出，"美国现已拥有了经济、政治和军事三方面远远超越其他国家的实力，同时美国还拥有第四个实力，即思想的力量，历史上几乎没有或仅有少数几个伟大国家曾经拥有这样的实力……众多国家将追随我们，因为这一思想的力量将远远胜于我们所有武器具有的力量"。美国的大众传媒借助全球化不断扩大，强化美国文化在全球传播的范围和力度。美国的文化产业也发展迅猛，2000 年以来，美国文化及相关产业增加值占 GDP 的比重一直在 1/3 左右，文化产业已经成为美国经济发展的核心产业
英国	政府扶持，金融服务	通过加强各方协调拓展融资渠道，使文化创意产品迅猛发展，伦敦和曼彻斯特已成为欧洲最大的两个创意中心，英国文化的国际影响力得到提升
奥地利	体现自身传统，发挥资源优势，加快创意产业发展	"创意产业"的布局，基本采用了私有企业、非营利性的中介机构和公共部门"三位一体"的模式。创意产业对奥地利其他行业产生了很强的辐射效应，通过将奥地利悠久的文化和艺术气息融入文化设施，对旅游业和零售业产生积极影响，拉动了地区经济发展。政府资助力度加大，设立了许多基金，如"音乐基金"，每年 60 万欧元用来资助那些与音乐相关的创意
荷兰	创意领先，人才为本，紧扣市场，打造文化品牌	荷兰是全球创意产业员工增长最快的国家之一，2007 年专职从事创意工作的从业者已经达到近 50 万人。荷兰打造文化创意品牌，如"郁金香文化品牌"等
芬兰	发展工业设计，引领创新创意经济	通过工业设计创造产品品牌、创造产品高附加值、提升企业技术创新能力，发展文化创意产业
日本	加强宣传攻势，悄然改变形象，多渠道输出民族文化产品	日本以输出特色文化、外援等方式悄然提升软实力，国际正面形象曾排第二（2009 年英国广播公司 BBC 评出），多个领域成为典范。作为"动漫王国"，日本文化输出渠道广、影响大
新加坡	文艺复兴城市	着力建设生机勃勃的世界级文化城市，同时实现文化产业从 2002 年占全国 GDP 约 3% 的经济贡献率提高到 6%，从而打造出一个"新亚洲创意中心"
韩国	大力推进文化产业技术创新，高度重视民族文化的传播，政府重视保护和弘扬本国民族文化	1999 年成立"影视振兴委员会"，2001 年成立文化产业振兴院等。韩国的音乐、电视剧、电影、游戏、服饰、美食在全球有很大影响，被称为"韩流"。网络游戏产业发达，赢得了"网络游戏产业大国"的声誉

注：以上"模式"为课题组理解概括。

六 东北地区提升文化软实力的对策建议

文化是软实力,但提升文化软实力是"硬任务",必须把提升文化软实力作为一项长期的战略任务。东北地区要充分发挥文化底蕴深厚、文化资源丰富的优势,大力培育文化市场主体,进一步解放和发展文化生产力,进一步发展与加速振兴相适应的文化软实力、与人民群众日益增长的精神文化需求相适应的文化条件。文化综合实力和竞争力显著提升,初步建成富有独特魅力和创造活力的文化区域。通过文化软实力的提升,文化成为东北地区现代社会发展的精神动力、智力支持和思想保证,成为科学发展、全面转型、加速振兴、建设小康新的战略着力点。

(一) 加强核心主导,提升文化感召力

提升一个地区的文化软实力,最根本的途径是用正确的价值观念、先进的思想武装人。坚持社会主义核心价值体系建设,就抓住了提升文化软实力的灵魂和正确方向。因此,东北地区要增强社会主义核心价值的吸引力和凝聚力,通过不断丰富先进的思想资源、增强可靠的主体力量、创新思维方法,以构建社会主义核心价值体系为目标,以弘扬先进文化为导向,以文化自主创新为灵魂,从话语权建构、载体依托、方法更新等层面,构建和完善具有时代特征和实践特色的社会主义核心价值体系。只有把弘扬先进文化、推进文化创新融入各个战略实践中去,才能使提升文化软实力沿着正确的方向取得实效。要全面提升全民思想道德文化素质,培育现代人文精神,建设和谐文化和现代文明社会,把东北地区建设成为我国社会主义核心价值体系建设的示范区。

(二) 加强改革发展,提升文化创新力

大力弘扬改革创新精神,牢固树立新的文化发展理念,着力推进文化观念、体制、机制、内容、形式、传播手段、业态、科技等方面创新,在全社会形成文化创新发展的共识上,提升文化发展创新能力。加强文化生态建设,培育风清气正的文化创新发展环境。将文化体制改革摆在更加突出的位置,改革管理体制,理顺党委、政府与文化企事业单位的关系,形

成科学有效的宏观文化管理体制。以构建完善的文化创新体系为重点，打破地区、部门和行业界限，破除体制性障碍，最大限度地优化文化资源的配置，形成富有效率的文化生产和服务的微观运行机制，形成统一、开放、竞争、有序的现代文化市场体系，形成有利于文化发展的体制环境。准确把握新形势、新任务、新要求，创新运行机制，推动重点领域的文化体制改革，深化公益性文化事业单位改革，大力推进产业发展和结构调整，增强文化发展的动力和活力。鼓励和引导社会力量办文化，大力发展民营文化企业，形成全社会办文化的格局。

（三）加强重点突破，提升文化推动力

优化文化产业区域布局，实现文化产业的区域突破，带动东北区域文化协调发展，建设在全国有重要地位的文化资源聚集中心、文化创意中心、文化产品生产交易流通中心、新型文化业态培育中心、文化旅游休闲度假中心。以重点文化产业为引领，不断优化文化产业布局和结构，紧扣报业、出版、发行、演艺、广电传媒、文化旅游、动漫等优势领域和新兴领域，建成面向市场、具有活力的文化产业体系，实现东北文化产业的行业突破，形成体现时代精神和东北特色的文化产品生产体系，带动各类文化产业发展。以大型文化集团为龙头，促进跨区域、跨行业、跨所有制的联合重组和资源整合，实现东北文化产业的载体突破，壮大文化产业的整体实力。以重点文化建设和重大文化项目为依托，带动文化事业全面繁荣。

（四）加强科技提升，提升文化引领力

适应现代科学技术的迅猛发展，以高科技、信息化、网络化为手段，以增强文化发展的动力和活力为目标，推动文化建设与科技进步相结合，注重采用现代理念和高新技术改造传统文化产业，加快数字、网络等现代信息技术在文化产品创作、生产、传播等各个环节中的应用，催生新的文化品种，培育新的文化业态，促进文化产业的转型升级，推进文化产业的现代化，提升文化产品和服务的科技含量，扩大文化的辐射力和覆盖面，增强文化的表现力、感染力和辐射力，实现文化的跨越式发展。

（五）加强品牌推进，提升文化承载力

强化精品意识，充分发掘和开发东北的历史和人文资源，打造既具有

东北地域特色又体现时代精神的文化精品和文化活动品牌，在文学艺术、广播影视、新闻出版、哲学社会科学、文化活动、文化设施、文艺演出、动漫、主题公园等方面，培育东北文化品牌，特别是推出一批具有东北地域特色、展示东北地区风格，经得起历史、时代、群众、市场检验的文化精品，力争在文学创作、舞台艺术、美术、文化传播、公共服务、非物质文化遗产保护等领域有更多项目入围"国家创新工程"，增强东北文化的发展基础和竞争实力；充分挖掘和开发具有自主知识产权的原创品牌，突出个性特色，增强核心竞争力，推进传统文化的产品化、品牌化和国际化进程，打造一批具有东北气派、国际影响的文化强势品牌，树立东北文化形象。

（六）加强内外拓展，提升文化传播力

文化的传播能力已经成为国家或地区文化软实力的决定性因素，提升东北文化软实力，要不断提高东北文化的开放度和融合度，切实增强国际影响力与亲和力，使东北区域形象实现全方位提升。积极融入"一带一路"发展战略，培育具有竞争力的外向型骨干文化企业，成为"走出去"的战略主体；加大文化产业的招商引资，策划开发重点文化项目，把与国际知名的跨国文化集团的合资合作作为"引进来"的重点，推动文化产品和服务进入国际市场，扩大东北文化在国内外的影响力。应策划制作全国知名的大型品牌综艺节目，集中展示东北城市形象和文化特色。应坚持"走出去"与"引进来"相结合，加强对外文化交流与合作，推动东北文化乃至中华文化更好地走向世界，使东北成为我国重要的对外文化交流中心和对外文化经贸合作中心。进一步提升主流媒体影响力，做大做强主流新闻媒体，增强舆论引导的权威性、公信力、影响力。应按照"积极利用、大力发展、科学管理"的方针，提升网络文化供给能力，形成正面舆论强势。应大力推进文化展示，按照"国际化、专业化、市场化、规范化、精品化"的办展思路，打造具有浓郁地方特色、广泛影响力和持久竞争力的地方文化会展品牌。大力提升城市文化形象，塑造一批代表东北形象、展示东北风貌的标志性城市品牌，打造一批具有东北文化个性的文化街区。

（七）加强联动共进，提升文化服务力

始终推动文化建设与经济、社会、生态建设联动推进，特别是要坚持

经济文化一体化，实现二者的渗透、互动、共赢。在文化建设具体领域，注意文化建设某一领域与文化系统内部其他领域以及外部某些领域的合作发展，如在文化产业发展中，应延伸文化产业链，突出体现与科技、旅游、教育、信息、体育、休闲等相关产业有机融合，与工业设计、城市建设和新农村建设等活动联动发展，形成新的经济增长点。必须积极鼓励、支持文化企业充分利用自有知识产权和品牌优势，向相关产业延伸发展，开发多种形式的衍生产品。坚持政府主导、社会参与、群众共享共建的原则，加快构建结构合理、发展均衡、网络健全、运行有效、惠及全民的公共文化服务体系。应加强城乡公共文化设施体系建设，构建数量合理、层级有序、功能完备、适于开展群众性文艺活动和演出的公共文化设施体系。"十三五"期间，要确保公共文化基础设施达到国家规定标准，公共文化设施建设部分指标居于全国领先水平；应扩大文化服务供给能力，主要是进一步活跃企业文化、乡村文化、社区文化、校园文化，繁荣广场文化、节庆文化，丰富城乡群众精神文化生活；应进一步完善公共文化产品生产供给体系，以政府为主导，以公益性文化单位为骨干，鼓励全社会积极参与，为全社会提供质优价廉、安全适用的公共文化产品。创新公共文化服务方式，鼓励和支持社会力量以兴办实体、捐助、免费提供设施等方式参与公共文化服务。创新政府公共文化服务投入体系，以公共财政直接投资、产业政策扶持、政府采购、特许经营、委托生产、公共文化项目外包等多种途径，打造链条完整、渠道多样、功能卓越的公共文化服务投入体系，逐步实现人均文化事业费达到全国平均水平，保障文化事业的持续快速发展。

（八）加强人才兴文，提升文化竞争力

人才是"第一资源"，培养大量人才是文化建设的重要任务，是提升文化软实力的根本要求。要把开发人才资源、优化人才结构、构建拔尖人才高地作为文化发展的战略重点和基础工程，使人才工作机制不断完善、人才培养和引进力度不断加大，人才队伍结构不断优化，聚集大批素质优良和富有活力的文化专业人才、文化创意人才和经营管理人才，造就一批文化名人和文化大家，拥有一大批在东北地区有代表性、在全国有影响的领军人物和在关键岗位有建树、重要领域出成果的青年拔尖人才，拥有一

大批懂市场、会管理、善经营的高层次复合型人才，形成东北文化流派和人才品牌，人才优势有效地转化为创造力和生产力，逐步形成文化创新人才高地，形成东北地区文化人才竞争优势。努力培养理论、新闻、出版、文艺、文化产业经营管理和现代传媒信息技术等 6 个领域的领军人物。加大民间人才资源的开发力度，建立一支稳定的基层文艺骨干队伍，培养传承地域特色、濒临失传的文化艺术专业人才。加强基层文化队伍建设，吸引鼓励文化工作者、高校毕业生到基层从事文化工作。加强高等院校文化专业学科建设，提高文化专业人才培养水平。建立有利于优秀人才脱颖而出的激励制度，支持文化企业、事业单位改革内部分配制度，鼓励以创作成果、技术、专利等要素投资创业。积极培育文化人才市场，规范繁荣文化人才交流的中介机构，加强对领军人物、拔尖人才和稀缺人才的培养与集聚。

（九）加强环境建设，提升文化支撑力

应进一步完善政策体系，加大对文化建设的政策支持力度。应加快文化发展综合评价体系建设，尽快完善科学统一的文化发展统计指标体系和统计制度，定期发布统计信息，为党委、政府制定文化产业发展政策提供重要依据。把文化建设成效作为评价地区发展水平、衡量发展质量的重要指标，加快文化立法进程，制定和完善文化法规，建立与社会主义市场经济相适应的文化法规体系。按照国际惯例和国家有关法律精神，加强地方性文化法规建设，适时制定文物保护、文化资源开发、网络文化建设、知识产权保护、文化市场管理等方面的政策法规，形成良好的文化法制环境。

参考文献

《以品牌建设实现中国产品向中国品牌转变》，《中国质量报》2014 年 5 月 28 日。

吴铁成、初熠：《蛟河打造特色品牌 带动地方经济繁荣》，http://www.jlgs.gov.cn/static/sbpbjs/20160728/51936.html。

《省工商局培育推介地理标志商标成效明显》[EB/OL].（2015-11-26）. http://www.jlgs.gov.cn/static/gsyw/20151126/51797.html。

《让吉林品牌唱响世界》[EB/OL].（2016-08-12）. http://finance.ifeng.com/a/

20160812/14734687_0. shtml。

陈福生：《供给侧结构性改革的政策含义》［EB/OL］. (2016 - 03 - 30). http://www. zg-fznews. com/dianzibao/B/B3/2016/0330/1433809. shtml。

马向阳、刘肖、焦杰：《区域品牌建设新策略——区域品牌伞下的企业品牌联合》，《软科学》2014 年第 1 期。

《2015 年吉林省园艺特产业预计实现产值 1400 亿元》［EB/OL］. (2015 - 12 - 20). http://www. jlntv. cn/vod/folder54/folder57/folder59/2015 - 12 - 20/82811. html。

《专访郑文敏副市长谈吉林通化市千亿医药产值》［EB/OL］. (2016 - 05 - 4). http://news. onlinejl. com/2016/snyw_1221/229603. html。

《松花石产业发展的春天来到了》，《吉林日报》2011 年 11 月 9 日。

刘翠苹：《让松花奇石誉满天下——省政协献计吉林省松花石文化产业发展，省领导作出批示》，《协商新报》2017 年 1 月 3 日。

刘守贞、张洪波、王奎良：《农产品区域公用品牌建设的战略思考》，《山东省农业管理干部学院学报》2012 年第 4 期。

蒋文龙：《首届中国农产品区域公用品牌建设论坛举行》，《农民日报》2009 年 12 月 25 日。

郭乃硕：《打造世界级矿泉水产业基地，长白山地理标志证明商标须先行》，《吉林人大》2014 年第 4 期，第 7 页。

何迪：《农业产业集群与区域品牌建设分析——以通化人参品牌建设为例》，《通化师范学院学报》2011 年第 3 期。

《关于推进"品牌大省"建设的若干意见》［DB/OL］. (2015 - 07 - 28). http://finance. people. com. cn/GB/8215/210272/224080/224138/228639/228885/15466600. html。

《龙头企业》［DB/OL］. (2012 - 04 - 05). 中国经济网，http://views. ce. cn/fun/mcjx/201204/05/t20120405_1189900. shtml。

《国务院 18 号文强调品牌建设成政府工作重中之重》2016 年第 2 期。

湖北省农业厅市场与经济信息处：《实施农业品牌战略 推进现代化农业发展》，《学习月刊》2016 年第 5 期。

徐德法：《"西湖龙井"地理标志证明商标正当使用的范围》，《中国商标》2013 年第 5 期。

《关于推进"品牌大省"建设的若干意见》，人民网，http://finance. people. com. cn/GB/8215/210272/224080/224138/228639/228885/15466600. html。

吉林省历史文化旅游资源开发
存在的问题及对策

长春大学课题组[*]

摘　要　文化是人类进行交流的意识形态，是民族的血脉，是社会不断发展的基石。而历史文化更是体现着中华民族自强不息的精神追求，具有不朽的思想价值。吉林省美丽富饶，历史悠久，拥有丰富的自然资源、历史资源、物产资源。从古至今，随着时代变迁的脚步，吉林省各族人民在这里共同创造出丰富多彩的历史文化。

近年来，吉林省旅游业发展进程明显加快，旅游业已经成为优化产业结构、促进经济增长的重要产业。但是与其他省份相比，吉林省的旅游业发展仍有待提高，尤其是历史文化旅游资源的开发尚显不足。本文以四平叶赫那拉古城为重点，对吉林省历史文化旅游资源的类别和开发现状进行分析，针对吉林省历史文化旅游资源开发进行市场调查与分析，总结吉林省历史文化旅游资源开发过程中存在的问题，提出进一步开发吉林省历史文化旅游资源的对策。我们希望本文对吉林省历史文化资源开发与旅游业的深入发展能够提供有益借鉴。

关键词　吉林省　历史文化　旅游资源

---

* 课题负责人：王奇；课题组成员：王钊、姬霖、陆园、王绮、付莹、王锐、孙石峰。

一 历史文化旅游资源的相关概念

（一）历史文化资源

对于历史文化资源概念的界定各专家都有着不同的解读。郑冬生指出："所谓历史文化资源，是指历史文物、古迹、历史遗存。"郑汕、赵康认为"历史文化资源是以文化形态存在的社会资源，它是人类社会进步的纪录，是人类创造的物质财富和精神财富的积淀，是社会文明的结晶"。在这个定义中，历史文化资源既包括物质文化遗产又包括非物质文化遗产。

1. 物质文化遗产

物质文化遗产又称"有形文化遗产"，即传统意义上的"文化遗产"。根据《保护世界文化和自然遗产公约》（简称《世界遗产公约》），物质文化遗产包括历史文物、历史建筑、人类文化遗址。

2. 非物质文化遗产

非物质文化遗产，也被称为无形文化遗产，是相对于物质文化遗产而言的。物质文化遗产是以某种"物"的形式表现出来，而非物质文化遗产具有动态性，是以"人"为载体的，由人的行为活动展示出来。国务院办公厅颁布的各种文件中认为非物质文化遗产"是指各种以非物质形态存在的与群众生活密切相关、世代传承的传统文化表现形式"。

（二）历史文化旅游资源

历史文化旅游资源依托于历史文化资源，是指历史文化资源中可以用于旅游开发的资源。历史文化资源中无论是物质文化遗产还是非物质文化遗产，只要适合开发，并应用于旅游业中可以产生旅游价值的资源，并且对历史文化资源形成传承与保护，都可以称为历史文化旅游资源。

二 吉林省历史文化旅游资源的
类别及开发现状

（一）吉林省历史文化旅游资源的类别

吉林省历史文化资源，是指在现有吉林省行政区划范围内存留或者活动过的，由各族人民在各历史时期创造的，具有科学、审美、文化价值的历史遗存和具有重要价值或影响的历史文献与历史人物。历史文化资源从大类上分可以分成物质文化遗产、非物质文化遗产、历史文献和历史人物四个方面。从吉林省旅游开发实际出发，本文以物质文化遗产和非物质文化遗产为重点，对吉林省具有特色的主要历史文化旅游资源进行分析，探讨历史文化旅游资源开发的可能。

1. 物质文化遗产

物质文化遗产分为五类：（1）世界文化遗产；（2）国家历史文化名城和名镇；（3）国家考古遗址公园；（4）省级以上文物保护单位；（5）一级、二级文物。

吉林省共有物质文化遗产3082项，其中世界级文化遗产1项——高句丽王城、王陵及贵族墓葬；国家历史文化名城和名镇4个，包括吉林市、集安市、四平市铁东区叶赫镇、吉林市龙潭区乌拉街镇；国家考古遗址公园2个，包括集安高句丽国家考古遗址公园、渤海中京考古遗址公园；省级以上文物保护单位304项，包括丸都山城与国内城、渤海中京城遗址、汉书遗址、西团山遗址、罗通山城等；一级、二级文物2771项，包括吉林一号陨石、更新世晚期猛犸象头骨化石、红陶罐、新石器时代彩陶罐、新石器时代玉璧等。

2. 非物质文化遗产

非物质文化遗产分为十三类：（1）民间文学；（2）传统美术；（3）传统音乐；（4）传统舞蹈；（5）曲艺；（6）传统体育、游艺与杂技；（7）传统戏剧；（8）传统手工技艺；（9）民俗；（10）传统医药；（11）民间信仰；（12）中华老字号；（13）长春电影制片厂影片。

吉林省共有非物质文化遗产670项。其中民间文学53项，包括满族说部、长篇故事《陶克陶胡》、牛子厚故事、黄龟渊的故事、长白山老把头传说等；传统美术44项，包括长白山满族剪纸、乌拉满族赫舍里氏刻纸与剪纸、东丰农民画、长白山满族撕纸等；传统音乐22项，长白山森林号子、朝鲜族洞箫音乐、蒙古族四胡音乐、伽倻琴艺术、乌拉陈汉军旗香音乐、乌拉满族萨满音乐等；传统舞蹈37项，包括朝鲜族农乐舞、乌拉陈汉军单鼓舞等；曲艺15项，包括东北二人转、朝鲜族三老人、蒙古族好来宝等；传统体育、游艺与杂技36项，包括满族珍珠球、朝鲜族秋千、跳板、满族欻嘎啦哈、朝鲜族拔草龙、朝鲜"柶戏"、永吉民间游艺走五道、蒙古族象棋等；传统戏剧6项，包括黄龙戏、舒兰皮影、满族新城戏、吉剧、磐石评剧艺术、吉林京剧；传统手工技艺110项，包括艺发刻纸技艺、白山松花石雕刻技艺、长白山山核桃拼贴工艺、梨花春白酒传统酿造技艺、长白山满族枕头顶刺绣、延边朝鲜族冷面等；民俗44项，包括北山庙会、长白山采伐开山习俗等；传统医药17项，包括雷氏正骨、长白山满族医药等；民间信仰2项，包括满族关氏家族祭祖习俗和满族杨氏家族祭祖习俗等；中华老字号20项，包括吉林福源馆食品集团有限公司、四平市李连贵风味大酒楼等；长春电影制片厂影片130部，包括《白毛女》《赵一曼》《董存瑞》《花木兰》《上甘岭》《五朵金花》《党的女儿》等。

3. 历史文献

历史文献分为六类：（1）方志；（2）报纸期刊；（3）文集专著；（4）调查报告等；（5）日文文献；（6）善本书（九经、易书、周易通论等一些古书）。

4. 历史人物

历史人物分为七类：（1）政治人物（东明、朱蒙、遏必隆等）；（2）军事人物（渊盖苏文，高句丽的军事统帅等）；（3）工商业人物（李连贵等）；（4）文学艺术人物（纳兰性德等）；（5）社会科学人物（耶律倍等）；（6）自然科学人物（恽子强，恽代英的四弟，中国科学院院士）；（7）劳模英雄烈士（杨靖宇、赵尚志等）。

（二）吉林省历史文化旅游资源开发的现状

吉林省是一个旅游资源大省，具有得天独厚的人文旅游资源和景观旅游资源。目前，省内有旅游景点 300 多处，建成游览区 12 个。省内拥有文物古迹 4000 余处，其中许多都具有重要的旅游价值，现主要有三大古塔，五大寺庙建筑群，九座古墓、碑，十二座古城遗址遗迹 40 处，建筑与设施 120 处，人文活动 35 处，人文景观 205 处（包括古建筑遗迹和休闲求知娱乐类）。

文物古迹中以有关高句丽古国为最多，都是高句丽和渤海国时期的文物古迹，开发比较好。如集安市高句丽都城"国内城"、广开土王碑及洞沟古墓群、吉林市龙潭山高句丽山城等，这些都是研究西汉和唐朝时期长白山地区政治、经济、文化特点的重要资料。此外，抗日战争时期，吉林省是东北抗日武装的主要活动地点，留下了许多宝贵的革命遗址，这些遗址遗迹现已经成为中小学生爱国教育的主要基地，同时，吸引越来越多的爱国人士前来参观学习。伪满洲国殖民统治时期也留下了许多珍贵的遗址建筑，成为揭露和批判日本殖民统治、宣传爱国主义教育的重要文化旅游资源，伪满皇宫的接待人数也在逐年上升。

但是吉林省对历史文化旅游产品的开发仍存在不足，对既有历史文化旅游资源的开发深度不够，历史文化旅游模式尚未发展成熟，导致国内外人们对吉林省历史文化旅游产品的熟知度和认可度有待提高。

1. 吉林省物质文化遗产旅游开发的现状

吉林省物质文化遗产的开发可分为已开发类和未开发类：已开发类，如集安高句丽王城、伪满皇宫博物馆和四平战役纪念馆等，这类旅游资源的特点是历史文化渊源深厚，已针对旅游者需求开发旅游景区或旅游项目；未开发类，如松原市前郭尔罗斯蒙古族自治县和四平叶赫古城等，这类资源的特点是虽然拥有良好的历史文化资源，却没有将文化旅游融入其中，旅游设施建设不够完备，旅游市场未能得到有效开发，也没有调动起旅游者参与其中的热情。

2016 年上半年全省接待游客总数 8085.22 万人次，同比增长 17.41%，高于全国平均增速 7 个百分点，实现旅游总收入 1306.36 亿元，同比增长 24.58%，高于全国 10 个百分点。"十一"假期期间全省共接待游客 1180.98 万人次，同比增长 17.93%；实现旅游收入 75.43 亿元，同比增长 26.88%。游客出游方式中自驾游占 26.5%，个人旅游占 18.7%，家庭及亲朋结伴旅游占 20.1%；人均停留 2.56 天；人均花费 638.13 元，同比增长 7.5%。一日游游客 716.10 万人次,占 60.6%。出游目的以观光、休闲度假、探亲访友为主,共占 63.7%。本省游客占总游客的 36.1%,外省游客占 63.9%,其中辽宁、黑龙江、北京、广东、山东是吉林省主要的客源地。

2. 吉林省非物质文化遗产旅游开发现状

由于非物质文化遗产没有具体的实物形态,随着现代生活方式的不断变化,一些依靠口传身授的非物质文化遗产正在消失,许多传统技艺面临人亡艺绝的危险。因此对于非物质文化遗产的开发不仅具有重要性,而且具有紧迫性。

吉林省拥有深厚的文化底蕴、突出的地方文化、丰富多彩的文化资源。例如,戏曲方面,吉剧、二人转、黄龙戏、新城戏、东北大鼓等都是地方戏曲的杰出代表。尤其是二人转,如今已突破地域的限制,走向了全国。民间工艺方面,松花湖浪木根雕、松花砚、吉林白山木画、德惠草编、吉林彩绘雕刻葫芦、吉林剪纸、长春木雕、松花湖奇石等都具有很高的开发价值。在饮食方面,吉菜植根于吉林这块黑土地,吸引了不少美食爱好者前来探寻美食。

吉林省政府已通过多种方式对非物质文化遗产进行开发。群众可在延边朝鲜族自治州民俗博物馆、延吉市民族乐器研究所、乌银民族服饰工作室、郭尔罗斯民族乐器厂、前郭尔罗斯自治县民族歌舞传习中心、关东艺刀刻纸艺术馆、长白山满族民间美术馆等地了解非遗项目;开展非遗进校园活动,通过展览、表演等形式让学生了解非遗;举行相关比赛,如已经举办两届的中国朝鲜族农乐舞大赛。

吉林省也非常重视非物质文化遗产的保护,2007 年省文化厅成立了非物质文化遗产保护中心,2009 年设置了非物质文化遗产处;之后,在各市也相继成立了非物质文化遗产保护中心。2012 年出版的《吉林省非物质文化遗产名录图典》,是吉林省非物质文化遗产保护阶段性成果,该书图文并茂的诠释和展现了吉林省非物质文化遗产项目的民族性、地域性和总体概况。此外,吉林省还参加了 2008 年北京奥运会、2009 年中国非物质文化遗产技艺大展、2010 年上海世博会等国内大型文化活动,积极地向世界展示吉林省的非物质文化遗产。

除了对非物质文化遗产的整体保护之外,吉林省也采取了一些具体措施保护具体非遗项目，其中对于"满族说部"的保护效果比较显著。满族说部是吉林省首批国家级非物质文化遗产项目，是满族及其先民口耳相传的一种古老的民间长篇说唱艺术，满语称"乌勒本"，汉译为传或传记，早期多用满语说唱，清中叶后改用汉语讲唱，夹杂一些满语，被称为北方民族的百科全书。满族说部 2006 年入选"第一批国家级非物质文化遗产名录"，2007 年入选吉林省"第一批省级非物质文化遗产名录"。近年来，吉林省已经编辑出版了 28 部说部，使满族说部得到了较好的保护和传承。此外，2014 年 6 月文化部公布了第二批国家级非物质文化遗产生产性保护示范基地名单，涉及 59 家企业或单位，延吉市民族乐器研究所的吉林省传统技艺类朝鲜族民族乐器制作技艺项目成功入选。

三 吉林省历史文化旅游资源市场分析

为了解吉林省历史文化资源的旅游市场需求情况，课题组成员选取伪满皇宫博物院、长影博物馆、四平叶赫那拉城、大连金石滩、抚顺博物馆等地区发放问卷，共发放问卷 1900 份，回收有效问卷 1880 份，回收率 98.95%。在被调查的对象中，17～30 岁占 74.47%，31～50 岁占 22.34%，51 岁以上占 3.2%；最高学历为初中的占 1.26%，高中占 2.52%，本科占 50.31%，硕士占 32.7%，博士及以上占 13.21%；86% 的被调查者来自吉林省，14% 的被调查者来自辽宁省。

（一）对吉林省历史文化旅游资源认知度的调查

在调查中显示，大家对吉林省的历史文化资源，了解最多的是伪满皇宫，占 91.49%；了解高句丽王城、王陵及贵族墓葬的占 52.13%；了解叶赫古城的占 47.87%；了解丸都山城的占 22.34%；了解乌拉古城的占 28.72%。其中对历史名镇的认识认为长春市的占 54.72%；吉林市占 37.11%；集安市占 72.33%；四平铁东区叶赫镇占 69.18%；吉林市龙潭区乌拉街镇占 62.89%。而当继续调查在您所选择的文化古迹中您对其历史文化的了解程度时，选择非常了解的仅占 6.91%，选择了解的占 25.53%，选择略微知道的占 60.64%，还有 6.91% 的人选择不知道。

可以看出，大家对伪满皇宫是最为熟悉的，对高句丽和叶赫那拉城也都是知道的，甚至丸都山城、乌拉古城都有一定数量的人是了解的，但是继续调查对这些文化景区熟悉的程度时，大部分人选择了"略微知道"，也就是说大家只是仅仅知道这些地方，而对于它们的历史渊源、文化背景等都是不清楚的，这就说明这些景区大家已经有所关注，但是由于渠道有限、宣传有限，大家仅停留在"略微知道"的程度。

调查"了解以下哪些吉林省历史名人"的结果，见图1。

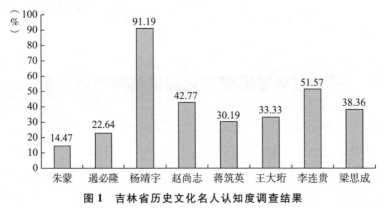

图1　吉林省历史文化名人认知度调查结果

对于这些与吉林省有关系的历史文化名人，我们最熟悉的还是杨靖宇，可以看出宣传的效果，而蒋筑英、王大珩这样的当代科学家被大家熟识的程度却很有限。

（二）对吉林省历史文化旅游资源开发与保护状况的调查

对吉林省"历史建筑发展与保护"目前状况的调查，发现消费者对当今历史文化建筑的发展与保护的看法是：保护很好，很满意的占13.84%；保护一般，较为满意的占45.28%；保护很差，有待改进的占29.56%；没印象，无所谓的占11.32%。而且有85.53%的人认为吉林省对历史文化资源进行开发利用有利于提高吉林省的文化知名度、提高地方经济、传承历史文化；12.58%的人认为会造成历史文化资源的破坏；有1.89%的人认为无所谓。

（三）对吉林省历史文化旅游资源开发中存在问题的调查

1. 您觉得当前历史文化资源旅游开发面临的最大问题是什么？具体结果如图 2 所示。

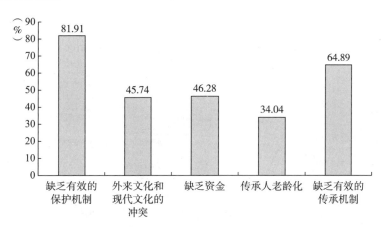

图 2　吉林省历史文化资源旅游开发问题调查结果

2. 对历史文化资源造成破坏的主要因素有哪些？调查结果如图 3 所示。

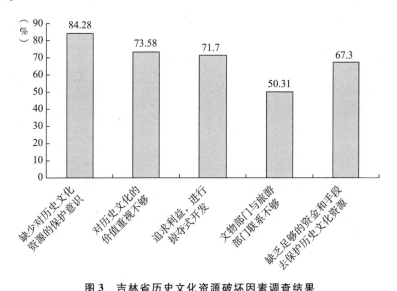

图 3　吉林省历史文化资源破坏因素调查结果

（四）对吉林省历史文化旅游资源开发途径的调查

1. 您对吉林省历史文化资源开发成旅游景区有何看法？调查结果如图4所示。

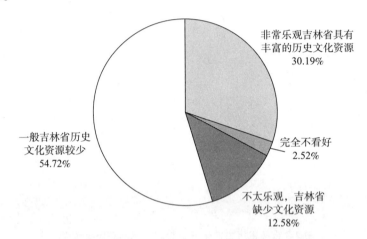

图4 吉林省历史文化资源旅游开发前景调查结果

2. 您认为政府该如何对历史文化资源进行保护？调查结果如图5所示。

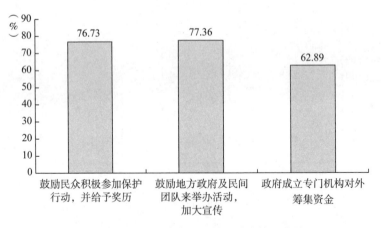

图5 吉林省历史文化资源保护行动主体调查结果

3. 在宣传方面，您赞成怎样的方式去宣传历史文化资源保护？调查结果如图6所示。

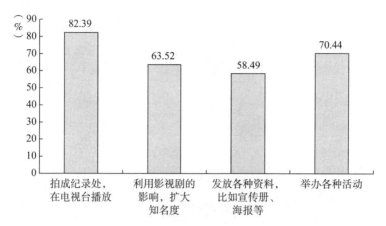

图6 吉林省历史文化资源宣传方式调查结果

4. 以下保护吉林省历史文化资源的措施中,您认为哪些措施最有效率? 调查结果如图7所示。

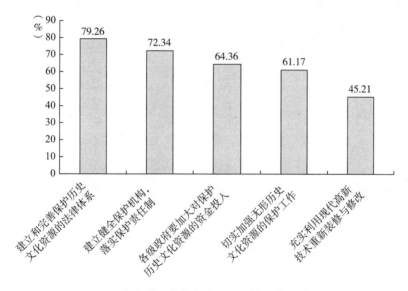

图7 吉林省历史文化资源保护措施调查结果

5. 您认为吉林省政府如何加强历史文化资源的保护与开发? 结果如图8所示。

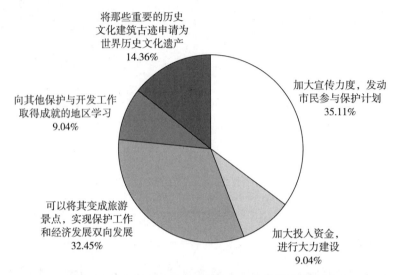

图8 吉林省历史文化资源保护与开发措施调查结果

6. 您认为解决历史文化资源的保护与开发利用问题的途径有哪些？调查结果如图9所示。

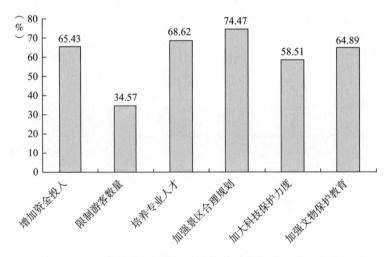

图9 吉林省历史文化资源保护与开发利用问题解决调查结果

7. 您对历史文化资源的传承有什么样的建议？（见表1）

以下是对吉林省历史文化古迹传承的建议截选，选择了部分被调查者的建议。

表1　群众对吉林省历史文化古迹传承的建议

序号	提交答卷时间	答案文本	查看答卷
42	2月21日21：48	无	查看答卷
43	2月21日22：27	要加大宣传，让广大人民群众自觉参与到保护和传承历史文化古迹的现实中去	查看答卷
44	2月21日22：49	发扬光大	查看答卷
45	2月21日23：05	重点保护，加强宣传力度，合理规划景区、景点	查看答卷
46	2月22日00：03	无	查看答卷
57	2月24日14：09	加强对历史文化资源保护的教育，加大资金投入保护性开发，健全历史文化资源保护的法律机制，申请世界文化遗产，通过各种媒介传播历史文化，吸引更多的人加入文化传承的大军中，形成全民参与保护的氛围	查看答卷
58	2月24日14：10	制定严格的制度，成立专门的机构进行管理传承，把基层工作落到实处，加大宣传保护力度让本土市民产生文化认同感，从而切身参与对文化古迹的保护与传承，着重培养专业人才	查看答卷
63	2月24日14：17	从娃娃抓起	查看答卷
64	2月24日14：24	用心传承切勿追求暴利	查看答卷
67	2月24日14：36	保护	查看答卷
68	2月24日14：42	加大宣传鼓励年轻人参与，对传承人补贴加大力度，使其可以全心传承	查看答卷
70	2月24日14：49	加油	查看答卷
72	2月24日15：05	不破坏	查看答卷
73	2月24日15：31	尽力保持古迹的本来面貌，让后代人能够感受到历史的痕迹	查看答卷
74	2月24日15：37	加油加油	查看答卷
113	4月11日09：48	全民参加	查看答卷
114	4月11日09：48	加强宣传，政府重视，资金投入，进行城市旅游相关定位	查看答卷
115	4月11日09：48	加强宣传，设立专门机构，在资金投入上加大力度	查看答卷
116	4月11日09：49	暂时没有什么建议，不过应该保护性开发	查看答卷
117	4月11日09：49	应该加大保护力度，每年都应该有固定的维修与修复，加大宣传力度，使更多的人参与到历史文化古迹的传承中	查看答卷
118	4月11日09：49	在进行开发传承的过程中，也要注重对历史文物的保护，实现可持续发展	查看答卷

续表

序号	提交答卷时间	答案文本	查看答卷
119	4 月 11 日 09：49	在开发中，注重对文化古迹的保护，合理开发，不以利益为导，倡导可持续发展，突出古迹自身特色，能够形成鲜明的特点	查看答卷
120	4 月 11 日 09：49	要尊重历史、承认历史，以史为鉴	查看答卷
121	4 月 11 日 09：49	以保护为主、开发为辅、取其精华、去其糟粕、继承传统、推陈出新，要对传统文化有明确意识努力学习和传承	查看答卷
122	4 月 11 日 09：49	加强国民民族意识教育	查看答卷
123	4 月 11 日 09：49	积极采取有关措施培养专业人才，促进传承向公众化发展	查看答卷
126	4 月 11 日 09：49	加强素质教育，培养公民对历史文化的认同感、自豪感和保护意识	查看答卷
127	4 月 11 日 09：49	通过宣传	查看答卷
129	4 月 11 日 09：49	经济利益与保护相结合	查看答卷
130	4 月 11 日 09：49	我们应该保护性开发，传承与弘扬历史文化古迹，同时，加大市内宣传，让全民参与其中	查看答卷
131	4 月 11 日 09：49	政府积极推动文化保护活动，举办各项参与性活动，对于古迹的讲解应加大宣传	查看答卷
132	4 月 11 日 09：49	有关部门应该引起重视，加大宣传，通过电视传媒等扩大知名度	查看答卷
133	4 月 11 日 09：49	应该深层的挖掘	查看答卷
134	4 月 11 日 09：49	政策加资金	查看答卷
135	4 月 11 日 09：49	加大资金支持	查看答卷
136	4 月 11 日 09：49	要在开发中发展，只有开发了的、有真正经济利益的，才能真正让人有传承的动力。政府纯公益性的保护，性价比很低，而且政府基层也会没有动力	查看答卷
137	4 月 11 日 09：50	在保护的基础上开发，不失原汁原味。传承文化，人人有责	查看答卷
140	4 月 11 日 09：50	我认为首先政府和有关部门应当力尽其责，发挥其作用，加强保护的同时提倡对民众的引导	查看答卷
141	4 月 11 日 09：50	从小培养历史文化意识，加大对历史文化的宣传	查看答卷
142	4 月 11 日 09：50	加大宣传力度，呼吁各级政府和当地人民以及前来游玩的游客共同保护	查看答卷
143	4 月 11 日 09：50	靠自觉不行的，得靠硬性措施	查看答卷

续表

序号	提交答卷时间	答案文本	查看答卷
144	4月11日09：52	首先，应大力宣传，增加文化古迹的知名度，让我们的市民充分认识吉林省的资源；其次，进行文化保护意义的宣传教育，当然这些是一切的事务的前提	查看答卷
145	4月11日09：52	1. 宣传教育，培养历史文化古迹保护意识；2. 政府引导鼓励历史文化古迹的保护和传承；3. 使整个社会保护历史文化古迹的风气浓厚并长存	查看答卷
146	4月11日09：53	取其精华去其糟粕，保护开发	查看答卷
151	4月11日10：11	以上选择题代表了我的观点	查看答卷

从调查中我们可以发现无论是大家对景区的了解，还是对景区的保护与开发，都离不开宣传的力量，我们在努力建设历史文化景区的同时，还要加大宣传与营销的力度，塑造吉林省独特历史文化的氛围，加大对历史文化的教育和传播。在政府的引导下，在企业的努力下，这些充满魅力的历史文化景区一定可以发挥其最大的价值。

四　吉林省历史文化旅游资源开发的问题

（一）部分历史文化旅游资源未得到有效的保护与开发

历经古老的夫余国、高句丽王国、渤海国到辽、金、元、明、清，再到伪满时期、抗日解放，吉林省在历史的长河中留下了丰富的遗产。但是至今吉林省保存完整的、为众人所知晓的很少。部分遗址如通化地区柳河县内的罗通山城，是高句丽时期一处重要的战略性城堡，风景区总面积6267公顷，山巅面积3133公顷，最高海拔1090米，集古城、险崖、奇峰、幽洞于一体，独具特色，2001年被公布为第五批全国重点文物保护单位。然而到目前为止，罗通山古城仍然是待开发的旅游景区，其历史资源没有得到应有的重视与保护，旅游产业开发明显滞后于旅游发展。更多的如钓鱼台遗址、孤山子古城址等都只拥有一个名字，其遗址已看不到任何痕迹，就连其历史传说也近于失传。

吉林省历经朝代更迭，留下许多历史古迹。在问卷调查中，关于"您对吉林省'历史建筑发展与保护'目前状况的印象是什么"的问题，有

43.48%的人认为"保护一般，较为满意"。如在农安县镇城西门，有一座著名的古塔，人们也称它为"佛塔"、"辽塔"或"金塔"，这座辽代古塔就是其最具代表性的古建筑。1983 年当地对其进行修缮，使古塔恢复原貌。但是由于损坏严重，古塔的须弥座和底层的精美砖雕已经不复存在。古塔坐落在县城中心，且处繁华地带，这座经历了千百年历史的古塔虽然是吉林省的重点文物，但是对古塔除了有一小圈的围护外再无其他，对其的保护工作还稍显不够。

（二）知名度低，历史文化旅游资源发掘与宣传不足

吉林省多数历史文化资源知名度不高，如吉林市境内的龙潭山遗址、东团山遗址都曾出土了汉代的罐、瓮等历史文物，据专家考证，龙潭山城、东团山城和"南城子"都是夫余国初期建造的典型的军事城寨和夫余国当时贵族和平民生活的地方。这些山城遗址是研究夫余国城池建筑的重要遗址。这些遗址在 1996 年、2006 年先后被国务院列为第四批、第六批全国重点文物保护单位。虽然龙潭山公园在本省也是一旅游景点，但其知名度与其历史价值本身差距悬殊，其文化价值远没有得到深入挖掘，历史文化与旅游产业结合紧密度不够，其历史文化价值没有得到很好的保护与传承。

吉林省旅游方面的宣传主要是对长白山的广告宣传，其他对历史文化资源的宣传无论是广告、报纸，还是纪录片，或是网络等，都几乎看不到。吉林的乌拉古街、长影博物馆、东北民族民俗博物馆，都是吉林省特有历史文化的代表，且都已建设初具规模，但由于其宣传力度不够，知其者少之又少，在本省如此，那么在全国、全世界就更鲜为人知了。

（三）旅游商品千篇一律，缺乏品牌意识

促使旅游购物行为的产生最重要的因素提供是个性化、富有当地的特色文化的旅游商品。外地游客提到东北特色，仅仅知道"东北三宝"即人参、貂皮、鹿茸。而目前吉林省甚至东北三省的旅游商品基本相同，代表吉林省本地或者景区景点特色的商品匮乏，缺少新意，千篇一律，严重降低了旅游者的购买欲望。现有旅游商品的开发程度也不够，人参作为吉林省特色旅游纪念品，现在虽然市场出现了人参糖、参呼吸饮料等，但是开发仍然不够。在旅游业迅速发展的今天，游客购买的已不仅仅是食品和工

艺品，而是购买这个地区的文化，购买纪念自己美好经历的体验留念。比如旅游者在欧洲旅行时，主要花销体现在奢侈品上，葆蝶的钱包、菲拉格慕的皮鞋、浪凡的香水，而绝非大量购买旅游商店中的景点模型和印有当地风光的明信片。若想促进旅游者消费，就不能忽视旅游购物所占的比例，重视旅游商品种类的开拓。

同时，目前吉林省内没有一个普遍认可的旅游商品品牌，有注册商标的品牌商品更为少见；而相较国外而言，旅游者去日本会购买药妆，会购买佳能、尼康公司旗下的电子产品；去荷兰，会购买木鞋；去巴西，会购买咖啡。旅游者正是因为这些特色精品，才会对这些国家情之所钟。大部分的旅游者进行旅游购物都是为了对旅途进行纪念或是与亲友分享异国他乡的风情。旅游商品缺少特色、缺少品牌，旅游者购买的意愿就很难产生。

（四） 旅游购物设施与环境不完善

目前部分旅游企业只是把旅游购物环境的建设作为旅游购物必不可少的硬件设施，没有营造良好的购物环境，在购物的地方，没有设置足够的休息区，也较少能看到有饮水机，自动取款机较为分散或是隐蔽，最重要的是忽略了购物文化氛围的建设。大部分购物商店环境布置简陋，空间布局与设计没有新意与特色，购物环境千篇一律，旅游者很难被吸引，购物行为也就很难产生。

五 吉林省历史文化旅游资源开发的对策

（一） 深入挖掘吉林省历史文化内涵，将文化作为旅游的根基

文化与旅游之间是灵魂与载体、内涵与外延的关系。应组织专家、学者对各历史文化资料进行翔实分析、整理，通过文物、建设等相关部门进行论证并进行建设，对旅游业相关从业人员进行培训。对吉林省各地的物质文化、非物质文化等都要深入探讨，发扬吉林省特有历史文化，使我们可以看到更多的历史遗迹，感悟历史的神奇，品味历史的魅力，感受独特的吉林历史文化。

历史文化与旅游产业具有很强的融合性，可以在融合中达到相互提升

和共赢。将历史文化资源转化为文化旅游吸引物，能够有效地促进旅游消费，增强游客的参与感受。旅游产品的发展，离不开有历史文化内涵的旅游产品的开发。以叶赫风景名胜区为例，旅游规划设计者对自身所有的旅游资源还缺乏系统全面的认识，并未细心琢磨叶赫风景名胜区的特色、未深入挖掘其旅游意义和内涵。在没有做好充分的研究工作之前，是难以将静态的旅游资源转化成动态的对旅游者具有吸引力的旅游产品的，这在某种角度上也意味着未将现有资源最大化利用起来，造成了一定程度上的资源浪费。结合四平叶赫的历史背景和文化渊源，可以设计出一些具有吸引力的新奇项目活动，比如就其特色鲜明的满族服饰文化，可以让游客亲身感受当时传统刺绣缝纫的过程，亲自拿起针线来参与其中进行缝制；又如建立情景重现历史场馆，让游客进入角色，来实际感受斟茶、送迎宾客等传统礼仪，在亲身参与中感受那时的历史文化特点，实际体会当时的风情文化。只有在文化上做足功课，才能使我们打造出的旅游产品由内而外的具有长久的吸引力，从而吸引更多海内外游客。

（二）重视历史文化旅游资源保护

省政协常委吉林市满族联谊会会长爱新觉罗·恒绍提出：小白山望祭殿和乌拉街"三府"等吉林省诸多古建筑（或遗址）是吉林省重要的历史文化遗存，当前最重要的是对它们进行抢救性修缮与保护开发。

在问卷调查中，我们也可以看到被调查者中认为缺乏有效的保护机制的占88.05%，认为缺少对历史文化资源的保护意识的占84.28%。因此，首先，要树立对历史文化资源的保护意识，对于没有开发的历史资源要进行保护，组织各种活动，不仅政府要重视，各地区全体公民更要动员起来一起对当地历史文物、遗迹、碑文、城墙等进行保护；其次，对于正在进行开发的资源要依照修旧如旧、尊重历史、重现历史的原则进行保护性开发，要对现有的进行保护利用，争取对原有的遗产进行原汁原味地呈现，以体现其历史价值；再次，建设专业的人才队伍，吸收接纳专业性人才，地方与专业部门相互配合，大力保护；最后，完善相关法律法规，建立保护历史文化资源的机制，制定严格的处罚措施，明确责任制，并有力执行。

现代旅游业的规模化发展已经对环境造成了严重影响，不少地区因为旅游的过度开发而导致自然环境发生蜕化、人文旅游资源遭破坏等问题。

历史文化旅游资源多是已经历长期岁月沉淀、十分不易保留至今的历史见证，其本身就具有脆弱性，所以更需要我们投入更多的关注去保护。

（三）借鉴成功经验，整合历史文化旅游资源

通过调研发现，我国其他省份，如辽宁省、云南省、浙江省、海南省、广西壮族自治区、福建省、陕西省的旅游业发展不仅规范，而且景区安排合理，线路设计人性化。我们完全可以借鉴这些旅游发达省份的成功旅游经验，把历史古镇与民族特色文化结合起来，把自然资源和文化资源结合在一起，把各地的旅游资源整合起来，串成具有历史古韵的文化旅游线路。

无论是云南省还是海南省，都是把 2~4 个小时车程的景区连接起来，用全域的视角，把一些有特色、知名的旅游景区都联合为一个整体。如云南省的旅游线路第一站到达昆明，然后去往大理古城，接下来是丽江，然后返回大理，途经楚雄到达石林，这一路的都是乘坐中巴车，车程 3~4 个小时，只有最后一个地方从昆明乘飞机去往西双版纳，再从西双版纳返回昆明。海南省、浙江省等旅游发达地区的线路也是这样来设计的。

吉林省完全也可以借鉴这种全域旅游的思路重新设计吉林省的旅游线路，如从长春出发至辉南三角龙湾和溶洞，然后前往著名的长白山景区，从长白山回来走十五道沟沿线，一路可以按照时间安排几个风景区停留，再经临江到达集安高句丽、五女峰，然后到达通化地区，可以去往靖宇陵园、柳河罗通山等景区，最后回到长春参观伪满皇宫、长影博物馆和长影世纪城。这样一行至少要 6~8 天，这样既延长了旅游进程，也使游客对景区的满意度上升，吉林省知名度随之提升，创造了品牌效应的同时，可收取的团费提高了，质量更会得到保证。而对于旅游者来说他们的旅游成本反而降低了，游览了更多的景区，对吉林省有了更深的认识。再通过网络营销、口口相传等方面的传播，吉林省旅游业必然会得到长足的发展，进而实现旅游业带动地方经济的目标。

旅游是一种文化现象，挖掘吉林省历史文化旅游资源的特色，结合吉林省历史文化设计独特的旅游项目，给旅游者一次新奇的旅游经历，避免千篇一律的同主题、同内容的旅游项目的反复呈现。

大连的金石滩景区，在借助了金石滩自然优势的条件下，修建了七大文化主题博物馆，包括毛泽东历史珍藏馆、地质博物馆、奇幻艺术体验

馆、球幕体验馆、华夏文化博物馆、生命奥秘博物馆和金石蜡像馆。七大展馆以不同的风格，不同的形式展现了历史文化的渊源，让大家耳目一新，而且设计得巧妙的是七大展馆连成一体，全部游览完需要 2 ~ 3 个小时，虽然门票192元有点高，但是都参观下来，让人感到物有所值，充分体验了自然文化、历史文化，让游客感到收获颇丰，获得了良好的口碑。我们可以借鉴这种做法，把每个景区都设计得内容丰富，景区与景区之间距离安排得当，降低游客的游览成本，提高游览价值。我们应该借鉴辽宁省老虎滩和金石滩的做法，呈现多文化、多形态的异彩纷呈的文化市场环境，从而形成独特的旅游产品。

（四）多渠道加大历史文化旅游资源的宣传力度

在信息社会如此发达的今天，网络、微信、电视、电影、广播、报纸、刊物、节事活动等都具有明显的传播效果。很多景区都是由一部电影、一部电视剧、一个活动、一位名人而出名，如曾经的《似水年华》火了乌镇，一部《非诚勿扰》火了西溪湿地，一部《边城》使凤凰古城闻名世界。其实很多知名电视剧、电影都是在吉林省取景，如五朵金花取景于长春南湖，却火了大理，一部《雪山飞狐》取景于长白山，却火了哈尔滨等。目前正在热播的《独步天下》就是讲述满族公主东哥的传奇人生，我们要学会运用好这些资源，让我们的美景与历史走入中国人的视野、走入世界的视野。我们可以把夫余国历史、高句丽王国、渤海国和吉林四大古民族的发展，英勇不屈的红色文化历程都拍成纪录片在景区播放、在电视上播放，甚至可以拍成电影以扩大知名度，还可以举办各种节事活动，如净月潭的瓦萨徒步节和长白山的滑雪活动等就取得了很好的效果。

（五）开发特色旅游商品，树立品牌意识

旅游者在旅游目的地观光游览时都愿意购买一些旅游商品，这种商品带有浓郁的地方特色，蕴含着悠久的历史文化，或是被食用、使用，都有着一定的纪念意义。旅游商品的设计应从旅游者的需求角度出发，体现当地的文化和特色。应该加大对旅游商品生产供应的技术研究和改进力度，提高旅游商品的技术含量，增加商品的地域特色和文化内涵，增加旅游商品的价值。可以考虑把人参、鹿茸等做成易携带、易保存的食品或饮品，

为游客提供精美包装，做成礼盒，以满足不同需求的游客。同时把人参、东北虎、梅花鹿等具有代表性的特色产品开发成不同材质、不同类型、富有创意的玩偶系列。

吉林省著名的特产还有许多，比如辽源东丰的农民画就非常适宜购买。东丰农民画蕴含着浓郁的北国风情，画面色彩鲜艳、璀璨夺目，具有很强的装饰作用，体现出吉林人民的憨厚朴实，极具地方特色。剪纸艺术作品也是吉林省具有民间特色的旅游产品，再现了满族历史文化。长春一汽也闻名遐迩，将一汽生产的红旗、宝来等轿车模型打造成纪念品，具有显著的地方特色，会深受爱好汽车人的喜爱，外省旅游者回到居住地后，也是对吉林省旅游的一种宣传，让吉林省人民心生喜悦。又如白山市江源区是松花石文化研究的核心区域，松花石旅游纪念品既蕴含深厚的文化底蕴，又兼具造型美观、工艺精巧等特点，政府和旅游企业应该秉承"小石头做大文章，小石头做大产业"的信念，全力推进松花石文化产业的发展，联合两馆一城，即松花石艺术馆、松花石博物馆、奇石文化城，以全新的文化视角，促进江源区把松花石文化产业做精做优、做强做大，加快成为立足长白山区域、辐射全省全国的旅游商品创意、设计、研发和生产基地。

此外，吉林省还汇集着许多民族，包括汉族、满族、朝鲜族、回族、蒙古族等，应该开发各个民族的历史文化，研制民族特色旅游商品。吉林省四季分明，又以冰雪文化闻名全国，加上吉林市拥有中国四大自然奇观之一的雾凇，打造和冰雪有关的旅游商品也应受到重视。同样地，还可以开发以长白山、松花湖、吊水壶瀑布等重点景区为载体的特色化旅游纪念品。

吉林省各个地方还可以开展举办创新旅游商品设计比赛，在学校、政府机关、商业楼、居民区积极进行宣传，征求意见，由相关专家进行评比鉴定，选取优秀的方案进行开发，并给予设计人奖励，打造出真正具有吉林省特色的名牌旅游商品。对名牌旅游购物品授予品牌标志，新颖奇特的旅游购物品的设计和生产应申请专利。

（六）营造良好购物环境，加强配套设施建设

随着人们生活水平的不断提高，人们消费观念不仅仅只关注物质消费，还慢慢转向精神文化消费。旅游购物需要有一定的购物环境和相关配套的购物设施，健全的购物设施会带给旅游者良好的心理感受，为旅游购

物添彩，促进商品销售。现在旅游者越来越重视旅游购物环境、购物设施的当代化、特色化、个性化，旅游购物已经成为当代人休闲消费方式重要的组成部分。购物环境的优异会使得旅游商品对旅游者产生更大的吸引力。目前，上海、成都、大理、厦门等城市都已经创建了旅游购物步行街，类似于成都锦里、厦门曾厝垵，成为当地旅游的一个特色景点，蕴含了旅游目的地独特的文化。

吉林省不仅长春市可以建一个大型的旅游特色产品的商圈，而且省内很多城市都有条件打造一条具有当地特色的旅游购物步行街。如吉林市，松花江流经全城，亦被称为吉林乌拉，是满族文化的发源地，可以考虑以此为依托投资建设"松花江旅游购物街"，这是集购物、休闲、娱乐为一体的旅游产业项目，为各个国家各个地区的旅游者提供了更加优越的购物环境。增加旅游购物的魅力，使旅游者更加满意，旅游者又可以购买到心满意足的商品，又可以增长知识，不仅开阔了眼界，还可以感受到浓厚的文化气息。

结 论

文化是国之根本，更是旅游事业发展的核心。吉林省历史悠久，历史文化资源丰富，我们要珍惜这些瑰宝，保护这些遗产，传承这些精神。在历史文化旅游资源的开发中，我们应注意挖掘文化内涵，保护性开发，依托历史文化资源开发特色旅游商品等，通过有效保护、合理开发、积极宣传，不仅能够丰富吉林省旅游产品类型，完善产品结构，促进旅游经济更好更快地发展，更能够将吉林省丰富的历史文化发扬光大，使其在旅游业大发展的今天绽放出独特的光芒。

参考文献

邵汉明：《吉林省历史文化资源名录》，吉林人民出版社，2011。

任凤霞、刘信君：《简明吉林历史读本》，吉林人民出版社，2013。

朱立春：《吉林省民俗节庆》，吉林人民出版社，2012。

王奇、陆园：《吉林省历史文化资源与旅游产业整合开发研究》，《合作经济与科技》

2015 年。

孙洋:《吉林省历史文化旅游开发研究》,《旅游纵览月刊》2012 年。

宗云燕:《建水古城保护与开发中存在的问题及应对措施》,《文化学刊》2016 年。

魏益军:《旧城更新下历史文化名城的保护与发展》,《低温建筑技术》2016 年。

胡忆南、李娜:《西安市旅游业现状及可持续发展策略研究》,《渭南师范学院报》
    2016 年。

孙虹飞:《吉林省民俗节庆旅游产品开发对策探讨》,《吉林工程技术师范学院报》
    2013 年。

薛存心:《河南历史文化挖掘、拯救与开发研究》,《职业时空:综合版》2015 年。

王丽丽、崔庠:《吉林省历史文化遗存类科普旅游资源的开发》,吉林大学 2016 年硕士
    学位论文。

李富盛:《历史文化资源对区域发展的重要性》,清华大学 2012 年硕士学位论文。

姜文君:《历史文化资源保护开发利用的新媒体策略》,长江大学 2015 年硕士学位论文。

韩海莲:《延边朝鲜族历史文化资源保护与开发研究》,延边大学 2013 年硕士学位论文。

张娓嘉:《吉林省非物质文化遗产保护与旅游开发互动研究》,东北师范大学 2014 年硕
    士学位论文。

杨兆宇:《吉林省旅游产业竞争力评价及提升对策研究》,长春理工大学 2014 年硕士学
    位论文。

赵蔚峡:《非物质文化遗产价值论》,中国艺术研究院 2013 年硕士学位论文。

张卓:《吉林省旅游形象的特色传播研究》,吉林大学 2011 年硕士学位论文。

晓然:《中国非物质文化遗产之满族说部》,《中国工会财会》2015 年。

蔡萌:《四川非遗:创新再现活力 推展再聚人气》,《中国文化报》2015 年。

四平经济开发区_互动百科（http://www. hudong. co）。

刘琴:《主题旅游规划的理论与实践研究》,同济大学 2006 年博士学位论文。

叶赫_简介网络（http://page. tianya. c）。

刘久彦:《叶赫镇旅游业开发渐入佳境》,《四平日报》2010 年 8 月 11 日。

《山西省历史文化古迹的保护与发展调查问卷》,http://wenku. baidu. c,2016。

Vincenzo Del Giudice *The Contingent Valuation Method for Evaluating Historical and Cultural
    Ruined Properties* [J]. Procedia-Social and Behavioral Sciences , 2016.

Violina Rindova, Elena Dalpiaz. Davide Ravasi , *A Cultural Quest: A Study of Organizational
    Use of New Cultural Resources in Strategy Formation* [J]. Organization Science, 2011.

Tülay Öcal; Huriye Altuner, *The Importance of Historical and Cultural Heritage of in Terms of
    Cultural Geography* [J]. Current Urban Studies, 2014.

基于 VR 技术的渤海国东京城建筑群复原和保护策略研究

吉林建筑大学课题组*

摘　要　基于 VR 技术对古建筑遗址实现虚拟复原和保护研究，已经成为古建筑遗址和文物保护领域发展的新趋势，在国内外文物保护业界得到普遍认可。渤海国东京城建筑群，即吉林省延边朝鲜族自治州珲春市八连城遗址。东京城作为渤海国东京龙原府的治所，曾在文王大钦茂时期作为渤海国京城使用，是渤海国东部地区的中心和重镇。目前，八连城遗址整体格局保存较为完好，保存有城墙、城门、宫殿址等建筑群遗迹，在历史、文化、科技等方面具有重要价值。面对文物保护发展新趋势及地方旅游文化产业发展的双重机遇和挑战，传统现场展示已不能满足遗址今后保护、研究与可持续开发的要求，应及时探索更为有效的保护策略。

本研究报告以渤海国东京城建筑群为研究对象，开展基于 VR 技术古建筑复原可行性分析，力图再现渤海国东京城建筑群的艺术性和历史性，探讨 VR 技术在珲春八连城遗址保护领域中的应用性和可操作性，提出相应保护策略。VR 技术的应用，将会使渤海国东京城建筑群的复原与保护工作更加趋于科学、有效，更加符合信息化、大数据化时代对于古建筑遗址保护的现实要求与发展趋势。

关键词　VR 技术　渤海国　东京城　建筑复原

---

*　课题负责人：戚欣；课题组成员：王新英、常欣、刘喆、孙明阳、常悦。

一　绪论

（一）研究背景

VR 技术（Virtual Reality，简称 VR），即虚拟现实技术，是一项综合集成众多学科的高新技术。VR 技术综合利用计算机图形学、人机交互技术、传感技术等学科手段，实现使用者和虚拟环境的交互体验，提供使用者关于视觉、听觉和触觉等感官模拟，完成了虚拟世界对现实世界的替代，达到身临其境的感觉。VR 技术应用已经涉及航空航天、道路交通、建筑设计、医疗卫生、教学管理、旅游休闲等众多领域。利用 VR 技术实现消失古建筑遗址复原，开展古建筑遗址保护策略研究已经成为当今遗址保护领域发展的新趋势，得到国内外业界的普遍认同，取得了相当数量的实践成果。2000 年，联合国教科文组织吸收 Virtual Heritage Network，通过 VR 技术来进行文化遗产保护工作。

渤海国东京城建筑群，即吉林省延边朝鲜族自治州珲春市八连城遗址，是吉林省内重要的渤海国遗址之一，是第五批全国重点文物保护单位。八连城遗址作为渤海国早期都城东京城故址，整体格局保存较为完好，城墙、城门、宫殿址等建筑群遗迹丰富，在历史、文化、科技等方面具有重要价值。面对国家文物保护事业发展趋势、地区旅游文化产业发展、传统保护模式提升等多重挑战与机遇，我们应积极探索更为有效的渤海国东京城建筑保护策略，以满足今后遗址保护、展示与研究的发展趋势要求。

（二）研究目的与意义

本课题研究目的在于解决渤海国东京城建筑群，即珲春市八连城遗址在古建筑遗址保护、展示与研究过程中的现实要求，利用 VR 技术再现渤海国东京城建筑群的历史性与艺术性，使参观者建立对东京城当年繁华景象更为直观的认识；同时，在 VR 技术视角下开展保护策略研究，提升渤海国东京城建筑群保护、展示与研究手段，增加珲春旅游文化资源软实力，助力地方经济发展，也为今后省内其他古建筑遗址保护工作提供参考和示范作用。

（三） 研究方法与线路

珲春市八连城遗址地表现存的渤海东京城建筑群是进行复原的实物例证，本课题将运用田野调查法对遗址进行实地调研，取得第一手资料。本课题将通过文献法对相关历史文献、唐代绘画作品等文献资料进行收集分析，探讨渤海国东京城建筑群复原的再现途径；综合利用计算机科学、历史学与艺术设计等研究方法，对渤海国东京城建筑群虚拟复原进行分析；使用管理学对策研究方法，基于 VR 技术视角下对八连城遗址自身情况提出有针对性、切实可行、符合文物保护发展趋势的保护策略。

（四） 研究的主要内容

绪论阐述了研究背景，提出了课题的研究目的与意义、研究方法与线路，以及研究内容。

第二部分为渤海国东京城历史沿革与发现研究，分别从渤海国东京龙原府历史沿革、珲春市概况、渤海国东京城建筑群的发现与研究三方面进行阐述。

第三部分为渤海国东京城建筑群保存与利用现状，介绍渤海国东京建筑群，即珲春八连城遗址保存与利用现状，分析存在的问题。

第四部分为 VR 技术复原渤海国东京城建筑群的可行性，阐述 VR 技术概念及其 3I 特性，介绍国内外使用 VR 技术复原古建筑遗产应用及成功案例，分析 VR 技术复原渤海国东京建筑群的可行性，并以内城南门为复原对象进行说明。

第五部分为渤海国东京城建筑群保护策略，首先论述了 VR 技术在渤海国东京城建筑群保护应用的可行性，在 VR 技术视角下提出建设渤海国东京城虚拟博物馆进行八连城遗址保护的对策建议，最后阐述了建立渤海国东京城虚拟博物馆的现实意义。

二 渤海国东京城历史沿革与发现研究

（一） 渤海国东京龙原府历史沿革

渤海国是以粟末靺鞨为主体，联合高句丽遗民、汉人及靺鞨其他部落人，于公元 698 年至公元 926 年在东北地区建立起来的肃慎族系历史上第一个民族政权，唐在此地设置忽汗州都督府，以王为都督，封渤海郡王（后晋封为国王），其政权亦因唐朝封号称为"渤海国"，其强盛时典章文化象宪唐朝，被誉为"海东盛国"。

《新唐书·渤海传》载渤海国疆域四至，"南比新罗，以泥河为境，东穷海，西契丹……地方五千里，户十余万，胜兵数万，颇知书契，尽得扶余、沃沮、弁韩、朝鲜、海北诸国"。概况来说，渤海国全盛时期的疆域，"南界的西边以大同江，东边以龙兴江为界与新罗相接，东界以龙兴江口开始到乌苏里江入黑龙江口以东的广大海岸线，西北界以今昌图、梨树、农安一带与契丹接壤，西南界为辽河以东辽阳一带和鸭绿江下游的辽东地区，东北界为黑龙江以南的松花江中下游，乌苏里江中下游广大地区"。①

渤海京都制度是受唐朝五京制度影响而逐渐形成的五京制度。第三代王大钦茂时期，始建立京制，包括中京显德府、上京龙泉府、东京龙原府。第十代王大仁秀时期，增置西京鸭绿府、南京南海府，最后确立五京制度。《新唐书·渤海传》载"初，其王数遣诸生诣京师太学，习识古今制度，至是遂为海东盛国。地有五京、十五府、六十二州。以肃慎故地为上京，曰龙泉府，领龙、湖、渤三州。其南为中京，曰显德府，领卢、显、铁、汤、荣、兴六州。秽貊故地为东京，曰龙原府，亦曰栅城府，领庆、盐、穆、贺四州。沃沮故地为南京，曰南海府，领沃、睛、椒三州。高丽故地为西京，曰鸭渌府，领神、桓、丰、正四州……"其中，渤海国上京城遗址位于今黑龙江省宁安县、中京城遗址位于今吉林省和龙县、东京城遗址位于今吉林省珲春市、西京城遗址位于今吉林省白山市、南京位于今朝鲜半岛的东北沿海一带。事实上，渤海国五京并非都是王都，但所在地是一方政治、经济、军事中心，具有区域政治统治的重要功能。

东京龙原府，置于古秽貊故地，又称栅城府。东京龙原府治所在今吉林省延边朝鲜族自治州珲春市八连城遗址，渤海文王大钦茂时期曾以东京城为都城。《新唐书·渤海传》载渤海文王大钦茂"贞元时，东南徙东京"，东京龙原府在上京龙泉府东南方向，故称"东南徙东京"。成王大华玙嗣位不久即于公元 794 年复迁都上京龙泉府，东京作为都城不足十年。

---

① 赵永春：《从复数"中国"到单数"中国"》，黑龙江教育出版社，2014，第 374 页。

即便如此，东京城当时也修筑了宫殿等建筑群。《辽史·地理志》载东京龙原府"有宫殿，垒石为城，周二十里"。大华玙迁都上京城之后，东京城仍是渤海国东部地区的中心和重镇。经东京城龙原府向东南滨海处，是渤海通往日本的重要出海港口。东京龙原府是渤海国经济、文化比较发达的地区之一，在渤海国时期具有重要的地位。

（二）珲春市概况

渤海国东京龙原府的治所东京城，位于今吉林省延边朝鲜族自治州珲春市八连城遗址。珲春市位于吉林省东南部图们江下游地区，地处中、朝、俄三国交界地带，地理坐标位于东经130°03′21″至东经130°18′30″，北纬42°25′20″至北纬43°30′18″。珲春市西部和西南部隔图们江与朝鲜民主主义人民共和国咸镜北道相望，东部和东南部与俄罗斯滨海边疆区接壤，西部和西北部与吉林省延边朝鲜族自治州图们市、汪清县为邻，东北部与黑龙江省东宁县相邻。"一眼望三国、人旅观三家、虎游食三边、犬吠闻三疆"是珲春一大特色。珲春市属中温带近海洋性季风气候区，春季干燥多风，夏季温热多雨、凉爽潮湿，秋季少雨，冬季积雪不深、寒冷期长。[①]

珲春地区历史上曾是沃沮、高句丽、靺鞨、女真、满等部族活动的地方，历史遗迹丰富。战国、秦、汉时期，珲春全境是北沃沮人活动地区。唐代渤海国时期，东京龙原府治所于今珲春市八连城遗址，东京龙原府管辖庆、盐、穆、贺四州。公元926年契丹灭渤海国，建立东丹国。辽废东丹，设五道，珲春隶属东京道（治于辽阳府）。金灭辽后，设六京十九路，珲春隶属上京路曷懒路。东夏国时期，珲春隶属率宾路。元时期，设十一行省，珲春隶属辽阳行省开元路。明代在东北地区先后设置辽东都司和奴儿干都司，珲春隶属奴儿干都司。珲春是满语，意为"边远之城"。康熙五十三年（1714），设珲春协领，隶属宁古塔副都统。光绪七年（1881）增设珲春副都统，帮办吉林边务。宣统元年（1909），设珲春厅，隶属于吉林省。1914年，改设珲春县。1945年延边地区解放，成立珲春县人民政府。1988年珲春撤县立市。[②]

---

① 珲春市地方志编纂委员会编《珲春市志1988－2005》，吉林人民出版社，2009，第1页。

② 吉林省文物志编委会主编《珲春县文物志》（内部资料），吉林省文物志编修委员会，1984，第2～5、37页。

（三） 渤海国东京城建筑群的发现与研究

目前，国内外有关八连城遗址的研究成果主要集中在三个方面，即历史文献记载与考证、考古调查与发掘、遗址保护与利用。

1. 历史文献记载与考证

有关渤海国历史在中国古代正史和其他文献中均有记载，如《旧唐书》、《新唐书》、《旧五代史》、《新五代史》、《宋史》、《辽史》、《金史》、《元史》、《唐会要》、《册府元龟》和《资治通鉴》等。渤海国灭亡后，最早有关渤海国古城的记载见之于宋代，洪皓《松漠纪闻》、叶隆礼《契丹国志》、曾公亮和丁度《武经总要》中都有关于渤海古城的记载。如（宋）洪皓《松漠纪闻》载"渤海国，去燕京、女真所都皆千五百里，以石累城足，东并海"。清代，有关渤海国文献和古城的整理和调查活动再次兴起，主要以渤海国上京城和中京城为主要对象。在方拱乾《绝域纪略》、张缙彦《宁古塔山水记》、张贲《白云集》、吴兆骞《秋笳集》、吴振臣《宁古塔纪略》、杨宾《柳边纪略》等清代文人文集中都详细记载了渤海国上京城遗址的情况。清乾隆年间编著的《钦定满洲源流考》从历史角度对渤海国故地乃至渤海国上京城遗址展开了考订。清末历史地理学家曹廷杰在其所著《东三省舆地图说》中对渤海国遗迹加以考证，并确定了上京城遗址所在地。1908 年清帮办吉林边务陆军协统衔军政参领吴禄贞撰《延吉边务报告》中首次记载了渤海国中京府遗址（今和龙市西古城遗址）的基本情况。民国时期《增订吉林地理纪要》记载珲春八连城遗址的基本情况，八连城又称八垒城、半拉城，"西距（珲春）县治十五里，纵横各二百五十丈，四面门各一。内有子城七，中央凡三，左右各二，均相连属，共有门十四，北外垣之内，子城之北有横墙一，旧城北大城，并七城而为八，故称八连"。但是，上述记载中并未明确八连城作为渤海国东京城龙原府的京城属性，仅是将该城址作为渤海国古城址进行记述。

由于渤海国辖地跨今中国、俄罗斯和朝鲜，同时与古代日本交流往来密切，所以在朝鲜史书《三国史记》《三国遗事》等及日本史书《续日本纪》《日本后纪》《续日本后纪》等中也有关于渤海国历史的相关记载。

2. 考古调查与发掘

清代与民国初期关于渤海国的学术活动，有部分已经脱离了单纯的历史记载与史学考证，带有初步的简单的考古调查性质。最早有关珲春市八连城遗址的考古调查与发掘活动始于 20 世纪 20 年代，由当时日本学者组织实施。从 20 世纪 20 年代至今，针对珲春市八连城遗址的考古调查与发掘活动大致可分为三个主要阶段。第一个阶段，自 20 世纪 20 年代初至 40 年代中期，以由日本学者主导对八连城遗址的调查与发掘为标志，以鸟山喜一撰写的《渤海东京考》为主要成果，将八连城遗址纳入渤海国京城研究的学术视野，确定了八连城（渤海国东京城龙原府）作为渤海国京城的属性。1924 年鸟山喜一调查八连城遗址，认为该遗址与渤海国有关。日本侵占中国东北地区后，在日本政府和侵华日军的支持下，鸟山喜一、斋藤优、驹井和爱等又以受伪满文教部、伪珲春县公署委托之名义，对八连城遗址进行多次调查与发掘。1938 年，鸟山喜一撰写《渤海东京考》一文，提出八连城为渤海国东京龙原府故址的学术观点[①]。这一时期由日本学者主导的针对八连城遗址考古调查和发掘活动是日本文化侵略中的一环，出土物被运往日本，这种行径不仅在学术上造成混乱，也对遗址造成一定程度的破坏。第二个阶段，以 20 世纪 50 年代初至 90 年代末，由中国学者独立完成的八连城遗址田野调查为标志，以《珲春县文物志》《东北史地考略》等为主要成果，丰富了学术界认知渤海国东京城建筑群的信息资源，并且逐步建立健全了珲春市八连城遗址"四有档案"及保护制度。在第一次全国文物普查期间，吉林省文物管理部门组织专业人员对八连城遗址进行了全面调查，对古城的形制、规模、保存状况等方面信息进行了记录和判断。《珲春县文物志》对八连城遗址调查结果进行了详细记载，并对遗址性质进行了判断，"八连城分内城和外城，城墙均为土筑。外城呈方形，方向为北偏东 10 度，周长 2894 米。外城北墙长 712 米，东墙长 746 米，西墙长 735 米，南墙长 701 米，外有护城河尚依稀可辨……八连城的建筑布局，无疑是仿唐代的。……八连城是唐代渤海国的东京，也是龙原府的治所"。[②] 这一阶段的学术成果除《珲春县文物志》《东北史地考略》等书籍以外，其他相关论文、调查报告则刊发于各类专业期刊。第三个阶段，以 20 世纪 90 年代末至 2009 年，由吉林省文物考古研究所、吉林大学边疆

---

① 王培新、梁会丽主编《八连城——2004 ~ 2009 年度渤海国东京故址田野考古报告》，文物出版社，2014，第 6、310 页。

② 珲春示范区网站。

考古研究中心、珲春市文物管理所联合完成的八连城遗址调查与发掘工作为标志，以《八连城——2004 - 2009 年度渤海国东京故址田野考古报告》为主要代表。该阶段有关渤海国东京城（八连城遗址）的调查与发掘属于国家社科基金项目"吉林省境内渤海都城址研究"学术课题的组成部分，成果中所汇集的各种信息资源已经得到学术界的积极回应。同时，通过该阶段的考古调查与发掘，较为全面的掌握、揭示八连城遗址的保存现状及城址规划布局特征，为八连城遗址保护规划的具体落实及渤海都城建制等学术研究提供了系统考古学资料依据。这一阶段其他学术论文、调查报告刊发于各类专业期刊。

3. 遗址保护与利用

目前，八连城遗址为渤海国东京故址的学术观点已被普遍接受。珲春市八连城遗址，即渤海国东京城建筑群，作为渤海国早期都城遗址，城市形制和规划布局较为完整，在历史学、考古学与建筑学等方面具有重要价值。

自 20 世纪 50 年代开始，延边朝鲜族自治州、珲春市政府所属相关文教、文化、文物等部门陆续开展了针对渤海国东京城建筑群，即八连城遗址的保护与利用工作，建立和完善了保护机构、保护范围与建筑控制地带划定、文物档案和文物保护标志牌等文物"四有"措施。1958 年，珲春县文教科建立文物保护档案，开始有组织地开展八连城遗址保护工作。1960 年，延边朝鲜族自治州文物管理委员会对八连城遗址进行调查，充实文物档案。1961 年，八连城遗址由吉林省政府公布为第一批吉林省重点文物保护单位。20 世纪 80 年代，文物部门迁移了八连城遗址内的建筑，加大了保护力度。1992 年，吉林省人民政府公布八连城遗址保护范围和建筑控制地带。2001 年，八连城遗址以其自身所具备的历史、艺术和科技价值被国务院公布为第五批全国重点文物保护单位。近年来，相关部门制定了《八连城遗址保护规划》。2013 年、2016 年，八连城遗址先后入选国家财政部和国家文物局共同研究编制的《大遗址保护"十二五"专项规划》《大遗址保护"十三五"专项规划》名单。2016 年，八连城遗址入选"十三五"国家文化和自然遗产保护利用设施建设项目。可以说，渤海国东京城建筑群保护进入了一个新的阶段。目前，渤海国东京城建筑群，即珲春市八连城遗址暂未开展大规模旅游开发活动，采用现场展示方式，安防技防设施较为完备。

三　渤海国东京城建筑群保存与利用现状

（一）自然状况

渤海国东京城建筑群，即八连城遗址，位于吉林省延边朝鲜族自治州珲春市境内，中心地理坐标为东经130°16′58″，北纬42°51′30″，高程36米（见图1）。八连城遗址位于吉林省东部图们江下游珲春河冲积平原，近处地势平坦，河渠密布，远处山峦环绕。民国初期，八连城遗址内土地被开垦为农田。现遗址周边绝大部分土地为珲春市良种场耕地，水田居多，旱田少。现遗址区域内已不再作为农业耕地使用，周边自然环境基本无污染。

图1　珲春市八连城遗址现状

资料来源：作者自摄。

（二）保存现状

八连城遗址有内、外两重城垣，分别构成城址的内城和外城。根据2014年相关数据记载，内城平面近"凹"字形，以几何中心位置计算，内城东西约 216.4 米、南北约 317.6 米；外城平面呈长方形，以几何中心位置计算，东西长约 707.4 米、南北长约 744.6 米。目前，八连城遗址地表保留的建筑遗迹包括：外城四面城墙、内城四面城墙、外城南门址、内城南门址、内城二座建筑址、外城北部一条东西向隔墙、外城南部四条南北向和一条东西向隔墙（见图 2）。

图 2　八连城遗址内城第 2 号建筑址现状

资料来源：作者自摄。

（三）利用现状

目前，珲春市八连城遗址暂未用于旅游开发。八连城遗址与吉林省和龙市渤海国中京城遗址、黑龙江省宁安市渤海国上京城遗址相比较，在旅游文化产业领域知名度相对较低，八连城遗址知名度尚局限在历史学、考古学与建筑学等学术领域。目前，八连城遗址城墙、隔墙遗迹处于原样保护，清理出的门址、建筑址等遗迹原样就地掩埋保护，在地表以模拟础石、土衬石、栽培植物等方式标志出遗址在地下同一位置的格局和范围，在遗址周边搭建木栈道与建筑遗迹情况说明牌，使参观者可以绕行遗址参观，以达到现场展示保护的效果（见图 3）。实地调研过程中发现八连城遗址周边缺乏完善的遗址旅游服务设施，使参观者不能够充分解读和认识渤海国东京城建筑群的价值，可能会导致参观者对八连城遗址的兴趣感降低。

图 3 八连城遗址木栈道

资料来源：作者自摄。

在实地调研过程中，在八连城遗址保护区域外发现一栋仿唐式风格建筑，建筑主体已完工，暂未对外开放，内部设施情况尚不清楚（见图 4）。据现场看护人员介绍，该建筑在今后可能拟作为八连城遗址博物馆使用。

图 4 八连城遗址外仿唐式风格建筑

资料来源：作者自摄。

珲春市八连城遗址所采用的现场展示的方式是建立在参观者与遗址直接接触的基础上，传统的现场展示方式所能展示的只是遗址的一个断面，不可能全面展示"海东盛国"时期渤海国东京城繁华兴旺的景象。2017年，珲春市提出了"着力建设智慧之城、科技之城、生态之城、开放之城和旅游之城"的发展战略。为了进一步繁荣珲春旅游产业，珲春市将全面启动渤海文化小镇等极具地方文化特色的旅游项目[①]。如何在良好发展机遇面前更为合理的保护与利用珲春市丰富的渤海国建筑遗产资源，探索保护与利用之间的"双赢"途径，可以说这是一个具有重要现实价值和研究意义的课题。

四 VR 技术复原渤海国东京城建筑群的可行性

（一） VR 技术概念及其特性

VR 技术（Virtual Reality，简称 VR），即虚拟现实技术，是一项综合集成众多学科的高新技术，"是人们通过计算机对复杂数据进行可视化操作与交互的一种全新方式，与传统的人机界面以及流行的视窗操作相比，虚拟现实在技术思想上有了质的飞跃"[②]。20 世纪 80 年代初，美国 VPL 公司创建人拉尼尔（Jaron Lanier）提出 VR 技术，也称作灵境技术或者人工环境，国内也翻译为"灵境"或者"幻真"。VR 技术作为"综合集成技术，涉及计算机图形学、人机交互技术、传感技术、人工智能、计算机仿真、立体显示、计算机网络、并行处理与高性能计算等技术和领域，它用计算机生成逼真的三维视觉、听觉、触觉等感觉，使人作为参与者通过适当的装置，自然地对虚拟世界进行体验和交互作用"[③]。2009 年，美国工程院评选出 21 世纪 14 项重大科学工程技术，虚拟现实技术位列其中。

VR 技术具有三方面基本特性，即 3I 特性：沉浸性（Immersion）、交互性（Interaction）和构想性（Imagination）。沉浸性，又称存在感，是 VR

---

① 黄海编著《虚拟现实技术》，北京邮电大学出版社，2014，第 1、2、3～4 页。

② 国家文物局网站。

③ 敦煌研究院主编《敦煌石窟全集（21）建筑画卷》，商务印书馆，2001。

技术的核心,是指用户作为主角沉浸于计算机生成的虚拟环境中的真实程度。用户在虚拟环境中所看到、听到、嗅到和触摸到的,完全与真实环境中所感受到的是一样的,就如同沉浸于真实世界中一样。交互性,是指用户与虚拟场景中各种对象相互作用的能力,它是人机和谐的关键性因素。用户进入虚拟环境后,通过多种传感器与多维化信息的环境发生交互作用,用户可以进行必要的操作,虚拟环境中做出的相应反应与真实环境中一样。构想性,是指通过用户沉浸在"真实的"虚拟环境中,与虚拟环境进行各种交互作用,从定性和定量综合集成的环境中得到感性和理性的人数,从而可以深化概念,萌发新意,产生认识上的飞跃。①

VR 技术正是通过自身所具备的沉浸性、交互性和构想性的 3I 特性,实现了提供使用者关于视觉、听觉和触觉等感官模拟,完成了虚拟世界对现实世界的替代,达到身临其境的感觉,说明了虚拟现实对现实世界不仅是在三维空间和一维时间上的仿真,而且是对自然交互方式的虚拟。

VR 技术由于具备降低成本、提高安全性、形象逼真、可反复操作等优点,得到用户普遍认可,被广泛应用在军事领域、医疗领域、教育领域、文化艺术领域、虚拟游戏、制造业等方面。

(二) VR 技术复原古建筑遗产的应用

VR 技术作为一种集合众多学科的高新技术,可以利用强大的计算机图形处理能力提供脱离于实物本体的视觉、触觉和听觉等感官技术体验,因此,VR 技术在古建筑遗址保护、展示和研究等方面可以起到重要作用。利用 VR 技术实现消失古建筑复原,开展古建筑遗址保护策略探索,已经得到国际、国内古建筑文化遗产保护业界的普遍认同,而且取得了相当数量的实践成果。

1995 年,第一次虚拟世界遗产会议在英国召开,主题是"虚拟庞培古城";1996 年在第二次虚拟世界遗产会议上,展示了虚拟英国巨石阵。2001 年 4 月,美国加州大学洛杉矶分校 Eilliam Jepson 带领城市仿真小组虚拟重建古耶路撒冷聚落,再现消失几个世纪之久的古耶路撒冷风貌。自1997 年至 2007 年,美国弗吉尼亚大学组织美、英、意、德四国专家利用

---

① 王承礼:《渤海简史》,人民出版社,1984。

VR 技术复原罗马古城，完成"罗马重生"项目。2015 年夏季，大连达沃斯会场特设"凡尘净土莫高窟"虚拟现实展览，由中国敦煌研究院和香港城市大学联合制作，整个展区利用投影打造浸入式体验，带领体验者参观莫高窟 220 号洞窟。现实中，为保护洞窟内壁画和雕塑，220 号洞窟未向公众开放过，通过"凡尘净土莫高窟"虚拟现实展览，远在千里之外的体验者也可以看到 220 号洞窟内每一个角落。

使用 VR 技术不仅可以虚拟复原古建筑的空间结构形态，同时可以利用文献、考古等多种信息复原古建筑曾经生存的历史风貌和社会环境，使体验者可以身临其境进行体验。2008 年故宫博物院与美国国际商用机器公司（IBM）推出"虚拟紫禁城"，不仅虚拟出故宫内的宫殿建筑、文物和人物，并设计 6 条观众游览线路，再现皇家生活场景。体验者访问"虚拟紫禁城"服务器，可以扮演不同"角色"进入虚拟世界，为体验者营造出真实可信的体验。此外，国内外利用虚拟现实技术复原古建筑遗产的成功案例还有很多，如虚拟陕西乾陵、数字圆明园、虚拟苏州古典园林、虚拟南京中华门、数字长城、虚拟西班牙圣地亚哥大教堂、虚拟日本犬山城，等等。

VR 技术实现古建筑遗产的动态展现，形象逼真，将遗产展示手段和保护模式提高到一个崭新的阶段。2000 年，联合国教科文组织吸收 Virtual Heritage Network，通过 VR 技术来开展文化遗产保护工作。

（三）VR 技术复原渤海国东京城内城南门

利用 VR 技术实现渤海国东京建筑群的复原需要具备建筑学、考古学、艺术学等多方面关于东京城建筑群的数据信息积累，以及一系列模型创建、场景制作、贴图烘焙等工作，最终才能够形成虚拟建筑影像三维模型。

根据文献记载，渤海国东京城约在 785 年初具王城规模。通过考古学发掘获知，"八连城遗址宫殿建筑及内、外城南门发掘去范围均未见火烧迹象，第一号建筑址殿集西侧、南侧及内城南门址台基北侧的倒塌堆积，还有部分保留了建筑自然倒塌形成的屋顶铺瓦有序排列的迹象。因此，八连城废弃时为遭人为有意破坏"。① 近年来，通过针对八连城遗

① 李殿福、孙玉良：《渤海国》，文物出版社，1987。

址的考古调查与发掘工作，相继对遗址内的主要建筑基址、内外城南门址及城墙址进行发掘，我们获知了渤海国东京城的城市规划模式，以及城墙、城门、宫殿的形制、样式、布局、结构特征、建筑工艺等重要建筑信息。此外，考古发掘过程中还出土了大量瓦当、筒瓦、板瓦、方砖等类型多样的建筑构件。上述信息分别从建筑形制、建筑工艺、建筑材料、建筑色彩等方面为渤海国东京城建筑群复原提供了充分的理论依据、数据依据和实物资料依据。此外，同时期的敦煌莫高窟壁画、历史文献等资料，也都为渤海国东京城建筑群复原提供了可参考的理论依据和绘画资料。

渤海国东京城采取内外二重城形制，内城为宫殿区，是该城的核心部分。通过考古发掘工作，内城南门址保存状况较好、地层堆积比较简单、形制与结构清晰，出土遗物丰富。现以八连城遗址内城南门址为例，论证使用 VR 技术复原渤海国东京城建筑群的可行性。内城南门址位于南城南墙中央，是由外城进入内城的重要通道。目前，我们可以根据考古发掘资料、历史文献，以及同时期敦煌莫高窟壁画作品等资料，对内城南门的建筑样式、工艺、建材、色彩等做较为合理的推测，为 VR 技术复原提供数据支持。

南门台基为黄土夯筑，平面呈长方形，南北长 16.2 米、东西长 56 米，东西两端正中与内城南墙相连，是一座独立式的城门（见图5）。台基顶部分布南北 3 排、东西 6 列的柱础基础，第 1 排第 1 列、第 2 排第 1 列的柱础基础南北两侧边缘留有作为墙体间柱础石的长方形石板，由此推测南门可能采用前后廊样式，是一种唐代建筑中较为常见的外观形态。东京城内城南门所采用的前后殿的平面形式，其城门楼外观形态可以采用单层建筑外观，也可以采用二层楼阁外观形式。经考古发掘，南门柱础基础为河卵石层与黄色夯土交替构筑，平面呈圆形，多数直径在 2.5 米左右。经对柱础基础解剖数据的分析，柱础基础与台基夯土部分为同时修建，约铺垫 5~6 层河卵石，最上层河卵石上面放置柱石，由此推测柱础上应可荷载较大的建筑物。另外，考虑到内城当时作为渤海东京城的宫殿区，是该城的核心部分，南门除起到沟通内城与外城间的交通作用外，很可能也兼具皇帝检阅军队、颁布命令等功能，也印证了南门城门楼阁采用二层建筑外观可能性较大。

图 5　内城南门址台基

资料来源:《八连城——2004－2009 年度渤海国东京故址田野考古报告》。

　　考古数据显示,台基南北各设左、中、右三个台阶,南北对称,台阶残宽在 3.5～4.5 米之间,由黄土夯筑,说明内城南门当时采用了等级较高的三门道式城门形制,这种城门形制也与作为宫殿区入口的城门等级相符。台基北壁各台阶两侧发现有灰陶质长方砖堆积,方砖规格基本一致,为长 33 厘米、宽 18 厘米、厚 6 厘米,推测长方砖应是包砌在台阶表面。通过考古发掘,嵌入城门台基的城墙内外两面使用了长方砖包壁,砖壁表面涂抹白灰,符合唐代“丹粉刷饰”的建筑装饰特点。但是,砖壁使用范围有限,未见其他城墙部位墙壁使用方砖包砌痕迹,由此推测城墙壁面装饰可能仅限于城墙墙体嵌入南门台基两侧的部分。经过考古发掘,内城南门址出土大量陶质建筑构件,具体包括夹砂灰陶板瓦、夹砂灰陶筒瓦、绿釉筒瓦、夹砂灰陶瓦当、绿釉套兽和兽头、夹砂灰陶长方砖等,为复原内城南门模型所选取建筑材料素材样式、色彩的提供可靠依据。

　　综上所述,对东京城内城南门在建筑形制、外观形态、建筑材料、工艺色彩等方面的分析结果,结合唐代建筑特点、唐代莫高窟壁画、《营造法式》等资料(见图 6),我们可以对渤海国东京城内城南门的样式、结构、工艺、建材及装饰色彩等做出如下推测:内城南门是修筑在黄土夯筑台基上的独立式城门,采取前后廊外观形态、二层楼阁样式、三门道式形制,使用夹砂灰陶长方砖铺设地面和装饰局部墙体,绿釉琉璃瓦和夹砂灰陶瓦覆顶,立柱和墙体“丹粉刷饰”。其他有关复原南门所需基础参考数据,如台基南北宽度、台基在城墙南北两侧宽度、台基残高、嵌入台基墙体宽度与残高、础石直径、南北六个台阶各自宽度,都可由田野考古发掘时测绘的内城南门址平、剖面图及《八连城——2004－2009 年度渤海国东京故址田野考古报告》中获知(见图 7)。

图6　敦煌莫高窟148唐代城楼与城垣

资料来源:《敦煌石窟全集》。

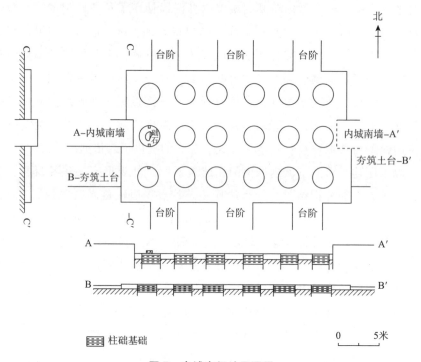

图7　内城南门址平面图

资料来源:《八连城——2004－2009年度渤海国东京故址田野考古报告》。

在对渤海国东京城内城南门样式、结构、工艺、建材及装饰色彩等做出合理推测之后，根据考古发掘获知的相关数据，结合唐宋时期建筑尺度相关规定，可以进行建筑模型创建、周边场景制作、模型与场景贴图烘焙等工作，最终实现渤海国东京城建筑群——南门的虚拟复原（见图 8）。

基于 VR 技术实现渤海国东京城建筑群复原，不仅可以更好地展示渤海国建筑文化和艺术特色、保存古建筑的原始数据、复原建筑原始风貌，还可以保护古建筑遗址免受过多人为因素干扰，为保护策略的探索提供更加直观的科学依据。

图 8 内城南门复原模型

资料来源：作者设计制作。

五 渤海国东京城建筑群保护策略

（一） VR 技术在渤海国东京城建筑群保护应用的可行性

中国古代建筑以木构为主，那些曾经雕梁画栋、极尽巧思的古代建筑一旦毁坏，当年风采便无人知晓，留在地表上的只有那些石质基址、夯土、砖瓦等建筑构件，缺乏可识别性。

八连城遗址在考古发掘后采用了回填保护的方式，为了标识遗址地下位置的格局和范围情况，在地表模拟础石、土衬石、栽培植物，此外为便于现场展示还搭建了木栈道、竖立了遗迹说明牌。古代建筑遗址采取现场展示是目前省内最为常见的一种保护方法与展示模式，也是地区旅游产业吸引游客的主要手段。但是，在现场展示过程中，某些设施的介入有可能会对古建筑遗址本体或者其所生存的自然环境造成不可逆的影响。另外，现场展示只是古建筑遗址展示的一个环节，或者一种方式，不是全部也不是唯一手段。八连城遗址作为渤海国东京城故址、渤海国早期京城，该遗址分布面积较大、地表遗迹相对丰富，其自身所包含的历史、文化和艺术内涵丰富，传统的现场展示方式所能展示的只是遗址的一个断面，不可能全面展示八连城遗址自身所具备的上述多方面内涵。因此，要全面挖掘渤海国东京城建筑群的文化内涵、助力珲春市地方旅游文化发展，应该积极探索包括现场展示手段在内的更为有效的保护方法与展示模式，达到丰富展示内容、满足不同群体需求，进而增加旅游增长点的效果。

珲春市自身具有丰富的旅游资源，2017 年珲春市为进一步繁荣旅游产业，充分激发旅游发展活力，启动了包括渤海文旅小镇在内的一批地方旅游文化建设项目和工程。2017 年 5 月国家文物局在《关于渤海（八连城）文旅小镇建设项目涉及八连城遗址选址的意见》（以下简称《意见》）（办保函〔2017〕517 号）中回复吉林省文物局《关于渤海（八连城）文旅小镇项目的请示》（吉文物发〔2017〕68 号）指出："一、暂不同意渤海（八连城）文旅小镇建设项目涉及八连城遗址保护范围和建设控制地带的选址方案。二、所报方案尚需做以下必要的修改和完善：……（二）所有建设项目均应避开八连城遗址保护范围。同时，建议在八连城遗址建设控制地带内以布设花海、草本经济作物种植或景观农业种植项目为主，尽量不安排建设项目。若确需在遗址建设控制地带内安排建设项目，应符合相关管理规定，并保持八连城遗址与城外其他遗迹之间视线通廊的通透性。（三）环八连城遗址的水系建设应慎重，建议取消。（四）文旅小镇规划区域内的道路及排水、用电、供热等附属基础设施的选址应注意避让重要文物遗存，并充分考虑八连城遗址保护展示的需求。……"从《意见》中可以看出国家对于八连城遗址保护范围和在建筑控制地带内进行开发建设的慎重态度。如前所述，基于古建筑遗址本体的直接利用与开发，不仅可能会对不可再生的遗址造成影响，还会不可避免的对遗址所依托生存的自然环境产生破坏。古建筑遗址是不可再生的，生态环境是脆弱的，资源是有限的。

2017 年 2 月，国家文物局在印发《国家文物事业发展"十三五"规划》中明确指出，要"多措并举让文物活起来"，并推广实施"互联网 + 中华文明"三年行动，鼓励通过观念创新、技术创新和模式创新，推动文物信息资源开放共享，推进文物信息资源、内容、产品、渠道、消费全链条设计，完善业态发展支撑体系。目前，在已有的相对传统保护方法之外，我们迫切需要积极探索符合《国家文物事业发展"十三五"规划》指示要求的渤海国东京城建筑群保护策略。如前所述，国内已经有效地开展了针对敦煌莫高窟、北京故宫等古建筑历史文化遗产的虚拟复原保护与研究尝试工作，可以说都在不同程度上取得了保护、科研与旅游的多重回报。然而，将渤海国建筑遗址作为一个虚拟现实专题的研究和实践工作尚处于空白。VR 技术作为一种与古建筑"零接触"的保护模式，不仅符合《国家文物事业发展"十三五"规划》要求，也符合国家文物保护事业发展的需要，更可以最大限度地减少人为干扰对渤海国东京城建筑群可能造成的影响，同时也可以为今后吉林省内其他古建筑保护、展示与研究提供了可参考的技术手段与实践经验。

（二）建设渤海国东京城虚拟博物馆

以木结构为主的渤海国东京城建筑群如今地表只留下石质基址、夯土及陶质砖瓦等建筑构件，缺少可识别性，曾经雕梁画栋、丹粉刷饰的风姿已无人知晓。传统现场展示方式不能充分展现渤海国建筑文化特征与东京城昔日繁华景象，而且在开展相关开发利用时要充分考虑到遗址自身及其生存自然环境的承载力，避免过多人为干扰可能会给遗址保护带来的压力与影响。

利用 VR 技术对渤海国东京城建筑群进行复原，不仅可以实现单体建筑的复原，还可以在虚拟环境中再现 1000 多年前渤海国东京城的整体风貌，完美地展示一个繁华的渤海京城，同时也可以为探索古建筑遗址提供可借鉴案例经验。因此，我们从目前珲春市八连城遗址的保存与利用现状、国家文物保护事业发展趋势、推动地区旅游经济发展及 VR 技术复原渤海国东京城建筑群与保护应用中可行性分析等方面出发，提出建设渤海国东京城虚拟博物馆的古建筑遗址保护策略建议。

利用 VR 技术完成渤海国东京城建筑群复原后，为了使虚拟复原成果更加广泛的传播，服务于社会文化生活，达到推动地方旅游文化产业发展的效果，应当建设搭载渤海国东京城建筑 VR 复原模型与漫游系统的虚拟博物馆，实现服务于社会大众的虚拟古建筑文化遗产体验。建设渤海国东京城虚拟博物馆，可以使虚拟博物馆成为八连城遗址现场展示的有机延伸（见图9、图10）。

图 9　渤海国东京城虚拟博物馆漫游主界面效果（一）

资料来源：作者设计制作。

图 10　渤海国东京城虚拟博物馆漫游主界面效果（二）

资料来源：作者设计制作。

渤海国东京城建筑 VR 复原模型与漫游系统的虚拟博物馆，可以使体验者与参观者不再受时间和空间的限制，可随时随地体验 1000 多年前"海东盛国"东京城的建筑文化和艺术面貌，体验盛唐文化与东北当地民族文化结合而发展形成的建筑文化和艺术（见图 11）。

图 11　渤海国东京城虚拟博物馆漫游辅助界面效果

资料来源：作者设计制作。

通过 VR 技术复原渤海国东京城建筑，同时复原东京城发展所依托的时代环境，创设充满渤海国社会生活的虚拟空间，完成一个集合文化展示、漫游、观赏等功能于一体的虚拟博物馆，实现八连城遗址现场展示保护方式的一种空间扩展，进而可以实践基于 VR 技术视角下的保护策略研究。

建设遗址博物馆是目前国内外针对古建筑遗址开展保护、展示和研究的主要方式之一，但是在建设实体博物馆建筑的过程中会涉及诸多不可逆因素的影响。建设虚拟博物馆则可以在虚拟空间中向体验者展现渤海国东京城建筑群建筑风貌、建筑工艺、景观设计及城市规划布局等信息，以达到身临其境的感觉，可以让人们更加了解这份珍贵的历史文化遗产。同时，建设虚拟博物馆作为遗址现场展示方法之外的一种补充或者替代方式，虚拟博物馆在设计与建设过程中具有可逆性，不会对遗址本体及其所生存的自然环境造成任何影响。

此外，可以将渤海国东京城建筑虚拟博物馆所搭载的东京城建筑 VR

复原模型与虚拟漫游系统录入光盘、U 盘等电子存储设备，制作成精美的旅游产品，不仅可以最大限度地普及这一虚拟体验服务，同时也将成为珲春市独具特色的渤海国旅游文化产品。

（三）　建设渤海国东京城虚拟博物馆的现实意义

建设搭载渤海国东京城建筑 VR 复原模型与漫游系统的虚拟博物馆，可以说是基于 VR 技术视角下开展的渤海国建筑遗产保护策略研究。建设渤海国东京城虚拟博物馆并将其应用于八连城遗址保护工作之中，具有重要的现实意义。

（1）建设渤海国东京城虚拟博物馆，有助于提升八连城遗址的展示效果，增强参观者或体验者对渤海国历史和建筑文化的认识、了解和感受。VR 技术复原渤海国东京城建筑群，不仅可以较为精准复原出 1000 余年前渤海国东京城建筑群的风貌，而且利用 VR 技术"3I"特性，改变了以往二维空间的观展体验，可以使参观者或体验者沉浸在整个虚拟环境中，进行全方位观展体验，体验 VR 技术的乐趣，增加参观者对渤海国历史和建筑文化的了解和认识。

（2）建设渤海国东京城虚拟博物馆，有助于提升旅游软实力，助力地区旅游产业发展。近年来，基于 VR 技术的数字旅游与智慧旅游已经逐渐成为旅游产业发展的新模式和新业态。根据实地调研情况来看，八连城遗址的公众参与度不高，交通因素是不可回避的原因之一。建设渤海国东京城虚拟博物馆，不仅使遗址展示摆脱了时间和空间限制，还可以给参观者或体验者带来更为丰富的交互体验，达到更好的宣传渤海国建筑文化遗产的效果。

（3）建设渤海国东京城虚拟博物馆，有助于更新古建筑遗址保护模式，实现"零接触"的保护模式，解决传统保护模式下保护、展示与研究间固有的矛盾，符合文物保护发展趋势。建设渤海国东京城虚拟博物馆，实现异地时空遗址展示，避免了人与古建筑遗址的直接接触，将最大限度地减少渤海国遗址的人为扰动。

（4）建设渤海国东京城虚拟博物馆，可以有效地实现历史文化遗产资源的整合与共享水平。利用 VR 技术复原渤海国东京城建筑群，我们需要对八连城遗址通过影像数据采集手段记录建筑群细节，使用模型软件建立三维模型，存入相对应数据库，实现古建筑遗产资源的科学保存。我们通过数据库将虚拟复原与现实环境相联系，实现虚拟展示，摆脱原有现场展示模式的地域限制，使之服务于更多的受众群体，实现资源共享。

结　语

渤海文化是盛唐文化与当地民族文化结合而发展形成的一种具有地区特点和民族传统的区域性古代文化，是中华民族灿烂的古代文化的重要组成部分。应用 VR 技术再现渤海国东京城建筑群的历史性和艺术性，在 VR 技术视角下探索渤海国遗址的保护策略具有重要的理论意义和现实价值。

目前，若完全实现渤海国东京城建筑群虚拟复原及建设虚拟博物馆建筑尚存在一些难题待攻克。首先，需要大量专业人员耗费精力和时间攻克相关技术课题，需要对八连城遗址考古发掘报告、历史文献与绘画等资料进行细致梳理，研究渤海国东京城建筑群的相应建筑形制、建筑工艺等问题，推测和估算出渤海国东京城建筑群的布局、样式、装饰与色彩等数据信息，以支持虚拟复原工作的展开。其次，从目前八连城遗址出土的琉璃瓦当、兽头、花纹方砖等建筑构件来看，渤海国早期京城的东京城建筑装饰十分精美。为再现渤海国东京城建筑群风貌，建立更为直观的认识，虚拟三维模型构建需要对八连城遗址所出土的琉璃瓦当、花纹方砖等进行建模与贴图纹理制作及交互式设计，这些都将会耗费大量的人力、财力和时间。最后，虚拟方案的设计及虚拟博物馆建设与运营，不仅工作量较大，也需要一定资金投入，需要政府机构、公益组织，以及社会团体等各界的积极而广泛的参与。

目前，将 VR 技术应用于渤海国东京城建筑群复原及保护策略研究中，具有极为广泛的应用前景，虽然尚存在一些理论问题、技术障碍及实际困难有待解决。但是，随着 VR 技术的不断发展和日趋完备，以及相关技术人员、文化遗产保护工作者间的协力合作，VR 技术将会更好地应用于渤海国古建筑文化遗产的保护、展示与研究之中。

参考文献

王承礼、刘振华：《渤海的历史与文化》，延边人民出版社，1991。

孙玉良：《渤海史料全编》，吉林文史出版社，1992。

王禹浪、王宏北：《高句丽渤海古城址研究汇编》，哈尔滨出版社，1994。

朱国忱、朱威：《渤海遗迹》，文物出版社，2002。

刘晓东：《渤海的历史与文化》，黑龙江人民出版社，2003。

魏国忠：《渤海国史》，中国社会科学出版社，2006。

魏存成：《渤海考古》，文物出版社，2008。

开放发展研究篇

G20 峰会背景下吉林省"十三五"
排放问题研究

吉林省社会科学院课题组[*]

摘　要　中美两国在 G20 开始前共同交存了参加《巴黎协定》的法律文书，有力地推动了全球减排协作的进程。目前，中央已将环境问题分解到各省，实行省级问责制。吉林省"十三五"规划提出要做到"生态文明建设迈出坚实步伐，节能减排指标超额完成，资源利用效率明显提升"。碳排放没有权威的统计数据，因而需要估算。本文利用 PICC 中的缺省排放因子方法以及《中国能源统计年鉴》、国家统计局等的基础数据，对吉林省和全国的碳排放数据进行了估算，发现吉林省碳排放强度和人均排放量双双高于全国平均水平。吉林省应从优化产业链和产业结构、能源消费结构、绿色技术创新、城市化等几个方面采取措施以应对如此严峻的要求和形势。

关键词　碳排放　低碳　温室气体　绿色发展

引　言

国外相关领域研究形成一系列的理论和假说，波特假说（Porter Hypothesis）认为，企业不会为生产中产生的环境外部不经济买单。因而，要想将生产中的环境外部不经济转变成生产成本，这就需要政府的环境规制

---

* 课题负责人：修静；课题组成员：孙志明、任铁军、臧晓强、张东敏、赵天宇。

措施（修静，2015）。20 世纪 90 年代，Shafik 和 Bandyopadhyay（1992）通过对不同收入水平下环境质量的变化进行分析，寻找经济增长与环境质量间的关系。Grossman、Krueger 和 Panayotou 等美国学者（1991；1993）也在 90 年代初开始研究经济增长与环境污染的问题。潘那优土（Panayotou T，1993）在 1993 年首次正式提出了研究经济增长和环境污染之间关系的主要理论工具——环境库兹涅茨曲线（Environment Kuznets Curve，EKC）。对于环境库兹涅茨曲线，学者间一直存在争议，Berrens 等（1997）利用大量的数据分析，验证了环境库兹涅茨曲线是存在的。Galeottia 和 Lanza（2005）通过对世界 100 个国家 25 年数据集进行分析，认为存在二氧化碳的环境库兹涅茨曲线。Azomahou 等（2006）及 He 和 Richard（2009）均认为针对二氧化碳的研究表明，环境库兹涅茨曲线在二氧化碳排放方面是不成立的。

海内学者针对中国节能减排效率、潜力及区域间的差别做了大量研究，如魏楚等（2010）应用基于全要素生产理论的数据包络分析（Data Envelopment Analyses，DEA）方法对各地域的能源效力、节能潜力与减排潜力进行了估量。李强和聂锐（2010）通过模型计算了 20 世纪初环境规制同工业经济生产率的关系。王蕾等（2012）同样利用数据包络分析（DEA）方法对全国各个区域的节能潜力进行估算。汪克亮等（2012）应用 2000～2007 年中国省际面板数据，计算了省际全要素能源效率，并在此基础得到中国各地区相应时间内的节能减排潜力。

20 世纪人类生存危机之一就是全球气候变化。人类活动是气候变化主因，其中人为的温室气体排放更是根本性的原因，因此解决气候变化问题的根本措施抑制二氧化碳排放。碳排放产生温室效应既影响生态发展又影响人类的正常生活，国际社会非常重视减少碳排放，世界各国也广泛关注此环境问题。

在英国政府首次提出了"低碳经济"的概念之后，"低碳"理念作为新的概念被世界各国学者纷纷阐述和予以新的解释。2015 年 12 月《巴黎协定》在巴黎气候变化大会上的通过标志着全球气候治理已经进入新阶段，向全球释放了绿色低碳转型的积极信号，绿色低碳发展已经成为大势所趋。2016 年以来，世界经济发展形势不容乐观，存在经济增长动力不足、复苏基础脆弱地问题，同时世界各国政策趋向于保存自身发展无暇兼顾其他的趋势。杭州 G20 峰会被各方关注，世界各国都期待 G20 峰会能够引领世界经济走出长期低增长的"平庸期",获得快速增长的"新动能"。

经历了以能源消耗为代价的粗放式的发展阶段之后,我国政府已意识到减少二氧化碳排放的重要性,目前中国已超过美国成为世界最大的二氧化碳排放国,碳减排的压力不可谓不重。近年来针对我国的碳排放状态也有越来越多的关注和分析,首先我国二氧化碳强度(单位 GDP 的二氧化碳)仍远高于其他国家,尽管呈现逐年下降趋势,但局势不容乐观。为了做好减少碳排放的工作,在政府高度重视下,我国近期密集出台了一系列的方案和政策纲要并且推出的周期越来越短,如《生态文明体制改革总体方案》《"十三五"规划纲要》《"十三五"节能减排综合工作方案》《"十三五"生态环境保护规划》等。在政策引导和民众支持下,经过初步核算,"十二五"期间,中国能源活动单位国内生产总值二氧化碳排放完成了既定目标为下一阶段性目标奠定了坚实基础。

一　吉林省碳排放的估算及存在的问题

(一)吉林省碳排放的研究现状

东北三省因为地理位置、历史原因常常作为一个研究体对其进行研究,对吉林省碳排放状况进行深入研究,进而对东北地区碳排放现状和趋势形成一个基本认识,从而可以对全国碳排放情况形成比较分析。因而对该方向的研究我们认为应该针对吉林省省情制定和实施积极、稳健的人口控制策略,在此基础上大力植树造林,减少碳汇,同时力求保持经济发展,保障社会和环境的和谐发展,降低能耗。

从能源结构上分析来看,有学者认为不只是吉林省甚至整个东北地区经济发展都属于高碳运行模式。东北地区能源消费结构单一——以煤炭为主,从整体分析,吉林省能源消耗量增长速度很快。同时能源利用率比较低下,又由于地理位置因素几乎长达半年的冬季采暖期增加了能源使用量。从产业结构上分析,吉林省是老工业基地,汽车、石化、农产品加工为吉林省的三大支柱产业,吉林省加工制造业分布广泛,也即第二产业占比偏高,污染排放较严重。东北地区近年来人才流失相对严重,又缺乏资金支持，技术创新不够，绿色发展跨步不大。

还有部分学者认为碳排放问题同经济发展水平息息相关，他们认为相对来说吉林省经济状态较差，经济落后，简单来说即"无环境、缺平台、少创新"，这三者又相互关联，没有建成低碳金融环境、缺乏绿色融资平台、缺少绿色金融产品创新。在经济条件差的同时，在利用政府资金、吸引社会资金以及投资者发展低碳经济方面也都有较多的不足，并且对人才的吸引力有限、人才匮乏问题相对突出，从而也导致碳排放问题的研究投入的人力有限等问题。

尽管有很多学者从不同的角度分析了吉林省碳减排问题，但碳减排的一手估算资料支撑部分做得不够完善，吉林省和全国碳减排的数量关系数据方面有所欠缺，同时缺乏一些基于数据的比较分析，为此本报告以国家统计局和吉林省历年年鉴为基础，根据联合国温室气体排放相关指导文件，估算了2001年以来的吉林省碳排放情况和全国碳排放情况，并做了如下的比较分析。

（二）吉林省碳排放的估算方法

根据目前的数据可得性，本报告利用 IPCC 缺省排放因子作为碳排放的估算系数，利用 2015 年《中国能源统计年鉴》的"平均低位发电量"数据，《2006 年 IPCC 国家温室气体清单指南》目录中燃料和缺省碳含量、缺省氧化碳因子及有效二氧化碳排放因子的说明，分别对全国和吉林省碳排放数据做了估算，如表 1 数据来自《2006 年 IPCC 国家温室气体清单指南》目录，1GJ 原煤热量含有 25.8KG 碳，即 1MJ 含有 0.0258KG 碳，相当于 0.0258×44/12KG 二氧化碳。下列公式（1）为二氧化碳排放总量的计算公式：

$$C = \sum_{K=1}^{3} C_K = \sum_{K} E_K \times NCV_K \times CEF_K \times COF_K \times \left(\frac{44}{12}\right) \qquad (1)$$

这里，NCV 为 2007 年《中国能源统计年鉴》附录 4 提供的中国三种一次能源的平均低位发热量，CEF 为 IPCC 温室气体清单提供的碳排放系数。根据表 1 中缺省值以能源的标准煤数据进行换算，即表 1 列表同公式一相辅相成，表 1 是公式（1）的表达。

表 1 二氧化碳排放因子

燃料类型英文说明		缺省碳含量（KG/GJ）	缺省氧化碳因子	有效 CO_2 排放因子（KG/TJ）[2]		
				缺省值[3]	95% 置信区间	
		A	B	$C - A \times B \times 44/12 \times 1000$	较低	较高
Crude Oil 原油		20.0	1	73300	71100	75500
Orimulsion 沥青质矿物燃料		21.0	1	77000	69300	85400
Natural Gas Liquids 天然气液体		17.5	1	64200	58300	70400
Casoline 汽油	Motor Gasoline 车用汽油	18.9	1	69300	67500	73000
	Aviation Gasoline 航空汽油	19.1	1	70000	67500	73000
	Jet Gasoline 喷汽机汽油	19.1	1	70000	67500	73000
Jet Kerosene 煤油		19.5	1	71500	69700	74400
Other Kerosene 其他煤油		19.6	1	71900	70800	73700
Shale Oil 页岩油		20.0	1	73300	67800	79200
Gas/Diesel Oil 汽油/柴油		20.2	1	74100	72600	74800
Residual Fuel Oil 残留燃料油		21.1	1	77400	75500	78800
Liquefied Petroleum Gases 液化石油气		17.2	1	63100	61600	65600
Ethane 乙烷		16.8	1	61600	56500	68600
Naphtha 石油精		20.0	1	73300	69300	76300
Bitumen 地沥青		22.0	1	80700	73000	89900
Lubricants 润滑剂		20.0	1	73300	71900	75200
Pctroleum Coke 石油焦		26.6	1	97500	82900	115000
Refincry Feeedstocks 提炼厂原料		20.0	1	73300	68900	76600
Other Oil 其他油	Refinety Gas 炼油厂	15.7	1	57600	48200	69000
	Paraffin Waxes 固体石油	20.0	1	73300	72200	74400
	White Spirit & SBP 石油溶剂和 SBP	20.0	1	73300	72200	74400
Other Petroleum Products 其他石油产品		20.0	1	73300	72200	74400
Anthracite 无烟煤		26.8	1	98300	94600	101000
Coking Coal 炼焦煤		25.8	1	94600	87300	101000

（三）原始数据的来源

本报告根据联合国政府间气候变化专业委员会（IPCC）发布的《国家

温室气体清单》中的标准，对吉林省和全国的碳排放数据进行了估算，采用中华人民共和国国家统计局公布的 2001 年至 2015 年年度能源消费总量数据和《吉林省统计年鉴 2016》数据。吉林省能源数据来自《吉林统计年鉴 2016》中的能源生产和消耗中的 2001～2015 能源消耗总量及构成（见表 2）。

表 2　2001 年至 2015 年吉林省能源消耗总量及构成

年份	能源消费总量 （万吨标准煤）	原煤（%）	原油（%）	天然气（%）	一次电力（%）
2001	3712.7	53.7	19.9	0.7	11.9
2003	4468.8	73.8	22.4	2.1	2.1
2005	5258.5	76.5	20.9	1.9	3.8
2007	6465.9	76.1	19.4	2	2.5
2009	7553.4	78.7	16	2.8	2.5
2011	8886.9	78.2	16.6	2.9	2.8
2013	8546.2	72.7	17.1	3.7	6.5
2015	8027.7	70.3	17	3.5	4.7

全国能源消耗情况来自中华人民共和国国家统计局网站能源消耗总量数据，整理后见表 3。

表 3　2001 年至 2015 年全国能源消耗总量及构成

指标	能源消费总量 （万吨标准煤）	原煤消费总量 （万吨标准煤）	原油消费总量 （万吨标准煤）	天然气消费总量 （万吨标准煤）
2001 年	155547	105771.96	32975.96	3733.13
2003 年	197083	138352.27	39613.68	4532.91
2005 年	261369	189231.16	46523.68	6272.86
2007 年	311442	225795.45	52945.14	9343.26
2009 年	336126	240666.22	55124.66	11764.41
2011 年	387043	271704.19	65023.22	17803.98
2013 年	416913	280999.36	71292.12	22096.39
2015 年	430000	275200	77830	25370

因为电力行业排放二氧化碳数据的不可得性，电力行业碳排放数据采

用了傅京燕的《中国电力行业协同减排效应评价与扩张机制分析》中的数据，其数据为除去中国港、澳、台地区和西藏自治区之外的 30 个省份电力行业数据，时间跨度为 1993 年至 2014 年，本文截取了 2001 年至 2014 年的数据，2015 年的数据根据 1993 年至 2014 年的数据进行五年移动平均方法后估算得出 2015 年的电力数据。

（四）估算结果及分析

吉林省碳排放量估算如表 4 所示。

表 4　吉林省碳排放量计算

年份	原煤产生的碳排放量（万吨）	原油产生的碳排放量（万吨）	天然气产生的碳排放量（万吨）	电力产生的碳排放量（万吨）	碳排放总量（万吨）	人口（万）	人均碳排放（吨/人）	碳排放强度（万吨/万亿）
2001	5508.65	1584.78	42.67	3521.55	10657.66	2637.1	4.04	16.58
2003	9112.30	2147.17	154.09	3975.68	15389.25	2658.6	5.79	19.84
2005	11114.87	2357.41	164.05	4854.30	18490.63	2669.4	6.93	18.96
2007	13595.48	2690.65	212.34	5678.75	22177.23	2696.1	8.23	17.03
2009	16424.72	2592.33	347.28	5932.84	25297.17	2719.5	9.30	14.74
2011	19201.62	3164.36	423.18	7308.70	30097.85	2726.5	11.04	13.54
2013	17166.76	3134.70	519.22	7180.16	28000.84	2678.5	10.45	10.39
2015	15592.92	2927.30	461.35	7048.91	26030.48	2662.1	9.78	8.51

全国的碳排放量估算如表 5 所示。

表 5　全国的碳排放量估算情况

年份	原煤产生的碳排放量（万吨）	原油产生的碳排放量（万吨）	天然气产生的碳排放量（万吨）	电力产生的碳排放量（万吨）	碳排放总量（万吨）	人口（万）	人均碳排放（吨/人）	碳排放强度（万吨/万亿）
2001	292247.93	70733.43	6129.80	117474.38	486585.54	127627	3.813	16.22
2003	382267.32	84971.34	7443.04	156756.69	631438.39	129227	4.886	17.54
2005	522845.70	99793.29	10300.04	211093.12	844032.15	130756	6.455	19.13
2007	623872.83	113567.33	15341.63	263905.47	1016687.26	132129	7.695	17.91
2009	664960.77	118242.40	19317.16	277618.31	1080138.64	133450	8.094	15.89
2011	750718.68	139474.81	29234.14	364665.73	1284093.35	134735	9.531	15.66

续表

年份	原煤产生的碳排放量（万吨）	原油产生的碳排放量（万吨）	天然气产生的碳排放量（万吨）	电力产生的碳排放量（万吨）	碳排放总量（万吨）	人口（万）	人均碳排放（吨/人）	碳排放强度（万吨/万亿）
2013	776401.23	152921.60	36282.27	368214.32	1333819.42	136072	9.802	14.02
2015	760377.60	166945.35	41657.54	352982.13	1321962.62	137462	9.617	12.12

吉林省和全国碳排放总量、人口、人均碳排放总量对比数据见表6。

表6 吉林省和全国碳排放总量、人口和人均碳排放总量对比

年份	碳排放总量			人口			人均碳排放	
	吉林	全国	占比	吉林	全国	占比	吉林	全国
2001	10657.66	486585.54	2.19%	2637.10	127627.00	2.07%	4.04	3.81
2003	15389.25	631438.39	2.44%	2658.60	129227.00	2.06%	5.79	4.89
2005	18490.63	844032.15	2.19%	2669.40	130756.00	2.04%	6.93	6.46
2007	22177.23	1016687.26	2.18%	2696.10	132129.00	2.04%	8.23	7.69
2009	25297.17	1080138.64	2.34%	2719.50	133450.00	2.04%	9.30	8.09
2011	30097.85	1284093.35	2.34%	2726.50	134735.00	2.02%	11.04	9.53
2013	28000.84	1333819.42	2.10%	2678.50	136072.00	1.97%	10.45	9.80
2015	26030.48	1321962.62	1.97%	2662.10	137462.00	1.94%	9.78	9.62

碳排放总量分析：吉林省二氧化碳排放量从2001年的10657.66万吨上升到2015年的26030.48万吨，其中2011年达到峰值，之后有所下降（见图1）。从比重上看，吉林省碳排放总量占全国总量的比重一直在2%

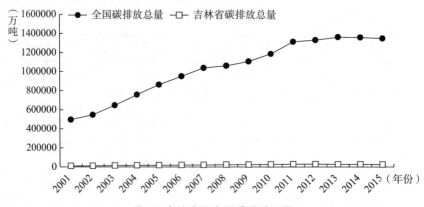

图1 吉林省和全国碳排放总量

到 2.5% 之间震荡,与只占全国水平 2% 的 GDP 相比较而言,碳排放强度还是偏高。从趋势上看,吉林省碳排放总量的增速在 2011 年之后出现了明显下降,但 2014 年又出现了反弹(见图 2)。

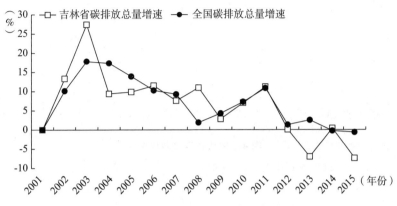

图 2 吉林省和全国碳排放总量增速

人均排放量分析:吉林省的人均碳排指标一直高于全国水平,2011 年起呈现下降趋势,逐步与全国人均碳排放量趋同(见图 3)。

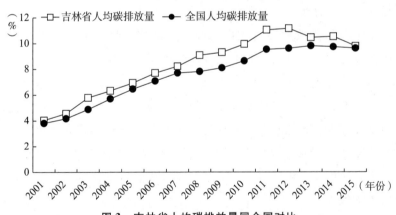

图 3 吉林省人均碳排放量同全国对比

碳排放强度分析:吉林省碳排放强度 2003 年起逐年下降,并保持良好的下降趋势,截止到 2015 年降到了 8.36(万吨/万亿)(见图 4)。

可以看出,从"十二五规划"开始,吉林省的碳排放总量和人均碳排放量均呈现明显的下降趋势,但也存在两个问题:一是人均碳排放量仍高于全国水平,二是碳排放总量增速波动性较大。这说明,"十二五"期间吉林省碳减排绿色发展的相关政策是有效的,但政策还有很大的调整空

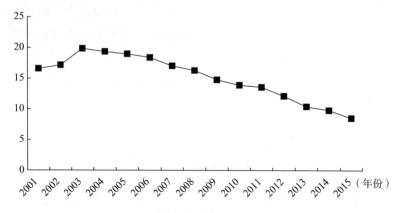

图4 吉林省碳排放强度

注：以上分析根据吉林省统计年鉴数据，利用估算的碳排放量与吉林省实际 GDP（1978 年不变价格计算）的比值得出碳排放强度。

间，这是我们"十三五"时期需要积极面对和解决的问题——如何在进行新一轮吉林省经济振兴的同时实现碳减排的约束性指标。针对这一两难问题，结合吉林省的实际情况，本报告以发展低碳经济、走绿色可持续发展之路做了进一步分析。

二氧化碳的排放原因有很多，如产业结构、政府干预、能源结构变动、能源强度、技术进步、城市化等都会对其产生影响。

吉林省碳排放存在几个问题。第一，吉林省第二产业比例偏高，排放问题严重。第二，目前吉林省对环境问题重视不足。第三，吉林省能源状况不容乐观，吉林省能源自给率仅为一半左右，且根据国家要求，吉林省风能需要冻结，而电力以火电为主，能源结构调整存在较大的难度。第四，吉林省绿色技术相对落后。第五，在快速的城市化过程中，可能带来增量的碳排放。

二 国际经验借鉴

吉林省在气候条件和地理位置上与北欧类似。因此，北欧国家减排和绿色发展经验对吉林省走低碳和绿色发展之路具有借鉴意义。北欧国家在低碳和绿色发展方面做了很多的尝试和探索。例如对碳排放征税最早由芬兰开始的，此后，瑞典、挪威、荷兰和丹麦也相继开始征收碳排放税。

经过多年的发展，不止在税收方面，在其他方面北欧各国也进行了各种尝试，其中丹麦和瑞典形成了比较完善的绿色发展政策措施和方法，我们称之为丹麦模式和瑞典模式。

（一）丹麦模式

从 20 世纪 80 年代至今，丹麦能耗总量维持稳定，基本不变，而经济增长却稳定增长，与此相反，碳排放量却逐年降低。这给我们提供了一个现实的例子，也就是说能源消耗不是发展经济的必要条件，满足人民日益发展的生活需要不是以消耗更多能量为代价的。丹麦绿色发展处于独树一帜的地位，不但领先于欧盟，同时也代表着当前世界的最高水平。丹麦在节约能源方面具有强大的能力，同时，下大力气发展可再生能源产业，丹麦人均能耗比日本少十分之一，连美国的人均耗能的一半都达不到。

丹麦打造绿色可持续发展模式的成功经验，具体可归纳为以下四大要素。

1. 政策先导

丹麦的能源政策——"丹麦能源政策"（Danish Energy Policy 1976）签发于 1976 年，文件明确提出：利用发电废水供热，发展区域供暖系统，大力发展风能。该项法规核心思想是"发展新能源和节能"。

在随后的数十年中，丹麦不断细化和完善相关能源政策。丹麦的能源政策为丹麦的发展做出了巨大的贡献，也引起了各国重视，丹麦的政策法规在 21 世纪初受到欧盟乃至全世界的关注和认可，在这一系列政策法规的基础上欧盟于 2012 年提出了"欧盟能效指令"。

2. 立法护航

丹麦的能源税制度发展分为两个阶段，以 2008 年提高二氧化碳税为分界线，以 2010 年开始实施新的氮氧化物税标准为新的起点，体现了丹麦在绿色发展道路上持续大步前行的决心。

丹麦的税收侧重策略非常明显，例如在化石能源方面的课税和建筑领域节能标准的划分。

3. 公私合作（PPP）

丹麦政府采用全民治理的方式处理绿色发展。绿色发展不是国家问题，是一个全社会参与的问题，政府提供解决方案、民间依照方案提供解决方法。

4. 技术创新

丹麦在可再生能源领域处于世界领先地位，在风能、生物质能源和太阳能领域都具有很重的话语权。丹麦积极开发太阳能。丹麦持续投入资金支持太阳能产业发展，随着太阳能产业的迅速壮大，经过二十多年的发展，丹麦的太阳能区域供热处于世界领先地位，太阳能等绿色能源的使用大大减少了二氧化碳的排放，在全球的绿色发展事业中起到了积极的作用。同时丹麦大力发展风能，并注重风能和太阳能的结合。总的来说丹麦的绿色技术创新尝试的重点为"开源节流"。

（二）瑞典模式

瑞典的绿色发展之路相对来说进程更短，对比更为强烈。一百多年前，瑞典处于农业社会，在其之后几十年的发展过程中同样一度走上了以资源换发展的道路——以出口矿石为主。总结来看，瑞典打造绿色可持续发展模式的成功经验，可归纳总结为以下三点：一是树立可持续发展观念，绿色发展理念深入人心；二是注重科技发展，在减排事业中充分利用现阶段科技力量；三是以法律法规和监督机制保障减排事业的发展。

瑞典在城市建设的绿色发展中取得了很多经验，其中值得称道的做法主要如下。

一是注重城市建设，在城建工作中公开招标，公开、公正、公平地选用开发商。规定尽量不破坏现有的绿色景观，增加绿色植被，并且新增的绿色植被要同现有的绿色景观完美衔接，要求人与自然和谐共存，为动物预留好动物通道。

二是做好污水处理和垃圾回收工作。对垃圾的处理和回收是一项重要的工作，对生活污水、大件废物、小件废物、电子废物、化学废物、雨水等都有明确的规定。

三是绿色能源使用。例如解决供热问题：通过可燃烧垃圾、净水厂处理过的污水中的余热集中供热；解决市区公共交通问题：用餐厨垃圾和废水淤泥经生物降解生产的沼气供市区公共交通使用。

四是绿色交通。在城市设计理念上，瑞典也坚决反对无限制扩大化。

注重人行道和自行车道路的建设。

瑞典的绿色发展历经几十年，在很多领域都开拓出实际性的进展，给后来者树立了榜样，我们可以在自然环境方面、经济发展方面、人文社会环境方面走绿色发展之路。在发展的同时培养忧患意识，崇尚自然，敬畏自然，无论资源禀赋多少，浪费是可耻的。利用科技为绿色发展保驾护航，特别是绿色发展技术，如城市智能化发展、生物燃料、废物管理技术等，环境技术推动经济发展。

瑞典的绿色发展之路给我们带来了很多的启发，要实现绿色发展的关键是通过进步性制度安排社会资本、减少化石资源消耗、鼓励绿色技术创新和制度创新，从观念上提升人民的绿色发展意识。

三 吉林省"十三五"时期的应对建议

新形势下，吉林省应对"十三五"的减排问题，有新的对策，那就是以绿色发展观为指导，既要完成减排任务，同时也要坚持经济发展，具体建议如下。

（一）优化产业结构

吉林省产业结构为"二三一"，大体上体现第一产业不稳、第二产业不强、第三产业不足的现象。推动产业结构升级是实现吉林省碳减排的重要途径。首先是要在宏观上调整整个经济和产业的结构，使节能减排产业和绿色经济在地区增长中的比例不断提升；其次是争取经济发展的整个经济链和产业的逐步绿色化，倡导传统产业的低碳化，扶植绿色战略性新兴产业的发展；再次是在整个过程中注重发挥创新，特别是绿色技术创新对低碳发展的驱动作用；最后是注重提升金融等服务业对经济绿色发展的支持能力。在这一过程中，也有几个问题需要注意。首先，践行绿色发展要在保证宏观经济安全的基础上，即保持一定的经济发展速度和充分的就业；其次，改革开放以来积累了一系列的生态问题，目前的绿色发展，也要针对这一问题展开，同时对经济总量中占较大比重的传统产业进行绿色化改造；最后，要合理公平地分配和分析经济增长与环境保护的成果。

（二） 发挥政策的导向作用

吉林省位于我国东北三省中部，地处北纬 40 度 52 分至北纬 46 度 18 分、东经 121 度 38 分至东经 131 度 19 分，总面积约 18 万平方公里，约占全国总面积的 2% 。目前吉林省生态呈如下状态：东部森林生态功能虽然总体上高于全国平均水平，但功能有减弱的趋势，东中部水土流失严重，中部土壤肥力退化，西部"三化"问题严重，存在水资源短缺和水污染问题。这些问题的发生有很多因素，如观念问题、制度问题、发展策略问题等。为了改善这些问题，我们提出如下意见。

1. 宣传普及低碳环保观念

治理的基础就是要全民的高度参与。全民治理首先需要形成统一的思想，同西欧某些国家相比，我们民众的环保意识还是不够。只有全民环保，全民减排，才可能创造真的蓝天白云。这里需要民众的自发学习，但政府的主导作用同样非常重要。政府应大力宣扬和倡导低碳生活，摆事实、讲道理，使人们自发地崇尚自然环保，敬畏自然，精心呵护环境，以浪费为耻，让人民相信目前的减排和环保所付出的是值得的，当前的退后是为了大踏步地前进，当环保低碳可持续发展观念深入人心时，推行的政策、制度、措施才可能水到渠成，得到民众的理解、支持和拥护，才能发挥政策的最大效能。

2. 立规建制保障低碳生活

建立合乎省情的制度、推行合乎民意的政策、制定适应形势的办法是保障绿色低碳发展的基本手段和准绳。对越过红线的行为，可以设置高违规成本，设立基于考核为目的的量化目标，组织定期评估各项生产生活活动对绿色发展低碳生活的影响，根据影响的反馈调整政策和制度措施，形成闭环操作，力争快速迭代、与时俱进地实现绿色减排发展的目标。

3. 公私合营发展绿色金融

学习丹麦经验，在发展绿色大型项目时采用公私合作方式，更高效地实现公益目标。金融业属于第三产业，吉林省金融业不发达，对相关体制机制进行"放管服"改革，吸引更多的投资者参与低碳经济发展。以减排为契机，以绿色金融为切入点，大力发展金融，既可以调整产业结构，又可以实现减排的目标。

4. 培养人才引进低碳科技

充分利用吉林省的教育资源，在就业导向上实施政策倾斜，在自我培养的同时，加大低碳发展人才的引进，特别是生物燃料、废物利用、可再生能源人才培养与引进；与人才培养与引进人才同样重要的是利用吉林省的科研环境，开展低碳科技的研究工作，或独立立项研究或开展横向研究，力争在低碳减排核心技术领域有所突破，理顺成果申报流程，将成果转化为生产力，利用先进的技术和经验科学地治理碳排放问题。

5. 协调区域发展因地施策

吉林省地貌决定了吉林省的区域发展策略不同，相对来说，吉林省西部地区污染相对严重，生态环境相对较差，故西部注重生态改善，减少排放；中部地区是吉林省的政治经济文化中心，教育和科研创新水平相对较高，故中部注重创新发展，研发低碳技术；吉林省东部地区森林资源丰富，是我国的六大林区之一，故东部发挥森林碳汇资源，实现碳中和。

（三）调整能源使用结构

与国内发达省市相比，吉林省产业结构转型速度相对滞后。在第二产业中，传统资源型产业占比较大，特别是 "三高" 企业——高投入、高消耗、高排放的粗放型经济发展方式尚未取得根本转变，经济增长动力仍是通过外延型扩大再生产的方式来带动的。受产业分工和科技水平等其他因素影响，吉林省当前的粗放型经济发展方式对资源的依赖性非常强，资源利用效率低、消耗量巨大。吉林省已经陷入了资源生产——开发利用—破坏浪费—资源退化—加大开发—直至资源萎缩甚至枯竭的恶性循环中，这种经济增长方式给节能减排工作带来巨大压力，目前改变经济增长动力方式已经刻不容缓。在国家各级政府和部门的支持下，吉林省风能发电、水力发电、生物质能应用和发电等方面纷纷立项、开工建设，吉林省又依托新能源资源储量较为丰富的优势，取得了较快的发展形势，但因为新能源基础薄弱，还没能壮大到由点带面的层次，发展至今，新能源占比依然很小，煤炭比重依然很大——占 70% 以上。由此看来，吉林省新能源发展任务艰巨，目前来看要发展新能源减少排放还要狠下力气，充分利用区域资源优势。

　　优化能源结构降低碳强度是建立环境友好型、资源节约型低碳经济发展模式的有效途径之一，相同的经济增速下，能源结构调整幅度越大，减排效果越好。可以适当增加新能源的供应，大力发展可再生能源，采用先进技术以低碳能源替代原有的化石能源，加快转变粗放和不合理的生产方式，可以有效地减少化石能源的使用。

　　对于第一产业，优化能源结构，减少排放，减少农业石化投入。减少农业化石投入有以下两个途径，途径一：寻找化肥的替代品，如用粪肥、堆肥或有机肥等替代化肥，提高土壤有机物质含量；途径二：利用生物技术，利用生物之间的相生相克关系防治病虫害，通过优化生物链条，建立新的生物链平衡，有效改善农村环境。

　　对于第二产业，首先是利用新能源替代化石能源，利用风能、太阳能、生物质能替代传统能源；其次是高效清洁地利用煤炭资源，在能源开采的根源上就做到清洁化；最后是用高新技术改造钢铁、水泥等传统重化工业，这对于低碳经济的发展至关重要。

　　对于第三产业，在当下不动摇重工业在经济增长中决定性地位的前提下，减少排放，就要积极发展现代服务业。

（四）促进绿色技术创新

　　吉林省人才优势不明显，必须加大低碳发展人才的培养和引进，以人才成就技术创新。积极搭建绿色技术创新平台，充分发挥吉林省的科教优势，搭建高校、科研院所和政府企业沟通平台，将科研成果第一时间转化为生产力。

　　首先，应开拓绿色生产方式。基于吉林省资源特色，充分开发和利用吉林省农、林、牧、副、渔业资源，打造具有吉林地方特色和竞争力的绿色品牌与产品。其次，加强技术创新，重点发展各项绿色技术。关注绿色技术创新的发展进程，跟进绿色技术创新的发展态势，应用绿色技术加快新能源、新材料、生态旅游等绿色产业发展，通过绿色技术创新改造升级传统产业，实现生产方式的转变，扶持发展新兴产业。再次加大绿色经济扶持力度。加大政策倾斜力度，加大在绿色产业方面的资金支持，对有前景的绿色技术专利等要给予适当地补贴，同等条件下优先使用或者采购绿色产品。

基于以上原则在绿色技术方面针对第一产业碳减排：利用 CDM 项目明确的技术方法，通过研发更适合吉林省本地秸秆的发电技术和干燥寒冷条件下的堆肥还田实用技术，不但可降低温室气体产生量，还能对清洁本地空气产生有利影响。针对第二产业碳减排：吉林省在高耗能产业引进和创新先进工艺和节能方面优化技术，使其产业链低碳化。针对第三产业碳减排：充分发展金融业，设立碳基金，加强碳交易试点，激励低碳技术的研究和开发，改进设备，调整结构形成低碳环保的生产模式。

（五）城市化过程的低碳和绿色化

吉林省已经处于快速城市化阶段并且会持续一段时间。"以人为本"的城市化进程没有得到足够重视。无论在干部考核还是在地方经济考核方面，以 GDP 增长为考核点令环境治理受到忽视，以生态环境为代价换取 GDP 的增长，城市化过程中的人口迁移及消费方式的转变，带来经济增长的同时，也带来了大量的碳排放。吉林省的城市化进程中，存在相当多的非市民化的城市居民聚集在城乡接合部或者旧的棚户区，非市民化的居民和市民聚集在一起共同使用城市基础设施，而城市基础设施是依据市民规模来建设维护的，因而形成了设施不够、维护应答不急的现象，生态环境压力增大。如果这种无序的城市化进程进一步发展的话，地表水、地下水、林地、湿地都会受到相应的影响。

吉林中部地区城镇化水平最高，东部地区高于西部地区，长春城镇化水平第一，吉林第二。吉林省人口聚集在中部地区，西部地区人口稀少，并且人口在不断地向中部地区迁移。与此相反，吉林省生态环境水平东西部地区高于中部地区，东西部地区由于经济发展相对缓慢及政府向生态环境保护政策的倾斜，生态环境压力相对于中部地区较小。城市化进程中，农村人口迁移到了城市，那么对于农村空置的土地就可以进行农场化和农业供给侧改革，将农村空置出来的土地种植树木与植被、草地，或者进行农业生产以此增加碳的吸收。迁入城市的人口占用新的土地，通过合理规划和布局城市用地，可以以密集型结构来缩短交通量进而减少交通带来的碳排放，同时利用新能源、生物质能或发电废水供热、发展区域供暖系统、集中供暖来提高能源的使用效率，减少碳排放。建立低碳的生活方式和消费模式，鼓励绿色出行，学习江苏、浙江、山东、辽宁等 4 个绿色交通省的建设经验，改造公共基础设施，升级道路设计，鼓励建设自行车道，借鉴北京、杭州等地的共享单车模式，倡导绿色出行。

参考文献

DORFMAN M H, MUIR W R, MILLER C G. *Environmental Dividends*：*Cutting More Chemical Wastes*［M］. Citeseer, 1992.

PORTER M. E, VAN D L C. *Toward A New Conception of the Environment-Competitiveness Relationship*［J］. The Journal of Economic Perspectives, 1995：97 – 118.

GROSSMAN G M, KRUEGER A B. *Environmental Impacts of a North American Free Trade Agreement*［D］. 1991.

GROSSMAN G M. *Quality Ladders and Product Cycles*［J］. The Quarterly Journal of Economics, 1991, 106（2）：557 – 586.

PANAYOTOU T. *Empirical Tests and Policy Analysis of Environmental Degradation at Different Stages of ec Grossman Onomic Development*［J］. Working Papers, 1993.

Panayotou T., *Empirical Tests and Policy Analysis of Environmental Degradation at Different Stages of Economic Development*［J］. Ilo Working Papers, 1993, 4.

Berman E, Bui L T M. *Environmental Regulation and Productivity*：*Evidence from Oil Refineries*［J］. Review of Economics & Statistics, 2001, 83（3）：498 – 510.

GALEOTTI M, LANZA A. *Desperately Seeking Environmental Kuznets*［J］. Environmental Modelling & Software, 2005, 20（11）：1379 – 1388.

HANLEY N D, MCGREGOR P G, SWALES J K, et al., *The Impact of a Stimulus to Energy Efficiency on the Economy and the Environment*：*A Regional Computable General Equilibrium Analysis*［J］. Renewable Energy, 2006, 31（2）：161 – 171.

魏楚、杜立民、沈满洪：《中国能否实现节能减排目标：基于 DEA 方法的评价与模拟》，《世界经济》2010 年第 3 期。

李强、聂锐：《环境规制与中国大中型企业工业生产率》，《中国地质大学学报》（社会科学版）2010 年第 4 期。

王蕾、魏后凯、王振霞：《中国区域节能潜力估算及节能政策设计》，《财贸经济》2012 年第 10 期。

汪克亮、杨力、程云鹤：《要素利用、节能减排与地区绿色全要素生产率增长》，《经济管理》2012 年第 11 期。

胡绍雨：《我国能源、经济与环境协调发展分析》，《技术经济与管理研究》2013 年第

4 期。

李斌、赵新华:《经济结构、技术进步与环境污染——基于中国工业行业数据的分析》,《财经研究》2011 年第 4 期。

原毅军、谢荣辉:《工业结构调整、技术进步与污染减排》,《中国人口·资源与环境》2012 年第 S2 期。

杜雯翠:《工业化视角下的能源效率、技术进步与空气质量——来自工业国与准工业国的比较》,《软科学》2013 年第 12 期。

王班班、齐绍洲:《有偏技术进步、要素替代与中国工业能源强度》,《经济研究》2014 年第 2 期。

修静:《节能减排视角下的中国工业增长动力因素研究》,吉林大学,2015。

瞿珂:《基于超效率 DEA 模型的我国二氧化碳排放效率评价研究》,江南大学,2016。

蒋金荷:《中国碳排放量测算及影响因素分析》,《资源科学》2011 年第 4 期。

崔琦、杨军、董琬璐:《中国碳排放量估计结果及差异影响因素分析》,《中国人口·资源与环境》2016 年第 2 期。

周葵、戴小文:《中国城市化进程与碳排放量关系的实证研究》,《中国人口·资源与环境》2013 年第 4 期。

程豪:《碳排放怎么算——〈2006 年 IPCC 国家温室气体清单指南〉》,《中国统计》2014 年第 11 期。

何立华、杨盼、蒙雁琳等:《能源结构优化对低碳山东的贡献潜力》,《中国人口·资源与环境》2015 年第 6 期。

马丽梅、张晓:《中国雾霾污染的空间效应及经济、能源结构影响》,《中国工业经济》2014 年第 4 期。

王平、刘致秀、朱帮助等:《能源结构优化对广东省碳强度目标的贡献潜力》,《中国人口·资源与环境》2013 年第 4 期。

马卓:《吉林省碳排放峰值预测与控制策略研究》,吉林大学,2012。

彭水军、张文城、孙传旺:《中国生产侧和消费侧碳排放量测算及影响因素研究》,《经济研究》2015 年第 1 期。

徐思源:《重庆市二氧化碳排放基准初步测算研究》,西南大学,2010。

赵进东:《中国在 G20 中的角色定位与来路》,《改革》2016 年第 6 期。

张立国、李东、周德群:《中国物流业二氧化碳排放绩效的动态变化及区域差异——基于省级面板数据的实证分析》,《系统工程》2013 年第 4 期。

王文超:《中国省区能源消费与二氧化碳排放驱动因素分析及预测研究》,大连理工大学,2013。

邓传霞:《中国省区二氧化碳排放绩效测度研究》,天津理工大学,2015。

卫冬丽：《中国燃煤电厂二氧化碳排放量计算方法研究》，北京交通大学，2014。

王群伟、周德群、周鹏：《中国全要素二氧化碳排放绩效的区域差异——考虑非期望产出共同前沿函数的研究》，《财贸经济》2010年第9期。

袁润松、丰超、王苗等：《中国区域间节能减排责任分担及成本补偿机制设计——基于潜力视角》，《经济问题探索》2016年第5期。

左文鼎：《中国能源消费、二氧化碳排放量与经济增长》，天津财经大学，2014。

何艳秋：《中国能源二氧化碳排放控制目标和地区分配的统计研究》，西南财经大学，2013。

窦汝强：《中国经济低碳发展的途径与潜力分析》，载《决策论坛——企业党建与政工创新工作发展学术研讨会论文集》（上），2016。

潘佳佳、李廉水：《中国工业二氧化碳排放的影响因素分析》，《环境科学与技术》2011年第4期。

刘华军、赵浩：《中国二氧化碳排放强度的地区差异分析》，《统计研究》2012年第6期。

李国志、李宗植：《中国二氧化碳排放的区域差异和影响因素研究》，《中国人口·资源与环境》2010年第5期。

刘华军、鲍振、杨骞：《中国二氧化碳排放的分布动态与演进趋势》，《资源科学》2013年第10期。

刘毅、蔡兆男、杨东旭等：《中国二氧化碳科学实验卫星高光谱探测仪光谱指标影响分析及优化方案》，《科学通报》2013年第27期。

于洋：《中国二氧化碳净排放和驱动因素研究》，东北师范大学，2014。

罗金玲、高冉、黄文辉等：《中国二氧化碳减排及利用技术发展趋势》，《资源与产业》2011年第1期。

林伯强、蒋竺均：《中国二氧化碳的环境库兹涅茨曲线预测及影响因素分析》，《管理世界》2009年第4期。

鲁万波、常永瑞、王叶涛：《中国对外直接投资、研发技术溢出与技术进步》，《科研管理》2015年第3期。

黄耀：《中国的温室气体排放、减排措施与对策》，《第四纪研究》2006年第5期。

孙慧宗、李久明：《中国城市化与二氧化碳排放量的协整分析》，《人口学刊》2010年第5期。

独孤昌慧：《影响吉林省碳排放数量的主要因素及对策建议》，《中国集体经济》2012年第6期。

郭义强、郑景云、葛全胜：《一次能源消费导致的二氧化碳排放量变化》，《地理研究》2010年第6期。

胡佳雨：《我国外商直接投资与二氧化碳排放相关性研究》，浙江大学，2010。

高珊珊：《我国经济增长、能源消耗及二氧化碳排放的动态关系研究》，重庆大学，
    2013。

肖周燕：《我国家庭动态变化对二氧化碳排放的影响分析》，《人口研究》2012 年第 1 期。

王群伟、周鹏、周德群：《我国二氧化碳排放绩效的动态变化、区域差异及影响因素》，
    《中国工业经济》2010 年第 1 期。

金三林：《我国二氧化碳排放的特点、趋势及政策取向》，《北方经济》2010 年第 7 期。

孙辉煌：《我国城市化、经济发展水平与二氧化碳排放——基于中国省级面板数据的实
    证检验》，《华东经济管理》2012 年第 10 期。

林基：《外商直接投资与我国二氧化碳排放》，华东师范大学，2014。

王群伟、周鹏、周德群：《生产技术异质性、二氧化碳排放与绩效损失——基于共同前
    沿的国际比较》，《科研管理》2014 年第 10 期。

佚名：《深入推进生态文明建设为"十三五"节能减排发展建言献策》，《资源节约与
    环保》2015 年第 7 期。

翟生强、史长光、杜乐山等：《若尔盖泥炭地地下水位和土壤温度对二氧化碳排放的影
    响》，《湿地科学》2015 年第 3 期。

李国志、李宗植：《人口、经济和技术对二氧化碳排放的影响分析——基于动态面板模
    型》，《人口研究》2010 年第 3 期。

王群伟：《全要素视角下的能源利用和二氧化碳排放效率测度研究》，南京航空航天大
    学，2010。

于洋：《全国视角下吉林省二氧化碳排放竞争力及时间演变特性分析》，《税务与经济》
    2017 年第 1 期。

王群伟、周德群、周鹏：《区域二氧化碳排放绩效及减排潜力研究——以我国主要工业
    省区为例》，《科学学研究》2011 年第 6 期。

陈诗一：《能源消耗、二氧化碳排放与中国工业的可持续发展》，《经济研究》2009 年
    第 4 期。

张伟、朱启贵、李汉文：《能源使用、碳排放与我国全要素碳减排效率》，《经济研究》
    2013 年第 10 期。

修静、刘海英、臧晓强：《绿色信贷、节能减排下的工业增长及预测研究》，《当代经
    济科学》2015 年第 3 期。

马骏：《色金融：中国与 G20》，《海外投资与出口信贷》2016 年第 6 期。

许士春、龙如银：《经济增长、城市化与二氧化碳排放》，《广东财经大学学报》2014
    年第 6 期。

蔡昉、都阳、王美艳：《经济发展方式转变与节能减排内在动力》，《经济研究》2008

年第 6 期。

严成樑、李涛、兰伟：《金融发展、创新与二氧化碳排放》，《金融研究》2016 年第 1 期。

修静：《节能减排视角下的中国工业增长动力因素研究》，吉林大学，2015。

冯博：《建筑业二氧化碳排放及能源环境效率测算分析研究》，天津大学，2015。

金培振、张亚斌、彭星：《技术进步在二氧化碳减排中的双刃效应——基于中国工业 35 个行业的经验证据》，《科学学研究》2014 年第 5 期。

张兵兵、徐康宁、陈庭强：《技术进步对二氧化碳排放强度的影响研究》，《资源科学》 2014 年第 3 期。

胡玉珍：《吉林省碳排放影响因素及减碳路径研究》，吉林财经大学，2014。

王宪恩、何小刚、史记等：《吉林省碳排放影响因素分析及与经济增长的脱钩研究》， 《东北师大学报》（自然科学）2013 年第 2 期。

马卓：《吉林省碳排放峰值预测与控制策略研究》，吉林大学，2012。

单既民：《吉林省汽车产业低碳化评价与影响因素研究》，吉林大学，2014。

那伟、赵新颖、高星爱等：《吉林省农业温室气体排放核算及特征分析》，《安徽农业 科学》2016 年第 34 期。

于畅：《吉林省低碳农业发展问题研究》，吉林财经大学，2012。

黄林：《吉林省低碳经济发展问题研究》，吉林财经大学，2012。

左丹：《基于空间面板模型的我国二氧化碳排放库兹涅茨曲线研究》，西南财经大学， 2013。

王淑玲：《基于可持续发展的吉林省节能减排初探》，东北师范大学，2008。

朱德进：《基于技术差距的中国地区二氧化碳排放绩效研究》，山东大学，2013。

杨琳、董美娜、周嘉：《城市化发展对吉林省碳排放的影响分析》，《湖南师范大学自 然科学学报》2015 年第 5 期。

刘华军：《城市化对二氧化碳排放的影响——来自中国时间序列和省际面板数据的经验 证据》，《上海经济研究》2012 年第 5 期。

李晶：《产业政策对产业结构变迁、二氧化碳排放的影响》，山东大学，2014。

胡红云：《G20 峰会：背景、主旨和机遇》，《浙江经济》2016 年第 5 期。

张海冰：《G20 的转型与 2016 年杭州峰会展望》，《国际关系研究》2016 年第 3 期。

牛海霞、胡佳雨：《FDI 与我国二氧化碳排放相关性实证研究》，《国际贸易问题》2011 年第 5 期。

林永亮、张权：《G20 杭州峰会看点解析》，《当代世界》2016 年第 8 期。

刘宏松：《G20 议题的扩展及其对机制有效性的影响》，《国际论坛》2015 年第 3 期。

李贺、刘艳君、吴兵：《吉林省"十三五"期间污染物减排对策及建议》，《环境与可 持续发展》2015 年第 4 期。

在"一带一路"倡议下推进中国吉林自由贸易试验区设立的建议

吉林财经大学课题组[*]

摘　要　自"一带一路"倡议发起以来,自由贸易试验区作为"一带一路"战略的重要支撑,其升级、推广、扩容必将加速展开。吉林省设立自贸区具有现实意义和可行性。吉林省在综合分析备选方案利弊的基础上,选择以长吉图先导区为基础,整合建设中国吉林自由贸易试验区;针对设立中国吉林自由贸易试验区面临的问题,提出加强吉林省自贸区建设的智库研究,将自贸区的申报及筹建视为当前工作重点,以完善通道及开放平台建设推动自贸区整合,进一步推动图们江区域合作机制转型升级。

关键词　一带一路　吉林　自由贸易试验区

自由贸易试验区(以下简称自贸区)建设是新时期我国深化改革开放,实现体制机制创新的重要平台。2017 年 3 月 31 日,国务院分别印发《中国(辽宁、浙江、河南、湖北、重庆、四川、陕西)自由贸易试验区总体方案》以及《全面深化中国(上海)自由贸易试验区改革开放方案》。这标志着我国的自由贸易试验区战略迈入 3.0 时代,自贸区战略无论是在深度和广度上都实现了又一次大升级。从最初长江口(上海)的星星之火,到点燃四点一线(上海、广东、天津、福建),再到形成 11 个自贸区梯度开放新格局,这一战略必将形成燎原之势,推动我国改革开放新局面的形成。新时期,吉林省应顺应国家战略导向和协调发展策略,抢抓

＊ 课题负责人:张洁妍;课题组成员:王丽颖、祝国平、丁一、李新光、孙漫、金莫涵。

机遇，积极推动开展新一轮自由贸易试验区的申报设立及建设工作，尽早加入自由贸易试验区建设梯队中。一方面，以长吉图先导区的整合升级为基础，实现与"一带一路"和图们江开发开放战略的有效对接、有机融合；另一方面，以体制机制创新和新动能培育为落脚点，实现吉林老工业基地的新一轮振兴。

一　设立中国吉林自由贸易试验区的必要性

（一）实现与"一带一路"战略有效对接的必然要求

2017 年 5 月 14 日，国家主席习近平在北京出席"一带一路"国际合作高峰论坛开幕式，并发表题为《携手推进"一带一路"建设》的主旨演讲。习近平主席在讲话中总结了自 2013 年发起"一带一路"倡议以来，4 年间我国在"五通"建设中取得的突出成就，"一带一路"建设从理念转化为行动，从愿景转变为现实。习主席进一步提出"要乘势而上、顺势而为，把一带一路建设成为和平、繁荣、开放、创新、文明之路"。站在历史发展的新起点上，为继续顺利推进"一带一路"战略的实施，全方位实现对外开放，促进区域经济一体化发展，与沿线国家间的自贸区体系构建将成为考察的重点。就国内区域而言，推进落实"一带一路"的重要途径即是选择国内一些核心区域和重要节点作为开发开放平台，构建自由贸易试验区体系，使其成为"一带一路"战略的重要支撑。

2015 年 3 月，国家发改委、外交部、商务部经国务院授权发布《推动共建丝绸之路经济带和 21 世纪海上丝绸之路的愿景与行动》，文件明确把东北纳入"一带一路"战略，并把中俄蒙大通道和建设向北开放的重要窗口列为规划的重点。基于吉林省得天独厚的区位优势、发展基础和边疆安全战略考虑，在长吉图先导区和珲春国际合作示范区建设的基础上，适时推进中国吉林自由贸易试验区建设，对于我国推进"一带一路"北线建设，构建我国北部新欧亚大陆桥的桥头堡，具有重要战略意义。

（二）推进东北亚地区和平发展的必然选择

目前东北亚局势复杂多变，我国为了维护国家安全尤其是东北老工业基地的稳定发展,就必须主导东北亚和平发展的局势。我国在东北亚地区的最大利益就是维护好和平稳定的局面,而扩大面向东北亚开放是我国推进东北亚和平发展的关键举措。目前我国正在积极推进中日韩自由贸易区谈判,也在不断务实推进"大图们江倡议"合作,中俄蒙经济走廊建设也取得一定进展,东北亚各国在相关领域组织机制下展开积极主动的交流。俄罗斯加强远东开发开放为中俄合作提供了新的机遇;蒙古国对图们江地区合作开发及草原丝绸之路建设很感兴趣;朝鲜虽然非常不稳定,但也在加大开放步伐,在中朝边境设立多处开发区,开发开放意愿非常强烈。我国在长吉图地区设立自贸区,将会很好地对接中日韩自贸区和中俄朝蒙跨境合作区建设。我们以此为平台掌控东北亚和平发展大局,维护好我国在东北亚的利益和国家安全。

(三) 推动吉林省新一轮振兴的必经之路

自 2013 年起,东北地区经济发展遭遇断崖式下跌,在全国经济板块中,包括吉林省在内的东北三省经济发展速度处于垫底的位置,东北振兴面临严峻考验。党和国家高度重视东北经济问题,先后出台多项政策、制度及规划推动东北经济新一轮振兴发展。2016 年 2 月份,中共中央、国务院出台了《关于全面振兴东北地区等老工业基地的若干意见》,标志着新一轮东北振兴全面启动实施。此后,国家发改委等部门又先后出台了《推进东北地区等老工业基地振兴三年滚动实施方案》、《关于深入推进实施新一轮东北振兴战略,加快推动东北地区经济企稳向好若干重要举措的意见》以及《东北振兴"十三五"规划》。系列文件的出台为新一轮的东北振兴发展提供了新的方向指引,其中以开放促发展成为东北再振兴的关键举措。

东北地区经济发展滞后除了受到"新常态"三期叠加的大环境因素影响外,东北地区自身发展动力匮乏、经济结构和产业结构固化加大了改革的难度。东北地区深化改革必须在强化内生发展动力的同时,借助外生动力,以内外合力推动自身发展,因此,积极扩大对外开放,以开放促改革,是东北深化改革加快振兴的必然出路。长期以来,吉林省在对外开放上受制于政治、经济区位影响,发展严重滞后,远远跟不上沿海地区的开放步伐,甚至与东北地区的其他省份相比,也是较为薄弱的地区。对外开放发展滞后成为吉林省改革迟缓、经济振兴不力的主要原因之一。要推进吉林省改革开放和经济振兴，就必须设立自由贸易试验区，倒逼体制机制改革，全面推动结构调整，打造提升吉林省发展整体竞争力和对外开放水平的新引擎。

二　设立中国吉林自由贸易试验区的可行性

尽管吉林省在 2016 年底的第三轮自贸区扩容申请中，未能获得批准，辽宁自贸区作为东北经济板块中的一员，在本轮竞争中率先突围，并将其定位为提升东北老工业基地整体竞争力和对外开放水平的新引擎。但这并不意味着吉林省失去设立自贸区的发展机遇，当前的政治经济形势及吉林省的自贸区建设的独特条件和优势，决定了在未来我们仍有极大可能跻身自贸区之列。

（一）中国自由贸易试验区进一步扩容的可能性分析

根据目前的形势及自贸区政策分析，自由贸易试验区再度扩容的可能性非常大。主要有以下几个依据。

1. 新常态下经济结构转型和动力转换的客观需要

2016 年，我国 GDP 增速为 6.7%，宏观经济运行呈现缓中趋稳态势，但仍面临着经济下行的极大压力。经济增长正处于"三期叠加"阶段，劳动力供给、资源环境成本、技术追赶空间和外部市场需求等因素都在发生变化，一些行业面临产能过剩的困扰，金融体系动荡幅度加大，风险加剧。这要求我们着力供给侧结构性改革，转变经济增长方式，调整经济增长结构，培育经济发展的新动能，同时，进一步扩大对外开放的深度和广度，以开放促改革、促创新、促发展。只有通过内部改革，外部开放，内外生动力共同起作用，不断扩大对外开放的深度和广度，才能增强经济发展的动力和活力。

2. 新常态下区域协调发展战略的客观需要

新时期，我国已经改变了改革开放初期的非均衡增长战略思路，积极推进区域协调发展。如果自由贸易试验区只在沿海及内地少数地区推进，将会出现新一轮地区发展不平衡局面，将使中国近年来推进区域经济协调发展的努力付之东流，中国经济社会的协调发展和实现小康社会目标将面临严峻挑战。因此，基于当前我国区域协调发展的思路，更基于对当前自由贸易试验区发展趋势的判断，在未来我国将设立更多自由贸易试验区，并将其均衡布局于东、中、西部各区域，目的是以自贸区为中心，通过政策资金投入，制度创新改革，加快培育壮大一批区域经济增长极，形成对周边区域的辐射效应和示范效应。开放的、自由竞争的市场化体制机制的建立，可以促进要素自由流动，发挥区域间的协同效应，促进区域经济增长的协调性。

3. 政策环境培育及政策试点试验的客观需要

国家政策环境的培育和形成，是一项复杂的系统性工程，需要多方努力、多层次、多角度构建政策体系，形成协同合力。同时，政策试点试验的方法、类型也是复杂多样的，其演进过程也存在巨大的差异性，需要依据政策环境的变化及政策试点的差异因时、因地制宜探索提炼符合实际的共性及特性经验进行推广适用。目前中国正在着力培育、开发开放的政策环境，加紧推进"一带一路"倡议的实施。东北、长江经济带、南海等区域发展战略也加紧推进，这些重大国家战略都需要相应的开放政策来支撑，需要以自由贸易试验区为先行试点，形成可复制、可推广的改革开放经验，这也客观上要求增加试点样本的多样性以总结普适性，因此，自由贸易试验区扩容势在必行。

（二）吉林省具有建设自贸试验区的区位优势和历史基础

1. 区位优势显著

吉林省地处东北亚几何中心地区，珲春更是位于中俄朝三国交界处，是东北地区唯一的同时对俄、对朝开放的口岸，东南与俄罗斯滨海边疆哈桑区接壤，西南与朝鲜罗津－先锋自由经济贸易区和咸境北道相邻，隔日本海与韩、日相望，与波谢特、海参崴、罗津等众多俄罗斯和朝鲜的港口相对，距图们江出海口仅15千米，是东北亚各国与欧美对接的最便捷、直接的通道。从"一带一路"北线建设视角来看，以珲春为核心，向东通过俄罗斯扎鲁比诺港和朝鲜罗津港进入日本海，向西连接蒙古国乔巴山霍特段铁路及俄罗斯西伯利亚大铁路，实现与俄罗斯跨欧亚大铁路和蒙古国草原之路对接，形成新的亚欧大陆桥，可构建连接东北亚各国的国际大通道，具有非常突出的国际性和区域性价值，对于我国图们江地区合作开发以及"一带一路"北线发展格局构建具有重要的战略意义。

与东北地区其他省份相比，辽宁省虽然具有沿海优势，但缺乏鲜明区域合作特色；黑龙江虽然具有对俄沿边优势，但功能比较单一。只有吉林省可以向东同时陆地连接俄朝，隔海通达日韩，向西连接俄罗斯和蒙古国，是我国面向东北亚开放的综合性窗口和交通枢纽，也是开展多边区域经济合作的最佳区域。且从中蒙俄大通道建设视角来看，以珲春地区为枢纽，通过长吉图战略的"东进西连"，以及与哈长城市群、东北东部经济带等跨区域互动，构建中蒙俄经济走廊，形成东北亚"一带一路"合作示范区，推动东北亚区域合作机制创新，扩大图们江国际合作的辐射范围。

2. 历史基础深厚

从国际合作基础上看，珲春自唐代渤海国时期以来就是东北亚丝绸之路的重要枢纽，至今对东北亚地区的物质文化交流仍发挥着至关重要的作用。1991 年，联合国开发计划署（UNDP）倡导国际合作开发图们江三角洲，珲春市成为图们江开发的核心城市。1995 年，中、俄、朝三国以及中、俄、朝、韩、蒙五国针对图们江地区的国际合作问题签署了三个合作的框架性文件，使得图们江地区的合作开发进入了实际操作阶段。2005 年9 月，各国代表通过签署《成员国关于大图们倡议的长春协定》延长了1995 年的合作框架文件，并扩大了合作区范围，成为大图们区域（GTR），将合作的框架名称从图们江地区开发项目（TRADP）变成大图们倡议（GTI）。目前，大图们倡议已组织 16 次部长级会议，正处在向独立国际组织法律过渡的关键时期，务实合作也步入加快发展的黄金时期，为大图们地区繁荣发展注入了更大动力。与辽宁省和黑龙江省相比，吉林省拥有发展 20 年之久的制度化、机制化的国际合作组织，具备在东北亚地区的组织凝聚力，是吉林省开放合作、设立自贸试验区的优势所在。

从国内开放基础上看，1992 年珲春成为我国首批对外开放的沿边口岸，2000 年珲春设立出口加工区。2009 年《中国图们江区域合作开发规划纲要——以长吉图为开发开放先导区》获批上升为国家战略，2012 年 4月"中国图们江区域（珲春）国际合作示范区"获批成立，在整合原有的边境经济合作区、出口加工和中俄互市贸易区的基础上形成国际产业合作区、边境贸易合作区、中朝以及中俄珲春经济合作区四大板块，是东北地区唯一的国字号国际合作示范区，享有国家的多项优惠政策，在探索东北沿边地区开发开放模式上具有先行先试的示范作用。因此，长吉图地区一直是国家对外开放布局的战略重点，具有设立自由贸易试验区的深厚历史基础。

（三）吉林省具有设立自由贸易试验区的现实条件

1. 高端开放平台支持

目前，国家已经在长吉图区域设立了珲春出口加工区、兴隆综合保税区和吉林市保税物流中心三个海关特殊监管区。以长吉图高铁作为纽带，三个海关特殊监管区紧密连接在一起。此外，吉林省还有长春新区、长吉产业创新发展示范、延龙图新区、中新食品区、东北亚博览会等高端开放平台，把这些平台加以整合，扩展其开放功能，建设自贸区将水到渠成。

2. 雄厚的产业支撑

吉林省在传统产业发展上，汽车、石化、农产品加工等产业发展基础雄厚，实力强劲，在提升传统产业优化升级的同时，注重培育装备制造、医药、光电子、新能源、新材料等新兴产业，主导产业和优势产业已经初步形成产业集群优势，为自贸区建设提供了雄厚的产业支撑。汽车产业是国际化程度较高的产业，吉林省汽车产业大多是中外合资企业，零部件供应多对国际市场依赖性较强，已经融入国际产业链中。我国加入 WTO 的产业保护期结束后，吉林省汽车产业国际化将进一步加强，对自由贸易区具有强烈的需求。吉林省以轨道客车制造为龙头的装备制造业已经成为我国"走出去"的代表性产业部门，习近平总书记和李克强总理到吉林访问都视察长客。中韩自贸区协定生效后，吉林省食品类产品的进出口需求也将迅速扩大。吉林自贸区建设对于吉林省主导产业和优势产业的对外开放和国际化具有重要意义。

三　吉林省自由贸易试验区建设的备选方案及优劣分析

吉林自由贸易试验区建设从选址范围上看，可有以下两个备选方案。

一是以"中国图们江区域（珲春）国际合作示范区"为基础，建设中国图们江自由贸易试验区。该方案的优势体现在区域连片集中，可以整合原有的边境经济合作区、出口加工区和中俄互市贸易区，形成一个便于封闭管理的区域。缺点是珲春作为边境县域城市，经济体量和辐射范围均非常弱小，邻接的朝俄边境地区没有完全开放，区域产业基础薄弱，内外产业关联程度不高，对外通道不通畅，对外开放带动性不强，难以代表全省承载自贸区试验。

二是以长吉图先导区为基础，整合建设中国吉林自由贸易试验区。该方案的优势体现在有长吉图先导区国家战略作为支撑，长吉地区产业基础雄厚，有汽车、轨道客车等国际化产业支撑，有兴隆综合保税区、吉林保税物流中心、珲春出口加工区等三个海关特殊监管区的平台，有长吉图高铁和高速公路连接，全方位的对外开放通道更加通达便利，"一带一路"北线的枢纽作用更加突出。缺点是三个海关特殊监管区域距离较远，不易于封闭管理，三个海关监管区的联动机制尚未构建，长吉图区域整合比较困难。

从目前国务院印发的其他省市自由贸易试验区总体方案来看，大多采用类似于方案二的区域整合模式。如最早设立的上海自贸区就是在整合上海外高桥保税区、上海外高桥保税物流园区、洋山保税港区和上海浦东机场综合保税区基础上形成的，并在随后的自贸区扩容中将范围扩大到120.72平方公里，除了涵盖上述四个海关特殊监管区域（28.78平方公里），还包括陆家嘴金融片区（34.26平方公里）、金桥开发片区（20.48平方公里外）以及张江高科技片区（37.2平方公里）。中国（广东）自由贸易试验区总面积116.2平方公里，主要涵盖广州南沙新区片区、深圳前海蛇口片区以及珠海横琴新区片区。中国（天津）自由贸易试验区位于天津滨海新区内，总面积119.9平方公里，涵盖天津港片区、天津机场片区、滨海新区中心商务片区。福建自由贸易试验区的三个园区分别位于福州、厦门和平潭综合实验区，总计面积达118.04平方公里。中国（辽宁）自由贸易试验区实施范围119.9平方公里，涵盖大连片区、沈阳片区和营口片区。

从上述自贸区建设模式和方案来看，大多采取区域整合的方式打包申报。因此，我们建议采取由长吉图三个海关特殊监管区域（长春兴隆综合保税区、吉林保税物流中心、珲春出口加工区）构成的三大片区——珲春片区、长春片区和吉林片区打包的方案来启动吉林省自贸区申报工作，并在自贸区试点功能完善的基础上，适时考虑纳入更多开放平台整合建设。

四　设立中国吉林自由贸易试验区面临的问题

中国吉林自由贸易试验区虽然有极大希望在未来获批建设，但仍存在以下问题亟须解决。

（一）互通互联基础设施建设需要进一步提升

长期以来，制约吉林省发展最大的瓶颈就是通道建设。无论是对外还是对内通道建设都处于通而不畅、联而不动的状态，这将限制自贸区的顺利设置及发挥其投资贸易便利化和辐射带动作用。

在对外通道建设上，吉林省面临的主要任务是打通、畅通东部进入日本海的出海口以及西部与蒙、俄互通的东北亚陆上大通道，形成横贯东西的亚欧大陆桥。尽管吉林省近年来加快了对长吉图区域的通道体系建设，在东部珲春已实现陆海联运，暂时完成"借港出海"的目标，但通道能力仍有待于进一步改进。从口岸建设上，珲春口岸的整体过客和过货能力与东北地区的其他主要口岸相比仍是比较薄弱的一环，对外通道受合作双方基础设施建设影响虽通却不畅。从口岸吞吐能力看，丹东口岸凭借其港口建设已达 6000 万吨/年以上，满洲里、绥芬河口岸已达到了 2000 万吨/年以上和 1200 万吨/年，而珲春远远落后于以上口岸。虽然吉林省近年来经过不断努力，已大大提升口岸的通过能力，但对方口岸的发展仍显滞后，俄方虽与中方签订了相应的合作规划纲要，但对于远东地区开发的兴趣相对较小，资金投入较少或迟迟不能到位，并且相应的通关制度和政策也制约了口岸通过能力的提升，朝方更是缺少对口岸建设的资金投入，更多的要靠中方的力量共建。因此珲春急需在"借港出海"目标实现的同时，完善双方的基础设施建设。从通道建设上看，存在公路铁路的运输等级不对等、道路与口岸的衔接不畅等现象。从航线的竞争力上看，珲春的陆海联运刚刚起步，航运规模小，航线开辟较少，运营不成熟，运输成本相对较高，抵御风险能力较弱，尚缺乏长期竞争优势。而对于西部通道建设，吉林省尚未打通中蒙阿尔山—乔巴山之间的两山铁路，成为对接"一带一路"北线战略的重要桎梏，中蒙"两山"铁路是连接中国内蒙古阿尔山市至蒙古国东方省乔巴山市的国际铁路，建成后将形成珲春—长春—乌兰浩特—阿尔山—乔巴山市—俄罗斯赤塔线路，与俄罗斯远东铁路对接，形成一条新欧亚大陆路桥，尽早完成"两山"铁路建设，对于完善亚欧大陆桥，构建中蒙俄大通道意义重大。

在对内通道建设上，尽管吉林省加强了长吉一体化的通道建设，形成"长吉半小时经济圈"，但就长吉图整体而言，交通运输网络体系仍不健全，各开放前沿窗口与腹地及其他口岸间的联动较少，公路铁路需进一步扩能改造。此外，吉林省虽处于东北亚的中心位置，发挥着枢纽作用，但与其他东北省份及蒙东地区的互通互联程度仍有待于加深，尤其在中蒙俄大通道建设的背景下，四省区合力构建东北地区物流大通道，提升区域联动水平显得尤为必要。

（二）开放合作领域需要拓宽、层次需要提高

自由贸易试验区建设应致力于全方位的对外开放，大力发展外向型经济，强化开展对外经贸合作的深度和广度。吉林省自长吉图战略实施以来，在对外开放方面虽取得一定的成绩，但受多方因素的影响和制约，发展仍显滞后。主要体现在以下几方面。

1. 边境贸易结构单一，贸易方式不合理

吉林省的边境贸易长期存在贸易结构单一化的问题，主要以进口资源性生产原料，出口低端生活用品为主。过度的依赖资源性商品的进口，是国际合作产业链条低端的表现，不利于产业链和价值链的国际攀升，也不利于区域经济和国际合作的持续发展。极易遭受出口国商品输出波动风险，将会给吉林省边境贸易和企业运营带来危机。此外，出口商品过于低端，价格低廉，产品附加值低，也将在国际分工上置吉林省于不利位置。边境地区的对外贸易方式更多地依赖于旅游贸易，而一般贸易、边境小额贸易、加工贸易的比重较低，说明边境地区的实体经济发育仍有待进一步加强，县域经济发展薄弱，没有强有力的主导产业做支撑，无法推动边境县域经济协调、可持续发展。

2. 投资合作规模小，投资合作多地方政府主导

近年来，随着长吉图区域系列开发开放政策的实施，吉林省与东北亚地区国家的经济合作项目不断展开，双方的投资行为也不断增加。但投资合作规模较小，吸纳外资能力有限，对外投资额度也较小。投资更多地倾向于基础设施建设，资源开发方面，多以地方政府作为主导，引导企业进行投资合作，而地方政府对于推动投资合作的力量较小，有些大的项目建设，仅仅依靠政府引导远远不足以达成，必须依靠中央政府决策，由大型央企进行投资建设，才能提高投资合作的质量和规模。

3. 产业合作的程度低，产业集群有待于进一步完善

吉林省目前虽然拥有包括长春新区、长吉产业创新发展示范区、中新吉林食品区等各级各类合作园区，积极与周边国家开展多领域、多层次的产业合作，但大部分产业合作园区都处于初创或成长期，产业合作程度均不高，尚未形成能发挥出合作双方比较优势的主导产业，并且产业合作的组织结构松散、粗放，产业关联程度不深，未能实现集约化经营。

近年来，吉林省致力于以跨境旅游合作作为推动图们江区域开发和东北亚国际合作的突破口，带动合作区域的经济发展，促进国家间的文化交流。由中国珲春敬信、俄罗斯哈桑和朝鲜豆满江三大区域板块构成的"图们江三角洲国际旅游合作区"项目尚在规划编制论证过程中，尚未启动实际运作。主打文化旅游牌的"延龙图新区"也刚刚启动建设。总体看来，旅游合作起步较晚、规模较小，制度及基础设施和服务建设不够完善，合作的政策环境依然不够宽松，对朝、俄跨境旅游合作经常由于政策原因形成较大的波动。对于边境旅游资源的开发并未深入，还没有形成适合周边国家游客口味的大型购物和消费集散地，旅游业带来的经济效益和社会效益还不显著。

（三）图们江开发协调机制需转型升级

依托从图们江地区开发项目（TRADP）到大图们倡议（GTI），图们江地区建立东北亚开发开放合作机制已历 20 年之久，虽取得一定进展，但受制于复杂的地缘政治经济影响，所取得的成效与当年推动者的愿景相距甚远。同期起步发展的大湄公河次区域经济合作（GMS）机制，成员国间已

形成紧密相连的命运共同体；而晚于 TRADP 起步的由元首级会晤机制推动的上合组织也构建起完善的中亚国际次区域合作机制，并已在新丝绸之路经济带中发挥着不可或缺的作用。被认为最具潜力、大有可为的图们江国际次区域合作却是"起了个大早，赶了个晚集"。

造成图们江国际次区域合作落后于其他合作组织的重要原因在于合作机制层次过低，缺少具有独立法人资格的国际合作组织。目前，图们江区域合作只有副部长级协调机制，重大问题难以达成共识，地方政府出面推动受到很大的限制。完善的国际区域合作组织机制尚未形成，缺乏完善、合理、务实的合作框架进行指导，各级组织机构缺乏协调性，职能划分不清。这种松散的合作机制，在实践过程中缺乏稳定性、合理性。努力推进大图们倡议（GTI）组织化、机制化，逐渐走向务实阶段，将对吉林自由贸易试验区的成功设立和发展大有裨益。

五　推进中国吉林自由贸易试验区设立的建议

（一）加强吉林省自贸区建设的智库研究

自贸区建设是一项复杂的系统性工程，应针对其设立发展进行深入的专业化、系列化研究，构建自贸区建设智库。为了推进自贸区建设，各个地区纷纷设立了一批专门研究机构，如复旦大学自贸区综合研究院、上海财经大学自贸区研究院、上海对外经贸大学中国自贸区研究院、上海海事大学中国自贸区供应链研究院、天津财经大学自贸区研究院、广东中山大学自贸区综合研究院、暨南大学中国（广东）自由贸易试验区研究院、福建师范大学自贸区综合研究院、厦门大学中国（福建）自贸区研究院等。目前，辽宁省也已针对大连、沈阳等自贸建设与东北财经大学合作成立自贸区研究院。

吉林省近年来在东北亚问题、长吉图问题、国际贸易、世界经济、国际物流、国际法等方面，已有相当一批高校和科研机构的专家学者进行长期深入研究，所取得的研究成果颇丰，研究实力雄厚，但调研及决策咨询研究未成体系化、机制化。建议吉林省依托省内知名高校、研究机构及相关领域专家学者联合，适时顺势成立相应的实体智库机构，建设服务自贸区建设与发展的高端新型智库、国内外高端学术交流平台、第三方专业评估机构，为吉林省制定、推进、评估自贸区建设的决策咨询提供智力支持。

（二）将自贸区的申报及筹建视为当前工作的重点

在当前"一带一路"倡议和东北老工业基地振兴等多重利好的背景下，吉林省应该抓住自由贸易试验区进一步扩容的历史机遇，继续开展申报及筹建工作。提升对自贸区申报及筹建工作的重视程度，扎实推进落实申报的前期基础，完善相关基础设施建设，营造良好的政策环境。建议吉林省将自贸区建设的相关思路纳入政府工作报告及相关经济社会发展规划中。在申报及筹建过程中应在借鉴上海、广东、天津、福建、辽宁等自贸区体制机制创新示范效应的基础上，发掘吉林自贸区建立的特殊性及差别化功能，大力推进体制机制创新，全力推进长吉图开发开放先导区、珲春国际合作示范区以及相关开放平台建设。

（三）以完善通道及开放平台建设推动自贸区整合

为了解决长吉图自贸区空间距离较远、联动不足等问题，吉林省在自贸区建设规划中应将重点放到推动基础设施、产业园区、管理制度等方面的互联互通上，加快推进长吉图区域整合。

短期内可以率先整合长春兴隆综合保税区、珲春出口加工区和吉林保税物流中心三个海关特殊监管区，实行三区通关一体化，探索以贸易便利化为主要内容的制度创新，开展保税加工、保税物流以及保税服务等业务，为三区联合升级为中国吉林自由贸易试验区打下良好基础。

中长期可通过与长春、吉林、珲春三大片区内的长春新区、长吉产业创新发展示范区、中新吉林食品区、珲春国际合作示范区、国家级经济技术开发区、国家级高新技术产业开发区等特殊功能区互动整合，融合发展，壮大自由贸易试验区，推广试验成果。

为解决自贸区通道联而不动、产业关联程度不深、腹地支撑不足等问题，建议吉林省以新型城市化、哈长城市群建设等战略为契机，推动珲春、长春、吉林等"一带一路"和自贸区沿线节点城市释放辐射扩散效应，打造形成长吉北线、长吉中线、长吉南线三条产业带，促进汽车、石化等支柱产业与其他产业整合，加快形成长吉半小时经济圈，提高长吉腹地对开放窗口的支撑作用。同时，加强与外交部、中联部、商务部、文化部、海关总署等部委的沟通协调，深度融入国家"一带一路"战略，推动形成"港口后移、就地办单、海铁联运、公铁联运、无缝对接"的跨国物流、内贸外运新模式，构建东西贯通、南北纵横、衔接顺畅、高效一体的东北亚国际物流运输网络，形成吉林省对外开放的内陆港口和长吉图区域重要的物流枢纽。

在促进投资贸易便利化方面，建议借鉴国务院新出台的《自由贸易试验区外商投资准入特别管理措施（负面清单）（2017版）》，试验编制吉林省投融资负面清单。吉林省还要试验在珲春示范区和兴隆综合保税区开放外资银行和金融机构的进入限制，改革外汇管理体制，建设吉林省外币交易和人民币结算中心。

（四）进一步推动图们江区域合作机制转型升级

升级图们江区域合作机制。从国家层面推动建立政府间首脑、对应部门和地区间经常性协调机制，将推进长吉图开发开放先导区建设与东北亚合作开发工作制度化和长期化。着重提升东北亚各国协调机制层次，在目前副部长级会晤机制基础上，尽快启动副总理级别的定期会晤机制。探索建立东北亚地方首脑会议联络处和图们江区域合作开发办事机构。争取联合国开发计划署以及亚洲基础设施投资银行的支持，积极倡议协调周边国家设立东北亚国际合作发展基金。推动大图们倡议（GTI）作为东北亚地区合作开发协调机制向独立国际组织过渡，加快推进各领域建立务实合作机制。充实完善大图们倡议合作框架的功能，为东北亚"一带一路"沿线国家和地区营造安全、稳定、有序的合作环境和平台。

加强区域国际合作平台建设。积极推动东北亚各国开放门户，参与东北亚区域合作，搭建起涵盖农业、环保、能源、交通、经贸、文化、科技等宽领域、多层次的合作平台，全面推进东北亚区域合作，将长吉图区域打造成为东北亚区域开放合作的战略高地。继续优化提升中国·东北亚投资贸易博览会平台，把东博会办成东北亚各国进行外交活动的舞台，开展经贸活动的重要平台，展现形象的重要窗口，不断提高展会水平，进一步推进吉林与图们江区域国家共建农业、机械加工、能源、资源、旅游和劳务等合作机制。探索举办"泛东北亚地区经济合作论坛",打造官、商、产、学、研、媒六位一体的综合性论坛,吸引更多的专家、学者、国家知名企业家参会,进一步提升吉林省在东北亚地区的影响力。

参考文献

任学武:《一本书读懂自贸区》,人民邮电出版社,2017。

李志鹏:《中国建设自由贸易园区内涵和发展模式探索》,《国际贸易》2013 年第 7 期。

夏善晨:《中国(上海)自由贸易区:理念和功能定位》,《国际经济合作》2013 年第 7 期。

孙元欣、吉莉、周任远:《上海自由贸易试验区负面清单(2013 版)及其改进》,《外国经济与管理》2014 年第 3 期。

杨海坤:《中国(上海)自由贸易试验区负面清单的解读及其推广》,《江淮论坛》2014 年第 3 期。

王冠凤:《贸易便利化机制下的上海自由贸易试验区跨境电子商务研究——基于平台经济视角》,《经济体制改革》2014 年第 3 期。

盛斌:《天津自贸区:制度创新的综合试验田》,《国际贸易》2015 年第 1 期。

蔡春林:《广东自贸区建设的基本思路和建议》,《国际贸易》2015 年第 1 期。

翟光宇:《大连自由贸易试验区的构想及建议》,《辽宁经济》2014 年第 8 期。

宾建成:《积极借鉴亚洲主要自由贸易园区经验 推进上海自贸试验区又快又好发展》,《国际贸易》2014 年第 8 期。

成思危:《我国保税区改革与向自由贸易区转型》,《港口经济》2004 年第 2 期。

方友熙:《论"一带一路"下的福建自由贸易试验区发展战略》,《福建论坛》(人文社会科学版)2015 年第 6 期。

俞建群、王媛媛:《经济新常态下福建自由贸易试验区发展路径探索》,《福建师范大学学报》(哲学社会科学版)2015 年第 4 期。

郭文君:《关于将图们江区域合作开发纳入"一带一路"战略的思考》,《东疆学刊》2016 年第 2 期。

郭芳、韩文:《告别过往沉疴,图们江开启黄金时代》,《中国经济周刊》2016 年第 28 期。

吴昊、李征:《东北亚地区在"一带一路"战略中的地位——应否从边缘区提升为重点合作区?》,《东北亚论坛》2016 年第 2 期。

宋玥:《"一带一路"建设下东北亚经贸合作的困境及出路》,《改革与战略》2016 年第 6 期。

衣保中、张洁妍:《东北亚地区"一带一路"合作共生系统研究》,《东北亚论坛》2015
年第 3 期。

吴昊、张怡:《政策环境、政策课题与政策试验方式选择——以中国自由贸易试验区为
例》,《中国行政管理》2016 年第 10 期。

于洪洋、欧德卡、巴殿君:《试论"中蒙俄经济走廊"的基础与障碍》,《东北亚论坛》
2015 年第 1 期。

张秀杰:《东北亚区域经济合作下的中蒙俄经济走廊建设研究》,《学习与探索》2015
年第 6 期。

赵可金:《东北振兴:吉林打造中蒙俄经济大通道》,http://pit.ifeng.com/a/20160105/
46948607_0.shtml。

吉林省进一步扩大对内对外开放研究

吉林省社会科学院课题组*

摘　要　近年来，国家一系列开发开放的大战略为吉林省对内对外开放开辟了广阔空间，对外通道建设不断取得进展，对外经济与贸易合作正在稳步推进，对外开放与产业合作平台建设取得明显成效。但是，吉林省对外开放仍存在对外通道"通而不畅"、对外开放度低、贸易结构不合理、区域开放程度不均衡等问题。当前，东北地区面临新一轮振兴发展和国家"一带一路"建设的重要机遇，吉林省应通过扩大长吉图向东向南开放，坚持不懈推动通道建设，继续构建开放功能平台，深入推进对外经贸合作和沿边开放，积极推动国际产能合作，全力做好招商引资，广泛开展各领域的交流合作等，实现在更大范围、更高水平和更深层次上的大开放大发展。

关键词　一带一路　通道建设　经贸合作

吉林省地处由朝鲜、韩国、蒙古、日本、俄罗斯远东地区以及中国的东北、华北地区共同构成的东北亚地理中心，在中国沿边开发开放和国家"一带一路"建设中具有重要的地位和作用。随着长吉图先导区建设的深入推进和国内外环境的不断优化，吉林省正迎来实现经济转型升级和进一步扩大对外开放的重要发展机遇。从吉林省所处的东北亚地区国际环境来看，虽然仍存在地缘冲突与安全困境，但是加强区域合作已经在东北亚各

---

* 课题负责人：邵冰，吉林省社会科学院东北亚研究中心副研究员，研究方向：区域经济；课题组成员：王尤、张丽娜、邵丽坤、吴可亮、郑媛媛。

国形成共识，区域经济合作正在逐步深入推进。从国内情况来看，开放作为发展理念被赋予了新的时代内涵，被提升到了新的战略高度，长春市被确定为"中蒙俄经济走廊"的结点城市，吉林省被定位为"一带一路"向北开放的重要窗口。从吉林省自身情况来看，吉林不但拥有沿边近海的区位优势，还有对外开放的政策优势和产业优势，随着东北老工业基地的新一轮振兴和国家"一带一路"建设的深入实施，吉林省面临在更大范围、更高水平和更深层次上实现大开放大发展的难得机遇。当前，吉林省正处于新一轮振兴发展的关键时期，面对经济新常态的挑战与机遇和更加繁重的改革任务，进一步提高对内对外开放水平、加强对外交流与合作是实现吉林振兴发展的重要举措。

一　吉林省对内对外开放的现状

当前，在省委、省政府正确领导下，各地、各相关部门紧紧抓住"一带一路"、长吉图开发开放和东北老工业基地新一轮振兴的战略机遇，兼顾"向东"和"向南"两个方向，在通道建设、平台打造、改革创新、对外合作等方面不断加大力度，推动各项工作取得阶段性成效。

（一）对外通道建设取得新进展

1. 陆海联运航线不断丰富

吉林省先后开通了珲春—波谢特—秋田、珲春—扎鲁比诺—新泻、珲春—扎鲁比诺—新泻—束草的陆海联运航线。2015 年 5 月 24 日又历史性地开通了吉林省首个连接国外基本港的陆海联运航线，即自（中）珲春—（俄）马哈诺林口岸经（俄）扎鲁比诺至（韩）釜山的陆海联运航线。该航线的起点珲春—马哈林诺口岸，是吉林省与俄罗斯远东地区经贸联系的大通道；经停点扎鲁比诺港，是中俄远东重点合作项目的所在地；航线终点釜山港，是国际基本港。当前我国正在实施新一轮振兴东北老工业基地战略和"一带一路"战略，与此同时俄罗斯也正在加紧实施其远东跨越式发展战略，同时中韩自贸协定正式签署，因此该航线的开通，将为吉林省对外重点合作项目、对外通道建设提供支撑，并为来自世界各地的货物利用这条航线提供便利。

2. "内贸外运" 通道进一步提升

内贸货物跨境运输是吉林省实施"借港出海"、对外开放的重要举措。2015 年 6 月珲春经朝鲜罗津港到我国珠三角、长三角地区的内贸货物跨境运输集装箱航线开通,有效地解决了我国东北地区"北货南运"的问题,且该航线路途更近,花费的时间更短,大幅降低了物流成本,可全力保障矿产资源、木材、谷物等大宗物资的运输。海关总署已同意将木材、粮食、铜三种涉证商品纳入内贸货物跨境运输范围,并允许返程集装箱货物运输,从而有效地拉动中国"北货南下"和"南货北上"物流发展。目的港也由原来的宁波、上海,扩展到泉州、黄埔、洋浦和汕头,进一步加快了吉林省融入"一带一路"战略的步伐,促进吉林省与朝鲜罗先市进一步扩大经贸合作与交流。

3. 跨境铁路、公路建设实现重大突破

跨境铁路方面,停运 9 年的珲春至俄马哈林诺铁路口岸于 2013 年 8 月恢复营运,运输形式也从原来的单一进口转为进出口双向运输,运输货物种类从单一的煤炭,发展到铁精粉、面粉、木材、矿泉水等,并吸引了中煤集团、神华集团、长吉图物流公司、延边天润经贸有限公司、大连三峡贸易有限公司等企业利用该铁路开展对俄贸易,2014 年中俄珲马铁路运送货物达 63 万吨,2015 年过货量达 112.7 万吨,增长了近一倍。截至 2016 年 7 月 31 日,珲马铁路累计完成过货 276.6 万吨,其中对俄运进货物 121 万吨。中俄珲马铁路恢复常态化运营,不但畅通了连接俄罗斯远东地区的大通道,更是大大降低了过境运输成本,有助于进一步扩大吉林省与俄罗斯滨海边疆区在贸易、投资、跨境旅游等领域合作,推动吉林省对韩、日及北美地区转口贸易的增长。跨境公路方面,中国珲春至朝鲜罗先公路已竣工通车,中朝圈河至元汀界河公路大桥于 2016 年 10 月 28 日全线贯通。道路和大桥的改造建设,为吉林省开展对外贸易,扩大经济联系,利用朝鲜罗津港口进行货物转运创造了良好的交通条件。

4. 沟通内外的交通建设取得实质进展

围绕长吉图开发开放战略的总体部署,吉林省全力打造"大交通、大通道、大枢纽、大物流"的交通运输格局。长春和延吉机场改扩建已初步完成,旅客吞吐能力分别达到每年 650 万人次和 150 万人次,国际和国内航线不断增加和加密。长春保税区至大连及营口班列开通运行，实现铁海联运零的突破。"长满欧"国际货运班列与欧洲段6国18个铁路中心站实现直通。长春—珲春高速公路全线开通，长珲城际高铁全线运营通车，黑龙江至丹东的东北东部铁路、和龙至南坪的铁路也已建成通车，不断完善的陆海空立体交通条件为人员和货物流动提供了便捷的交通可出入性，为吉林省承运丝绸之路北通道区域的货物运输提供了运能空间和服务质量保障。

（二）对外经贸合作稳步推进

改革开放以来，吉林省对外开放程度不断提高。目前吉林省已经与世界各地的179个国家和地区建立起经贸往来关系，与欧盟商会、英中贸易协会等国际知名商协会以及菲律宾华商会、马来西亚中华总商会等海外重要华侨华商组织建立了密切联系。

1. 对外贸易稳步发展，贸易规模不断扩大

2010～2015年，除2015年因重点企业进出口大幅下降和国际市场大宗商品价格下降拉低全省进口额从而影响全省外贸发展外，吉林省对外贸易发展整体处于上升状态。2014年吉林省累计完成进出口总额263.78亿美元，比2010年增加95.32亿美元，增长了0.6倍。其中，出口总额57.78亿美元，增加13.02亿美元，增长0.3倍；进口总额206.00亿美元，增加82.30亿美元，增长0.7倍（见表1）。2016年由于重点企业进出口逐步回暖，农产品出口保持稳定增长，汽车、零部件产品进口降幅收窄，全省外贸呈现回稳向好的态势，全省外贸进出口实现1217亿元，同比增长3.8%，增速居全国第三。

表1 2010～2016年吉林省对外贸易情况

单位：亿美元，%

年份	进出口		进口		出口	
	金额	增长率	金额	比重	金额	比重
2016	184.42	-2.6	142.37	77.20	42.06	22.80
2015	189.38	-28.2	142.84	75.42	46.54	24.57
2014	263.78	2.1	206.00	78.09	57.78	21.90

续表

年份	进出口		进口		出口	
	金额	增长率	金额	比重	金额	比重
2013	258.53	5.2	190.96	73.86	67.57	26.14
2012	245.72	11.45	185.89	75.65	59.83	24.35
2011	220.47	30.87	170.49	77.33	49.98	22.67
2010	168.46	43.39	123.70	79.36	44.76	20.64

资料来源：2010~2015年《吉林省国民经济和社会发展统计公报》、吉林统计信息网。

2. 利用外资增长较快，投资总量逐年扩大

随着改革开放的逐步深化，吉林省充分利用外资来弥补经济发展出现的资金缺口。尤其是东北老工业基地振兴战略实施以后，吉林省利用外资开始进入快速增长阶段，实际利用外资呈逐年递增的趋势。"十一五"期间（2006~2010年），吉林省实际利用外资额稳步增长，累计实际利用外商投资总量为50.59亿美元，年平均增速达到14.1%；"十二五"时期（2011~2015年），吉林省实际利用外资年平均增速为10.7%，虽然年均增速有所放缓，但仍保持在8%以上，投资总量更是达到90.42亿美元，比"十一五"时期增加了39.83亿美元。2016年吉林省累计利用外商直接投资22.74亿美元，增长速度为6.9%（见表2）。

表2 2006~2016年吉林省实际利用外商直接投资情况

单位：亿美元，%

年份	2006	2007	2008	2009	2010	2011	2012	2013	2014	2015	2016
投资额	7.61	8.85	9.93	11.40	12.80	14.81	16.49	18.19	19.66	21.27	22.74
增幅	15.0	16.3	12.2	14.7	12.3	15.7	11.3	10.4	8.1	8.2	6.9

资料来源：2006~2016年《吉林省国民经济和社会发展统计公报》。

3. 对外投资步伐加快，对外经济合作迈上新台阶

吉林省结合产业和产品结构调整，支持和引导企业在更宽领域、更大范围和更高层次上积极地参与国际竞争与合作。近年来，吉林省对外直接投资数量不断增加，增速较快，"十二五"时期，吉林省累计对外直接投资总额为73.3亿美元，是"十一五"期间对外投资规模的6倍，对外承包工

程累计完成营业额达到22.1亿美元，是"十一五"期间总量的2.3倍。

4. 加快实施"走出去"战略步伐，国际产能合作取得积极进展

吉林省高度重视实施"走出去"战略，突出周边和"一带一路"沿线国家和地区，成立国际产能合作推进工作组，积极协调省内企业从事"一带一路"产能合作项目投资，涉及国防、矿业、农业、信息、金融等多个领域。2016年11月9日吉林省鸿达集团与老挝国防部在老挝正式签约《数字军营项目》，该项目总投资2亿美元，一期投资约为8000万美元。

5. 跨境电商加快发展，外贸经济转型成效明显

吉林省大力推动跨境电商发展，长春兴隆保税区开通对俄跨境电商货运包机2016年运行100班，货值10亿元左右，并与阿里巴巴集团达成建立跨境电商海外仓物流网络的合作意向。吉林创新科技城、吉林软件服务外包产业基地以及长春高新区国际服务外包产业园区投入使用，长春市成为中国"服务外包示范城市"，为吉林省服务外包产业集聚发展注入新动力。

（三） 对外开放与产业合作平台建设成效明显

吉林省积极搭建开放合作平台，构建形成了统筹推进长吉腹地、延龙图前沿和珲春窗口对外贸易突破口的多个对外开放平台，为吉林省产业转型升级和扩大对外开放、加快融入"一带一路"建设提供战略支撑。

1. 珲春国际合作示范区：实现对外经贸合作新突破

中国图们江区域（珲春）国际合作示范区，是东北亚地区最重要的商贸物流中心和综合交通运输枢纽，是吉林省面向东北亚合作的重要平台。示范区的设立标志着珲春开发开放和图们江区域国际合作进入新的发展阶段，有助于促进中国与俄罗斯、朝鲜和其他周边国家的经贸合作，实现优势互补与互利共赢。2015年，合作区实现地区生产总值90.7亿元，同比增长8%；出口加工区完成进出口总额8亿美元，同比增长21.2%；互市贸易区实现俄边民入区6万人次，贸易额1.8亿美元。

2. 长春兴隆综合保税区：打造多元化的对外口岸平台

长春兴隆综保区作为吉林省唯一的综合保税区，一直致力于促进东北老工业基地振兴、长吉图对外开放及东北亚经济合作。区域内设有口岸作

业区、出口加工区、现代物流园区、综合服务区等多种功能区。功能定位上以保税加工和保税物流为主，同步发展国际转口贸易、产品研发、商品展示等。产业上依托东北亚中、俄、韩、日联运通道，结合长春陆路干港与龙嘉国际机场口岸功能，发展现代物流业，打造立足长吉图区域，辐射东北亚乃至全国的现代化物流网络。把跨境电子商务作为战略性产业，打造辐射东北亚地区重要的进出口商品集散分拨基地和国际商品保税中心。综保区运营以来，功能政策不断完善，硬件设施逐渐齐备，多层次的对外通道陆续开通。2016 年 1～9 月，跨境电商出口业务通过优化通关系统、规范汇总申报等措施，综保区保税业务报关单实现 5126 票，货值 3.53 亿美元。2016 年 1～9 月实现包机运行 74 架次，1512 万票，货值 4.1 亿元。

3. 中新吉林食品区：探索国际产业合作的新模式

中新吉林食品区是中国和新加坡之间重要的国际合作项目，旨在共同建设一个国际认可的食品安全生产示范区，是长吉产业创新示范区的重要组成部分，是吉林省深化改革、扩大开放、加强国际合作的重要载体，按照"产城融合、城乡一体、四化统筹"的发展思路，最终在长春和吉林两市中间建成一座现代化的宜居生态城市。中新食品区的建立，有利于解决我国的"三农"问题，探索建立我国新型食品质量安全监管模式，并为新加坡参与东北亚区域国际合作和长吉图开发开放先导区建设创造了合作平台。

二　吉林省对内对外开放存在的主要问题

虽然吉林省在对外通道、对外贸易、外资利用、沿边开放及平台建设等方面均取得了迅速发展，但同时也存在以下几方面的问题。

(一) 对外通道"通而不畅"现象仍很突出

经过多年努力，吉林省与周边国家基础设施的互联互通已取得较大进展。但是至今为止，受周边国家政治、经济环境和社会发展等因素的制约，图们江国际大通道特别是陆海联运物流"通而不畅"的现象仍很突出。俄罗斯虽然与中国签订了相应的合作规划纲要，但对远东地区资金投入较少，朝鲜经济基础差，口岸效率不高，路桥改造难度较大，更多的要靠中方的力量共建，除此之外，中朝合作受朝鲜国内政治、经济因素变化的影响较大。

（二）省内交通网络和省际通道建设有待完善加强

根据吉林省向南开放合作的发展需求，省内交通运输网络和省际通道建设，承载着实现吉林省与沿海港口城市运输通关的便捷高效、提高交通基础设施内外联通服务水平的功能使命。为了吉林省加快向南开放，加快构建现代化综合交通运输体系，实现与京津冀、环渤海区域板块联动发展，国省干线公路加速提等、安全隐患治理及断头路的打通等问题有待完善加强。

（三）对外贸易总量低，进出口不平衡

尽管自改革开放以来，吉林省对外贸易总额在持续增加，但是从总体上看，对外贸易总量不高，发展仍相对缓慢，贸易规模较小，在全国对外贸易中所占的比重一直很低。2015 年全国实现进出口总额 39586.44 亿美元，而吉林省进出口总额为 189.38 亿美元，仅占全国对外贸易总额的 0.48%，低于 2015 年吉林省地区生产总值占全国 GDP 2.1% 的比重。对外贸易总量偏低一直是吉林省对外贸易发展中存在的突出问题，使得对外贸易对吉林省经济的贡献度较低，对经济的拉动作用不强。2010～2016 年进出口统计数据显示，吉林省进口额在贸易总额中所占的比重一直维持在 70% 以上的水平，而出口额在贸易总额所占的比重仅为 20% 多，出口仅占进口的 1/3，对外贸易进出口结构呈现严重失衡的状态。这种进出口结构不平衡的状况，不利于吉林省外贸经济的良性发展。

（四）贸易方式结构与出口商品结构不合理

从吉林省对外贸易结构来看，吉林省在对外贸易方式上，一般贸易长期占绝主导地位，比重高于 90%，而加工贸易则相对薄弱，年均占比低于 10%，严重制约了吉林省贸易规模的扩展和出口份额的增加。从吉林省出口产品结构来看，初级产品占有相当大的比重且出口产品品种较为单一，生产过程中主要依靠人力和资源等生产要素的投入，导致出口商品的附加值较低。由于出口商品的附加值低，使得吉林省在对外贸易中获得的利益

较少，在国际贸易利益分配中处于较不利的地位。

（五） 利用外资总量较小

虽然吉林省在利用外商直接投资方面，呈现逐年递增的趋势，但是由于吉林省所处的地理位置、自然环境等原因，利用外资起步较晚，规模较小，发展步伐相对缓慢。与我国东南部发达省区相比，占全国的比重较低。2011～2014 年吉林省实际利用外商直接投资 69.16 亿美元，仅占全国的 1.5%，而同期广东省实际利用外商投资高达 971.71 亿美元，是吉林省利用外商直接投资额的 14 倍，占全国实际利用外商直接投资总额的 20.9%。与相邻省区相比，吉林省利用外资总量也明显落后。2011～2014 年，东北"三省一区"实际利用外商直接投资金额合计为 1476.92 亿美元，其中辽宁省为 1075.21 亿美元，占 72.8%；黑龙江为 168.49 亿美元，占 11.4%；内蒙古为 164.06 亿美元，占 11.1%，而吉林省占比最低，为 4.7%。

（六） 外资产业分布不均衡，区域结构不优

目前吉林省利用外商直接投资的产业分布极其不均衡，主要投向第二产业。2011～2014 年，吉林省第一产业利用外资占全省的比重仅为 3.2%，第三产业利用外资比重相对较低，占全省利用外资的比重为 17.3%，低于全国第三产业利用外资 55.0% 的比重 37.7 个百分点。四年间，吉林省利用外资最多的是房地产业、金融业、批发和零售业，分别占 6.9%、3.4%、2.6%。而教育、信息传输、计算机服务和软件业、文化、体育和娱乐业等方面的外资投入依然很少，这种状况不利于吉林省第三产业的发展壮大。虽然吉林省各市州都有外商投资，但是利用外资的情况差异较大，区域分布不均衡。从 2011～2014 年各市州外商投资所占的比重来看，长春、吉林、延边实际利用外商直接投资额占全省的 71%，其他市州实际利用外商直接投资额仅占全省的 29%。其中，四平、通化、白城、松原占比都不到 5.0%。

（七） 吉林省所处的东北亚地区地缘安全形势不容乐观

东北亚本是世界上经济最为活跃的地区之一，虽然冷战已经结束多年，但是各种地缘矛盾与安全困境在东北亚地区依然长期存在并导致东北

亚局势错综复杂，尤其是朝鲜核试验及其引发的矛盾冲突和半岛紧张局势，使得安全议题在东北亚地区更加凸显。美韩部署"萨德"反导系统，又进一步加剧了半岛的对抗对立，冲击了中韩关系，动摇和破坏了中韩两国战略合作伙伴关系的基础，影响中韩之间政治、经贸、人文等全方位的良好互动关系，客观上使吉林省在与东北亚合作和开放方面面临更加严峻的挑战。

三 进一步扩大吉林省对内对外开放的对策

为深度融入国家"一带一路"、新一轮东北老工业基地振兴、构建开放型经济新体制等重大战略，推进实施长吉图开发开放国家战略，应将长吉图向东开放和向南开放整体融合、双翼并进。一方面，继续推进长吉图战略向东开放，积极参与和推进"中蒙俄经济走廊"建设，抓好珲春国际合作示范区等平台，努力推进中俄跨境经济合作区建设，继续实施扎鲁比诺万能海港等项目。另一方面，向南推进吉林省面向环渤海的开放发展，通过建设"长平经济带"、"白通丹经济带"和构建通化内陆港区等来推进四平市和辽源市的向南开放。进一步加强与辽宁沿海经济带的合作，并逐步向与京津冀经济圈和长三角、珠三角合作方向延伸，不断扩宽吉林省振兴发展的空间。

（一） 坚持不懈推动通道建设

一是建设完善向南开放的交通运输网络。铁路方面，以推动哈大线、珲乌线为"十字"轴，连接东南环线的快速铁路建设为重点。公路方面，推进国省干线公路提等升级，治理安全隐患、打通断头路、改造低等路、开辟绕城路，提升省干线向南开放运输服务能力。航空方面，不断提升吉林省至环渤海和东南沿海城市的空中通达能力和航线品质，提升网络覆盖能力。二是全面拓展吉林省内陆与沿海港口连接的新通道。加强长春、通化、四平等内陆港与丹东、大连、营口、锦州等城市港口的紧密协作，把沿海城市的港口功能向吉林省腹地延伸。三是畅通至东南沿海的内贸外运航线。促进吉林省至长三角、珠三角内贸外运航线常态化运营并不断发展壮大。四是加强与东北亚国家间基础设施的互联互通。与俄罗斯、朝鲜同步加强口岸基础设施和跨境桥的建设，推进与周边邻国跨境通关的便利化；继续推进联结中、俄、韩、日之间的陆海联运航线的恢复与建设；支持和推进长春经珲春至俄罗斯海参崴的客运、货运线路；积极推进阿尔山—乔巴山"两山"铁路的连接，通过基础设施的联通，推动国际物流合作，进一步深化吉林省与东北亚国家间的经贸合作。

（二）继续构建开放功能平台

一是打造国际合作平台。继续推进长春新区建设，加快吉林（中新）食品区建设，抓住中韩 FTA 建设的有利契机，谋划建设中韩国际合作示范区。二是加快通化国际内陆港区、珲春国际物流产业园建设，打造区域综合物流中心。三是打造电商全产业平台。围绕吉林省优势产业和特色商品，建设具有吉林特色的电子商务交易平台，扶持一批汽车、粮食、化工、袜业、烟草、农产品、医药等专业电子商务平台及第三方电子商务交易平台，实现线上线下融合，优化资源配置，拓展交易渠道。

（三）积极推动国际产能合作

作为东北老工业基地，吉林省装备制造业的基础雄厚，产业体系较为完备，具有较强的产业配套能力，科技创新日益深化。在国家"一带一路"战略实施过程中，代表着高端装备制造和新兴产业的轨道客车发展前景广阔。吉林省扩大对外合作，融入"一带一路"建设，应针对亚洲周边国家、中东欧及非洲国家等重点区域，积极推动和支持汽车、轨道客车、钢铁、化工、电力、农林牧等重点领域的优势产能"走出去"，扩大国际产能和装备制造合作，形成以品牌、技术、质量、服务为核心的出口竞争新优势。

（四）深入推进对外经贸合作和沿边开放

吉林省应充分利用中俄战略协作伙伴关系、中韩自贸协定等双边机制，深度开发俄罗斯市场，加强与韩国的经济文化交流，同时稳步推进罗先经贸区建设，积极推进对俄、蒙的投资项目，扩大对日、韩的贸易规模，不断提升东北亚区域经济合作水平。一方面，充分利用朝鲜和俄罗斯丰富的铁矿、木材、海产品、煤炭、石油、天然气等资源，推动资源进口做好精深加工，鼓励加工贸易，优化吉林省对外贸易方式结构。另一方面，提高技术、资金密集和高附加值产品出口，优化出口商品结构。此外，利用毗邻优势，进一步加强与俄罗斯、朝鲜的合作，完善进出口便利化服务，发展对俄、对朝贸易，开展跨境旅游合作，扩大吉林省沿边开放。

（五）全力做好招商引资工作

一是加大招商引资力度。抓住日、韩等国家以及京津冀、环渤海、长三角、珠三角、港澳台等地区产业转移的契机，开展定位招商和精准招商，吸引更多优质要素向吉林省集聚，推动建设一批带动强、辐射广、集约度高的重大项目。二是创新招商引资新模式。积极"走出去""请进来"，探索实践土地入股、园区共建、发展混合所有制经济等招商新模式。三是注重质量与数量的结合。突出重点产业、重点园区，实现利用外资结构的优化，鼓励和引导外商投资向第一产业及第三产业倾斜，以促进吉林省经济稳步增长，加快吉林省产业结构优化和升级。

（六）广泛开展各领域的开放合作

进一步拓宽吉林省向东向南开放的深度和广度，不断深化吉林省与国内外发达地区的多层次、宽领域的开放合作，搭建新平台，建立新机制，在科技、金融、人才、教育等领域开展广泛的交流与合作。

地方发展研究篇

"丸都之李"品牌培育研究

吉林省社会科学院课题组[*]

摘　要　项目负责人根据传世文献记载，结合果树品种认定规律，发现"丸都之李"是东北地区最具文化附加值的水果，是中国同类水果中唯一写入正史的品种，至今仍在集安等地繁衍。"丸都之李"历史线索清晰，区域种植明确，文化附加值高，极具开发潜力，能创造可观的经济效益和社会效益，前景极为广阔。但受诸多条件限制，目前"丸都之李"存在种植面积萎缩、文化定位不准、价值发掘乏力、宣传推介没有章法等问题。本项目有针对性地开展调研，从科学定位、团队组建、保障措施、任务清单、重点项目五方面，提出对策建议；旨在发掘"丸都之李"的文化价值，服务地方发展，服务社会，为吉林省以文化研究"杠杆"撬动农产品品牌培育工程做出示范，充分发挥吉林省"智库"的决策咨询作用。

关键词　集安　丸都之李　农产品　地域文化　附加值

一　研究现状

(一) 主要成果

通化市的"丸都之李"早在宋代，就已写入"正史"，是东北地区最具文化附加值的水果，是中国同类水果中唯一写入正史的品种，具有不可

＊　课题负责人：佟大群；课题组成员：佟盛懿、刘诗陶。

复制的价值和意义，能创造可观的经济效益和社会效益。

宋代学者宋祁、欧阳修在编写的《新唐书》中提到的"菟""豉""鹿""稻"等，都是唐宋年间东北地区的名优产品。其中"丸都之李""乐游之梨"是水果类的重要代表。唐宋以后，"丸都之李"代代绵延，有文献记载，也有实物依据。据《民国辑安县志》记载，20世纪30年代，人们在叙述辑安（即今集安）特产时，水果类首推"李"。又据1998年出版《中国果树志·李子卷》记载，今吉林省集安岭南一带，产"集安桃形李"，果实较大，外观美观，耐储存，肉质细，较脆，汁液多，酸甜。以上是古代及现当代文献中，有关"丸都之李"的几则记叙。

通过《民国辑安县志》《中国果树志·李子卷》可知，民国以来，集安地区素有"土产李子"。根据现当代文献有关水果品类的记叙，结合当代果树品种认定的规律，我们可以判断：自《新唐书》著称前后，"丸都之李"在集安地区不断繁衍、绵延至今。

受各种条件的制约，"丸都之李"的文化价值长期蒙尘。2016年，吉林省社科院历史所佟大群博士，根据文献记载并结合实地调研，提出集安"出产李子"就是"丸都之李"；提出"丸都之李"具有重要经济效益及社会价值的观点。该观点为通化市、集安市多位领导的高度重视，集安市特产局等部门在接受央视等媒体采访中，也提出"丸都之李"的概念，并引起广泛关注。

（二）存在的问题

当前研究中存在的问题主要有以下三点。

第一，品种认定。品种认定是"丸都之李"品牌培育中的核心问题，品种认定包括两个取向，第一个取向是所有产自"丸都"地区的李子，都是"丸都之李"；第二个取向是只有原产于"丸都"地区的李子，才是"丸都之李"。

第二，价值定位。对"丸都之李"进行科学的价值定位，是一个具有导向性、方向性的重要问题。李子（包括丸都李子）在当地都是小众水果。如果考虑到"文化附加值"，"丸都李子"对于提升集安、通化，乃至吉林、东北水果的知名度，有不可复制的价值及意义。

第三，品牌培育。受各种因素影响，我们对如何深度开发"丸都之李"的"文化附加值",系统推进"丸都之李"的品牌培育,将"丸都之李"品牌培育与吉林绿色转型发展相适应,等等,目前仍属空白,尚有广阔的探索空间。

(三) 研究思路

"丸都之李"品牌培育的可行性与现实性。其中如资源现状(品类鉴别、产区产地、品质特征、产量产值)、存在的问题(与外来品种的关系、价值发掘力度)以及品牌培育的可行性等是本次调研的重点。

本课题以传世文献为线索和依据,深入发掘史料,综合运用多种方法,开展实地调研,针对"丸都之李"的特性,坚持两个结合,即将传世文献记载与实地调研相结合、将田野调查与座谈讨论相结合。

(四) 价值意义

第一,提振作用。"丸都之李"资源闲置,开发潜力巨大。受国内外、省内外同类产品挤压,百果园中,无集安"土产"李子的位置,致使曾经驰名海内外的果类珍品如今默默无名。集安市以"丸都之李"为突破口,深入发掘当地"历史文化"资源,通过注入文化附加值,进一步提升集安鲜果知名度。

第二,引领作用。"丸都之李"开发潜力巨大。产品质量有天然优势,手握绿色、有机,但缺打好"文化"牌,"丸都之李"于唐宋之际即声名远播,东北果蔬能青史留名寥寥无几。在绿色转型发展的政策背景下,"丸都之李"的发展机遇前所未有,已有天时地利,若能"扶上马,送一程",必能创造可观的经济效益。

第三,示范作用。除了"丸都之李",吉林省还有诸如铃铛麦、乌头、欧李、水稻等多种作物,也有较为丰富的文化附加值。"丸都之李"品牌培育可为这些农产品的品牌培育提供必要的经验和模式。

二 基础环境

(一) 品牌体系

吉林省绿色农产品品牌体系粗具雏形,有利于"丸都之李"品牌培育找准定位方向。

近年来，吉林省委、省政府高度重视农产品品牌建设，将其作为加速结构性调整、做大做强优势产业的重要措施来抓，相继出台一系列政策措施，已初见成效。吉林省绿色农产品品牌培育，已有一定基础，体系框架粗具雏形。但是，在文化底蕴发掘方面，尚有巨大的潜力。尤其是在鲜食水果及其深加工领域，至今未有经得起推敲的品类。"丸都之李"早在宋代就已写入"正史"，是东北地区最具文化附加值的水果，是中国同类水果中唯一写入正史的品种，具有不可复制的价值和意义，能创造可观的经济效益。

（二） 转型示范

吉林省积极探索绿色发展、转型示范实现路径，为"丸都之李"品牌培育，奠定了坚实的基础。

"产品质量 + 文化含量"是吉林省绿色转型的必由之路。在确保完成国家粮储任务、保障国家粮食安全的前提下，因地制宜，以农养农，科学规划农业种植，改善农业种植生态，推动"绿色农业"的健康发展。通化是吉林省特色农产品的重要产地，位于农业现代化的第一方阵，是吉林"健康米"等绿色发展示范工程的重要参与者，在品牌培育中积累了丰富的经验。"丸都之李"是通化市，也是吉林省范围内，不可多得的"抓手"，充分发掘其文化价值，定能取得极为可观的经济和社会效益。以"丸都之李"为样板，系统打造"边条参""贡米""乌头（白附子）"等特色农业资源。

（三） 窗口展示

吉林省向南开放战略正有序推进，通化的窗口建设取得了重要的进展，为"丸都之李"创造了良好的展示平台。

实施"大通道"建设是吉林省向南开放路径探索的客观需要。通化北靠朝鲜半岛，南通渤海湾港口丹东港，是东北地区东南部"通边达海"最近的一个重要城市。2005 年前后，通化市委市政府就以"12 + 2"圆桌会议为平台，以"借港出海""通丹合作"为议题，与丹东方面展开广泛接触和密切沟通。2016 年 7 月，吉林通化和辽宁丹东两市政府签署了《关于加快推进通丹经济带建设合作框架协议》，自此正式揭开"通丹经济带"

建设的序幕。打开通化到丹东这个通江达海的大通道，对于吉林乃至东北的发展，都将产生积极而深远的影响。"丸都之李"的培育，完全可以依托并丰富吉林省向南开放窗口建设。

（四） 旅游宣传

通化在吉林省推进全域旅游发展方面，先试先行，已取得一定的成绩。"丸都之李"品牌培育可借全域旅游发展之势，与旅游发展相结合，前景非常看好。

全域旅游发展时代已经来临，围绕新的旅游业发展战略定位，引领新时期旅游规划发展工作，可以充分发挥旅游业在驱动经济发展中的能动性。通化为长白门户，植被、地貌、人文景观，在国内都有一定的影响。需要借用全域旅游的新理念、新思想，将"旅游＋"的概念，与推进吉林省旅游发展的路径转型相结合，全面提振吉林省旅游发展，创造更高、更优的社会效益和经济效益。全域旅游发展，是调动多方资源的系统工作，需要将本土资源，与"吃喝玩乐"深度结合。"丸都之李"与春、秋两季的黄金周旅游相结合，可以为集安、通化地区的全域旅游创造新的增长点。

三　开发潜力

（一） 生态优势

"丸都之李"所在的通化地区，山青水美，自然资源丰富，钟灵毓秀，有天然的生态优势。

通化市位于吉林省南部，通化地处长白山西南麓，属长白山系。土地面积的 2/3 以上为山区。其南部是老岭山区，浑江与鸭绿江分而合之。其中部是龙岗山脉，浑江与辉发河发源于此。其北部，则属低山丘陵区，是长白山山地与松嫩平原之间的过渡地带，属中温带湿润气候区。据中华人民共和国成立以来的数据统计，通化的年平均降水量，约为 870 毫米。降水主要集中在每年夏季的 6～8 月，这 3 个月的降水量，约占年总降水量的 60% 以上。年日照时数，约在 2200 小时。全年平均气温约 5.5℃，其中 1

月份平均气温最低，常年平均在 –14℃左右。

通化自然资源极为丰富，有野生经济植物约千种。其中人参产量可观、品质上乘，被誉为中国"人参之乡"。通化是中国著名的中药之乡，跻身"中国三大天然药库"的行列，有绿色食品资源 190 余种：通化葡萄酒、大泉源白酒、集安五味子、集安贡米、集安板栗、柳河烟叶、柳河山葡萄酒、辉南火山岩大米、野生山核桃、梅河大米等，在国内外，都享有盛誉，曾获"中国葡萄酒之乡""中国优质大米之乡"等称号。此外，通化还有野生经济动物 100 余种。

（二）品质优势

"丸都之李"是李子中的名品。李子是蔷薇科李属植物，又有嘉庆子、玉皇李、山李子等别称。果实成熟期不同，在每年 7～8 月间。不同品种的李子形态、颜色各异，整体呈现饱满圆润、玲珑剔透的特征。李子口味甘甜，形态艳美，是常见鲜食水果之一，营养价值丰富。

李子味酸，能促进胃酸和胃消化酶的分泌，果肉中的丝氨酸、甘氨酸、脯氨酸、谷酰胺等氨基酸，有利尿消肿的作用。李子中抗氧化剂含量高，有养颜美容、润滑肌肤的作用，是抗衰老、防疾病的"超级水果"。此外，李子对肝硬化康复，有辅助治疗的效果。

李子全身是宝，譬如李子根，就有药用价值。据《千金方·李根汤》记载，李子也有小儿退烧的作用。"丸都之李"营养价值尤其丰富，最值得一提的，就是富含微量元素"硒"。"硒"是特别重要的营养元素。研究表明，"硒"有抗癌、抗氧化、增强人体免疫力、抗有害重金属、调节维生素吸收利用、调节蛋白质合成、增强生殖功能等功能。人体内不存在长期贮藏硒的器官。因此，机体所需的硒，必须不断从饮食中获取，如癌症、心血管病、肝病、白内障、胰脏疾病、糖尿病等威胁人类健康和生命的 40 多种疾病，都与人体缺硒有关。

"丸都之李"的主产区，是省内、国内难得一遇的富硒地，加上当地的特色小气候，共同造就了"丸都之李"的优秀果品质量，有绿色、有机、营养、保健的天然优势。

（三）文化优势

"丸都之李"的文化优势，主要体现在以下两方面。

首先，通化历史悠久。

自有人类活动，迄今已逾万年。其文明脉络较为清晰，文化谱系较为完整，资源禀赋殊属优异，极具深入发掘的潜质。据统计，截至目前，吉林全省共发现 13 处大遗址，其中有 5 处位于通化境内。这些"大遗址"，自汉迄明，前后 1600 余年，其分布之广、规模之大、品级之高，是吉林省，乃至中国东北及东北亚，不可多得的宝贵财富。其中的丸都山城、国内城已被列入世界文化遗产名录。"丸都之李"之命名，因丸都山城而来，其具有同类果品中无法企及的历史文化积淀。

其次，果品彪炳史册。

"丸都之李"历史文化附加值高，唐宋之际即声名远播，东北果蔬能青史留名寥寥无几。"丸都之李"已被写入二十四史。《新唐书·渤海传》中明确记载："俗所贵者……卢城之稻，湄沱湖之鲫，果有丸都之李，乐游之梨。"《新唐书》成于宋代著名学者宋祁、欧阳修之手，是《隋书》《旧唐书》之后又一部记载唐代史实的重要典籍。该书所言的"菟""豉""鹿""稻"等，都是唐宋年间东北地区的名优产品。其中的"丸都之李"就是今集安地区的"土产"李子。《新唐书》以后，《民国辑安县志》也有关于"丸都之李"的记载。改革开放后，国家林业部门非常重视果木资源普查工作，1998 年曾出版了《中国果树志·李子卷》。这部相当全面的"李子"专志明确记载，吉林省集安岭南一带，盛产"集安桃形李"。综合上述文献，可以确认，自唐宋以来，"丸都之李"即传承有序，是吉林，也是东北难得一见的优秀鲜果资源。其文化附加值极高，发掘前景极为广阔。

必须注意到，吉林省目前的农产品品牌培育工作，普遍存在"文化附加值"发掘乏力的问题。这是吉林省大米、杂粮等较为知名的农产品，迟迟树不起"金字招牌"的重要因素。

吉林省是农业大省，也是我国两个"生态建设示范省"之一，创立知名农产品品牌具有明显的资源和环境优势。但就总体而言，目前吉林省的农产品品牌还存在"小乱杂"、竞争力弱等突出问题，而且多以"绿色""地理标志"为招牌，对"文化"的重视程度普遍存在不足，从而造成"文化附加值"微乎其微，出现高品质却低品位等问题。历史文化含量不高是吉林省农产品生产、经营中存在的一个突出问题。没有文化含量的品牌，如同没有灵魂的生命，能"生存"但不能"生动"，能"成长"但不能"成功"。吉林省未来发展必须对得天独厚的地域文化优势，给予格外的关注和充分的利用。

四 现实问题

（一）种植萎缩

目前通化、集安地区种植的李子，基本为外来"优秀"品种。以它们的母本或产地分类，主要包括以下几种。①安家晚熟李，原产黑龙江绥棱。②澳大利亚 12 号，原产美国，1986 年由王尊伍等人，经澳洲引入辽宁熊岳。③巴黄李子，原产黑龙江友谊农场，与"丸都之李"同为地方古老品种。④巴彦李子，原产黑龙江巴彦，栽培历史久，在东北有一定分布。⑤长李 15 号，吉林省长春市农科院选育杂交品种，1993 年鉴定命名。⑥大红袍，原产鞍山，栽培历史悠久。大红袍在辽吉黑三省都有分布，可以鲜食，也可以加工果酱。在上述李子品种的基础上，还有诸多新培育、杂交的品种，在通化、集安地区广泛种植。

本项目曾就此事，在通化、集安多地开展实地调查，并与集安市特产局（含原集安农业局）的老专家深入座谈。可以确认，目前的"丸都之李"，除了个别农户的房前屋后有种植，基本处于野生状态。经营性果园、规模化种植中，都不见该品种。严格地讲，"丸都之李"在果实外观等方面，或许不如目前优选的品种。但是，任何品种的发展，都有一个过程，而且"丸都之李"的最大优势，在于"文化底蕴"，这是省内、国内其他品种都不具备的优势。

（二）价值空位

首先，对"文化"附加值认识不够。

"文化"附加值是"文化生产力"的重要构成。"文化生产力"，是有中国特色社会主义理论体系中的重要内容。文化生产力是推动有中国特色社会主义持续健康发展的重要引擎。深入发掘有地域特色、中国风貌的历史文化资源，探求历史文化形成、发展的轨迹与规律，协调文化建设与经济社会发展的辩证关系，充分发挥历史文化蕴含的巨大潜力，开发适应时代发展的公共文化产品，培育引领时代发展的文化产业体系，将地域文化特色与现代科技手段有机融合起来，创造新的经济增长极，实现通化地区经济社会持续、快速、协调、健康发展，是当前哲学社会科学理论研究中，急待深化的热点和难点。地域文化的发展既是地域经济社会发展不可忽视的重要组成部分，又是地方经济社会发展的窗口和品牌，也是招商引资和发展旅游等产业的基础性条件。

理论和实践都表明，伴随着知识经济的兴起和经济社会一体化进程的不断加快，地域文化已经成为增强地域经济竞争能力和推动社会快速发展的重要力量，文化生产力的潜力和前景，都极为可观，深入开展特定区域内历史文化研究，具有重大理论价值和现实意义。在全面建设小康社会的进程中，地域文化研究和开发利用越来越受到各地高层领导、政府管理部门、社会各界和人民群众的高度重视、大力支持和积极参与，许多地方搭地域文化之台，促经济社会发展，取得了丰硕的成果。人们对"文化生产力"认识不足，是造成"丸都之李"价值发掘不足的根本原因。

其次，缺乏对历史文化的深入了解。

通化地区历史文化积淀较厚，"丸都之李"早就青史留名。但是，受学科、学识、视野等方面的限制，当今人们对上述历史文化知识的了解、理解极为有限。以通化历史文化为例，自清末设治以来，先显仁人已先后推出《光绪通化县乡土志》《光绪辑安县乡土志》《光绪柳河县乡土志》《光绪海龙府乡土志》《宣统辉南厅志》《民国通化县志》《民国辑安县志》《民国辉南县志》《民国海龙县志》《民国辉南风土调查录》等"九志一录"。这不但开近代以来通化历史文化研究之先河，也为现当代通化地区的经济建设和社会发展，积淀了较为丰富的知识和素材。以"丸都之李"为例，《民国辑安县志》中有明确记载，称集安土产李子，其"花小而白，春华夏熟"，有"家李""山李"之分："家李色红味甘，山李微酸而小，多含水性。"

尤其值得关注的是，今"丸都山城"宫殿遗址的后山坡地，仍有野生状态的"丸都之李"。"丸都之李"背后，蕴含着非常丰富的历史文化信息，若潜心发掘，必能异彩纷呈。

（三）推介乏力

第一，科研工作存在的问题。

文化研究不接地气，与文化旅游、文化产业、文化产品开发等实际工作结合度不紧密。当今社会，品牌的"文化功能"日益凸现，文化是品牌的核心价值，消费者对某品牌的青睐，往往是对其文化内涵的欣赏和认同。吉林省科研工作者，对本土历史文化高度关注，对本土历史文化资源发掘也有深入研究。但是，如何将文化研究与实际工作紧密结合起来，确切地讲，如何与全域旅游、大通道建设等工作有机结合起来，将历史文化的潜在经济效益发挥出来，应该说尚有巨大的拓展空间。

第二，职能部门存在的问题。

中国素有专家参与治国的传统，在习近平总书记系列重要讲话中，强调加强对专家的政治引领和政治吸纳，最大限度地把各方面人才凝聚到党和国家事业中来，聚天下英才而用之。总书记的意见，扎根中国文化传统，对职能部门更好地发挥作用，具有极为重要的指导性意义。近来，中共中央办公厅印发了《关于进一步加强党委联系服务专家工作的意见》，要求各级党委（党组）要从党和国家事业发展全局出发，根据本地区本行业实际，分层分类联系服务专家。党委（党组）负责同志要带头联系服务专家，领导班子成员要结合工作分工明确联系服务对象。要深入开展调研，密切思想联系，加强感情交流，帮助解决实际问题。要与专家真诚交朋友、结对子，虚心向专家学习。要尊重专家个性特点，多一些包容和宽容。

"丸都之李"的推介乏力，与有关职能部门的工作思路不开阔，工作方法不科学有一定关联。这是一个普遍存在的问题，应该在今后的工作中不断克服，充分认识到专家参与决策咨询的价值和意义。

五 对策建议

（一）科学定位

科学定位，确立正确的指导思想、基本原则和发展目标。

1. 指导思想

充分发掘"丸都之李"的文化附加值，提升集安特色水果的国际知名度，增添通化市文化旅游新亮点，推动吉林东南部绿色转型发展进程。

充分认识到，"丸都之李"品牌培育，是一项系统性工作。品牌竞争，大致分为三个阶段：一是品种的竞争，即"人无我有"；二是品质的竞争，即"人有我优"；三是品牌的竞争。

品牌的竞争必然要求品牌的提升，品牌提升大致有三条途径：一是质量提升，二是市场提升，三是文化提升。所谓文化提升，就是在保证产品质量的前提下，注入文化的因素，从而提升该品牌的"含金量"和知名度。大泉源酒、查干湖鱼等，都是通过加注文化内涵实现品牌提升的成功案例。

自然生态与地域文化同样都是吉林省农产品的"区位优势"。什么样的"产品质量"，决定了"走多远"的问题；而是否借助"文化内涵"，则决定了"在什么样的高度"上"走多远"的问题。当下以及未来消费的一个重要趋势，必然是由"追求品质"向"追求品位"转变。"质量"解决的是"品"的问题，"文化"决定的是"位"的问题。因此，优良质量＋特色文化＝产品品位。

2. 基本原则

坚持文化引导，讲好、讲对故事；坚持市场导向，掌握、利用规律；坚持精品路线，用心、精心打磨。

3. 发展目标

打造国际知名品牌，把"丸都之李"打造成集安名优产品的代言人；把"丸都之李"作为新兴宣传突破口，推动通化文化旅游发展。在省外旅游宣介会，把"丸都之李"作为吉林省的主要文化旅游项目进行推介，制作宣传片；把"丸都之李"作为吉林省未来主要旅游纪念品品牌来打造。

（二）团队筹建

文物、旅游、宣传、特产局、科研等部门，组成专业团队。

（三）保障优先

政策倾斜，加强协调，克服资金困难，协调有关部门，争取在今秋明春，完成选址栽培，奠定工作基础。充分发挥市委、市政府对文化的敏锐把握，充分调动各部门发动"文化生产力"的工作热情，加强合作沟通，力争做成一件"样板工程"。立足通化特色资源优势，以集安"丸都之李"为突破口，发掘"边条参"等富有历史文化内涵的农产品，将"绿色转型发展工程"落到实处，次第开展，有序推进。

（四）任务清单

（1）产区规划：观赏性种植，非观赏性种植。（2）旅游规划：景点规划（以丸都山城、国东大穴、好太王碑等为"点"），线路规划。（3）产品开发：品种认定，包装设计。（4）文化宣传：文化研究，文艺演出。（5）营销推广：选定渠道，立体打造。产业园区。鲜食处理；资金引入。

（五）重点项目

1. 文化支撑项目

基本任务：①兼顾研究、宣传工作；②讲好故事、讲对故事；③为景区规划，提供建议；④为文艺演出，提供素材；⑤为景区复古建筑，提供文化模板；⑥为调动当地民众，提供策略论证。

2. 果树栽培项目

（1）基本任务：①品种认定；②有机认定；③果树培养；④产区规划。（2）注意事项：①产量评估；②种植投入、产出成本估算；③从观赏角度，建议搭种果木。

3. 景区规划项目

（1）基本任务：①景区设计；②线路规划；③特色餐饮。（2）注意事项：①综合树形、花色、果实的特性；②园林构筑或复原，经得起文化推敲；③充分考虑汉唐中国文化总体风貌，景区复古建筑，不当出现一眼就是"景福宫"的印象；④充分发挥特色餐饮的特殊作用。除了"丸都之李"的"花露""鲜果"，还可以依据传世文献及考古，将"高丽火盆"

等，确立为"吉林名吃"，甚至"中华老字号"。

4. 文艺演出项目

（1）基本任务：①演出形式；②演出规模；③演出内容；④收益预计；⑤推广渠道。（2）注意事项：①建议征集主题曲目，仿《诗经》（或乐府）风格；②建议演出主题内容，歌舞升平，或风花雪月；③建议集中演出时间，每年4～5月；8～9月推出；④打造"高丽歌舞"，以"五个一"工程为目标；⑤整合网络直播等平台，系统展开；整合本地既有演出力量，形成固定班底。

5. 园区规划项目

（1）基本任务：①为包装运输等提供科技支持；②统合集安地区鲜食水果产业；③为深度打造"边条参"品牌等奠定基础；④为吉林省绿色转型发展树立标杆。（2）注意事项：①争取省级农业投资资金；②"历史文化" + "有机/绿色"；③整合集安地区鲜食果品市场；④长远规划，系统开发，有序推进。

参考文献

（宋）欧阳修、宋祁：《新唐书》，中华书局，1975。

崔莹：《吉林全域旅游发展方向选择》，《开放导报》2016年第6期。

定军、黄敏：《吉林"十三五"将打造白通丹经济带，推动向南开放》，《21世纪经济报道》2015年第6版。

耿铁华：《高句丽历史与文化》，吉林文史出版社，2000。

耿铁华：《高句丽史简编》，吉林文史出版社，2006。

国家文物局主编《中国文物地图集·吉林分册》，中国地图出版社，1993。

吉林省文物考古研究所、集安市博物馆编著《丸都山城：2001－2003年集安丸都山城调查试掘报告》，文物出版社，2004。

吉林省文物志编委会：《集安县文物志》，内部资料，1984。

吉林省文物志编委会：《通化市文物志》，内部资料，1986。

集安市文物局：《高句丽王城王陵及贵族墓葬》，世界图书出版公司，2008。

李天宇：《吉林省发展低碳经济的对策分析》，《科技经济市场》2017年第8期。

《民国辑安县乡土志》，凤凰出版社、上海书店、巴蜀书社，2006。

《民国辑安县志》，凤凰出版社、上海书店、巴蜀书社，2006。

《民国通化县乡土志》，凤凰出版社、上海书店、巴蜀书社，2006。

《民国通化县志》，载《中国地方志集成本》，凤凰出版社、上海书店、巴蜀书社，2006。

闫勋才：《全面加快吉林东部绿色转型发展区建设的思路与举措》，《吉林金融研究》
　　2015 年第 3 期。

于洁、胡静、朱磊、卢雯、赵越、王凯：《国内全域旅游研究进展与展望》，《旅游研
　　究》2016 年第 6 期。

邵汉明、经希军：《通化历史文化研究》，人民出版社，待刊。

通化建设东北东部中心城市路径研究

通化市委宣传部课题组*

摘　要　本课题立足通化，着眼全省，从"中心城市"建设的角度，探索吉林省支持通化建设东北东部中心城市问题的可能性和现实性。国家振兴东北的重要突破口，是东北东部经济带建设。吉林省新一轮振兴发展的重点，正聚焦"向南发展"及"大通道"建设。上述发展战略的实施，客观上要求通化等地级市充分发挥其积极性，释放活力。

　　本课题充分评估了通化建设东北东部中心城市的机遇与环境，困难与挑战，结合通化近年建设实践，对其建设优势进行客观评估，主要包括东北东部经济枢纽地位、东北东部历史文化重镇、吉林绿色转型示范区、国际医药健康名城、吉林省实施向南开放窗口等五方面，并结合当前环境、政策等实际，提出五条对策建议：加强基础理论研究、提高政府扶持力度、夯实产业发展基础、推进目标任务落实、营造舆论宣传声势。

关键词　通化市　中心城市　国家战略

　　通化地处吉林省东南部，自然及人文资源丰富，生态条件优越，通道建设齐备，区位优势突出。作为吉林省扩大向南开放的重要节点城市，通化市抢抓政策机遇，主动融入国家"一带一路"战略，提出建设东北东部中心城市的奋斗目标。我们将学术研究、政策研究的理论方法有机结合起来，综合分析、系统评估通化的建设目标，并提出有针对性的对策建议。

---

　　*　课题负责人：经希军；课题组成员：佟盛懿、佟大群。

一　现状分析

（一）主要论著观点

早在 2011 年，通化即将"建设东北东部中心城市"作为"十二五"期间的建设目标和任务，经过五年左右的不懈努力，通化距离"东北东部中心城市"的建设目标又近了一步。新一轮东北振兴、国家"一带一路"建设、吉林省向南开放等战略提出以来，在新的政策背景下，对通化建设成东北东部中心城市的路径研究，是一个具有重大理论价值和现实意义的论题。

"中心城市"是近年来一个为社会各界广泛关注的问题。2016 年，经过激烈争夺，11 个城市入选为"国家中心城市"，东北地区仅沈阳市入围。国家给沈阳的定位是"东北地区的中心城市，全国重要的工业基地"。大连、长春、哈尔滨的城市定位，均低于沈阳市。

长春，是吉林省省会、副省级市、中国东北地区中心城市之一，哈长城市群核心城市之一。"一带一路"北线通道的重要枢纽节点城市。2016 年 7 月，长春提出了将长春建设成为"东北亚区域性中心城市"的奋斗目标。吉林市作为吉林省另一重要城市，吉林市是吉林省重要的中心城市和新型工业基地，具有中国北方特色的旅游城市，是国家历史文化名城，这是国务院对其认可的城市定位。

《吉林省城镇体系规划（2006－2020 年）》提出"一区、四轴、一带"的空间布局结构，通化作为"12 个支点式的地区性中心城市"中的一个，位于"一带"（"东部边境生态发展带"）上，是"吉林省南部地区交通枢纽，商贸、物流中心"。该规划较早地提出了"南部门户发展轴借长沈优势促南部崛起"的概念，这与吉林省"向南开放战略"有异曲同工之妙。

2012 年 5 月 22 日由国家批复的《吉林省城镇体系规划（2011－2020 年）》，将通化作为"东部边境生态产业发展带"的重要构成，提升通化作为"构筑区域经济发展支撑点"的作用，将通化市下辖的梅河口、辉南、柳河，作为"提高吉林省中部地区城镇化质量和城镇承载能力"的重要载体。

2014 年 8 月完成的《吉林省新型城镇化规划（2014－2020 年）》，在构建中部城市群方面，提出将通化市下辖的柳河、辉南、梅河口，作为"构筑支点"，纳入以长春、吉林为核心的"中部城市群"的范围。

东北"中心城市"建设已有一定的经验积累。长春、吉林两市在"中心城市"建设中的经验，可以为通化的路径探索提供重要参考。通化市多年来致力于"东北东部中心城市"建设。2004 年，通化市建委在一篇题为《通化市建设成吉林省东南部中心城市的规划思考》的文章中，提出把通化市建设成为"吉林省东南部中心城市"的规划和构想。2011 年，通化市委书记在接受采访时，提出通化"十二五"建设的三个目标，其中第一个目标就是"努力建设东北东部地区中心城市"。2016 年，通化明确提出了着力打造绿色通化等设想，再次提出将通化建设成为吉林省东南部绿色转型发展示范区、国际健康医药名城以及"东北东部中心城市"的奋斗目标。

通化市在城市建设发展中已取得一系列新进展，部分具备了建设"东北东部中心城市"的基础性条件，主要包括以下五个方面。一是经济总量实现新跨越，达到千亿规模。二是产业发展和结构调整不断加快。三是交通快速化建设和城市建设有了较大突破，在东北东部地区的枢纽地区已初具雏形。四是重点县城、重点镇的建设均取得可喜成绩，民生建设扎实推进，城乡居民收入稳步提升，在东北东部地区居于领先地位。五是在互联网建设上，通化市也取得了重要进展，有潜力建成东北东部信息交通枢纽。总而言之，通化市的"中心城市建设"，在多年实践摸索中，已取得一系列可喜进展，在东北东部地区已居于领先地位。

（二）主要理论问题

（1）概念有待界定。无论政策研究还是理论研究，目前有关"东北东部中心城市"概念的界定尚未明确。其中诸如"地域性中心城市"与"区域性中心城市"的区别与联系，通化作为"东北东部中心城市"应有及已有哪些条件，通化作为"中心城市"在东北东部地区发展中究竟发挥何种作用，"中心城市"建设与吉林振兴发展、国家"一带一路"战略的关系等问题的探讨，均离不开"东北东部中心城市"概念的科学界定。

（2）定位有待商榷。省内外对通化市的城市定位，角度不同，高度不同，差异较为显著。通化市委市政府一直将"建成东北东部中心城市"作为发展目标，这与大连市的"我国北方重要沿海中心城市"的定位相似。而诸如"吉林省东南部中心城市""吉林省向南开放窗口"等概念，则将通化置于"地区性中心城市"的范畴，如何科学定位是一个值得商榷的重要问题。

（3）政策有待梳理。由于着眼点的差异，近年出台的系列政策对"建成东北东部中心城市"的意义各不相同，如何梳理既有政策措施，为建成东北东部中心城市拓展更大的发展空间，是一个不可或缺的"技术性"问题。如何理顺关系，争取更多的政策支撑，避免可能出现的瓶颈和障碍，是一个亟待解决的重要问题。

（三）价值意义方法

（1）拟解决问题。以探究通化建设东北东部中心城市路径为突破口，吉林省实施向南拓展开放战略的空间，通过"中心城市"建设提振东北东部地区开发开放进程，助力新一轮东北振兴发展。

（2）价值及意义。"中心城市"是近年来一个为社会各界所广泛关注的问题。新一轮东北振兴、国家"一带一路"建设、吉林省向南开放等战略提出以来，在新的政策背景下，对通化建设成东北东部中心城市的路径研究，是一个具有重大理论价值和现实意义的论题。

（3）主要研究方法。将文献梳理阅读与实地调研有机结合起来，将理论研究与政策研究有机结合起来，结合已出台文件，对涉及的市县进行有针对性调研。

二 机遇与环境

国家振兴东北东部方案酝酿之际，吉林省应紧抓机遇、积极谋划、早做筹备，全面评估吉林省有关市州的潜力，加大扶植力度，将通化建成"东北东部中心城市"。这是适应国家未来发展战略的客观需要，是适应吉林未来发展布局的客观需要，同时也是适应通化实现预期奋斗目标的客观需要。

（一）国家东北东部振兴

国家发改委正牵头编制"东北东部经济带发展规划"，不遗余力将"新一轮东北振兴发展战略"落到实处。该"发展规划"及"振兴战略"实施，需要若干"中心城市"支撑。东北东部 10 余市州中，大连的多项指标超过沈阳，是东北东部地区最重要的"大区级"中心城市，必将成为"东北东部城市群"的引领者，在"东北东部经济带"建设中发挥核心作用。从空间布局、功能构成等方面分析，大连以外，这条经济带还需要 2~3 个"次区级中心城市"、若干"地域性中心城市"的培育和支撑。在吉林省范围内，凭借"白通丹"经济带、国家健康医药名城、全域旅游发展等方面优势，通化最有潜力建设成为"东北东部中心城市"，跻身"次区级中心城市"行列，成为"东北东部经济带"的支柱性构成。

（二）"一带一路"战略融入

实施"大通道"建设暨向南开放战略，是主动融入"一带一路"国家战略的客观需要。2014 年 11 月，省委书记巴音朝鲁提出："当前关键是要抢抓机遇，主动融入国家'一带一路'战略。"2015 年 3 月，国家发改委、外交部、商务部联合发布《推动共建丝绸之路经济带和 21 世纪海上丝绸之路的愿景与行动》，吉林省位列建设重点涉及的 18 个省区市之中，成为向北开放的重要窗口。在未来国家对外开放的战略新格局中，吉林省有了明确的站位。

李克强总理在 2015 年 4 月到吉林调研时，要求做好开放这篇大文章，利用好沿海经济带，提升开放水平。习近平总书记在 2015 年 7 月视察吉林时，提出要深化对外开放，主动融入"一带一路"建设，主动对接京津冀协同发展，加快通道建设，强化外联平台，实施好长吉图开发开放先导区建设，深入推进同周边以及东北亚区域合作。2015 年 8 月召开的中共吉林省委十届五次全体会议提出："着力扩大对外开放，全面融入'一带一路'战略，继续抓好长吉图开发开放先导区建设，以对外开放的主动赢得经济发展的主动、赢得未来竞争的主动。"

作为吉林省实施向南开放的窗口，通化发展的机遇和空间非常广阔。通化是边境城市，享受一系列对周边国家边境贸易优惠政策。与此同时，通化在黑龙江的黑河、绥芬河，吉林的珲春，辽宁的丹东等边境经济合作区互联互通中，起到承上启下的作用，是东北东部地区通道建设和振兴发展的关键和枢纽。此外，通化也是黑龙江流域、图们江流域、环渤海地区、湄公河流域等大区域互联互通的重要渠道。

(三) 东北地区振兴发展

将通化建设成为东北东部中心城市，是东北地区振兴发展的客观需要。

振兴东北老工业基地战略实施以来，已取得一系列可喜成绩。但由于受思想观念、体制机制等因素制约，东北地区的产业融合、联动发展、区域合作都有待提高。远未形成优势互补、合理分工、协同发展的局面和态势，需要一个互联互通、融合发展的渠道和平台。

吉林是农业大省而非农业强省，农产品初字号、原字号多，大字号、老字号少，知名品牌寥寥无几，农产品加工粗放式发展，给别人作嫁衣多，为自己创效益少；吉林工业结构比例失衡，汽车、石化、冶金等支柱行业占比近70%。至于服务业，发展相对滞后，人才支撑能力不足，原创性差，集聚力弱。随着经济增速放缓，下行压力加大，传统产业发展和老工业基地改造中的深层矛盾凸显，体制、机制、思想、观念中的惰性、惯性令吉林在转型升级中步履沉重。

中央领导同志在吉林考察时指出，吉林省应当在适应经济发展新常态中寻求新突破，在振兴老工业基地中集聚新动能，在提高社会治理能力中取得新进展，走出一条质量更高、效益更好、结构更优、优势充分释放的发展新路。吉林省委省政府以"新"字当头，于"变"中求进，高瞻远瞩，因势利导，紧紧围绕发挥"五大优势"、推进"五项举措"、加快"五个发展"。在探索东北老工业基地振兴发展中，吉林各级干部坚定制度自信、道路自信，紧握五大发展这一关键抓手，提出了拓宽"借港出海""内贸外运"思路，向南开放、两翼发展的战略构想。新思想产生深刻认识，敢行动发挥决定作用，向南开放战略是吉林省探索东北老工业基地振兴发展的必然选择。

(四) 吉林开放格局调整

将通化建成东北东部中心城市，是吉林省开放格局调整的客观需要。

吉林省农业、工业和服务业，有一系列困局需要破解，振兴发展任重而道远。吉林省绿色转型、向南开放等发展战略实施，客观上需要与国家东北东部振兴发展战略全面对接、有机融合。后者能为吉林省绿色转型、向南开放提供更广阔的舞台、更有力的支撑、更自由的空间。

在辽宁自贸区挂牌的新形势下，吉林发展愈发需要扩大对外开放。在发展转型、老工业基地振兴的政策背景下，吉林省为建设吉林中部内陆开放的新高地，启动了长吉图开发开放先导区建设。长吉图开发开放先导区是新中国成立以来，吉林省最大的发展机遇，成为深化改革开放的一面旗帜。在长吉图开发开放推进的过程中，吉林省更多地引进了外部资金、技术、管理等生产要素，在国内外的知名度和影响力上都有了显著提高。

为更好地服务于地方经济建设，更好地实现吉林在开放中快速发展，吉林省委省政府顺势而为，调整对外开放格局，提出向南开放战略，在进一步扩大对外开放的道路上迈出坚实的一步。实施长吉图战略向东、向南"两翼并进"是吉林省加快开放发展的一项重大举措。2017年3月，吉林省长吉图办牵头制定了吉林省向南开放总体实施方案，将加快"请进来""走出去"步伐，主动对接辽宁沿海经济带、京津冀协同发展区、环渤海经济圈以及东南沿海发达地区，推动吉林省向南开放在通道互联互通、功能平台建设、产业对接协作、区域融合联动以及各领域交流合作等方面取得突破，实现向东与向南开放"两翼并进"，努力构筑形成吉林省全方位对外开放新格局。

我们必须创造性发掘"东北东部经济带建设"和新一轮东北振兴的机遇空间和政策红利，将通化市建设成为"东北东部中心城市"，增加一个"次区级中心城市"，并以此为纽带，将吉林东南方向新增长极培育与国家"东北东部经济带建设"暨新一轮东北振兴发展战略有机对接，以利于吉林省生态资源盘活、经济潜力释放，从而开创振兴发展新局面。

（五）东南方向增长培育

将通化建成东北东部中心城市，是吉林省培育东南方向增长极的客观需要。

在吉林省东南部地区培育新的增长极，是吉林及东北东部地区振兴发展的客观需要。通化、白山等市县基础条件较好，有增长极培育的基础和潜力。第一，东北东部地区未来发展前景广阔，是东北地区振兴发展的重要依托。通化、白山是沟通东北东部经济带的重要环节，区位优势特别突出。第二，吉林振兴发展必须克服中部"险峻隆起"、周边"弱不禁风"的结构性问题。以向南开放为契机，以通化建设为依托，在吉林东南部地区培育新的增长极，是吉林区域经济和社会良性发展的客观需要。第三，通化市已被定位为吉林省东南部中心城市，有建成吉林省新的经济增长极的基础和潜力。通化地区早在汉唐时代就是东北东部地区的经济和文化重镇，改革开放以来通化再次崛起，并以"东北三宝之乡""通化葡萄酒""通化医药城""通化东宝""上市最多的地级市"等称号，以及高句丽王城、王陵及贵族墓葬等闻名遐迩，通化地区的生产总值、财政收入、社会消费品零售总额多年高于全省平均水平，在东北东部20余市县中，通化的自然及人文资源、经济和社会发展水平也有一定优势。

（六）向南开放路径探索

将通化建设成为东北东部中心城市，是吉林省向南开放路径探索的客观需要。吉林省向南开放的"路径""平台""窗口"不止一个，如何有序推进、科学实施，是一个特别重要的理论和现实问题。2017年3月，围绕向南开放战略实施，吉林省提出了支持长春市创建国家首个绿色有机农业示范市、四平市打造千亿级现代农业生产基地，推进人参全产业链开发，建设人参产业园区和精深加工基地，打造白山（万良）国家级人参交易平台，重点推进"白通丹""长平经济带""四辽铁通"经济协作区、公主岭＋梅河口重要节点城市建设等发展规划。同时在全省铁路营运里程、高速公路通车里程、海关特殊监管区、"一主多辅"机场群等方面也提出较为切实的发展目标。上述规划的提出切合吉林实际，科学性、可操作性非常强。但是，如何协调向东与向西、腹地与前沿、前沿与窗口、路径与交通、继承与创新等方面，一系列具体问题亟待解决。

通化北靠朝鲜半岛，南通渤海湾港口丹东港，是东北地区东南部"通边达海"最近的一个重要城市。通化现有交通基础设施比较完善。"十三五"期间，通化将全力升级改造原有基础设施，并打通连接丹东的新通道。历史上，通化长期划归辽宁，与沈阳、本溪、丹东等的人文交流和物贸流通非常密切。2005年前后，通化市委市政府就以"12＋2"圆桌会议为平台，以"借港出海""通丹合作"为议题，与丹东方面展开广泛接触和密切沟通。2016 年 7 月，吉林通化和辽宁丹东两市政府就《关于加快推进通丹经济带建设合作框架协议》的签署，自此正式揭开"通丹经济带"建设的序幕。在反复探讨中积累了较为丰富的经验。借丹东港出海，是吉林省最可行、最直接、最现实的选择。打开通化到丹东这个通江达海的大通道，对于吉林乃至东北的发展，都将产生积极而深远的影响。

吉林省提出的建设目标：到 2020 年，建立完善的向南开放工作机制和政策支撑体系，在通道、平台和产业融合发展等方面取得新突破，基本形成长吉图战略"两翼并进"的开放格局。其间，以通化窗口建设为突破口，充分发挥通化的区位优势、产业潜力、建设经验，利用丹东港、对接环渤海，充分发挥"大通道"的积极作用，对于吉林省探索向南开放路径有重要理论价值和现实意义。

三 现实困难

通化的中心城市建设，已取得一系列阶段性进展。但是，在对内与对外、腹地与窗口、稳定与发展、经济与社会、存量与增量、创新与发展等关系中，存在一系列的竞争、挑战和局限，需要潜心谋划、精心布局、开阔思路、坚持不懈、锐意进取。

（一）通化与长吉的竞争

通化的东北东部中心城市建设，与作为腹地的长春、吉林之间，在区位、规模、水平、人才、技术、资金等方面，都存在竞争的关系，而且处于绝对劣势。这将不可避免地分散其中心城市建设的政策红利。

通化的东北东部中心城市建设，既离不开腹地支撑，也离不开窗口展示。吉林省推进的东北东部中心城市建设，既不是为了做大腹地，也不是为了拓展窗口。如何协调腹地与窗口的关系，是一个首先需要解决的问题。就向东发展战略实施而言，长春、吉林二市都争取到其他地市州不能比拟的资源优势和进展。长春、吉林二市作为腹地，依然集中了全省大部分资源，创造了全省 60% 以上的 GDP。一个不能否认的客观事实就是，向东开发开放战略实施以来，长吉腹地的规模、效益、地位、作用、意义和影响等更加凸显。

可以想见，较以这块高度发展、极为丰满的腹地，通化的东部中心城市建设，难免会遇到吸引资金、人才、技术等方面的困难。如何争取腹地的支撑和支持，如何协调腹地与窗口的关系，显然不是通化，或者长春、吉林等市地所能解决的问题，而必须依靠省委省政府甚至国家层面的干预和协调。

（二）通化与延边的竞争

向东与向南的关系也可以称作向内与向外的关系。将长吉图开发开放先导区建设，融入"一带一路"国家战略，实施向东、向南两翼开放齐头并进，是吉林省运用大智慧，深入实施开放带动战略的大手笔。向东开放是"资深元老"，向南是"后起之秀"，如何处理向东、向南关系，克服思想、政策的惰性，克服利益分割的保守，是一个非常现实的问题。

经过近十年的建设，吉林省在向东开放战略实施进程中，已取得重要进展。延边州突出抓好珲春国际合作示范区建设，加快产业项目建设，完善基础设施，积极引进大企业、大项目，不断提升示范区综合承载能力。在延边州、珲春、图们等地对外开放取得重要进展，一批大项目、大工程处于紧锣密鼓实施状态下，省委省政府做出加快推进向南开放战略，设立吉林通化国际内陆港务区，推进"白通丹""四平、辽源、铁岭、通辽"经济协作区建设、"长平经济带"等建设。在此政策背景下，如何分配向东、向南资源，协调向东、向南关系必将是一个不能回避的现实问题。

（三）通化与四平的竞争

四平、辽源，通化、白山都是吉林省实施向南开放的重要沿线城市。从通道建设的角度考量，四平、辽源方向可以称作吉林省向南开放的西线，通化、白山方向可以称作吉林省向南开放的东线。东线、西线都是吉林实施向南开放的途径，都有实施向南开放的优长，如何协调二者关系，避免重复建设、不良竞争，也是一个必须直面的问题。四平、辽源在省委省政府的积极推动下，在实施中心城市建设中取得重要进展。其中的四平市，是哈大铁路、京哈高速的重要通道，有巨大的交通区位优势，是吉林省中部城市群的重要组成，是吉林省向南开放的重要构成，有潜力成为吉林向南开放战略的桥头堡。四平的"桥头堡"建设与通化的"窗口"建设之间既有合作又有竞争，相辅相成，共存共荣。

（四）稳定与发展的关系

稳定与发展是辩证关系，通化实施向南开放势必要打破旧格局、旧体制，在对既得利益的重新划分中，难免会遇到阻碍，处置不当必将影响安定团结。同时也应该看到，改革、创新、打破僵局，才能勇立潮头，百尺竿头更进一步，推进经济社会发展的长足进步。此外，在探索向南开放及窗口建设的进程中，也应当时刻关注并妥善解决安全生产方面存在的一些深层次矛盾和问题，坚决保障人民平安，维护社会和谐稳定，实现安全生产、和谐发展。

作为边境城市，对稳定与发展关系的理解，还有一个特别重要的维度——边疆安全。边疆发展才能边疆稳定，边疆稳定才能国家稳定。全力推进吉林向南开放战略，提升通化地区经济社会发展水平，是一个关系国家边疆安全的严肃问题，需要从政治的高度给予足够关注，给予大力扶持。

总而言之，从政治的高度深刻理解通化地区经济发展与社会稳定、边疆安全的辩证关系，在资金、技术、人才、政策等方面给予适当倾斜，是维护社会和谐、边疆稳定的必然要求。

（五）继承与创新的关系

通化丝路是东北及东北亚丝路体系中的主要构成，其在地域经济发展、民族融合与边疆稳固、国际文化交流等方面的贡献及作用，都是极为积极且显著的。历史发展表明，通化丝路畅达，则地域经济繁荣，地域经济繁荣则边境安定无事，边境安定繁荣则睦邻关系和谐，睦邻关系和谐则国家长治久安。

在探索向南开放实现路径过程中，无论横向、纵向，充分吸收和借鉴外来的、历史的经验教训，都是必要的。走差异化发展，不能亦步亦趋。对绿色转型发展与承接产业转移的内在张力需要有清醒认识，不要为可能的 GDP 增长而盲目追逐产业的梯度转移，通化应立足特色资源开发，进行顶层设计，妥善处理吸收和借鉴、继承与创新的辩证关系。

（六）存量与增量的关系

经济体量及外贸规模有限，夯实"存量"、拓展"增量"是东北东部中心城市建设中一个根本性问题。以吉林省商务厅网站公布吉林省外贸运行数据为例，2016 年 1 月至 2017 年 4 月，吉林省外贸总体运行企稳，但是规模有限，位次并不理想。吉林省外贸运行数据是吉林经济存量、增量关系的集中体现，是吉林省经济社会发展的鲜明写照。

2016 年以来，通化医药、通钢集团等重点企业的进出口额，虽然基本保持正增长，但是在全省的占比不高。通化经济的体量相对较小，发展空间有待拓展。在东北东部 12 个城市中，通化的面积、人口、产值、财政收入、固定资产投资等，均处于中游偏上的位置，在实施向南开放战略推进、东北东部中心城市建设进程中，如何做实存量，做大增量是一个具有决定性意义的问题。

四　优势评估

在东三省范围内，客观上需要吉林省某地市州充分发挥"东北东部中心城市"的聚集、连接和辐射作用，这是东北东部经济带建设暨东北振兴发展的客观需要。综合评估各项指标，通化优势最突出、实力最雄厚，是吉林省有关市州中唯一具备该培育潜力的城市。

（一）东北东部经济枢纽

为对接"环太平洋贸易圈"，东北东部经济带建设对区内"中心城市"提出的硬性要求：必须充分发挥"横向沟通" + "纵向联通"，特别是"纵向联通"的重要作用。目前，吉林省范围内，只有通化能满足上述要求。

众所周知，通化在东北地区的地位和影响一度高于长春、哈尔滨。自古以来，通化就是东北东部地区互联互通的重要环节，是东北及东北亚地区文化交流的"大通道"。其枢纽性作用必将在当代东北东部经济带构建中继续发挥。

近年来，东北通过铁路、公路、水运三种通关模式，培育发展了一大批外向型企业，积极参与东北东部"12 + 2"区域合作圆桌会议，与各城市之间的合作日益深入，是吉林省融入环渤海经济圈的重要衔接区，也是我国最东端推进"一带一路"战略、实现陆海联通互动的重要构成，在促进区域间、地域间经济、文化等要素的融合发展中发挥了基础性作用，区域合作历史悠久，经验丰富，基础较好。

通化是吉林省距丹东港最近的城市，区位优势明显。丹东港是我国的自有港口，长期面临吞吐量冗余的局面，需要广阔腹地支撑。通化有借港出海的需要，丹东有拓展腹地的要求，能够形成优势互补、互利共赢的合作关系。2016 年 7 月，通化、丹东就推进通丹经济带建设签署了战略合作框架协议，通化国际内陆港务区与丹东港集团有限公司签订了合作协议书，建立长期战略和经济合作关系。2016 年 12 月，吉林通化国际内陆港务区通关运营。通化陆港建成后，相当于把丹东港前移到通化，通化也将由"内陆"变"沿海"，曾经"出不去吃不饱"的尴尬成为过去，"出得去吃得饱"即将成为通化、丹东海陆联运的新常态。

通化的高速、铁路、机场建设取得阶段性进展，实现了"1 小时域内""2 小时省会""3 小时出海"的目标。在吉林东南部乃至东北东部地区，通化的交通设施较为完备，基本具备吉林省东南部交通枢纽的条件，在实施吉林向南开放战略中具有一定优势。随着长白山医药物流中心项目的建设挂牌，中国中医药产业展览交易基地在此落户，通化的医药物流和产业展示平台建设迈上一个新台阶，对扩大流通、拉动经济、助力振兴起到不可替代的作用。东北东部地区粮食、煤炭、钢铁、药材等大宗货物的物流资源非常丰富，取道通化，经丹东港出海，对提高物流效率、降低经营成本有重要意义。

（二）东北历史文化重镇

"中心城市"的一项重要构成要素和考评指标，就是历史文化积淀的厚度。放眼国内，不论北京、上海，还是沈阳、长春，但凡国家级、大区级、次区级中心城市，无不具有较为丰富的历史文化内涵。要想跻身"东北东部中心城市"，客观上也需要具备较为厚重的历史文化积淀。

通化地区文明传承有序，历史文化资源丰富、积淀深厚，在东北及东北亚地区有重要的地位和影响，是东北及东北亚丝路上的重要节点，是中原文化向朝鲜半岛及远东地区传播的重要渠道。随着轨道交通及公路运输的不断拓展，区内丝路发展，实现了由古代向近代的转型；人员、物资、技术、文化等要素流动，实现了由"定时"向"实时"的转变，通化地区在东北区域经济发展中的作用再次凸显。通化自古就是东北地区历史文化的一方重镇。通化市委市政府对文脉梳理、文化发掘高度重视，舍得投入，组织专家撰写《通化历史文化研究》等学术性著作，在东北东部各市州中居于领先地位，有条件承载"中心城市"的文化集聚与辐射功能。

（三）吉林绿色转型示范

通化在探索绿色转型发展道路上锐意进取，已取得一系列的重要经验。绿色转型示范区是吉林省实施"大通道"建设暨向南开放战略的重点工程。吉林因地制宜，在推进区域发展问题上敢于创新，将全省划分为西部生态经济区、东部绿色转型发展区、中部创新转型核心区。实事求是地说，整个东北东部地区，自然生态资源的优势均非常突出，值得发掘，前景广阔。这是国家酝酿"东北东部经济带"建设的一个基本考量。

自然资源优势，森林、中医药、矿产、绿色食品、水资源十分丰富。通化以区内资源禀赋为"眼"，以产业转型升级为"势"，以五大发展理念为"策"，按照省委省政府工作部署，深入开展绿色转型示范区建设。2016年10月，通化市长乔恒同志，提出努力将通化建设成为吉林省绿色转型发展示范区的观念。通化市委市政府领导和部分企业家，勇于创新、敢为人先，以中草药、山葡萄、丸都之李等特色资源为抓手，已取得较为突出的成绩，有条件、也有基础成为吉林省绿色转型的示范区。这种示范作用，必将在国家东北东部经济带建设中发挥作用。

（四）国际医药健康名城

通化在国际医药健康名城建设中，取得了突出成绩，是建设东北东部中心城市的重要抓手。

通化曾被命名为"国家火炬计划生物医药科技产业基地""国家中药现代化科技产业基地""国家级长白山中药材基地"。曾有2个国家"863"计划项目、3个国家"863"计划引导项目、3个国家科技部振兴东北老工业基地科技专项，另有多个国家级、省级技术研发中心。通化的东宝集团、修正集团、万通药业在国内外都有一定知名度。

在钢铁等传统行业增长乏力之际，通化围绕产业结构调整、创新驱动，新思维引领新发展，新理念探索新路径，于变中求新，于变中求进，于变中求突破，提出建设国际医药健康名城及"大健康"的概念，医药产业已经成为通化市的支柱产业。

通化国际医药健康名城建设与通化医药产业长足发展相辅相成，正在成为引领吉林省乃至东北地区医药健康行业发展的重要引擎。以通化医药产业为支撑，以通化国际医药健康名城建设为载体，吉林省产业结构优化工作随之取得重要进展，在巩固汽车、石化、农产品加工"老三样"的同时，开始积极培育医药健康、装备制造、建筑、旅游"新四样"，积极营建"多业支撑"健康发展的产业新格局。

（五）吉林向南开放窗口

自《关于支持通化市建设向南开放窗口的若干意见》《吉林省实施向南开放战略规划》等政策、规划相继出台后，如何处理向东与向南、对内与对外、腹地与窗口、存量与增量等辩证关系，如何破除思维固化、利益分割，如何协调矛盾冲突、次序先后等，已经成为吉林省必须直面的问题。难能可贵的是，通化对实施向南开放战略及东北东部中心城市建设，都有深刻理解，对区内资源禀赋、软硬件设施、优长及劣势都有正确判断，不但在如何处理上述复杂关系上有较为深入的理论思考，而且真抓实干，以"通丹经济带"、国际陆港建设为抓手，在战略落实中取得一系列重要进展，已成为吉林省向南开放战略实施中名副其实的窗口，发挥了重要的引领和示范作用。

通丹经济带是吉林省东南部大通道的主体构成，建设通丹经济带，打造东北东部地区区域经济共同体，是东北东部边境地区开发开放的战略选择。通丹经济带建设渊源有自，至少可以上溯到汉唐时代。"通丹经济带"建设方案的提出，也经过了多年酝酿。通丹经济带南接环渤海经济带，西连沈阳经济区，中贯长吉图开发开放先导区，北靠哈大齐工业走廊，是东北经济带建设的重要组成部分，是东北亚经济圈内，可能产生重要影响的经济增长极，是东北亚地区区域合作的前沿。

建设通丹经济带既有通化人的历史记忆，又是通化人的当代梦想。吉林省委、省政府出台的向南开放及窗口建设的系列文件，既是对通化实现梦想的最大支持，也是对吉林发展空间的拓展。通丹经济带建设是吉林省实施东南部"大通道"建设的核心任务，是通化的东北东部中心城市建设暨窗口建设的主要抓手。

五 对策建议

（一）加强基础理论研究

开阔视野，关注前沿，理论先行。依托吉林省社科院通化分院等科研机构，充分发挥智库的资治功能。立足经济社会发展实际，提倡并鼓励面向应用的理论研究，将理论研究与实践探索有机结合起来。深入概念界定，深入调查实际，深入贯彻学习，将建设东北东部中心城市的前景与局限、路径与方法等基础理论性问题摸清、吃透。

（二）提高政府扶持力度

从关系全省发展大局的角度，高度重视"中心城市"建设工作。克服政策、思想惯性；加大政策、人才扶持力度；发掘既有政策潜力，争取国家层面资金支持；给予适当倾斜，以绿色发展、全域旅游为突破口，保证"中心城市"建设任务、建设目标顺利落地；营建良性成长、和谐发展新局面。

要加大财政支持力度，加大用地支持力度，加强金融支持力度，加强人才支持力度。

第一，充分发挥领导干部作用。在推进中心城市建设进程中，应充分发挥"人和优势"，继续鼓励市级领导包干重大项目，既放权又集权，调整用人办法，破除体制障碍，集中优秀资源办大事，将主动上门服务、现场办公解难、拓展沟通渠道常态化，发扬"工匠精神"，把事儿参透，把话儿说开，把活儿做细，把劲儿卯足，把人参、葡萄酒、特色中草药、全域旅游等"潜力股"的效能充分发挥出来，把有实际工作经验有能力有魄力的领导干部用好。

第二，加大创新人才引进力度。通过高端人才引进，系统整合教育资源，大力发展职业教育，纵深推进产学研合作，加快科技成果转化，加快文化资源转化，将医药、大健康等产业的先进工艺、理念嫁接改造、引进消化，通过自主创新，加快企业转型升级步伐，不断推出高技术含量、高附加值、高竞争力的产品，叫响"通化制造"。

第三，多方争取项目资金支持。利用好吉林省固定资产投资"十三五"规划，积极争取其他省级专项资金，将"向通化国际内陆港务区倾斜"落到实处。此外，有必要通过推进省际合作、区域间协同等途径，积极协调国家层面的项目资金扶持。组织专业团队招商引资，建立通商协会，鼓励以商招商，重点吸引国际、国内500强企业进驻通化。

（三）夯实产业发展基础

放眼国际，立足国内，占领东北，以大连国际服装节、沈阳国际啤酒节为借鉴，以通化葡萄酒产业推进工作为示范，以冰葡萄酒、丸都之李、集安火盆、火山岩大米、边条参等名优农产品、特色饮食为抓手，让项目成系列、成系统，发展全域旅游，在东北东部地区"资源同质化"的围城中闯出一条新路，夯实"中心城市"建设的产业基础。

应将优化产业结构，放在一个突出的位置，全面推进农、林、牧、渔的资源转化，以清末民国通化地区"老字号"复兴为契机，大力度发展人参、大米、果仁、林蛙、食用菌、山野菜、蜂产品等具有通化特色的产业，不走低端、粗放、廉价、为人作嫁衣的老路。全力支持民营经济发展，将通化的葡萄酒、人参、松花石、大米、中草药以及丸都之李等鲜食水果的品牌做大做强，夯实特色产业发展基础。依托通化中药材资源优势、医药城产业优势、科技人才优势，将医药工业、医药商贸、医药科研、医药教育、药材基地的关系理顺，补齐短板，做大做强"医药城"。依托长白山生态资源和通化葡萄酒品牌优势，以提高产品质量为根本，以扩大市场占有率为目标，以葡萄基地建设、培育优良品种为基础，以体制创新、技术创新、文化创新为动力，放眼国内外，加大文化宣传及投入力度，不计较一时一地之得失，把通化葡萄酒产业的规模做大、品牌做响、市场做活，效益提高，进一步提升通化"葡萄酒城"的知名度。

优化投资加快转型，全面促进产业升级。投资是推动通化中心城市建设的必要途径。优化投资加快转型，全面促进产业升级，是通化实施向南窗口建设的客观需要。相对于冶金、建材和装备制造这三大优势产业，作为医药、食品、旅游这三大支柱产业，通化地区产业升级、结构优化的空间非常大。如何在激烈竞争中抢占先机、赢得主动，是一个较为复杂的问题。其中，加大投资力度，优化投资配比，是做强优势产业、做大支柱产业的客观需要。为了将产业转型升级的内功练好，有必要将"3+3+3"（即三个支柱产业+三个主要平台+三个重点市县）的现状吃透，将现有和将有的投资调配好、利用好，练好内功，发掘潜力，从而形成一产为基础，二产为纽带，三产为拉动，园区为载体，机场为媒体，陆港为龙头，集安为亮点，通化（通化市+通化县）为焦点，辉（南）柳（河）为基点，多层面、多角度、多领域、多地区全面拉动、协调发展的产业格局。

（四）推进目标任务落实

从培育吉林新增长极的角度，把"中心城市"建设作为一项"政治任务"来抓。继续保持省市联动的工作机制，雷厉风行的工作作风，扎实推进中心城市建设。在既定发展目标的指导下，科学分解任务，到"十三五"末期，创造性完成以下既定任务。第一，基础设施实现互联互通；第二，开放平台功能健全完善；第三，外向型产业体系初步建立；第四，与丹东港实现联动发展，第五，与周边区域实现协同发展。最终实现将通化建设成为吉林省国际物流新枢纽、开放发展新引擎、绿色转型发展新高地，充分发掘城市潜力，不断增强经济实力，全面提升综合功能，进一步加强通化的窗口示范作用，辐射和带动能力。

由通化市委市政府领导班子负责具体任务落实，科学规划、有序推进；把省财政、人事、林业等部门关系协调好，适当放宽林业用地等方面限制；把简化流程、特事特办作为"新常态"，既放权又集权，既科学严谨又讲究时效；把改革考核、绩效、评估办法作为落实激励机制的制度保证，约定期限，奖优罚劣，充分激发基层工作人员活力。

（五）营造舆论宣传声势

有针对性地营造声势，借助网络、广播、电视、报纸、书籍等平台、媒体，以"通化国际葡萄酒节""长白山老把头节""通化历史文化品牌展示""通化全域旅游试点"等为主题，激发文化创意，整合展示能力，鼓励"无中生有"，在东北乃至全国范围内，全面推介通化地区的文化、生态、旅游等优势和潜力，营造声势，将通化在东北东部经济带建设、新一轮东北地区振兴发展中的作用、地位和意义凸显出来。

参考文献

《吉林日报社总编辑对话通化市委书记：揭开通丹经济带面纱》，《吉林日报》2016 年
    5 月 13 日，第 5 版。

《借港，"内陆"变"沿海"出海，打造"开放通化"——通化市构筑向南开放窗口纪
    实》，《人民日报海外版》2016 年 7 月 25 日，第 9 版。

《吉林建设向南开放新通道》，《央广网》（HYPERLINK "http://news.cnr.cn/native/cit-
    y/20160714/t20160714_522681591.shtml"）2016 年 7 月 14 日。

毕成功：《吉林省下半年将编制完成向南开放总体实施方案》，《东亚经贸新闻 - 吉和
    网》（http://news.365jilin.com）2016 年 8 月 2 日。

《吉林经济转型发展，继续"向东"一路"向南"》，《人民日报》2016 年 8 月 25 日
    （转引自新华网 http://www.chinaneast.gov.cn/）。

《通化市打造吉林省向南开放"大通道"》，《吉林日报》2016 年 12 月 27 日，第 5 版。

毕成功：《吉林省向南开放总体实施方案出炉》，《东亚经贸新闻》（http://news.365jilin.
    com）2017 年 3 月 15 日。

《回眸吉林省五年发展：大格局需要大智慧》，《吉林日报》2017 年 4 月 12 日，第
    1 版。

王文刚：《突出特色打造精品建设吉林省东南部区域中心城市》，《建筑与文化》2009
    年第 4 期。

曲凤杰：《"十二五"时期促进沿边开放的政策建议》，《宏观经济管理》2010 年第
    9 期。

《通化市：全面提升新农村建设水平》，《吉林农业》2017 年第 1 期。

通化市代市长刘化文：《通化市政府工作报告——2017 年 1 月 6 日在通化市第八届人民
    代表大会第一次会议》。

刘云浩：《浅谈加快建设东北东部地区中心城市——以吉林省通化市为例》，《经营管
    理者》2012 年第 18 期。

《东北地区四中心城市形象比较分析》，《舆情网》（http://yuqing.sjtu.edu.cn）2016 年
    1 月 21 日。

王凯、徐辉：《建设国家中心城市的意义和布局思考》，《城市规划学刊》2012 年第 3 期。

长白山特产资源品牌建设问题研究

北华大学课题组*

摘　要　长白山地处东北亚腹地，拥有非常丰富的特产资源。加强长白山特产资源品牌建设，打造以"长白山"为标识的系列特产品牌，将长白山特产的资源优势充分转化为品牌优势和经济优势，具有十分重要的战略意义。为充分了解长白山特产资源品牌建设现状，进一步推动特产资源品牌建设工作的深入开展，北华大学吉林省品牌研究基地就长白山特产资源品牌建设相关问题进行了深度调研，收集有效调查问卷5550份，（包括普通消费者调查问卷5114份，长白山特产种植户调查问卷211份，长白山特产生产加工企业调查问卷121份，长白山特产销售企业调查问卷104份），进而对黑龙江省、浙江省、内蒙古、四川省、吉林省、长春、吉林、白山、通化、延吉等省市发改委、农委、国土厅（局）、林业厅（局）、旅游局、工商局、质监局、长白山管理委员会等行政管理部门，长白山特产协会、长白山商会、吉林省参业协会、吉林省矿泉水资源协会、吉林通化葡萄酒协会，其他省份品牌促进会等行业协会，以及泉阳泉、长白工坊、通化市参和商贸有限公司、长白山特产云商城、万良长白山人参市场等长白山特产产品生产、加工和销售企业等进行了走访和座谈，为本课题的撰写积累了丰富的资料，奠定了扎实的基础。对本课题进行了系统调查、分析和理性思考，形成此调查报告。

关键词　长白山　特产资源　品牌建设

---

* 课题负责人：肖艳；课题组成员：欧阳丽、辛宏艳、张明达、马哲明、安鹏、程一千、郝军。

一 长白山特产资源品牌建设的紧迫性

长白山素有"世界生物资源宝库"之称,具有得天独厚的资源优势和产品优势,将其转化为经济优势和品牌优势,对于挖掘新动能、助力吉林省经济新一轮振兴发展意义重大,尤其在当前推进供给侧改革的关键时期,长白山特产资源品牌建设,具有不容忽视的重要性和紧迫性。

(一) 长白山特产经营企业竞争力的提升迫切需要品牌支撑

品牌是市场竞争的产物,也是企业竞争优势获得的关键所在。当今世界经济发展的大趋势也充分表明品牌对于企业生存和发展的核心推动作用,有数据显示,驰名世界的品牌产品产量不到同类产品的 3%,但销售额却占到 50% 左右。[①] 吉林省特产资源品牌"黄松甸黑木耳"地理标志商标获准注册后,其价格比同类产品高出 20% 以上。[②]"集安边条参"在完成商标注册后,其会员单位在 2015 年发展到 150 家,全市 6 万多人从事人参种植、加工、运输和销售,人参产业综合收入达到 39 亿元,成为当地的支柱产业。[③] 无论是理论还是实践均证明了品牌建设对于企业发展的强大推动作用,然而品牌对于长白山特产资源企业发展的支撑作用没有显现出来。

(二) 长白山区域经济发展需要特产品牌经济支持

深入研究长白山地区特产资源品牌经济发展战略,把现有自然资源和文化资源优势转化为品牌优势,创造品牌价值,成为区域经济发展的重要推动力量。长白山拥有丰富的自然资源和历史文化资源,特别是自然资源,因其所处的地理环境使然,植物、动物链环环相扣,有欧亚大陆现存最完整的自然生态。强大的资源基础理应转化为地区经济效益,然而目前长白山地区却突出表现为廉价的特产产品原料供应地和集散地。但是其对

① 《以品牌建设实现中国产品向中国品牌转变》,《中国质量报》2014 年 5 月 28 日。
② 吴铁成、初熠:《蛟河打造特色品牌 带动地方经济繁荣》,http://www.jlgs.gov.cn/static/sbpbjs/20160728/51936.html。
③ 《省工商局培育推介地理标志商标成效明》,http://www.jlgs.gov.cn/static/gsyw/20151126/51797.html。

地区经济发展的贡献能力仍旧十分有限。① 因此，如何让长白山地区丰富的特产资源为国内外市场所接受和认可，将长白山地区强大的资源优势转化为地区经济发展优势，进而实现长白山地区整体经济的协调发展显得尤为重要。而这一切的实现均有赖于长白山特产资源品牌的建设，实现区域特产资源品牌化。

（三） 品牌建设是吉林省供给侧改革实施的重要突破口

2016 年 1 月，为适应和引领经济发展新常态，中共中央、国务院出台供给侧结构性改革，这是当前和今后一个时期我国经济工作的主线。品牌是供给侧需求的桥梁和纽带，是供给侧结构改革的抓手。加强长白山特产资源品牌建设，培育和整合长白山特产资源品牌，将能规范特产供给单位生产经营行为，改善长白山特产产品质量和服务，创新特产产品供给，优化长白山地区产业结构和经济结构，提升长白山地区经济竞争力。这正符合供给侧结构性改革对于生产企业所提出的"加强优质供给，减少无效供给，扩大有效供给，提高供给结构适应性和灵活性，提高全要素生产率，使供给体系更好适应需求结构变化"② 的战略要求。

（四） 长白山特产资源品牌整合需求突显

近年来，长白山特产资源品牌整合的现实需求日益突显。北华大学吉林省品牌研究基地所进行的长白山特产资源品牌建设调查结果也充分显现出长白山特产资源品牌整合现实需求的日益高涨。本课题组的调查结果显现："长白山"作为区域地理标识，在国内外享有极高的知名度，长白山品牌的无提示提及率高达 99. 71%。人们对长白山的认识以长白山风景区和人参、鹿茸等长白山特产产品为显著代表，46. 08% 的消费者直接将长白山特产产品与长白山联系在一起。关于长白山特产产品，无论是产品生产的源头——种植户，产品生产的中间环节——生产加工企业，还是产品的消费终端——普通消费者，"长白山"都是最具吸引力的名词，其品牌知

---

① 《让吉林品牌唱响世界》，http://finance. ifeng. com/a/20160812/14734687_0. shtml。

② 陈福生：《供给侧结构性改革的政策含义》，http://www. zgfznews. com/dianzibao/B/B3/2016/0330/1433809. shtml。

名度达到99.31%，具有不可替代的品牌价值。调查数据统计结果显示，消费者在购买东北特产时，91.61%会优先选择带有"长白山"地理标志的产品，高达84.83%的消费者甚至表示愿意支付比普通农副特产更高的价格购买带有"长白山"地理标志的产品。此外，56.20%的长白山特产产品生产加工企业和65.38%的销售企业也认为，较之简易包装和无包装，消费者更青睐于带有品牌标识的包装。

综上可见，一方面，"长白山"地理标志产品已经为人们所接受和认可，人们在购买地域特色产品时，更多关注的并不是所谓的价格因素，而是是否具有这一地方地理标识的特色产品。另一方面，"长白山"地理标志的产品还处于分散状态，企业之间，不同品牌之间相互之间的合作还很少，这就给整合长白山特产资源品牌提出要求。

二 长白山特产资源品牌建设现状

长白山区域资源优势突出，珍稀物种繁多，素有"世界生物资源宝库"之称，是闻名中外的"东北三宝"的主产地。得天独厚的生态资源、自然资源和人文历史资源，使长白山地区进行品牌建设方面具有不可估量的市场潜力。在习近平总书记关于"推动中国制造向中国创造转变、中国速度向中国质量转变、中国产品向中国品牌转变"重要指示精神指引下，长白山特产资源品牌建设工作已经起步，并取得了一定的成效。以下对长白山特产资源品牌建设工作开展情况进行概述。

（一）长白山特产资源产业发展概况

特产资源，通常指特定地域、特定环境下所特有的或品质特异的产品和资源。特产资源有两种表现形式，即直接采收的原料和经特殊工艺加工的制成品，具体而言可包含农林产品、矿物产品、纺织品、工艺品等。素有"关东第一山"之称的长白山位于吉林省延边州安图县和白山市抚松县境内，是欧亚大陆北半部最具有代表性的典型自然综合体，拥有极为丰富的自然资源，是世界少有的"物种基因库"和"天然博物馆"。据统计，这里生存着1800多种高等植物，栖息着50多种兽类，280多种鸟类，50种鱼类以及1000多种昆虫。大自然赋予长白山异常丰富的特产资源。

在长白山农村产业中，除粮食作物、畜牧业外，多属于园艺特产业，可分为园艺类、特产类、经济作物类、经济动物类和庭院贮藏加工类，涵盖了中药材，菌类，果、菜、松籽、榛子等林产品以及鹿、林蛙、蚕等绝大部分长白山特产。其主要产业发展现状如下。

1. 人参产业

人参在中国传统养生文化中占有重要位置，作为人参主产区的吉林省东部山区，有着丰富的人参历史文化资源，人参产业一直以来都是长白山特产资源的支柱产业。目前吉林省人参留存面积调控到 5000 万平方米，已建成 20 个省级人参标准化生产示范基地，规划出抚松、集安、敦化、靖宇、延吉、长白 6 个人参产业园区，人参产值实现 460 亿元，比"十一五"期末增长 3.5 倍，年鲜参产量调控到 2 万吨，开发出人参食品、药品、保健品、日用化工品等系列产品 1000 多种。

作为吉林人参核心产区的白山市，其人参种植面积、产量、产值分别占全省的 30%、46% 和 59%。人参加工产品有成品参、人参药品、人参保健品、日用化工产品、人参食品五大类 310 多个品种。白山市现已建成万良人参市场、长白山特产城、靖宇特产市场三大人参销售市场。全市年销售人参 1.3 万吨，年销售成品参 4500 吨，占全省人参销量的 60% 以上。通化是吉林人参资源非常富集的另一重要地区，其人参产量近年来基本稳定在 6000 吨以上，约占全省的 1/3、全国的 1/5，生产产值 17 亿元。目前通化市主产人参的乡镇有 22 个，人参专业村 206 个，人参种植户 9800 户，从业人员 2.8 万人，参农年收入 3.6 亿元。

2. 医药产业

吉林省医药产业发展的地区分布相对比较集中，已形成以通化市、长春市和延边州（敦化市）为中心的产业集群。2006 年 12 月和 2007 年 12 月商务部和科技部又分别授予通化市和长春市为国家级"科技兴贸创新基地（生物医药）"。这都为吉林省建设医药产业集群奠定了坚实的基础。依托得天独厚的北药资源，长白山地区大力发展了现代医药产业，其中尤以享誉海内外的"中国医药城"——通化市发展最好。通化市医药产业基本实现了传统制药产业向中药现代化和生物制药发展方向的转变，医药工业、医药商贸、医药科研、医药教育、中药材基地、医疗康复"六位一体"的产业发展体系正在形成,医药产业产值年均增速保持在25%以上,2015年通化市规模以上医药企业总产值1109亿元,2016年超过1200亿元,占吉林省的55%以上①。长白山医药产业另一重要发展区为白山市。白山市规模以上医药企业达到44家,实现产值185亿元,增幅18%。

3. 矿泉水产业

长白山区域拥有丰富的天然矿泉水资源,是世界三大矿泉水源地之一,现已探明的矿泉水水源地83处,多为自涌泉,日允许开采总量为27.6万吨。目前泉阳泉、农夫山泉、恒大冰泉等一批龙头企业万吨级规模的项目陆续建成投产,长白山矿泉水品牌影响力稳步提升,市场销售范围进一步扩大,市场占有率持续增高。截至2015年末,长白山区域矿泉水资源开发企业共计46家,其中在产企业19家,利用泉眼20眼,总日允许开采量11.5万吨,合计产能747万吨/年,比2014年增长59%;总产量合计280万吨,比2014年翻了一番;产能利用率为37.53%,比2014年提高7.68个百分点;总产值70亿元。白山市是矿泉水产业的主要集中地区,其矿泉饮品生产能力占全省80%以上,产量占全省的75%以上。

4. 葡萄酒产业

长白山地区葡萄酒产业主要集中于以长白山酒业集团为代表的吉林市蛟河县和以通化葡萄酒股份有限公司、通化通天酒业有限公司为代表的通化市。

长白山酒业集团荣获了"中国名牌"称号、"中华老字号"、"中国驰名商标"等荣誉,成为长白山地区酒业的龙头企业。长白山葡萄以颗粒小、皮厚、颜色深、酸度高和糖度低著称,和一般葡萄酒相比,以这种葡萄酿制的葡萄酒含有更高含量的白藜芦醇,含量可达5.86ml/l。多酚类物质含量也很高,几乎是欧亚葡萄酒的3倍以上。长白山酒业集团始建于1936年,拥有蛟河生产基地、蛟河原料基地、梅河生产基地、梅河口原料基地、吉林省山葡萄与山葡萄酒研究中心。以长白山自然资源为依托,已经成功开发出山葡萄酒系列、洋姑娘酒系列、五味子酒系列、人参滋补酒系列、威士忌和白兰地等洋酒系列、"二人转"白酒系列。

---

① 《专访郑文敏副市长谈吉林通化市千亿医药产值》,http://news.onlinejl.com/2016/snyw_1221/229603.html。

通化市葡萄主要种植区集中在北纬40°~43°之间，与法国著名葡萄酒产地罗纳河谷位于同一纬度，同属世界葡萄、葡萄酒黄金生产带。葡萄酒产业在长白山通化地区是全市重要支柱产业之一。目前，通化市自有葡萄种植面积1.17万亩，生产线103条，产量5.8万吨。

5. 林产品产业

吉林省林业用地面积928.6万公顷，占全省国土面积的一半，森林蓄积总量居全国第6位，单位面积蓄积量居全国第4位，森林资源数量和质量均居全国前列。全省有林地每公顷平均林木蓄积量为108立方米，比全国平均水平高50%，具有木材生产的明显优势。

长白山素有物种基因库的美誉，其林下资源开发潜力更为巨大。尽管各类资源开发利用还不到可开发总量的1/10，但2015年全省林下经济产值已经达到600亿元以上。包括通化、白山、延边、吉林地区在内的长白山林业产业经济密集区野生动植物养殖种植基地、森林绿色食品基地、药材基地等建设项目在有序进行，长白山天然林生长的红松籽、榛子、人参、灵芝、蓝莓、刺五加、五味子、天麻等产品及其精深加工产品市场潜力巨大。以林下经济为基础、林产品精深加工为外延的高功能林业生态经济体系正在形成。

6. 特色农产品产业

吉林省特色农产品产业主要集中在大米、食用菌、林蛙、柞蚕等的种植、养殖方面。以林蛙养殖为例，目前吉林省林蛙养殖主要分布在白山、通化、蛟河等地区的23个市（县），每年出产200吨林蛙油，产值35亿元，比"十一五"期末增长75%，符合规范化、标准化生产的养蛙场达到95%以上。食用菌的年产值达到72亿元，比"十一五"期末增长126%。

从目前产业发展来看，吉林、延边地区重点建设了以黑木耳为主导的产业带，吉林市食用菌种类主要有黑木耳、滑子蘑、灵芝、香菇等，以黑木耳为主。2015年末，吉林市黑木耳生产达到9亿袋，产值22亿元。吉林市还是林蛙和柞蚕的主产区。在林蛙饲养数量、养殖技术研究等方面走在全省前列，2015年，全市封沟饲养林蛙3200个沟系，回捕量1.5亿只，产值约13.7亿元，生产林蛙油115吨。在柞蚕养殖方面，吉林市现有养蚕柞树林5.2万公顷，可放养柞蚕1万把，其繁育的柞蚕种（茧）占全国柞蚕种市场的 70% 左右，占全省柞蚕种市场 80% 左右，是全国最大的春蚕种子繁育基地。此外，在白山、通化地区建设了香菇等为主导的食用菌产业带，中西部地区重点发展草腐菌，全省食用菌年生产总量达到 110 万吨。

7. 松花石产业

长白山地区依托矿产资源富集优势，构建了实力雄厚、特色鲜明、优势突出的矿产新材料产业集群。其中尤以松花石产业发展最好。松花石又名松花玉，产于中国东北长白山区中国松花石之乡 – 江源区是海相泥质沉积岩。松花石砚始于明，盛于清。问世以来一直深藏皇宫大内，是清代皇室御用的文房珍品。① 白山、通化是松花石、松花砚的主产区和松花石文化产业发展的核心区，目前形成松花石、松花砚等系列产品 100 余种，域内松花石产品加工企业已经发展到 403 家，初步形成了以吉林省长白山松花石研究会、白山市江源区老关东砚坊、潜龙砚坊等一批集开采、加工、研发、销售为一体的龙头企业。2010 年，通化市被中国轻工业联合会和文房四宝协会命名为"中国松花砚之乡"。②

8. 旅游产业

长白山地区集森林、奇峰、瀑布、温泉、高山湖泊、火山地貌、冬季冰雪、红色体验、民俗文化、边境风情以及珍贵的动植物于一身而成为享誉世界的生态旅游盛地，其旅游产业具有代表性的企业有长白山国际旅游度假区开发有限责任公司、长白山望天鹅旅游开发有限公司、吉林省长白山仙人桥温泉旅游度假区有限公司、抚松县露水河长白山狩猎场、吉林省鸭绿江旅游投资开发有限公司等。

与旅游产业伴生的旅游商品产业也取得了很好的发展。目前全省共有旅游商品生产研发、经营、销售企业近 500 家，形成了以松花石、浪木根雕、车模、满族图腾等为主的旅游纪念品系列；以朝鲜族、满族和蒙古族等民族文化为代表的民族民俗商品系列；以长白山人参、鹿茸、林蛙油为主打的保健品系列；以刀画、剪纸、农民画等为题材的文化旅游商品系列；以朝鲜族、满族和蒙古族等食品为主的特色旅游食品系列；依托农业

---

① 《松花石产业发展的春天来到了》，《吉林日报》2011 年 11 月 9 日，第 17 页。

② 刘翠苹：《让松花奇石誉满天下——省政协献计我省松花石文化产业发展，省领导作出批示》，《协商新报》2017 年 1 月 3 日，第 1 页。

大省的土特产品系列。

（二）长白山特产资源产业品牌建设现状

近年来，品牌建设之于长白山特产资源产业发展的重要性越来越引起人们的关注和重视，省市政府和相关职能部门在培育和扶持特产资源商标品牌发展中进行了大量的工作，取得了一定的成效。截至目前，吉林省特产资源产品驰名商标 10 件，其中食用菌等林特产品驰名商标 4 件，人参产品驰名商标 3 件，矿泉水驰名商标 2 件，稀有金属产品驰名商标 1 件。特产资源产品省著名商标 105 件，其中食用菌等林特产品著名商标 37 件，人参产品著名商标 29 件、鹿产品著名商标 20 件（有 8 件商标核定商品同时包括人参和鹿产品），矿泉水著名商标 23 件，林蛙产品著名商标 4 件。特产资源产品地理标志商标 13 件，其中人参产品地理标志商标 6 件，梅花鹿产品地理标志商标 4 件，五味子、木耳、松花砚产品地理标志商标各 1 件。

具体而言，长白山特色产业品牌建设现状如下。

1. 人参产业出现品牌集群

人参产业是长白山特产产业品牌建设成效最为显著的产业。调查结果显示，在 82.01% 的"买过长白山品牌"的特产产品的受访消费者当中，购买人参的消费者所占比例最高，为 57.34%。在人参产业品牌中，长白山人参的品牌知名度最高，达到了 82.57%，最主要品牌是中国吉林"长白山人参"证明商标。为实现吉林省人参产业的振兴，2009 年 10 月，吉林省政府整合全省人参品牌资源，统一打造"长白山人参"品牌，在国家工商总局成功注册中国吉林"长白山人参"证明商标，由此也开启了吉林省打造"长白山人参"国际知名品牌的战略性工程。截至目前，吉林省已评定"长白山人参"品牌加盟企业 29 户、品牌产品 95 种。到 2015 年底，"长白山人参"品牌企业实现年产值 68 亿元。而在受调查消费者当中，对"长白山人参"品牌有所了解的消费者占 67.72%，在长白山特产品品牌知名度调查中所占比例最高。

在长白山人参产业品牌中，除"长白山人参"品牌外，还有 16 件商标被认定为吉林省著名商标，其中白山市拥有 8 件，通化市拥有 6 件。此外白山市还有 14 个人参产品被评为吉林名牌，28 个人参产品获得绿色、有机产品标识认证，靖宇林下参、西洋参被列为全省仅有的两个农业部地理标志认证人参产品，被吉林省确定为长白山人参品牌原料基地达到 15 个。在长白山人参产业品牌中，通化"新开河"商标是唯一获中国驰名商标的人参品牌。于 1991 年 7 月注册，1999 年被认定为中国驰名商标，2015 年 6 月 30 日在案件评审中"新开河"被国家工商总局商评委再次认定为驰名商标。"新开河"人参年产值 1.9 亿元，产品销售遍及全国（包括港、澳、台）大部分地区。除此之外，目前还有许多人参品牌，其中较为知名的有靖宇县的"皇封参"，长白县的"灵光塔"，抚松的"抚宝牌"、"宏久"和"参宝"，临江市的"长白山人"等，长白山特产产业中的人参产业初步形成了人参品牌集群。

2. 特产产品商标注册受到重视

商标注册，因其在产品市场宣传和法律保护等方面的重要作用而首先成为特产产业进行品牌建设的重点工作内容，长白山特产资源许多产业均实现了相关的商标注册工作。

具体而言，在葡萄酒产业中，著名的商标是通化葡萄酒股份有限公司的"通化"商标和通化通天酒业有限公司的"通天"商标，此二商标分别于 2004 年和 2014 年被认定为中国驰名商标。长白山酒业集团的"长白山"牌系列酒也荣获了"中国名牌""中国驰名商标"等荣誉。葡萄酒产业有吉林省著名商标 17 件，分别是：通化通久葡萄酒有限公司的"通久"商标、吉林万通生物工程股份有限公司的"通参堂"商标、通化葡萄酒股份有限公司的"天池牌"商标、通化通天酒业有限公司的"通天红"商标、通化市特产葡萄酒厂的"仙水"商标、雪兰山葡萄酒业有限公司的"雪兰山"和"国邑天下"商标、通化东特葡萄酒有限公司的"东名驰"商标、通化市雪香源酒业有限公司的"雪香源"商标、通化天池山葡萄酒有限公司的"天池山"商标、吉林省清木园山葡萄技术开发有限公司的"华龙"商标、吉林华夏葡萄酿酒有限公司的"依曼迪"和"雪霸 XUE-BA"商标、通化市大洋酒业有限公司的"红山城"商标、通化市大洋酒业有限公司的"翠花"商标、通化市清香酒业有限公司的"澳亚特"商标、吉林省长晖酒业有限责任公司的"钱中钱"商标。

矿泉水产业中商标注册工作开展得亦较好。2003 年，长白山地区的"泉阳泉"矿泉水跻身中国四大名牌矿泉水之列，并于 2005 年与丫丫矿泉水和星龙泉矿泉水被评为吉林省名牌产品和免检产品。2006 年 11 月，吉林省确定了长白山矿泉水地理标志产品专用标志，以此作为长白山矿泉水的统一标识，着力打造长白山统一品牌。其中，"泉阳泉矿泉水"已被认定为"中国驰名商标"，"涡特儿"和"邻泉王"被认定为吉林省著名商标。

长白山特产资源产品商标还包括以下内容：松花石商标，通化市松花石于 2011 年被国家批准为地理标志产品，"御龙""毓赢"商标被认定为吉林省著名商标。白山市"松花砚"为地理标志商标，"老关东"为吉林省著名商标；食用菌商标，"黄松甸"的灵芝、木耳，"丹华"的木耳砖、"关东大嫂"的食用菌绿色食品系列等；龙头企业为抚松金隆木业集团有限公司、临江宝健木业有限公司、吉林森工集团露水河刨花板厂的"地王"、"爽风"和"露水河"商标均为中国驰名商标，临江市金豹木业有限公司"嘚爱她"商标认定中国驰名商标的申请正在进行中；吉林市唯圣乌拉草科技有限公司的"乌拉江"牌和抚松县华益保健品有限公司生产的"乌拉草"牌乌拉草系列商标。此外，吉林省鸭绿江旅游投资开发有限公司的注册商标"胜境临江"已成功注册，实现了白山市旅游商标零的突破。

3. 地理标志品牌良性运行

从目前吉林省地理标志保护建设来看，截止到 2016 年 8 月，吉林省已有 217 家企业和 274 个产品经国家质检总局批准允许使用地理标志产品专用标志，在扩大企业品牌效益，带动地方经济快速发展方面发挥了重要的作用。为加强地理标志保护宣传工作，吉林省政府先后组织出版两期地理标志产品保护专刊，印制两套 40000 份宣传手册，3000 套《吉林复活点地理标志保护产品集邮册》等，用以宣传地理标志保护产品和企业。2005 年至 2015 年，吉林省政府还对 130 余户使用地理标志保护产品专用标志的先进企业进行了表彰，在推动更多企业使用地理标志保护产品专用标志，推进地理标志产品保护工作开展方面做出了积极的努力。

4. 特产资源区域公共品牌建设开启

农产品区域公用品牌是指在特定地理位置上和以独特自然资源及悠久的种植、养殖方式与加工工艺生产的农产品为基础，经长期的积淀而形成的被消费者所认同、具有较高知名度和影响力的名称与标识。[①] 农产品区

---

① 刘守贞、张洪波、王奎良：《农产品区域公用品牌建设的战略思考》，《山东省农业管理干部学院学报》2012 年第 4 期，第 31 页。

域公用品牌的产生与发展，是以区域独特的自然地理资源优势条件为前提的，长白山地区特产资源十分丰富，资源优势突出，具备发展农产品区域公用品牌发展的基础条件。近年来在吉林省政府的积极努力和扶持下，长白山农业特产品区域公用品牌建设已经开启，并取得了一定的成果，区域公用品牌理念开始渐入人心。以长白山人参区域公用品牌为例，为解决 20世纪 90 年代初人参产量过剩，产业开始下滑的困难，重振人参产业，吉林省政府开始对省内人参产品相关品牌进行整合，2009 年打造"长白山人参"区域公用品牌，并逐步实现了长白山人参区域公用品牌的整合和建设。2016 年，"长白山人参"区域公用品牌以排名 24 位入围五十强。

三　长白山特产资源品牌建设存在的问题

如前所述，长白山特产资源品牌建设工作已经开启，在特产产品商标注册、地理标志产品保护以及区域公共品牌建设方面取得了一定的成效，然而就目前情况看来，即便是吉林人对本省的特产资源亦存在着"不了解""不消费""不宣传"的"三不"现象，特产品牌经济贡献率仍旧十分低下，长白山特产资源产业品牌经济效应并未充分显现。

长白山特产资源品牌建设面临的突出问题，可以概括为以下五个方面。

(一) 品牌意识缺乏

品牌意识缺乏是长白山特产资源品牌建设主体普遍存在的问题。

一方面，从政府角度考察：北华大学吉林省品牌研究基地对内蒙、浙江、黑龙江等省份品牌建设工作情况进行实地调研与吉林省品牌建设情况进行比较研究发现，内蒙古自治区、浙江等品牌建设工作开展较好的地区，均设有专门的品牌建设管理机构，对品牌建设工作高度重视，当地著名品牌对地区经济的拉动作用十分显著。然而就吉林省品牌建设行政主管部门来看，长白山地区目前还没有负责品牌建设的专门机构，品牌建设的职能分散在工商局、发改委、质监局、农委等各个部门，没有形成品牌建设合力。品牌建设尚未纳入政府相关部门绩效管理考评内容，政府对特产资源品牌总体政策尚未制定，相关部门对多数特产资源品牌的促销、品牌研究、培训、宣传推介、展览展示、监督保护等支持力度不大。单靠企业和经营主体自行宣传，缺乏统一部署和安排、整体形象宣传和对品牌的发展历史、文化的挖掘，难以形成合力。政府将有限财力基本投入在重点项目建设和民生改善领域，用于引导和促进品牌建设的财力不足。与此同时，地方政府创建品牌动力不足，有的地方和部门只注重增加品牌数量，在培育名牌和推动名牌发展方面思路不新、办法不多，对地理标志（原产地）产品保护制度重视不够，优势特色资源没有得到及时开发和有效利用，品牌"杂、乱、散、小、弱"问题突出。

另一方面，就长白山特产产业发展现状来看，长白山特产产品企业品牌主体的品牌建设意识亦十分匮乏。调研结果显示：在121家受调查生产加工企业中，有自有品牌的企业仅有13家，占比10.74%；71.07%的企业没有自主品牌，但自行使用长白山特产标志；18.18%的企业既无自有品牌，也不使用长白山特产标志，而只有35.25%的长白山特产生产加工企业认识到当前长白山特产产品并没有实际意义上的品牌。在长白山特产产品销售企业中，44.63%的企业认为产品没有统一的标识，50.41%的企业认为名牌产品缺乏，55.74%的企业也意识到由于产品没有统一的标识以及名牌产品的缺乏导致了专业推广的困难，进而造成了长白山特产产品销售过程中的诸多困难和障碍，但其对产品品牌建设的意识仍旧十分匮乏，在104家接受调查的长白山特产产品销售企业中，有特定品牌的仅有4家，占比3.85%；无特定品牌的占比83.65%。无论是加工企业还是销售企业，拥有特定品牌企业所占比例均低于11%，而消费者对于没有特定品牌的产品的购买意愿仅为1.92%，从中不难看出，品牌建设意识的匮乏所导致的长白山特产资源品牌建设工作的不足严重影响了长白山特产资源经济优势和品牌优势的打造。

（二）行业标准缺失

目前，长白山特产资源产业品牌建设还存在着具有约束力的行业标准严重缺失的问题。在对长白山特产生产加工和销售企业的调查中发现，"长白山"特产生产加工和销售企业认为目前在特产生产方面存在的最主要问题，是特产产品生产过程和产品质量等方面的规范性标准缺位（占比60.66%），由此造成当前长白山特产产品农药残留严重超标（占比54.1%）和假冒伪劣等现象非常普遍（占比40.16%）等问题。"长白山"特产产品生产销售过程中由于没有统一标准而最终导致同一产品的品质相差悬殊。以人参为例，长白山地区的人参种植、加工、销售等相关产业的发展体系仍不够成熟，在生产、加工各环节没有统一的标准，生产工艺也各不相同，导致同一种产品的色泽、质地相差悬殊。[①]

从消费者对长白山特产产品品质的认知调查结果来看，亦反映出同样的问题。在消费者心目中，64.83%的消费者认为购买过的长白山特产产品品质好，认为长白山特产的主要特点是以"健康"（76.59%）、"绿色"（66.55%）、"有机"（61.35%）、"生态"（52.86%）、"安全"（49.02%）、"美味"（45.66%）为主，这虽然反映出长白山特产在消费者心目中具有"健康、绿色、有机、生态、安全、美味"等良好的形象和美誉，但事实上消费者对于"健康""绿色""有机""生态""安全"等方面的认识是缺乏标准和依据的，消费者在很大程度上基于从众心态，对于这一品牌的宣传和长期保持优势有着消极影响。

长白山特产资源生产和销售产业行业标准和规范的缺失已经对特产资源产业发展和品牌建设产生了严重的影响。究其原因，一是企业没有站在品牌的高度，规范统一的产品、工艺、技术；二是大多企业缺少与农户的长期合作，很难从源头上保证特产产品品质；三是未建立集中品牌管理下统一、优质、标准化的原料基地。从目前情况看来，长白山地区的农户大多仍坚持传统的自产自销模式，选种、种植等环节尚未实现规范化，没有品牌领军，缺少供求信息，造成供过于求，很多产品存在农药残留或重金属成分超标，直接影响下游产品质量，也制约了特产资源品牌发展。四是风险共担、利益共享的企、农利益联结机制尚不稳固，制约了标准化、规模化生产，进而制约了特产资源品牌的建设。没有行业标准和品牌形象建设，也就缺乏能够带来更大附加值的深加工或特产私人订制服务。

（三）行会作用缺位

目前，长白山特产资源行业协会虽然得到了一定的发展，并且为政府和企业做了大量服务工作，发挥了一定作用，取得了一定成效。但目前尚

---

① 何迪：《农业产业集群与区域品牌建设分析——以通化人参品牌建设为例》，《通化师范学院学报》2011年第3期，第31~33页。

未形成统一的行业协会，现有的如吉林省参业协会、长白山商会、商标协会、野生动植物保护协会等相关行业协会大部分是从过去的行业主管部门剥离独立出来的，规模小、实力弱，服务效率方面存在着明显不足，不能有效地为特产资源生产和销售企业提供品牌推介、法律服务、信息咨询、人才培训、商标代理、融资担保、技术服务、资产评估、打假维权、产权交易等服务①，在行业监管、加强行业自律以及促进会员协作等方面作用十分有限。在行会规制的"互利性贸易的促进作用"的运用方面，还存在着许多问题，既不能适应我国对外贸易快速发展的要求，也不能完全适应市场经济发展和入世后的新要求。

（四）龙头企业缺少

根据国家有关部委联合发的文件规定重点龙头企业（国家级）的标准，长白山特产资源企业中龙头企业较少。如长白山保护开发区长白工坊生态产品有限公司、长白山保护开发区鑫龙特产食品有限公司等规模较大、实力较强企业为数不多，多数企业普遍存在着"松、散、小、知名度不高"的现象，各特产资源集群缺乏典型的龙头企业，产业规模化经营程度低，导致产品附加值低，产业链条短，多数品牌仍旧处于初创阶段，严重制约了企业的发展。本次调查结果显示：超过90%的消费者和81.82%的长白山特产生产加工企业不知道长白山特产的龙头企业都有哪些，而知道的仅占18.18%，从中不难看来，当地龙头企业影响力的严重不足。目前，省内多数大中型骨干龙头企业原始积累历程短、自有资金少、经营规模小、承担风险能力弱。各特产资源集群缺乏典型的龙头企业，缺少龙头企业带动发展的规模效应。此外，由于企业规模比较小，资金量小，广告宣传不到位，导致品牌知名度较低。

（五）品牌建设乏力

尽管吉林省特产资源品牌建设工作已经在一定程度上开展起来，但其建设实际仍旧存在着诸多的问题，总体而言，其工作开展仍旧十分有限，

---

① ［浙江］《关于推进"品牌大省"建设的若干意见》，http://finance.people.com.cn/GB/8215/210272/224080/224138/228639/228885/15466600.html。

力度不足。

从目前情况看来，绝大多数已经起步的长白山特产资源企业的品牌建设工作仍旧处于初创阶段，并没有对品牌建设形成全面、科学的认识和了解，地方政府和市场主体甚至搞不清品牌和商标的关系，错误地认为产品进行商标注册后就完成了品牌建设工作，"重生产、轻品牌，重申请、轻管护"的现象十分普遍。以长白山特产葡萄酒、医药、蜂蜜等企业为例，"长白山"商标由不同的企业和个人注册拥有，他们相互间没能形成统一的品牌价值观、发展观。即使一些打着"长白山"品牌旗号进行宣传销售的企业，也是各自为政，产品没有统一的标志、标识，质量标准也无法统一。企业家满足于企业当前发展现状，完成产品商标注册后，认为就完成了品牌建设工作，对品牌建设等战略性、长远性的发展却缺少长期规划和大局意识。

目前吉林省特产产业中，除极少数龙头企业外，大多数的经营主体都没有专门化、专业化的品牌建设团队，品牌建设工作的专业人才严重匮乏，与科研机构的合作仍十分有限，区域内品牌同质化、同性化现象显著，他们往往对品牌定位存在高端偏好，固执地认为只有高端产品才有品牌可言，品牌不会存在于中低端产品当中，中低端品牌根本不是品牌。还有部分市场主体将"三品"等同于品牌，认为无公害产品处于品牌的最低层次，绿色产品高之，只有有机产品才是真正的品牌。由于对品牌缺乏科学的认识，而将原料与产品、特产与商品、商品与品牌混杂在一起，把原料当成产品卖，把特产当成品牌卖的现象在吉林省还广泛存在。

此外，吉林省特产资源产业品牌建设还存在着品牌研究、营销、监管等方面力度不足的严重问题。

四　加强长白山特产资源品牌建设的对策

长白山系列特产资源品牌建设涵盖发展战略、组织实施、品牌定位、经济发展、品牌整合和营销传播等诸多领域。为保障其战略的顺利实施，政府应做好品牌经济发展的统筹规划、行业协会应发挥自律和桥梁纽带作用、企业应夯实品牌经济发展基础，共同汇聚工作合力。针对上述长白山特产品牌建设中存在的突出问题，可采取以下六大关键举措予以应对：

（一）构建长白山特产资源品牌建设领导机制

长白山特产资源品牌建设工作是一项复杂的系统工程，在这项系统工作中，政府扮演着规划者、引导者、扶持者、监管者、协调者、推广者等众多角色，根据国务院办公厅 2016 年 4 月 4 日发布的第 18 号文件——《贯彻实施质量发展纲要 2016 年行动计划》中对"大力推动品牌建设"所做出的部署，地方各级人民政府要对品牌工作进行组织领导和统筹协调，①品牌建设成为政府工作的重中之重，各级政府在品牌战略规划、政策资金技术支持、品牌培育、品牌产品标准化生产和质量监管、品牌宣传、品牌维护等方面均担负着重要的职能和责任。长白山特产资源品牌建设工作的加强，首先需要解决的也是品牌建设领导机制的构建问题。

长白山特产资源品牌建设是地方政府的一个重要工程，构建长白山特产资源品牌建设领导机制可根据北华大学吉林省品牌研究基地在品牌大省——浙江和内蒙古调研所得之经验，由吉林省委、省政府以"扩大品牌总量、提升品牌质量"为主线，在全省成立专门领导机构，进行"打造长白山特产品牌"的战略部署和统筹规划，制定相应规划或实施意见，组织区域内各级政府做好落实。同时成立专门负责长白山特产资源品牌发展的管理委员会，在政府及相关职能部门的推动下实施商标品牌的战略，制定商标品牌发展总体规划、政策规制。相关职能部门应根据本地规模企业特点，帮助企业制定商标品牌战略，指导企业从"借牌"生产、"傍牌"经营向生产、经营自主品牌产品转变，完善条件，争创名标，切实建构"政府主导、企业主办、部门联动、整体推进"的品牌建设领导格局，全面解决品牌建设中出现的问题。

为提高长白山特产资源品牌建设领导和管理机构的级别，为长白山特产资源品牌建设工作提供更为强有力的领导和保障，可成立"长白山特产品牌建设领导小组"，由各省级政府相关领导人员分管或直接负责品牌建设工作，建立品牌大省建设联席会议制度，加强品牌建设工作的统一领导和协调，重大事项由联席会议讨论决定，有关部门在各自职能范围内分工协作，改变目前"九龙治水"、推进乏力状态，注重彼此的协作与协调，

---

① 《国务院 18 号文强调品牌建设成政府工作重中之重》，《品牌研究》2016 年第 2 期，第 96 页。

形成创牌合力，深入挖掘长白山特色资源品牌，掀起长白山特产品牌建设的高潮，共同推动长白山特产品牌建设。

为健全和完善长白山特产资源领导体制的构建，相关部门还需制定科学合理的考核方案，将品牌建设工作业绩纳入对各级党政领导班子及职能部门的评价考核当中，与领导干部晋升、奖金等挂钩，明确部门责任和目标任务，充分发挥激励机制的作用，确保长白山特产品牌建设工作落到实处。

此外，用于支持品牌战略实施、品牌公共服务平台建设以及加强知识产权保护等方面的具体工作亦应得到省级财政的支持，使品牌项目像招商引资一样，成为各级政府牵头搞的大项目，从企业到银行，从管委会到农民田间地头，齐心协力做好品牌建设。

（二）实施标准引领和认证工程

实施标准引领和认证工程是在长白山特产品牌建设源头和起点上的重要措施。

实施标准引领工程。标准是品牌的基石，是确保产品质量的源头。围绕打造名牌，从技术、管理、产品品质等方面制定一整套标准，组织标准化生产技术和管理措施的示范推广，强化全程质量控制，组织开展标准化示范区建设。加强对"三品一标"农产品生产企业证后监管，实行认证产品淘汰和曝光机制。推行产地标识管理、产品条形码制度，做到质量有标准、过程有规范、销售有标志、市场有监测，[①] 实现农业标准化与市场的对接。实施严格的统一品牌宣传、统一生产标准、统一包装标示、统一基地认证、统一许可使用、统一行业监管等"六统一"规范化管理，确保地理标志证明商标及地理标志产品专用标志的规范使用。[②] 调查结果显示，长白山特产品牌建设工作中的标准引领工程具有十分明显的可行性和需求性。对于严格规范种植标准，只有0.47%的种植户表示不赞成，对于产品质量信誉具有重要保障作用的产品追溯制度，种植户的认可度为98.58%，

---

① 湖北省农业厅市场与经济信息处：《实施农业品牌战略　推进现代化农业发展》，《学习月刊》2016年第5期，第27~28页。

② 徐德法：《"西湖龙井"地理标志证明商标正当使用的范围》，《中国商标》2013年第5期，第52~55页。

加工企业的认可度为 88.72%。从中不难看出，实施标准引领工程是长白山特产资源品牌建设的重要保障举措。

实施品牌认证服务工程。认证是传递供需两端信任的桥梁。建立"企业自主申报 + 第三方认证 + 政府监管 + 社会采信"的认证体系，对长白山区域内具有长白山地理资源特征的企业及原料生产基地进行认证，认证通过后企业可以在产品标签等位置免费使用该地理标志。可以尝试成立"长白山制造"国际认证联盟，吸纳高信誉度国际认证机构加入，开展与国际认证机构互认合作，实现"一次认证、两张证书"，减少出口技术风险和市场壁垒，提高长白山产品在国内外的信誉度。

（三）培育长白山特产品牌龙头企业

规模大、经济效益好、市场竞争能力强的龙头企业在产业发展中，对其他同行企业具有积极的示范、引导作用，在带动产业发展以及促进区域经济发展方面具有重要的贡献和影响。培育和扶持长白山特产资源龙头企业是加强长白山特产资源品牌建设的另一重要举措。

就长白山特产资源品牌建设工作现状看来，培育和扶持长白山特产品牌龙头企业，可将以下方面作为工作的重点。

重点扶持龙头企业做大做强品牌，从财政、融资、税收、土地流转、基地建设、技术研发、市场推介、知识产权保护、政府采购等方面制定扶持政策，扩大龙头企业规模、实力与市场竞争力，引导大中型企业组建企业集团。

要支持龙头企业创建起自己的新产品研发机构，对于没有能力建立自己的新产品研发机构的企业，可促进其与科学研究机构的合作，或为其创造依托大型试验示范工程的机会和条件，努力提高其自主创新能力和科技成果转化水平。

龙头企业通过"公司 + 商标（地理标志）+ 农户"的运营模式，推动资源整合，实现规模化、标准化生产，提升产业化水平。龙头企业通过收购、联营等方式，与域内同类企业合作，吸纳小微企业分工协作和配套服务，实现产业链延伸。

通过龙头企业实现品牌培育的以"点"带"面"。以龙头企业最具区域特色、市场基础扎实的产品，来打造特色产业园区，延长拓宽资源产业链条，引领产业集群，进而带动其它特色产品和其它企业，从而形成品牌经济的良性发展。

（四）加强长白山特产品牌整合传播

长白山特产产品种类繁多，各类产品也形成了多而杂的各种品牌，消费者对长白山及长白山特产形成了一定的了解，然而对长白山特产产品的品牌的了解却十分有限。北华大学吉林省品牌研究基地所进行的调查问卷覆盖了全国大部分地区，其中东北三省所占比最高，为48.86%（吉林省占比为38.29%，其他东北两省占比为10.57%），然而即使是以吉林省为主的东三省的消费者当中，也只对长白山人参和吉林大米形成了较高的知名度（82.57%和51.43%），其他产品品牌知名度均十分有限，只有50%的消费者听说过两种长白山特产产品品牌，40%的消费者听说过三种品牌。可见即使是东三省的消费者对于长白山特产品牌也存在着"不了解"的现象，由此，加强长白山特产品牌整合传播，扩大其品牌影响力和竞争力是当前加强长白山特产资源品牌建设的又一重要举措。为切实做好长白山特产品牌整合传播工作，需从以下方面进行努力。

第一，要抓紧在国内外申请注册以"长白山"为标识的系列特色资源产品品牌商标。满足"原生态"消费需求，构建区域品牌为平台、企业品牌为主体的母子品牌战略。以高品质、高端化为目标，以标准和认证为手段，对符合高标准、高质量要求的特色资源产品进行认证。实现区域公共资源的高度协同，全地区品牌共建，通过品牌引领实现产业融合。

第二，要充分利用传统媒体与新媒体，为长白山特产资源品牌建设创造良好的环境和氛围。相对于传统媒体，富媒体时代传播手段、方式以及受众均有很大差异和不同，动画、声音、视频和或交互性的信息传播往往会收到意想不到的效果。因此，在建构长白山特产资源品牌，我们一方面要找寻出长白山特产资源特有的文化内涵，强调区域的文化性和不可替代性相关联的符号性标志，强化品牌效应，一方面要加强利用下现代媒体的优势，利用数字化的信息和交互方式，不断让消费者接受、喜欢，加大"长白山"品牌宣传、推广和介绍，扩大"长白山"品牌影响力。

第三，以开放的物流商贸服务支撑吉林长白山品牌产品的影响力，强化打造长白山区域绿色产品国际集散基地，积极谋划保税物流中心服务出口。建设长白山东北亚土特产交易市场，为商家和消费者提供市场管理、市场结算、行业咨询、代理产品检验检测、行业信息等综合性服务。

（五） 充分发挥行业协会作用

从长白山地区目前情况看，伴随着改革开放的深入和市场经济体制的逐步建立与完善，该地区的行业协会得到了较快的发展，数量上从无到有、服务领域上从窄到宽、服务层次上从浅到深。但大多数行业协会是由过去的行业主管部门转制而成，尚需要一个时期的适应性调整。就目前现状来说，长白山地区发展行业协会的关键在于以下几点。

一是变单一的政府管理为政府和行业自治组织两类主体共同管理，政府的职能主要是制定政策和规划，引导和推动行业发展，而行业自治组织的职能主要是代表同行企业表达意愿，进行民主协调，建立行业自律，并为成员企业提供各类服务。二是解决行业协会发展的资金瓶颈。应允许行业协会有偿提供有关行业管理的相关服务，以扩大社会服务领域，增强社会自我管理能力，同时解决行业协会资金不足问题。三是加强行业协会自身建设和规范管理。完善行业协会的治理结构，多角度全方位地为政府和企业提供服务。四是完善协会工作程序和管理制度，建立健全行业协会的自律机制。五是选拔和培养协会所需的各类人才。人才是事业发展的基础，没有良好的人才储备，没有建立健全人才的选用机制，没有良好的考评和激励机制，就不能选好人才，用好人才，更不能留住人才，也就不能为长白山特产资源品牌行业协会建设提供良好智力支持。

（六） 构建长白山特产品牌诚信体系

北华大学吉林省品牌研究基地所进行的长白山特产资源品牌建设调查结果显示，消费者对长白山特产品的需求以"健康"、"绿色"、"有机"、"生态"、"安全"为主，消费者在购买"长白山"特产产品时更为看重的是产品是否正宗、质量是否可靠。从目前情况来看，64.83%的消费者认为购买过的长白山特产产品品质较好，他们更愿意在专卖店购买长白山地区特产，占比最高（55.77%），其次是超市（51.38%）、网店（36.98%）、商场（35.6%）和药店（20.86%），所占比例较低的地方为路边摊（9.2%）和饭店酒店（3.4%），这说明长白山特产产品具有很高的"专店专卖"性，消费者对于其他形式流通的特产产品品质的信赖程度有赖于进一步提高。而提升消费者对长白山特产产品依赖程度的有效途径就是加强长白山特产产品和企业品牌诚信体系的建构，这是长白山特产资源品牌建设的重要组成部分。

促进诚信建设是一项长期的任务，长白山品牌在建设过程中，直接拉动了地方经济，同时也间接地促进诚信体系建设。"政府指导、行业自律、社会监督和企业诚信"是质量保障的长效机制。加强质量诚信教育、设立质量监督信息平台、建立反映质量状况的诚信档案。为消费者提供有效的质量信用服务，形成质量信用奖惩机制，促使企业成长为有社会责任感的企业。其次，要建立健全品牌保护机制。要坚持创牌与保牌并举，鼓励企业成立商标、商号和名牌保护自律组织，充分发挥相关部门职能作用，从而形成"企业自我保护、政府依法保护和司法维权保护"三位一体、相互结合的保护体系①，加强品牌动态管理。三是加强品牌动态管理，对各级品牌产品进行跟踪动态管理，对严重违反市场竞争规则，以及出现其他重大违规问题的，按相关规定取消或向上级职能部门建议取消其品牌称号。

综上所述，长白山地区得天独厚的资源优势为发展品牌经济奠定了坚实的基础，深入研究长白山特产资源品牌建设，把现有自然资源和文化资源优势转化为品牌优势，创造品牌价值，对提升长白山区域竞争力具有重要的现实意义。通过构建品牌建设领导机制、实施标准引领和认证工程、培育长白山特产品牌龙头企业、加强长白山特产品牌整合传播、充分发挥行业协会作用、打造长白山特产品牌诚信体系等措施的落实实施，可以有效地解决目前长白山特产资源品牌建设存在的问题，提升长白山特产资源品牌竞争力，大力推进农业供给侧结构性改革。

参考文献

《以品牌建设实现中国产品向中国品牌转变》，《中国质量报》2014 年 5 月 28 日。

吴铁成、初熠：《蛟河打造特色品牌　带动地方经济繁荣》，http://www.jlgs.gov.cn/

---

① 关于推进"品牌大省"建设的若干意见［DB/OL］. 人民网 . http://finance.people.com.cn/GB/8215/210272/224080/224138/228639/228885/15466600. html.

static/sbpbjs/20160728/51936. html。

《省工商局培育推介地理标志商标成效明》，http://www. jlgs. gov. cn/static/gsyw/2015112 6/51797. html。

《让吉林品牌唱响世界》，http://finance. ifeng. com/a/20160812/14734687_0. shtml。

陈福生：《供给侧结构性改革的政策含义》，http://www. zgfznews. com/dianzibao/B/B3/ 2016/0330/1433809. shtml。

马向阳、刘肖、焦杰：《区域品牌建设新策略——区域品牌伞下的企业品牌联合》，《软科学》2014 年第 1 期，第 27 页。

《2015 年我省园艺特产业预计实现产值 1400 亿元》，http://www. jlntv. cn/vod/folder54/ folder57/folder59/2015 - 12 - 20/82811. html。

《专访郑文敏副市长谈吉林通化市千亿医药产值》，http://news. onlinejl. com/2016/snyw_ 1221/229603. html。

《松花石产业发展的春天来到了》，《吉林日报》2011 年 11 月 9 日。

刘翠苹：《让松花奇石誉满天下——省政协献计我省松花石文化产业发展，省领导作出批示》，《协商新报》2017 年 1 月 3 日。

刘守贞、张洪波、王奎良：《农产品区域公用品牌建设的战略思考》，《山东省农业管理干部学院学报》2012 年第 4 期，第 31 页。

蒋文龙：《首届中国农产品区域公用品牌建设论坛举行》，《农民日报》2009 年 12 月 25 日。

郭乃硕：《打造世界级矿泉水产业基地，长白山地理标志证明商标须先行》，《吉林人大》2014 年第 4 期，第 7 页。

何迪：《农业产业集群与区域品牌建设分析——以通化人参品牌建设为例》，《通化师范学院学报》2011 年第 3 期，第 31 - 33 页。

［浙江］《关于推进"品牌大省"建设的若干意见》。http://finance. people. com. cn/GB/ 8215/210272/224080/224138/228639/228885/15466600. html。

《龙头企业》，中国经济网，http://views. ce. cn/fun/mcjx/201204/05/t20120405_1189900. shtml。

《国务院 18 号文强调品牌建设成政府工作重中之重》，2016 年第 2 期，第 96 页。

《湖北省农业厅市场与经济信息处. 实施农业品牌战略　推进现代化农业发展》，《学习月刊》2016 年第 5 期，第 27 - 28 页。

徐德法：《"西湖龙井"地理标志证明商标正当使用的范围》，《中国商标》2013 年第 5 期，第 52 - 55 页。

《关于推进"品牌大省"建设的若干意见》，人民网，http://finance. people. com. cn/GB/ 8215/210272/224080/224138/228639/228885/15466600. html。

后　记

近年来，吉林省社科联围绕省委、省政府的中心工作，结合全省各社会组织、市州社科联、高等院校及科研单位的工作实际，在吉林省委宣传部的直接领导下，在吉林省财政厅的鼎力支持下，围绕吉林当下"五大发展"战略及地方党委、政府关注的热点、难点等重大现实问题，于2017年始启动、实施"吉林省十三五智库规划基金课题"。当年，共立项课题68项，经省社科联领导研究，最终，我们从中选取18篇研究报告收录成集并公开出版。这些研究成果紧贴地方与区域实际，提出的建议及对策均具有一定的应用性及可操作性。其中，吉林农业大学的郭庆海教授、北华大学的肖艳教授以及吉林省社科院的赵光远研究员的课题成果由于调研及分析深入、提出问题准确及对策建议可行，在得到省部级领导的肯定性批示后，又分别得到国家及我省各有关单位的实质性采纳与应用，产生一定的社会效益。同时受本书的截稿日期限制，尚有部分报告未能收入。这些成果，都为我们构建吉林新型社会智库及打造新型地方社会智库联盟奠定坚持的基础。

本书在编辑过程中，分别得到全省社会组织、市州社科联及部分高校、科研单位的积极配合，省社科联的相关领导也提出许多修改意见。省社科院的丁晓燕研究员在本书稿件的审读及分篇等方面做了大量工作，《社会科学战线》杂志社也对本书的编务等环节给予诸多帮助。最终，该书的出版得到社会科学文献出版社的大力支持，在此，我们一并表示感谢！由于时间仓促，本书难免有疏漏及不当之处，敬请读者谅解并给予批评指正。

编者

2018年元月

图书在版编目（CIP）数据

新优势　新举措　新发展：吉林省 2017 年度"十三
五"智库规划基金课题成果文萃/邵汉明主编. -- 北京：
社会科学文献出版社，2018.4
ISBN 978 - 7 - 5201 - 2298 - 6

Ⅰ.①新…　Ⅱ.①邵…　Ⅲ.①社会科学 - 科技成果 -
汇编 - 吉林 - 2017　Ⅳ.①C123.4

中国版本图书馆 CIP 数据核字（2018）第 033767 号

新优势　新举措　新发展
　　——吉林省 2017 年度"十三五"智库规划基金课题成果文萃

主　　编 / 邵汉明
副 主 编 / 刘信君　王　峰

出 版 人 / 谢寿光
项目统筹 / 任文武
责任编辑 / 杨　雪

出　　版 / 社会科学文献出版社·区域发展出版中心（010）59367143
　　　　　 地址：北京市北三环中路甲 29 号院华龙大厦　邮编：100029
　　　　　 网址：www.ssap.com.cn
发　　行 / 市场营销中心（010）59367081　59367018
印　　装 / 北京季蜂印刷有限公司

规　　格 / 开　本：787mm × 1092mm　1/16
　　　　　 印　张：23　字　数：373 千字
版　　次 / 2018 年 4 月第 1 版　2018 年 4 月第 1 次印刷
书　　号 / ISBN 978 - 7 - 5201 - 2298 - 6
定　　价 / 78.00 元